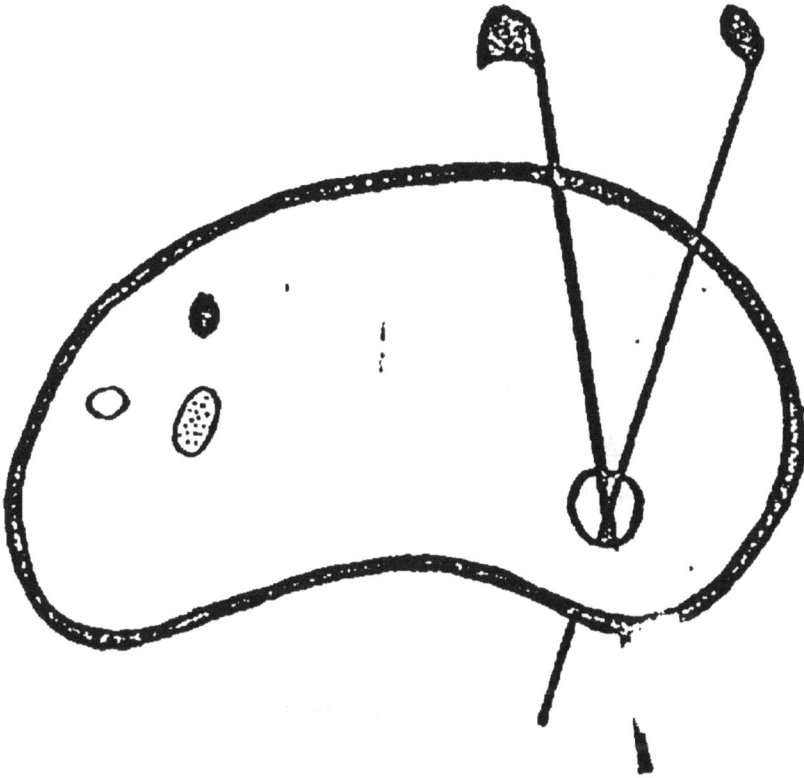

DEBUT D'UNE SERIE DE DOCUMENTS
EN COULEUR

COURS

ÉLÉMENTAIRE

D'HISTOIRE DU DROIT FRANÇAIS

A L'USAGE

DES ÉTUDIANTS DE PREMIÈRE ANNÉE

PAR

A. ESMEIN

PROFESSEUR A LA FACULTÉ DE DROIT DE PARIS
DIRECTEUR-ADJOINT A L'ÉCOLE PRATIQUE DES HAUTES-ÉTUDES

1ᵉʳ Fascicule

PARIS

LIBRAIRIE

DU RECUEIL GÉNÉRAL DES LOIS ET DES ARRÊTS

ET DU JOURNAL DU PALAIS

L. LAROSE & FORCEL, ÉDITEURS

22, RUE SOUFFLOT, 22

1892

NOUVELLE
REVUE HISTORIQUE
DE DROIT FRANÇAIS ET ÉTRANGER

PUBLIÉE SOUS LA DIRECTION DE MM.

Eugène de ROZIÈRE
Sénateur, Membre de l'Institut,
Inspecteur général des Archives.

Rodolphe DARESTE
Membre de l'Institut
Conseiller à la Cour de Cassation.

Adhémar ESMEIN
Professeur à la Faculté de droit de Paris,
Directeur adjoint
à l'École pratique des Hautes-Études.

Marcel FOURNIER
Agrégé à la Faculté de droit de Caen,
Archiviste paléographe.

Joseph TARDIF
Docteur en droit, Archiviste-Paléographe, Avocat à la Cour d'appel de Paris,
Secrétaire de la Rédaction.

Cette revue paraît tous les deux mois par livraison de **10** feuilles environ
et forme chaque année un beau volume in-8° de mille pages.
Les quinze premiers volumes parus (1877 à 1891) . . . . . . **150 fr.**
*Chaque volume se vend séparément : 15 fr., sauf les 2 derniers qui coûtent
chacun : 18 fr.*

PRIX DE L'ABONNEMENT ANNUEL
Pour la France, **18** fr. — Pour l'Étranger, **19** fr.

Précis de droit civil, contenant : *dans une première partie*, l'exposé des
principes, et, *dans une deuxième*, les questions de détail et les controverses, suivi d'une table des textes expliqués et d'une table alphabétique
très développée, par G. BAUDRY-LACANTINERIE, doyen de la Faculté de droit
de Bordeaux, professeur de Code civil. 4e *édition* pour les tomes I, II, et 3e
pour le tome III, 1889-1892, 3 vol. grand in-8° . . . . . . 37 fr. 50
    Chaque volume séparément . . . . 12 fr. 50
Éléments de droit romain, à l'usage des étudiants des Facultés de droit, par
GASTON MAY, professeur à la Faculté de droit de Nancy. 2e *édition*, 1892,
1 vol. in-8° . . . . 10 fr.
Cours élémentaire de droit romain, contenant l'explication méthodique
des Instituts de Justinien et des principaux textes classiques, par DUFRÈ-
PAILHÉ, professeur à la Faculté de droit de Grenoble. 3e *édition*, revue et
corrigée par CHARLES TARLAEL, professeur à la même Faculté, 1887, 2 vol.
in-8° . . . . 14 fr.
    Chaque volume séparément . . . . 7 fr.
Principes de droit romain, à l'usage des étudiants des Facultés de droit,
par G. BRY, professeur à la Faculté de droit d'Aix. 1892, 1 vol. in-18. 6 fr.
Textes de droit romain, à l'usage des Facultés de droit, par E. GARSONNET,
professeur de droit romain à la Faculté de droit de Paris. 1888, 1 vol.
in-18. 6 fr.
Histoire élémentaire du droit français, depuis ses origines gauloises
jusqu'à la rédaction de nos codes modernes, par J.-EDOUARD GUÉRAT, profes-
seur à la Faculté de droit de Grenoble. 1884, 1 vol. in-8° . . 8 fr.
Précis de l'histoire du droit français, accompagné de notions de droit
canonique et d'indications bibliographiques. — Sources. Droit privé. — par
PAUL VIOLLET, membre de l'Institut. 1886, 1 vol. in-8°. . . 10 fr.
Histoire des institutions politiques et administratives de la France
« Droit public », par PAUL VIOLLET. 1890, tome 1er, in-8° (Période gauloise.
— Période gallo-romaine. — Période franque). . . . . . . 8 fr.
Principes d'économie politique, par CHARLES GIDE, professeur d'économie
politique à la Faculté de droit de Montpellier. 3e *édition*, complètement re-
fondue. 1891, 1 vol. in-18 . . . . 6 fr.
Éléments d'économie politique, par PAUL BEAUREGARD, professeur d'éco-
nomie politique à la Faculté de droit de Paris. 1 vol. in-18. . 5 fr.

ANGERS, IMP. BURDIN ET Cie, 4, RUE GARNIER

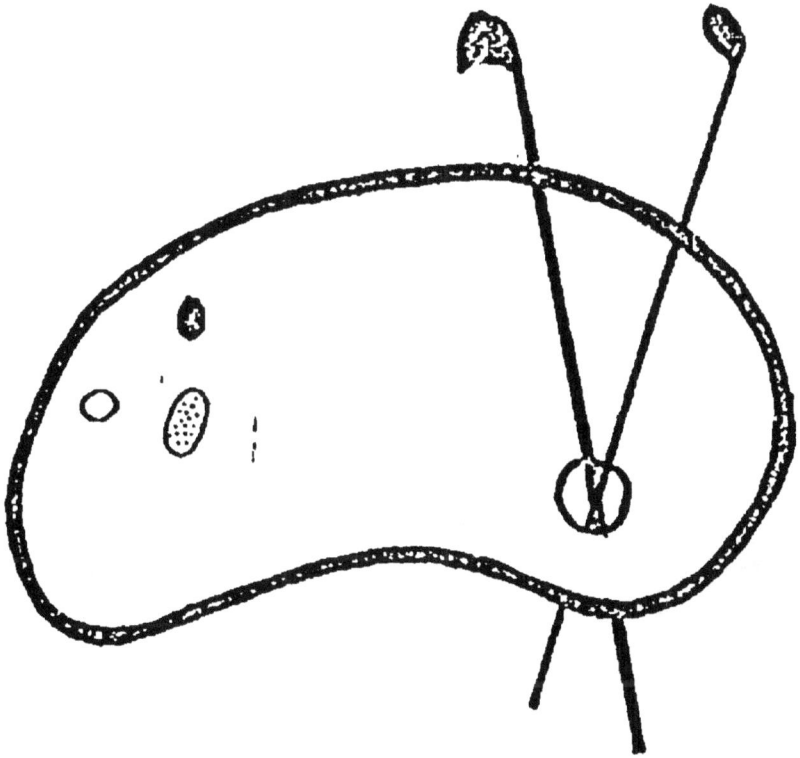

FIN D'UNE SERIE DE DOCUMENTS
EN COULEUR

COURS ÉLÉMENTAIRE

D'HISTOIRE DU DROIT FRANÇAIS

OUVRAGES DU MÊME AUTEUR

Histoire de la Procédure criminelle en France, et spécialement de la procédure inquisitoire, depuis le xiiie siècle jusqu'à nos jours. *Ouvrage couronné par l'Académie des Sciences morales et politiques*. Paris, L .ose et Forcel, 1882 . . . . 10 fr.

Études sur les Contrats dans le très ancien Droit français. Paris, Larose et Forcel, 1883 . . . . 4 fr.

Mélanges d'Histoire de Droit et de Critique. Droit Romain. Paris Larose et Forcel, 1886 . . . . 10 fr.

Études sur la condition privée de la Femme dans le Droit ancien et moderne, et en particulier sur le sénatus-consulte Velléien, par Paul Gide, professeur à la Faculté de Droit de Paris, 2e édition, avec une notice biographique, des additions et des notes, par A. Esmein. Paris, Larose et Forcel, 1885 . . . . 10 fr.

Études sur l'histoire du droit canonique privé. — Le mariage en droit canonique, Paris, Larose et Forcel, 1891, 2 vol. in-8 . . 16 fr.

COURS

ÉLÉMENTAIRE

D'HISTOIRE DU DROIT FRANÇAIS

A L'USAGE

DES ÉTUDIANTS DE PREMIÈRE ANNÉE

PAR

A. ESMEIN

PROFESSEUR A LA FACULTÉ DE DROIT DE PARIS
DIRECTEUR-ADJOINT A L'ÉCOLE PRATIQUE DES HAUTES-ÉTUDES

PARIS

LIBRAIRIE

DU RECUEIL GÉNÉRAL DES LOIS ET DES ARRÊTS

ET DU JOURNAL DU PALAIS

L. LAROSE & FORCEL, ÉDITEURS

22, RUE SOUFFLOT, 22

1892

PRÉFACE

———

Le présent ouvrage est destiné à l'enseignement; il s'adresse non aux savants mais aux étudiants de bonne volonté. Voici ce qu'il contient et en même temps ce qu'il ne faut pas y chercher.

Ce n'est pas, sous une forme abrégée, une histoire complète du droit français : il ne comprend en effet ni l'histoire de toutes les périodes, ni celle de toutes les institutions. J'ai laissé absolument de côté les institutions de la Gaule indépendante ; c'est matière d'érudition pure, et l'on ne peut démontrer presque sur aucun point l'influence persistante de ces vieilles coutumes dans le développement du droit postérieur. Je ne présente pas non plus le régime de la Gaule romaine pendant les trois premiers siècles de l'ère chrétienne : il appartient beaucoup plus à l'histoire du droit romain qu'à celle du droit français, et on en trouve le tableau dans les divers manuels des institutions romaines. Je commence mon exposition par l'étude des institutions romaines, telles qu'on les constate en Gaule aux IV° et V° siècles; ce sont celles avec lesquelles les barbares devaient se trouver en contact.

Pour les périodes qu'il embrasse, ce cours ne comprend pas l'histoire de toutes les branches du droit. De parti pris, j'ai laissé de côté l'histoire interne du droit privé, ou plutôt je n'en ai retenu que deux chapitres, qui jusqu'à la Révolution appartiennent autant au droit public qu'au droit

privé : l'état des personnes et le régime de la propriété
foncière. La raison est que le cours d'histoire du droit,
auquel correspond ce livre, est placé en première année
dans les Facultés de droit : il s'adresse à des élèves qui
suivraient difficilement, dans les détails techniques et nécessaires, l'histoire de la famille, des contrats et des successions en droit français ; ils peuvent, au contraire, parfaitement saisir dans les grandes lignes l'histoire du droit
public et l'histoire des sources, et c'est à cet objet que le
cours a été limité. Le but principal de cet enseignement
me paraît être de dégager, par la méthode historique, la
notion de l'État et ses attributs essentiels.

Étant donné cette conception, il semble que j'aurais dû
comprendre dans mon exposition le droit de la Révolution
française, car c'est lui qui véritablement a créé l'État moderne, le droit ancien n'en est que la préparation. Cependant je ne l'ai pas fait ; je n'ai pas dépassé l'ancien régime
et me suis arrêté en 1788. C'est que je crois le droit de la
Révolution trop important pour la place nécessairement
restreinte que j'aurais pu lui consacrer ici. J'espère d'ailleurs pouvoir un peu plus tard combler cette lacune. Le
cours d'histoire du droit, en première année, est suivi
d'un cours élémentaire de droit constitutionnel, que j'ai
l'honneur de professer. Je compte publier, le plus tôt qu'il
me sera possible, des *Éléments de droit constitutionnel*, et
là, j'aurai nécessairement l'occasion d'exposer les principes
essentiels introduits dans le droit public par la Révolution.
Plus tard enfin, si ce n'est pas former de trop vastes pro-
jets, je voudrais relier en quelque sorte ces deux ouvrages
par un troisième, une histoire élémentaire du droit public
en France, depuis la Révolution jusqu'à la chute du second
Empire.

En terminant, j'adresse une prière au lecteur. Je lui demande de juger les tableaux successifs que contient ce

livre, en les prenant pour ce qu'ils sont, c'est-à-dire pour
de simples moyennes. En histoire du droit on ne peut arriver à la vérité complète (en tant qu'elle est accessible)
qu'en se restreignant dans l'espace et dans le temps et en
descendant aux détails. Lorsqu'on présente des tableaux
d'ensemble, embrassant tout un pays et toute une époque,
on sacrifie nécessairement une part de vérité. Mon exposition ressemble nécessairement ici à ces cartes géographi-
ques qui, sous un petit format, représentent un continent
tout entier : forcément elles donnent aux pays des contours
qui, dans le détail, ne correspondent pas à l'exacte réalité·
Tout ce qu'on demande, c'est qu'elles soient exactes dans
leurs grandes lignes, et qu'elles présentent fidèlement la
physionomie générale[1].

Luzarches, 17 *avril* 1892.

1. On trouvera dans ce livre d'assez nombreuses références aux ouvrages
sur l'histoire du droit français; mais ce que je signale au cours de l'exposition ce sont seulement les monographies spéciales, ou les études qui
me paraissent particulièrement utiles pour le sujet traité. Je n'ai point
cherché à fournir une bibliographie générale et complète. Je ne renvoie
pas non plus, dans chaque chapitre, aux ouvrages généraux publiés sur
l'histoire du droit français. Voici, une fois pour toutes, l'indication des
plus importants : Glasson, *Histoire des institutions et du droit de la
France*, 4 vol. 1887-1891; — P. Viollet, *Précis de l'histoire du droit français*, 1884-1886; *Histoire des institutions politiques et administratives de la
France*, t. I, 1890; — J. Flach, *Les origines de l'ancienne France*, t. I,
1886; — Laferrière, *Histoire du droit civil de Rome et du droit français*,
6 vol., 1847-1858; — Warnkönig et Stein, *Französische Staats-und-Rechts-
geschichte*, 3 vol. 1846; — Schaeffner, *Geschichte der Rechtsverfassung Frank-
reichs*, 1859. Je signalerai enfin un excellent manuel élémentaire: Gas·
quet, *Précis des institutions politiques et sociales de l'ancienne France*, 1885.

PREMIÈRE PARTIE

LES ORIGINES

CHAPITRE PREMIER

Les institutions romaines en Gaule aux IV⁰ et V⁰ siècles

La Gaule, conquise par les Romains, avait été promptement
et profondément romanisée. Par le fait même de la conquête,
selon le droit de la guerre tel que le connut l'antiquité, elle
avait perdu la jouissance de son droit national, ou plutôt n'en
avait gardé que ce que lui en laissait la tolérance précaire ou
l'administration du vainqueur. Par des concessions émanées de
Claude [1] et de Galba [2], les Gaulois de condition libre paraissent
avoir acquis le droit de cité romaine, avant l'octroi général qu'en
fit Caracalla à tous les habitants de l'empire. Dès lors, peuplée
de citoyens romains, la Gaule, tout en conservant, comme les
autres parties de l'empire, d'importantes coutumes provinciales [3], ne connut plus en principe que le droit romain : elle
en suivit et subit le développement, soit pour les institutions
publiques, soit pour les institutions privées. Que représentait
ce droit pour la Gaule, au v⁰ siècle, au moment où les barbares allaient s'établir sur le sol gaulois ?

C'était, pour le droit public et pour le droit privé, une législation savante et bien ordonnée, arrivée à un haut degré de per-
fection technique. L'administration impériale, en particulier,
était tout un admirable mécanisme. Mais la vie se retirait peu
à peu de ce grand corps si bien organisé ; cela venait surtout
de ce que toute liberté en était absente.

La liberté politique, celle qui implique la participation des

---

1. Tacite, *Ann.*, XI, 23 ; Boissieu, *Inscriptions de Lyon*, p. 136.
2. Tacite, *Hist.*, I, 8.
3. Sur l'importance des coutumes provinciales dans l'empire romain, voyez,
il est vrai pour l'Orient, Mitteis, *Reichsrecht und Volksrecht in den östlichen
Provinzen des römischen Kaiserreichs*, 1891.

citoyens aux affaires publiques, à celles qui intéressent l'État
tout entier, avait disparu la première. De bonne heure, sous
le Haut-Empire, les citoyens romains, disséminés d'ailleurs
sur une immense étendue de pays, avaient cessé de participer
au vote des lois et des impôts, à l'élection des magistrats supérieurs. Tout pouvoir, à cet égard, avait passé à l'empereur et
au sénat; puis s'était concentré, au Bas-Empire, entre les mains
de l'empereur seul : le sénat n'était plus qu'un corps de pa-
rade, sans aucune autorité[1]; le titre de sénateur, accordé à un
grand nombre de fonctionnaires et se transmettant héréditairement, n'était plus qu'un titre de noblesse[2].

Les libertés locales avaient persisté plus longtemps, c'est-
à-dire celles qui assurent aux habitants d'une circonscription
l'autonomie administrative, en leur donnant le droit de diriger
eux-mêmes la gestion des intérêts locaux. Le régime municipal, qui les représentait, fut libre et florissant pendant les
deux premiers siècles de l'ère chrétienne. Mais, dans le cours
du iiie, la forte organisation municipale de l'empire, sans
perdre son importance, perdit, dans une large mesure, son indépendance. Elle devint, en réalité, un rouage de l'administration impériale, le dernier et le plus important, celui qui était
en contact immédiat avec la population, et sur lequel portait
le poids de toute la machine.

L'empire étant devenu une monarchie absolue et administrative, l'administration impériale prit peu à peu pour tâche
d'assurer partout non seulement l'ordre et la justice, mais encore la vie et la prospérité matérielle. Et, pour arriver à ce résultat, elle tendit à constituer un vaste système de classes et
presque de castes, de façon que tous les services nécessaires
ou utiles à la vie sociale eussent toujours un personnel suffisant.
Pour cela, elle s'ingénia à maintenir d'autorité chaque homme
dans la fonction ou la profession qu'il avait adoptée ou pour
laquelle il était désigné par sa condition sociale, sa fortune
ou son éducation[3]; et, par une conséquence naturelle, elle tendit
à rendre les fonctions et professions légalement héréditaires,

---

1. Kuhn, *Die städtische und bürgerliche Verfassung des römischen Reichs*, II,
p. 203.
2. Kuhn, *op. cit.*, II, p. 197 et suiv.
3. Kuhn, *op. cit.*, *passim*, et, spécialement, II, p. 147.

en forçant les fils à continuer celles de leurs pères[1]. Sans
doute, ce système, dont les origines premières et la formation
successive n'apparaissent pas avec une clarté parfaite, n'arriva
jamais à une application générale ; mais nous en trouvons des
applications partielles et très importantes. C'est ainsi que les
décurions, membres des sénats municipaux étaient attachés à
leur fonction, et que leurs fils étaient nécessairement décurions
à leur tour ; les fils des vétérans et soldats étaient tenus d'entrer dans l'armée [2] ; les *officiales*, c'est-à-dire les employés des
bureaux des fonctionnaires supérieurs étaient rivés à leur emploi [3], et, souvent, leurs fils devaient suivre la même carrière [4].
D'autre part, les colons étaient attachés, à perpétuelle demeure, à la terre qu'ils cultivaient, et leur condition était héréditaire ; les ouvriers et artisans des villes étaient, au moins
pour certaines professions, attachés de la même manière à
leur métier, et, en général, les marchands et artisans étaient
enrégimentés sous l'autorité et la surveillance de l'administration. Celle-ci, on le voit, réglementait la production des
richesses.

Cette vaste machine administrative ne fonctionnait point
sans nécessiter d'immenses dépenses. De là des impôts très
lourds, qui écrasaient la population, en même temps que la
production décroissait sous la double influence de la réglementation à outrance et du travail servile, peu productif de
sa nature.

L'administration, qui régissait l'empire, s'était constituée
peu à peu, entraînant une centralisation progressive ; elle avait
reçu sa forme dernière, à la fin du IIIe siècle et au commencement du IVe, par les réformes de Dioclétien et de Constantin ;
celles-ci avaient eu pour but de la simplifier, en la régularisant, et représentaient en même temps un essai de décentra-
lisation. Voilà les caractères généraux que présentaient les
institutions romaines aux IVe et Ve siècles, pour la Gaule romaine

---

1. Novelles de Majorien, tit. VII, § 7 : « Obviandum est eorum dolis qui no-
lunt esse quod nati sunt. »
2. L. 8, C. Th., VII, 1 ; L. 7, 9, C. Th., VII, 22 ; Kuhn, *op. cit.*, II, p. 148.
3. Kuhn, *op. cit.*, II, p. 160.
4. Code de Justinien, XII, 48 et 50 ; spécialement, L. 7, C., XII, 22 ; Kuhn, *op.
cit.*, II, 173.

comme pour le reste de l'empire : il faut maintenant pénétrer un peu dans le détail.

§ 1er. — ORGANISATION ADMINISTRATIVE ET JUDICIAIRE [1]

Depuis la mort de Théodose Ier, la division du monde romain en deux empires, celui d'Orient et celui d'Occident, était devenue définitive. L'unité n'avait cependant pas été absolument brisée : lorsque l'un des deux empereurs mourait, le survivant redevenait le maître de tout l'empire, à moins qu'il ne donnât lui-même un successeur à l'empereur disparu, ce qui, d'ailleurs, était la règle [2].

Chacun des deux empires se divisait en un petit nombre d'immenses circonscriptions appelées *préfectures du prétoire*, du nom du magistrat qui était placé à leur tête. Il y en avait deux dans l'empire d'Occident, dont l'une se nommait la préfecture des Gaules ; elle comprenait, d'ailleurs, outre la Gaule, la Bretagne, l'Espagne et la Mauritanie Tingitane. Le préfet du prétoire des Gaules résidait à Trèves, jusqu'au moment où l'avance des barbares l'obligea de se transporter à Arles. Ses pouvoirs étaient très larges [3], et les pays qu'il gouvernait formaient une immense étendue. La position du vice-roi des Indes, pour la couronne d'Angleterre, peut aujourd'hui fournir un point de comparaison, pour se figurer quelle était sa puissance. Les préfectures étaient divisées en diocèses, ayant chacun à leur tête un *vicarius* du préfet du prétoire, sauf celui où résidait le préfet lui-même. La Gaule proprement dite

---

1. Les principales sources de renseignements sont ici :

1º Le Code Théodosien (éd. Hænel) et les Commentaires de Jacques Godefroy sur ce Code (édit. Ritter). — 2º La *Notitia dignitatum et administrationum omnium tam civilium quam militarium in partibus Orientis et Occidentis* (édit. Boecking ou Seeck) ; c'est une liste des principaux fonctionnaires, rédigée probablement en l'an 400 ou 401. — 3º La *Notitia provinciarum et civitatum Galliæ* (dans Longnon, *Atlas historique de la France*, texte explicatif, page 14) ; cette liste des cités de Gaule a été sûrement rédigée après l'année 375, et probablement au commencement du ve siècle.

2. Gaudenzi, *Sui rapporti tra l'Italia e l'impero d'Oriente*, 1886, p. 7.

3. Voyez, dans les *Variæ* de Cassiodore, VI, 3, une formule, inspirée sans doute par les traditions de la chancellerie impériale, et où sont énumérées les prérogatives du préfet du prétoire. On y lit en particulier ceci : « Quid est quod non habeat commissum cujus est vel ipse sermo judicium? Pone est ut leges possit condere. »

était divisée en deux diocèses, l'un dit *Viennensis*, et l'autre
diœcesis Galliarum. Le diocèse était lui-même une circonscription très étendue, car il se subdivisait en provinces. Il y en
avait, en dernier lieu, dix-sept en Gaule, dix dans le diocèse
des Gaules et sept dans l'autre, que, pour cela, on appelait
aussi *diœcesis septem provinciarum*. Elles étaient régies par
des gouverneurs, portant le nom générique de *præsides* ou
rectores, et exerçant, en principe, les mêmes pouvoirs : ils portaient pourtant des titres divers et avaient un rang honorifique
différent, souvenirs, le plus souvent, d'un état antérieur par
lequel avait passé l'administration provinciale. Enfin, chaque
province se subdivisait en un certain nombre de *civitates*. Ici,
nous arrivons à un élément qui ne représentait pas seulement
une circonscription administrative plus ou moins factice, mais
un organe essentiel de l'État romain. Les cités avaient été
véritablement les unités constitutives de l'empire ; et celui-ci,
pendant les deux premiers siècles, n'était guère autre chose
qu'un État fédératif, où les cités représentaient de petits États,
en principe autonomes, et où le pouvoir impérial figurait
l'autorité fédérale. Puis, comme cela a été dit plus haut, les cités
avaient peu à peu vu décroître leur autonomie ; elles étaient
devenues surtout des instruments de l'administration impériale, mais elles étaient toujours la base de l'édifice.

Chaque *civitas* comprenait une ville, qui en était le chef-
lieu, et un territoire (*territorium*), généralement étendu, qui en
formait la circonscription. Mais, bien que ce territoire fût rattaché à la cité pour divers services publics, spécialement pour
les impôts, et soumis dans cette mesure à l'autorité des magistrats de la cité, il ne faisait vraiment pas corps avec elle.
La *civitas* avait une organisation municipale complète, qui
représentait pour elle un véritable gouvernement propre ; le
territorium, au contraire, comprenant des hameaux ou des
bourgs (*vici*, *pagi*) et de grands domaines fonciers, n'avait
pas d'organisation municipale [1] et ses habitants n'étaient pas

---

1. La question cependant est discutée. Voyez, sur ce point, Houdoy, *De la
Condition et de l'Administration des villes chez les Romains*, p. 204 et suiv. Le
texte qui paraît le plus favoriser l'opinion contraire à la nôtre est ce passage
de Salvien (v⁰ siècle), *de Gubernatione Dei*, V, 4 : « Quæ enim sunt non modo
urbes, sed etiam municipia atque vici, ubi non quot curiales fuerint tot ty- [1]

citoyens actifs de la cité dont ils dépendaient, cette qualité paraissant avoir été réservée à la population fixée et établie dans la ville et dans sa banlieue (*suburbanum*) [1]. Les grands domaines du territoire, désignés par les noms de *saltus*, *possessiones* [2], semblent, en particulier, placés en dehors de l'action des cités [3]. Le régime municipal romain avait, par là, un caractère urbain très prononcé; l'organisation municipale était un privilège des villes, et cela établissait une véritable antinomie entre celles-ci et les campagnes. Quelle était cette organisation?

Pendant les deux premiers siècles de l'empire, elle avait représenté un gouvernement libre et autonome, reproduisant en petit le gouvernement de la Rome républicaine. Elle comprenait trois organes essentiels : des comices, avec un droit de suffrage plus ou moins étendu suivant les cités ; des magistrats municipaux, élus par les comices; un sénat ou curie, composé des magistrats sortis de charge, et complété, au besoin, par l'adjonction des citoyens les plus riches et les plus honorables. Les sénateurs municipaux s'appelaient *décurions;* plus tard, ils portèrent fréquemment le titre de *curiales*. Mais, dans le cours du IIIe siècle, des modifications profondes transformèrent cette organisation. Les comices, dans les cités, cessèrent de se réunir, et le droit d'élire les magistrats municipaux passa à la curie; en même temps, la règle s'établit que celle-ci ne pouvait les choisir que parmi ses membres [4]. Comment ce changement se produisit-il? Je ne puis le rechercher ici [5]; mais, une fois

ranni sint. » D'après cela, les *vici* auraient eu des décurions, un sénat municipal. Mais le texte n'a pas cette portée. Salvien ne parle que des *civitates*, comme la suite l'indique : « Quis ergo, ut dixi, locus est ubi non *a principalibus civitatum* viduarum et pupillorum viscera devorentur? » Par le mot *vici*, il veut désigner les plus petites cités municipales. On avait d'ailleurs reconnu aux *vici* la personnalité civile à fin d'acquérir (L. 73, § 1, D., *c*² *Leg.*, I); et le pouvoir impérial pouvait toujours transformer un *vicus* en *civitas*.

1. Esmein, *Mélanges d'histoire du droit*, p. 309. Voyez, en sens contraire, Kuhn, *op. cit.*, II, p. 29 et suiv.

2. L. 33, C. Th., XVI, 2; L. 3, § 1, C. J., V, 27: L. 14, C. J., XI, 62; L. 28, § 4, C. J., I, 3. — Esmein, *Mélanges d'histoire du droit*, p. 299 et suiv.

3. Esmein, *Mélanges*, p. 299, 309 et suiv.

4. Voici ce que dit le jurisconsulte Paul, qui vécut sous Septime Sévère, Caracalla et Alexandre Sévère (L. 7, § 2, D., L, 2) : « Is qui non sit decurio duumviratu vel aliis honoribus fungi non potest, quia decurionum honoribus plebeii fungi prohibentur. »

5. Voyez, sur ce point, Kuhn, *op. cit.*, II, p. 236 et suiv.

produit, il en entraîna un autre. Dorénavant, la curie ne pouvait plus se recruter parmi les anciens magistrats, puisque, pour devenir magistrat, il fallait d'abord être décurion. Un nouveau mode de recrutement s'imposait ; on le trouva dans l'hérédité : le fils du décurion fut décurion comme l'avait été son père. En établissant cette règle, on suivit d'ailleurs des précédents : la tendance s'était montrée de bonne heure de faire entrer de préférence dans la curie les fils des décurions[1], avant même qu'ils eussent exercé une magistrature. Mais, ce qui n'était qu'un fait et une habitude devint une règle de droit précise et impérative. Le fils légitime du décurion fut décurion dès sa naissance et nécessairement, sauf à attendre l'âge compétent pour exercer ses fonctions[2]. Pour ses fils naturels, le décurion put leur assurer la légitimité en les agrégeant à sa curie[3]. Le sénat, d'ailleurs, se complétait par l'*allectio* de nouveaux membres, pris parmi ceux dont la fortune atteignait un certain taux[4]. L'administration des cités était mise ainsi aux mains d'une noblesse locale héréditaire, renforcée par les plébéiens qui arrivaient à la fortune. On ne comprendrait point qu'on fût arrivé à un pareil système, qui devait souvent fournir un personnel bien peu capable, si l'on ne savait quelles sont devenues les attributions les plus importantes de ces curiales du Bas-Empire. Ils sont, avant tout, les instruments et les esclaves, pour ainsi dire, de l'administration impériale[5] ; c'est d'eux qu'elle se sert pour diriger en bas tous les services qui assurent le fonctionnement de la machine administrative[6]. Elle les emploie en particulier pour faire, sous leur responsabilité personnelle et celle de la curie, la répartition et la levée des principaux impôts[7] et pour exécuter ces réquisitions de personnes et de choses qui jouent un si grand rôle dans le régime du Bas-Empire. Dans ces conditions, ce qui importe

1. Pline le Jeune, *Epist. X.*, 83.
2. L. 122, C. Th., XII. 1 : « Qui statim ut nati sunt, curiales esse cœperunt. »
3. L. 3, C. J., V, 27.
4. L. 13, 33, C. Th., XII, 1.
5. Dans Salvien, *de Gubernatione Dei*, V, 4, ils sont qualifiés *judicibus obsequentes*. Les *judices* dont il est ici question sont les gouverneurs des provinces.
6. Voyez, dans Kuhn, *op. cit.*, II, p. 214, la liste des *munera* ou charges qui pouvaient leur être imposées.
7. L. 8, 117, C. Th., XII, 1 ; L. 20, C. Th., XII, 6 ; L. 12, 16, C. Th., XI, 7.

surtout, c'est d'avoir un corps de décurions suffisamment nombreux et solvables, la curie ayant elle-même un riche patrimoine. Aussi, toutes les précautions sont-elles prises pour atteindre ce but. Les curiales ne peuvent point vendre leurs immeubles sans un décret du juge[1]; ils ne peuvent pas, sous des peines sévères, quitter la ville pour résider à la campagne[2]. S'ils laissent leurs biens à des héritiers qui ne soient pas décurions, un quart du patrimoine est attribué à la curie[3]. Lorsque leur héritage va à leurs filles, celles-ci subissent la même déduction du quart, si elles n'épousent pas des curiales[4]. Au contraire, la capacité réelle des curiales importe assez peu. Aussi admet-on parmi eux, à côté de l'*infans*[5], l'illettré[6] et la personne notée d'infamie[7]. Mais, en même temps, la qualité de décurion, au lieu d'être principalement un honneur, est devenue avant tout une lourde charge, et les habitants des cités sont tentés de s'y soustraire. La loi y pourvoit, comme on l'a dit plus haut. En même temps qu'elle fait entrer de force dans la curie le citoyen qui arrive à la fortune, elle décide qu'une fois décurion, on l'est nécessairement et à perpétuité; on est attaché à la fonction. Vainement, les curiales cherchent-ils à échapper au joug en entrant dans l'armée[8], dans le clergé[9], dans les fonctions de l'administration impériale[10], même dans la classe des ouvriers de l'État[11] ou dans celle des colons[12]: toujours, sauf de bien rares exceptions, la loi poursuit ces déserteurs[13] et les ramène à la curie. Cette application du

1. C. J., X, 34.
2. L. 1, C. J., X, 38.
3. L. 1, 2, C. J., X, 35.
4. L. 2, § 3, C. J., X, 35.
5. L. 1, C. J., X, 41.
6. L. 6, C. J., X, 32.
7. L. 10, C. J., X, 32; L. 1, C. J., X, 58.
8. L. 11, 13, C. Th., XII, 1.
9. L. 3, C. Th., XVI, 2; cf. L. 49, 59, 99, C. Th., XII, 1.
10. L. 13, 48, C. Th., XII, 1.
11. L. 32, C. J., X, 32.
12. Novelles de Majorien, tit. VII (édit. Hænel, p. 315).
13. Les lois qui contiennent et appliquent cette règle sont très nombreuses aux titres du Code Théodosien (XII, 1) et du Code de Justinien (X, 32) *de Decurionibus et filiis eorum*. Le mot *desertores* est appliqué aux magistrats municipaux, L. 20, C. J., X, 32. On en arriva à prononcer l'*addictio* à la curie à titre de peine; les constitutions impériales furent obligées de prohiber cette pénalité singulière, L. 66, 108, C. Th., XII, 1.

système des classes fut, sans doute, l'une des premières [1].

Sous un semblable régime, les abus devaient être très grands, surtout en ce qui concernait la répartition des impôts. Les décurions, talonnés par l'administration impériale, tyrannisaient à leur tour les petites gens ; contribuables eux-mêmes, ils cherchaient à faire peser sur le peuple le plus lourd du fardeau de l'impôt, d'autant plus qu'ils étaient, d'autre part, obligés de ménager les hommes puissants, les hauts fonctionnaires en activité ou en retraite qui avaient des biens dans la circonscription de la cité. Ce n'est pas seulement Salvien qui nous expose ces abus dans le tableau si sombre qu'il a tracé de la Gaule dans la seconde moitié du ve siècle [2]; ils apparaissent aussi dans les lois qui cherchent à y porter remède [3]. Le mal était si grand qu'au ive siècle on créa un nouveau magistrat municipal dont la seule fonction fut d'abord de dénoncer et d'empêcher ces injustices : le *defensor civitatis* [4]. On trouve la première mention des *defensores* en l'année 364, à propos de l'Illyrie, et il est probable qu'il n'y en eut d'abord que dans quelques cités ; on en institua çà et là avant de créer un *defensor* dans toutes les *civitates*. Ils furent spécialement chargés de défendre la plèbe des villes contre les exactions des *potentiores*, et ils portent souvent le titre de *defensor plebis ;* cependant, ils devaient prêter aussi leur appui aux décurions eux-mêmes [5]. Mais, ce qui montre combien une telle fonction était délicate et difficile à remplir, ce sont les variations par lesquelles passa la législation quant au mode employé pour désigner le titulaire. Nommés d'abord par le préfet du prétoire, sauf qu'il ne pouvait les prendre dans certaines catégories de personnes, celles contre lesquelles vraisemblablement ils auraient à défendre le peuple, les *defensores* furent plus tard élus par les cités, sauf la confirmation de l'autorité impériale. Mais le principe de

---

1. Ulpien, au Digeste (L. 2, § 8, D., L, 2), parle déjà de ceux qui « ad decurionatus honorem invili vocantur. »

2. Voyez spécialement, *de Gubernatione Dei*, V, 4.

3. L. 1, C. J., X, 22; L. 1, C. J., X, 25; L. 1, C. J., XI, 58.

4. Sur ce qui suit, voyez Chénon, *Étude historique sur le « defensor civitatis »*, dans la *Nouvelle Revue historique de Droit français et étranger*, 1889, p. 321 et suiv., 515 et suiv. La plupart des constitutions qui concernent le *defensor* sont réunies au Code Théodosien (édit. Hœnel), I, 29.

5. L. 7, C. Th., I, 29 : « Plebem tantum vel decuriones ab omni improborum insolentia tueantur. »

l'élection admis, on varia quant au mode de suffrage. Le suffrage universel, l'élection par tous les habitants de la cité,
paraît avoir été le système d'abord pratiqué, et ce fut lui qui
l'emporta en définitive [1]. Mais, entre temps, fonctionna un collège électoral restreint, comprenant seulement le clergé, les
honorati ou fonctionnaires impériaux sortis de charge, les
curiales et les *possessores* ou propriétaires fonciers [2]. En définitive, l'institution du *defensor* n'atteignit point le but en vue
duquel elle avait été créée. La législation impériale la faisait
elle-même dévier de son but, en conférant au *defensor* des attributions et des fonctions analogues à celles des officiers municipaux, ou en en faisant jusqu'à un collecteur d'impôts [3].

Cette protection, instituée par la loi, s'était montrée inefficace. D'ailleurs, ceux qui avaient besoin d'être protégés s'étaient
eux-mêmes cherché des protecteurs : ils les avaient trouvés
chez ceux qui possédaient la puissance de fait, par la fortune ou
la position sociale. Par une habitude qui n'avait jamais cessé
dans la société romaine, mais qui reprenait alors une force
nouvelle, ils se faisaient les clients de ces *potentes*, et, moyennant ce dévouement, ils obtenaient leur protection. Ce phénomène se produisait surtout parmi le peuple des campagnes,
en dehors des cités : là, des cultivateurs isolés, des hameaux
et des bourgs entiers, se mettaient sous la protection du grand
propriétaire voisin, qui, souvent, avait rempli de hautes charges
dans l'empire. Cela s'appelle alors les *patrocinia vicorum*, et
ils nous ont été décrits, pour la Gaule, par Salvien [4] et, pour
l'Orient, par Libanius. Mais ce n'étaient pas les seules personnes
qui cherchaient et obtenaient protection : les curiales en faisaient parfois autant, et nous les voyons chercher asile et *patrocinium* chez un *potens* [5] ou se faire ses *procuratores* [6].
Les lois des ive et ve siècles prohibent sévèrement ces *patrocinia* [7], qui créent des autorités privées en concurrence avec

1. *Lex Romana Wisigothorum* (édit. Hænel): L. 1, C. Th., I, 10, *Interpretatio;*
Novelles de Majorien, tit. III (Code Théodosien, édit Hænel, p. 300).
2. L. 8 pr., C. J., I, 55.
3. L. 12, C. Th., XI, 7. Il est vrai que, dans ce texte, il est chargé de percevoir l'impôt des *minores possessores* à la place des décurions.
4. *De Gubernatione Dei*, V, 8.
5. L. 76, C. Th. XII, 1; Novelles de Majorien, tit. I (édit. Hænel, p. 297).
6. L. 92, C. Th., XII, 1.
7. C. Th., XI, 24, *de Patrociniis vicorum.*

celle de l'État; mais ces défenses sont vaines : ce n'est plus
qu'un rappel de principe. J'aurai l'occasion de revenir un peu
plus loin sur ce sujet.

Pour terminer avec l'organisation administrative de la Gaule,
il faut dire un mot d'une institution, dont on a parfois exa-
géré l'importance, mais qui introduisait une certaine vie provinciale, à côté du mécanisme administratif. Je veux parler
des assemblées de province et de diocèse[1]. Les plus anciennes
de ces assemblées remontent aux premiers temps de l'empire et
elles tirèrent leur origine, du moins en Occident, du culte païen
et officiel de l'empereur, du culte de Rome et d'Auguste, qui
fut, dans une certaine mesure, un agent de civilisation et un
moyen de gouvernement. Dans chaque province où il était ins-
titué, ce culte était représenté par un flamine[2] et donnait lieu
périodiquement à des fêtes, où se réunissaient les délégués
des diverses *civitates* de la province. Le flamine était le président naturellement désigné de cette assemblée de délégués.
Celle-ci constituait ainsi une association autorisée et protégée
par la loi, mais non un corps administratif proprement dit.
Elle avait des biens, dotation du culte impérial, et délibérait
sur leur gestion; mais là se bornaient ses attributions officielles. Seulement, par la force des choses, ces réunions des
notables de la province amenaient un échange d'idées entre
eux et des communications adressées à l'administration impériale. Celle-ci leur accorda le droit de traduire les vœux de
la population et de faire valoir ses plaintes. Elles pouvaient
faire présenter les vœux, par des délégués, au préfet du prétoire
ou à l'empereur. Elles contrôlaient aussi, d'une manière indirecte, l'administration des gouverneurs, lorsqu'ils étaient sortis
de charge. Aux uns, elles décernaient des honneurs et des

---

1. Voyez sur cette institution : P. Guiraud, *Les Assemblées provinciales dans
l'empire romain*. Paris, 1887.

2. En 1888, il a été trouvé à Narbonne une inscription mutilée contenant un
fragment de loi très intéressant sur le *flamen* provincial et la *flaminica*, sa
femme. Elle est reproduite au *Corpus inscriptionum latinarum* de Berlin (XII,
6038) avec des notes de MM. Hirschfeld et Mommsen. Voyez aussi, sur ce texte,
P. Guiraud, *Un document nouveau sur les Assemblées provinciales de l'empire
romain*, 1889; et le *Bulletin Critique* des 15 mars et 15 mai 1888 (articles de
MM. Héron de Villefosse et Mispoulet); Mispoulet, dans la *Nouvelle Revue historique de Droit français et étranger*, 1888, p. 353 et suiv.

statues; contre les prévaricateurs, elles pouvaient intenter, conformément au droit commun, le *crimen repetundarum* et choisissaient quelques-uns de leurs membres pour soutenir en leur nom l'accusation. Aux ${}^{\text{ive}}$ et ${}^{\text{ve}}$ siècles, ces assemblées provinciales subsistent; avec le christianisme, elles perdent leur ancien caractère religieux, le culte de l'empereur étant aboli, mais elles paraissent devenir un organe régulier de l'administration romaine. Elles semblent avoir le droit de se réunir librement [1]; elles ont des réunions ordinaires et extraordinaires [2]. Cela devient une assise solennelle tenue dans un lieu public où tous peuvent assister; mais seuls ont séance et voix délibérative les représentants des cités, et, à côté d'eux, au premier rang, les *honorati*, ou fonctionnaires impériaux sortis de charge, qui habitent la province [3]. Lorsque fut établie la division supérieure du diocèse, la législation impériale lui donna une assemblée du même genre ou du moins en permit la réunion spontanée [4]. Pour la Gaule, en particulier, lorsque le siège du préfet du prétoire eut été transféré à Arles, le préfet Petronius eut l'idée de donner au *concilium* des *septem provinciæ* une périodicité régulière, et, en 418, une célèbre constitution d'Honorius régularisa cette institution [5]. Ce *concilium* comprenait les *judices*, c'est-à-dire les *præsides* en fonctions, les *honorati*, et des *curiales* des cités; d'après un passage d'Hincmar de Reims, reproduisant sans doute d'anciens documents, il aurait aussi compris les évêques [6]. Mais son activité paraît avoir été irrégulière et peu durable.

En décrivant l'organisation administrative, j'ai, en même temps, décrit dans ses grandes lignes l'organisation judiciaire; car, jusqu'au bout, dans le monde romain, les attributions admi-

---

1. L. 1, C. Th. XII, 12. Cette constitution des empereurs Constantin et Constans ne vise, il est vrai, que les provinces africaines.

2. L. 12, 13, C. Th., XII, 12.

3. L. 12, 13, C. Th., XII, 12; Sidoine Apollinaire, *Epist.* I, 3 (édit. Baret), *alias*, I, 6.

4. L. 9, C. Th., XII, 12.

5. Hænel, *Corpus legum ante Justinianum latarum*, p. 238; Pardessus, *Diplomata, Chartæ*, p. 3 et suiv.

6. *Hincmari Opera* (édit. Sirmond), II, p. 730 : « Ut de his (septem) provinciis honorati vel possessores, judices et episcopi præfatarum provinciarum... ad concilium forense vel ecclesiasticum convenirent. »

nistratives et judiciaires ont été réunies dans les mêmes mains. Chacun des fonctionnaires que j'ai décrits était, en même temps, un juge, et, en principe, administrait à la fois la justice civile et criminelle. Le juge de droit commun était le gouverneur de la province. Les magistrats municipaux des cités exerçaient aussi le pouvoir judiciaire, mais leur compétence était limitée de deux côtés, assez étroitement. Ils ne connaissaient que des litiges peu importants, et, en matière criminelle, ils procédaient seulement à l'arrestation des accusés et à une première instruction préparatoire ; d'autre part, ils n'avaient pour justiciables que les habitants de la cité et de sa banlieue[1]. Dans ce système, pour beaucoup de personnes, la justice était éloignée du justiciable, car les provinces avaient une grande étendue. Il est vrai que les gouverneurs, suivant une tradition ancienne et non interrompue fai- saient périodiquement des tournées dans la province, tenant des assises aux principaux lieux de leur ressort[2]. La juridiction du préfet ou du vicaire se manifestait surtout par la procédure de l'appel.

L'appel est le droit pour une personne de porter à nouveau, en tout ou en partie, devant un juge supérieur, la cause déjà tranchée par un juge inférieur, dont le jugement peut ainsi être réformé. Ainsi entendu, l'appel n'existait pas sous la répu- blique romaine ; mais il fit son apparition avec l'empire. Dès le règne d'Auguste, il fut admis que le citoyen pourrait appeler à l'empereur[3]. Puis cette voie de droit se régularisa, en ce sens que l'appel suivit, en la remontant, la hiérarchie des fonctionnaires. C'est ainsi qu'il se présente dans le droit des ive et ve siècles. Du magistrat provincial, on peut toujours appeler au *præses* de la province. Quant à l'appel intenté contre le jugement du *præses*, il faut distinguer. Si la province est située dans un diocèse à la tête duquel est un *vicarius*, on appelle du *præses* au *vicarius* et de celui-ci à l'empereur ; si, au contraire, elle est située dans le diocèse où réside le préfet du prétoire, on appelle du *præses* au préfet, mais ce dernier

1. Esmein, *Mélanges*, p. 309 ; et *Quelques renseignements sur l'origine des juridictions privées*, p. 13.
2. L. 11, 12, C. Th., I, 16 ; Novelles de Majorien, tit. II et IV.
3. Mommsen, *Römisches Staatsrecht*, II², p. 930 et suiv.

juge sans appel, comme l'empereur lui-même dont il tient la place [1].

§ 2. — IMPOTS

La fiscalité développée, les lourds impôts, sont un des traits distinctifs du Bas-Empire, et, ce qui caractérise encore ce système, c'est la prédominance de l'impôt direct sur l'impôt indirect. Par l'impôt direct, l'État demande périodiquement et d'ordinaire chaque année au contribuable, soit une somme fixe, soit une contribution aux dépenses publiques, proportionnelle au capital ou au revenu possédé. Les impôts directs sont naturellement perçus d'après des listes nominatives dressées à l'avance. Il y a impôt indirect, au contraire, lorsque l'État perçoit une certaine somme, fixe ou proportionnelle à la valeur, à l'occasion de l'acquisition, de la consommation ou de la circulation des objets qui représentent la richesse. Ici, c'est un acte volontaire du contribuable, au moins en apparence, qui donne lieu à la perception de l'impôt. Les deux formes d'impôts figuraient dans le système de l'empire romain, mais la première, je l'ai dit, était prédominante.

L'impôt direct permanent, frappant les biens ou les personnes, s'était d'abord présenté chez les Romains comme une conséquence de la conquête, comme un tribut payé par le vaincu au vainqueur; il n'avait porté que sur les provinces. Mais, peu à peu, il s'était régularisé et consolidé, et avait été étendu à l'Italie au commencement du IVe siècle [2]. Il se présentait sous deux formes principales, la *capitatio terrena* et la *capitatio humana*. La *capitatio terrena* ou *jugatio* était un impôt foncier; elle avait eu pour origine le tribut en argent ou en fruits que le peuple romain levait sur le sol provincial, comme prix de la jouissance perpétuelle qu'il en laissait aux propriétaires; car, on sait qu'en droit lui seul en était le véritable propriétaire. Devenu un impôt général, c'était un impôt de répartition; c'est-à-dire que le pouvoir impérial ne déterminait pas directement et d'emblée la somme que devait payer chaque

---

1. Cela résulte des textes réunis au Code Théodosien; voyez, en particulier, L. 16, C. Th., XI, 30 et le Commentaire de Godefroy.

2. Aurelius Victor, *Cæsares*, c. xxxix; Lactance, *de Mort. persec.*, c. xxiii.

propriétaire d'après l'importance de sa propriété ; ce qu'il déterminait périodiquement, c'était la somme totale que devait fournir la *capitatio terrena* pour tout l'empire, et cette somme, par une série de répartitions successives, finissait par être distribuée entre tous les propriétaires. La circonscription dernière pour cette répartition était le *territorium* de la *civitas*, et, pour l'assiette de l'impôt, toutes les propriétés foncières, comprises dans ce territoire, étaient, par voie de groupement ou de décomposition, ramenées à une unité imposable appelée *caput* ou *jugum*. Chaque *caput* représentait une même valeur, et, dans la répartition, il devait lui être attribué la même somme d'impôts. Selon la nature et la fertilité du sol, le *caput* représentait une étendue plus ou moins grande de terrain ; il pouvait comprendre plusieurs propriétés distinctes, appartenant à des maîtres différents, tandis que les propriétés importantes comprenaient un certain nombre de *capita*. D'ailleurs, à côté de sa part dans l'impôt foncier proprement dit, ou *jugatio*, le propriétaire foncier payait aussi un impôt à raison des animaux ou des esclaves qu'il avait sur son fonds [1].

La *capitatio humana* ou *plebeia* avait eu également pour origine la conquête. Anciennement, c'était sans doute une capitation proprement dite, c'est-à-dire une somme fixe que devait payer, dans chaque province, chaque tête de provincial. Mais, en se généralisant et s'étendant à l'empire entier, elle prit, elle aussi, le caractère d'un impôt de répartition. Pour former le *caput* ou unité imposable, on réunissait souvent plusieurs personnes en un groupe, en tenant compte du sexe [2] et peut-être de l'âge [3], et probablement, sur ce point, les règles différaient suivant les provinces. Cette *capitatio*, comme l'indique l'épithète de *plebeia* [4] qui lui est donnée, devait être payée par tous ceux qui étaient classés parmi les *plebeii*, et l'on

---

1. L. 1 pr., C. J., X, 36 = Nov. Theod., XXII, 2 : « Jugationibus tantum non humanis vel animalium censibus neque mobilibus rebus jubemus indici. « Il s'agit là d'un supplément d'impôt, que le législateur veut faire porter sur la *jugatio*. — Matthias, *Die römische Grundsteuer*, 1882, spécialement p. 10 et suiv. Quant aux conceptions différentes de la *capitatio terrena* produites par MM. Fustel de Coulanges et Glasson, voyez Esmein, dans la *Nouvelle Revue historique de Droit français et étranger*, 1889, p. 303 et suiv.

2. L. 10, C. J., XI, 48.

3. L. 3 pr., D., L, 15.

4. Exemple : L. 2, C. Th., XI, 23.

E. 2

verra un peu plus loin quels étaient ceux-là. Cependant, on a
soutenu qu'il fallait se rattacher à un autre *criterium*, qu'elle
était payée par tous ceux, mais par ceux-là seulement, qui, n'é-
tant pas propriétaires fonciers, ne supportaient pas la *capitatio
terrena*. La *capitatio plebeia*, bien qu'on ait également soutenu
le contraire [1], existe et persiste dans l'empire romain aux IVe
et Ve siècles. Seulement remise en fut faite à titre perpétuel
par Constantin à la *plebs urbana*, aux plébéiens des villes, et,
postérieurement, elle fut également abolie au profit de la plèbe
rurale dans certaines provinces [2]. En dehors de ces deux formes
principales, l'impôt direct était levé également sur les capita-
listes, prêteurs d'argent et sur les marchands [3]. Dans cette
dernière application, il s'appelait *lustralis collatio*.

Pour la répartition de ces impôts, la somme totale, que
chacun devait produire, était fixée périodiquement par le conseil de l'empereur : au IVe siècle, l'habitude s'introduisit de
faire cette fixation pour quinze années, et cette période de
quinze ans s'appela *indictio*. Le conseil faisait la répartition
entre les préfectures et probablement aussi entre les provinces
et les cités. D'ailleurs, dans le cours de l'*indictio*, pouvaient intervenir des augmentations (*superindictiones*) ou des remises
accordées par le pouvoir impérial. Tous les ans, le préfet du
prétoire déterminait exactement ce que devait fournir chacune
des provinces et chacune des cités [4]. Dans le territoire de chaque
cité, c'étaient les curiales qui faisaient la répartition dernière
entre les contribuables, et, pour cela, il paraît bien certain que
les règles du droit et de la justice n'étaient pas toujours observées. Les petits n'étaient pas épargnés, et il n'était même
pas rare qu'ils eussent à payer deux fois [5].

Ce que devaient les contribuables de l'impôt direct, ce n'était
pas, d'ailleurs, toujours une somme d'argent. Souvent, ils devaient des objets en nature, des *species*, des céréales (*annonæ*),
des fruits secs, des viandes salées, des vêtements, des métaux

---

1. Voyez, sur ce point, Esmein, dans la *Nouvelle Revue historique de Droit
français et étranger*, 1889, p. 306.
2. L. 1, C. J., XI, 49 et 52.
3. L. 22, § 7, D., L, 1.
4. L. 4, C. J., X, 23.
5. L. 2, C. Th., XI, 26.

en lingots, selon les pays [1]. Ces produits, accumulés dans des magasins impériaux, étaient destinés à l'armée, aux fonctionnaires impériaux, aux libéralités que l'empereur faisait parfois au peuple. On fit fournir ainsi aux propriétaires contribuables jusqu'à des conscrits pour l'armée.

Les impôts indirects avaient joué un grand rôle dans les finances du Haut-Empire : il en existe encore beaucoup au Bas-Empire, bien que leur importance dans le système ait diminué. Les plus notables sont les droits de douane ou de péage (*portoria*), qui étaient perçus sur les marchandises, soit aux frontières de l'empire, soit à l'intérieur, quand elles passaient de certaines régions à d'autres [2]. Ces impôts indirects étaient ou affermés à des publicains, selon une ancienne tradition de l'administration romaine, ou administrés en régie par des *procuratores*.

A côté des impôts proprement dits, les habitants de l'empire étaient soumis, pour le service public, à des réquisitions fréquentes et variées, qui portaient tantôt sur leurs biens, tantôt sur leurs personnes, les unes étant un fardeau des *possessores* ou propriétaires, les autres, de véritables corvées imposées aux plébéiens [3] : il s'agissait, par exemple, de fournir les chevaux pour la poste impériale ou des maisons pour le cantonnement des troupes ; ou il fallait des hommes pour les travaux publics, et mille autres services de la même nature. Cette sorte de servitude remontait haut dans son principe. L'antiquité romaine avait toujours tenu que le citoyen était constamment et gratuitement à la disposition de sa cité, qui pouvait à volonté imposer toutes les tâches, *munera*, qu'exigeait l'intérêt public : c'était ce principe que l'empire avait invoqué et développé à son profit.

---

1. L. 1, C. J., X, 23 ; L. 6, C. Th., XI, 7 ; C. Th. XI, 13, *de Conditis in publicis horreis;* L. 23, C. Th. XII, 6. — En principe, le contribuable qui devait une *species* ne pouvait se libérer en argent : L. 3, C. Th., XI, 21. — Grégoire de Tours (*Vitæ Patrum,* II, 1, édit Krusch, p. 669) rapporte, d'après des documents qui remontent à l'époque romaine, une application intéressante de cette règle : « Hoc (sanctus Illidius) obtinuit ut Arverna civitas, quæ tributa in specie triticea ac vinaria dependebat, in auro dissolveret, quia cum gravi labore pœna inferebantur imperiali.

2. Les principaux impôts sont énumérés dans une loi curieuse de Constantin, L. 1, § 4-7, C. J., XII, 36.

3. On trouve une ample énumération de ces *munera* dans la loi 15, C. Th., XI, 16.

§ 3. — ÉTAT DES PERSONNES ET CONDITION DES TERRES

I

La société que nous étudions n'était point composée d'hommes égaux en droit : l'égalité, comme la liberté, en était absente. En premier lieu, l'esclavage existait, et la division la plus compréhensive des personnes était celle entre hommes libres et esclaves. Les esclaves étaient nombreux, appartenant au fisc impérial, aux cités, aux particuliers; ils étaient employés d'ordinaire aux travaux domestiques ou agricoles. L'affranchissement était possible et les formes étaient celles du droit romain classique : depuis Constantin s'y était ajouté l'affranchissement dans les églises. Mais les hommes libres, eux-mêmes, n'étaient point tous de condition égale en ce qui concerne le droit public et administratif. Ils se divisaient, au contraire, en deux grandes classes : les uns étant dits *honestiores*, et les autres *humiliores*, *plebeii*[1] ou *tenuiores*. Cette distinction, qui remonte haut[2], n'exista d'abord que dans les mœurs; mais dès le IIe siècle de l'empire[3], peut-être dès le Ier[4], elle passait dans le droit et produisait des conséquences quant au droit pénal. Au IIIe siècle, elle est nettement précisée par les jurisconsultes[5]; elle prend une importance de plus en plus grande dans le droit administratif de l'empire.

Les *honestiores* constituaient une véritable noblesse, mais une noblesse de fonctionnaires. Cette noblesse, en effet, dérivait de l'exercice des fonctions publiques : elle était, par suite, attachée à la personne, et ne devenait héréditaire que lorsque la fonction l'était elle-même, ce qui arrivait d'ailleurs assez souvent, par exemple pour les sénateurs et les décurions; cette noblesse comprenait plusieurs degrés et constituait une hié-

---

1. Duruy : *Mémoire sur la formation historique des deux classes de citoyens romains désignées dans les Pandectes sous les noms d'« honestiores et d'« humiliores ».* (*Mémoires de l'Académie des Inscriptions*, tome XXIX, p. 253 et suiv.)

2. Pline le Jeune, *Epist. X*, 83 : « Melius *honestorum hominum* liberos quam *e plebe* in curiam admitti. »

3. Gaius, *Instit.*, III, 225.

4. Tacite, *Ann.*, XVI, 5; cf. L. 11, D., IV, 3.

5. Par exemple, Paul, *Sent.* V, 4, 10.

rarchie. Le degré inférieur était représenté par les décurions des cités; au-dessus s'étageaient les hauts fonctionnaires de l'empire[1], divisés par classes, dont chacune était distinguée par une épithète de dignité spéciale; il y avait les *illustres*, les *spectabiles*, les *clarissimi*, les *perfectissimi*, les *egregii*[2]. On trouve quelque chose de semblable dans la Russie moderne, où les fonctionnaires supérieurs de tous les ordres sont répartis en quatorze classes, désignée chacune par une épithète honorifique, et constituent par là une noblesse d'un genre particulier[3], tantôt personnelle et tantôt héréditaire. Les nobles du Bas-Empire, les *honestiores*, jouissaient de certains privilèges, spécialement quant au droit criminel, mais, en droit, ils n'étaient point privilégiés quant aux impôts. Ils avaient, au contraire, du moins les décurions et les sénateurs, un privilège à rebours, consistant à payer des impôts à eux spéciaux, outre les impôts ordinaires[4].

La classe des *humiliores*, c'est-à-dire tout le reste de la population libre, comprenait les petits propriétaires fonciers (*possessores*), dont le nombre diminuait tous les jours[5], et les marchands[6], mais surtout la masse des prolétaires, de ceux qui vivaient du travail de leurs bras. Dans la condition que leur faisait le droit administratif, apparaît nettement le système des classes dont il a été parlé plus haut. Voyons quel était le sort des ouvriers et des marchands, et, d'autre part, des agriculteurs.

A. Tous les artisans, ouvriers et marchands des villes étaient sous la surveillance de l'administration impériale, qui s'applique d'une façon plus ou moins étroite.

1° L'État a pris à son compte et se réserve la fabrication

---

1. Cette classification est déjà indiquée par Paul, *Sent.* V, 4, 10. — Cf. C. J., XII, 8 : *Ut dignitatum ordo servetur.*

2. Kuhn, *op. cit.*, II, p. 182 et suiv., et la *Notitia, passim.*

3. Voyez, à la fin du dictionnaire russe-français de Makaroff, le *tableau synoptique de la hiérarchie russe.*

4. Kuhn, *op. cit.*, II, 219 et suiv.

5. Voir plus loin ce qui est dit de la propriété foncière. — Cf. L. 6, C. Th., IX, 27; L. 11, C. Th., IX, 31.

6. L. 6., C J., XII, 1; L. 3. C. J., IV, 63, défendant le commerce aux *nobiliores natalibus et honorum luce conspicui*, afin que *inter plebeium et negotiatorem facilius sit emendi vendendique commercium.*

de certains objets, par exemple les armes, les étoffes précieuses, certaines orfèvreries. Il y avait là de véritables monopoles,
et, pour les exercer, des manufactures impériales. Les ouvriers
qui y étaient employés, ingénus, affranchis ou esclaves, étaient
obligatoirement attachés à leur service ; leur mariage était étroitement réglementé, et les enfants qui en naissaient étaient
nécessairement voués à la même profession [1].

2° Parmi les autres métiers laissés à l'industrie privée, certains faisaient l'objet d'une réglementation toute spéciale [2]. Il
s'agissait de professions qui étaient considérées comme absolument indispensables pour assurer la vie des cités : les bate-
liers ou marins (*navicularii*) qui apportaient les céréales par
mer et par la voie des fleuves, les boulangers (*pistores*), les
marchands ou conducteurs de troupeaux qui fournissaient la
viande nécessaire à l'alimentation. Pour ceux-là, on considéra
leur profession comme un véritable service public, et, par
suite, on commença par exempter ceux qui s'y consacraient
des *munera* ou charges imposées aux autres citoyens ; puis,
on en arriva à les attacher plus ou moins étroitement à leur
métier, comme le curiale était attaché à la curie, et à rendre
la profession obligatoirement héréditaire [3]. Nous en avons la
preuve pour la ville de Rome [4], et les mêmes règles durent
s'établir aussi dans les provinces.

3° Pour les autres métiers, ils furent également réglementés
dans les villes, en ce sens que tous ceux de quelque importance furent successivement organisés en *collegia* ou corporations [5], dont les membres étaient exemptés des *munera*,
comme remplissant un service public, et qui étaient soumis à
la surveillance et à la juridiction de fonctionnaires impé-

---

1. C. Th., X, 20, *de Murilegulis et gyneciariis et monetariis et bastagariis;*
21, *de Vestibus oloveris et auralis;* 22, *de Fabricensibus.* — *Notitia*, c. x, éd.
Boecking.
2. Sur les corps de métiers dans l'empire romain, voyez spécialement
Kuhn, *op. cit.*, II, p. 75 et suiv. — Liebenam, *Zur Geschichte und Organisation
des römischen Vereinswesens*, 1890, p. 41 et suiv. — Bernhard Matthias, *Zur Geschichte und Organisation der römischen Zwangsverbände.* Rostock, 1891.
3. Voyez spécialement, Matthias, *op. cit.*, p. 30 et suiv.
4. C. Th., XIV, 3 et suiv.; L. 5, § 3 et suiv., D., L. 6; C. J., XI, 2, *de Navi-
culariis;* Symmaque, *Epist.* X, 34.
5. Dans les grandes villes, à Rome par exemple, ces *collegia* remontaient à
la plus haute antiquité.

riaux [1]. Mais, bien que l'intention de l'administration impériale
fût de les attacher par là à leur profession, et qu'il lui parût
chose naturelle et normale que le fils suivît la profession du
père [2], il ne semble pas qu'elle ait introduit le service forcé et
l'hérédité obligatoire [3].

4° Les marchands (*negotiatores*), dans chaque cité, formaient
aussi une corporation soumise au contrôle et à l'autorité de
l'administration [4] impériale.

B. La population agricole était moins libre encore que la
population ouvrière. Elle se composait presque entièrement
de colons et d'esclaves. Le colon est un homme libre : à la
différence de l'esclave, il a la personnalité juridique ; il a donc
une famille légitime et un patrimoine propre. Mais il a perdu
la liberté de changer de résidence ou de profession. Il est attaché à perpétuelle demeure, et sa race après lui, au domaine
d'un propriétaire foncier : agriculteur forcé, il cultive à son
profit une parcelle de ce domaine, moyennant une redevance
fixée par la coutume des lieux et qu'il paie au propriétaire.

Le colonat romain est ainsi une nouvelle application du
système des classes ; il complète logiquement l'organisation
que j'ai décrite jusqu'ici. Il ne faudrait pas croire, cependant,

---

1. L. 5, § 11 ; L. 6, Dig., L. 6 ; *Scriptores rei Augustæ*, Alex. Sev. c. xxxiii. —
Cf. Liebenam, *op. cit.*, p. 49 et suiv. ; Matthias, *op. cit.*, p. 35 et suiv.

2. L. 2, C. Th., XIII, 4 (loi de Constantin de 337) : «Artifices artium... per
singulas civitates morantes ab universis muneribus vacare præcipimus... quo
magis cupiant et ipsi peritiores fieri et *suos filios erudire* ».

3. On pourrait, en sens contraire, objecter les textes nombreux qui décla-
rent les *collegiati* ou *corporati* des villes attachés à leur *collegium* ou *corpus*,
si bien qu'on les y ramène de force s'ils l'abandonnent. Voyez spécialement
le titre *de Collegiatis*, C. Th., XIV, 7, avec le paratitle de Godefroy, et la loi 1,
C. Th., XII, 19. Mais il est fort probable que les corps dont il s'agit là ne sont
point les corporations d'artisans. Ce sont des corps recrutés parmi les plébéiens de la ville, pour satisfaire à certains services municipaux indispensables, par exemple celui des pompiers en cas d'incendie, celui des croque-
morts et celui des bains publics. A ce titre, ils étaient attachés au *collegium*, comme le curiale à la curie. Telle est l'opinion de Godefroy, et aussi
celle de Kuhn, *op. cit.*, II, p. 79. Il est vrai que, sans doute, ces corporations
s'étaient recrutées d'abord parmi les artisans: pour les pompiers, cela paraît
certain (Pline, *Epist. X*, 42); mais il dut cesser d'en être ainsi lorsque les *artifices* eurent été exemptés des *munera*; dans tous les cas, les deux sortes d'associations étaient distinctes.

4. Code de Justinien, IV, 63, *de Commerciis et Mercatoribus*; Karlowa, *Röm.
Rechtsgeschichte*, I, p. 913.

qu'il ait été créé de toutes pièces, à un jour donné, par la
législation impériale. Il n'apparaît nettement dans les lois
qu'à partir de Constantin; mais les constitutions de cet empereur le supposent déjà existant et ne font qu'en préciser la
condition[1]. Il a été établi d'abord par la coutume, et diverses
influences ont contribué à ce résultat[2]. Cette attache du cultivateur au sol avait apparu déjà dans certains pays, devenus
provinces de l'empire. Il en était ainsi en Égypte depuis des
siècles[3], et ce régime se conserva sous l'empire et put servir
de modèle et d'exemple. Une autre pratique put aussi constituer
l'un des précédents du colonat généralisé; ce sont les établissements de prisonniers barbares, que, durant les trois premiers
siècles, le pouvoir impérial répartit comme cultivateurs forcés
dans diverses régions[4]. Mais des causes plus générales durent
opérer; ce sont les conditions toutes particulières où se trouvaient les cultivateurs établis volontairement sur les grands
domaines éloignés des cités. Certaines de ces grandes propriétés
ou *saltus* appartenaient au fisc impérial, et les cultivateurs qui
y résidaient étaient, dès le IIe siècle, à la discrétion des agents
impériaux, qui, sans doute, ne leur auraient point permis
d'émigrer à leur gré[5]. Ainsi se forma la classe des colons fiscaux[6]. Sur les grands domaines des particuliers, il semble que
la liberté du cultivateur dût être respectée; ici, le propriétaire
n'était point un représentant de l'autorité publique; mais, en
réalité, le paysan qui vivait là, isolé des cités, dans l'organisation desquelles il n'avait point de place, était, en fait, attaché
au sol de père en fils, par l'impossibilité presque complète où
il se trouvait de changer de profession ou de résidence. Ce
fait, la coutume le transforma en droit[7]. On a aussi relevé une
autre cause, qui dût contribuer à transformer en colons nombre
de petits fermiers ou métayers; c'est la dette arriérée des fer-

1. L. 1, 2, C. J., XI, 48; L. 1, C. J., XI, 50.
2. Sur le colonat, voyez : Esmein, *Mélanges*, p. 293 et suiv.; Kuhn, *op. cit.*,
p. 257 et suiv.; Karlowa, *Röm. Rechtsgeschichte*, p. 918 et suiv.; Fustel de Coulanges, *Recherches sur quelques problèmes d'histoire*, p. 3-145.
3. Revillout, *Cours de droit égyptien*, tome Ier, p. 129 et suiv.
4. Kuhn, *op. cit.*, II, p. 260 et suiv.
5. Esmein, *Mélanges*, p. 313 et suiv.
6. C. J., XI, 63 et suiv.
7. Esmein, *Mélanges*, p. 309 et suiv.

mages et l'insolvabilité croissante qui les retenait à la discrétion du propriétaire [1].

Mais si la législation impériale ne créa pas directement le colonat, elle accueillit avec faveur cette institution coutumière, et créa, par voie d'autorité, des classes entières de colons. En 382, tous les mendiants valides sont changés en colons [2]; à peu près à la même époque, on soumet au colonat tous les cultivateurs de la Palestine, qui, jusque-là, avaient échappé à ce régime [3]. L'empereur Anastase décide que la personne qui a servi trente ans comme colon devient colon par la prescription [4]; enfin, Valentinien III reconnaît explicitement à tout homme libre (pourvu qu'il ne soit pas revendiqué par une curie ou un *collegium*) le droit de se faire colon, par une déclaration de volonté [5]. C'est que cette institution répondait admirablement au génie de l'administration du Bas-Empire. C'était une application du système des classes, qui assurait des bras à l'agriculture, et, en même temps, elle garantissait, semblait-il, le paiement des principaux impôts. En effet, la culture des terres étant assurée par là, le propriétaire pourrait toujours payer la *capitatio terrena*. Mais, d'autre part, le colon libre lui-même était un contribuable ; il devait la *capitatio plebeia* ou *humana*. Lorsque la *plebs urbana* eut été déchargée de cet impôt, les colons en constituèrent presque les seuls contribuables ; un grand nombre des qualifications qui leur sont données par les textes se rapportent à cet ordre d'idées [6]. Or, la loi rendit le propriétaire responsable de la *capitatio plebeia* de son colon et l'obligea à faire l'avance de celle-ci, en assurant ainsi la rentrée [7].

L'attache du colon était perpétuelle; sa condition, hérédi-

1. Fustel de Coulanges, *Recherches sur quelques problèmes d'histoire*, p. 9 et suiv. — M. Kovalevsky a récemment insisté sur ce point, en montrant que c'est par la même cause que s'est principalement constitué le servage en Russie; *Nouvelle Revue historique de Droit français et étranger*, 1889, p. 110 et suiv.

2. L. 1, C. Th., XIV, 18.

3. L. 1, C. J., XI, 51.

4. L. 19, C. J., XI, 48.

5. Novelles de Valentinien III, tit. XXX, § 5 (édit. Haenel, p. 226); Salvien, *de Gubernatione Dei*, V, 8.

6. *Censiti, censibus obnoxii, adscripticii, tributarii*.

7. Sur ce point, Esmein, dans la *Nouvelle Revue historique de Droit français et étranger*, 1889, p. 309.

taire[1]. Il n'y avait pas d'affranchissement possible pour lui; car l'affranchissement a pour but de conférer la qualité d'homme libre, que le colon possède déjà, et l'assujettissement particulier du colon est imposé par le droit administratif et d'ordre public[2].

Le système qui avait abaissé le cultivateur libre à l'état de colon eut pour effet d'améliorer la condition des esclaves attachés à la culture par leurs maîtres, et qui composaient encore la majeure partie de la classe agricole. Ils furent déclarés inséparables du domaine qu'ils cultivaient : ce fut ici la volonté et la liberté du propriétaire qui furent restreintes, et l'esclavage en profita. Le point de départ de cette transformation fut, sans doute, l'intérêt fiscal : ces esclaves, étant recensés pour le paiement de l'impôt comme une dépendance du domaine, il était plus commode, pour les agents du fisc, qu'ils restassent attachés à la terre, et, dès le IIIe siècle, on voit des traces de cette immobilisation. Au IVe siècle, la loi défendit de vendre ces esclaves en dehors de la province[3]; elle défendit enfin de les vendre sans la terre à laquelle ils étaient attachés[4]. On avait ainsi créé des colons esclaves à côté des colons libres[5], et, lorsqu'ils étaient affranchis, ils prenaient la condition de ces derniers[6].

II

La propriété foncière en Gaule, aux IVe et Ve siècles, était d'un type supérieur : c'était, quant aux résultats pratiques, la forme de propriété que nous avons en France depuis la Révolution et qui dérive, en effet, du droit romain.

Les sociétés anciennes ont presque toutes, à leur début,

---

1. Quant au droit du colon d'acquérir des biens et de les aliéner, voyez Kuhn, *op. cit.*, II, p. 267, 268. — Sur le sort des enfants nés d'un mariage mixte entre un colon et une personne libre non soumise au colonat, L. 13, 16, C. J., XI, 48.

2. Esmein, *Mélanges*, p. 370 et suiv.

3. L. 2, C. Th., XI, 3.

4. L. 7, C. J., XI, 48.

5. Je crois que c'est la *adscripticius*, lorsque les lois entendent, par ce terme, un colon d'ordre inférieur.

6. Esmein, *Mélanges*, p. 373.

pratiqué la propriété collective du sol, l'État ou la tribu en
étant le seul propriétaire et les individus ou les familles n'en
ayant que la jouissance temporaire. Il semble qu'il y ait là,
dans le développement social, une étape nécessaire à laquelle
les diverses races humaines s'attardent plus ou moins longtemps. Les Romains s'en étaient dégagés de très bonne heure,
si bien qu'il faut l'œil exercé de la critique moderne pour en
retrouver chez eux les traces certaines. A l'époque où nous
nous plaçons, depuis des siècles, la propriété du droit romain
était individuelle. Mais, de plus, la propriété du sol était
complètement libre et représentait un droit absolu. Le propriétaire, à condition de respecter les lois et à charge de payer
l'impôt, pouvait jouir et disposer de sa chose sans restriction
ni limite, sans devoir rien à personne à raison de son droit
perpétuel sur la chose. Cela est important à noter parce que,
à l'opposé de cette forme supérieure de la propriété foncière
individuelle, il en existe une autre, dont le type le plus complet se trouve dans la société féodale et qu'on appelle la *tenure*. Dans ce système, le droit sur la terre apparaît comme
un droit dérivé, comme une concession limitée et conditionnelle, grevée de charges au profit du concédant ou de ses successeurs, le plus souvent héréditaire, mais difficilement aliénable par le concessionnaire.

Cependant, au point de vue juridique, la propriété foncière
dans la Gaule romaine était encore imparfaite, parce qu'elle
était *provinciale*. Le vieux principe n'était pas encore abrogé,
d'après lequel l'État romain était le seul propriétaire des terres
jadis conquises ; il maintenait, sur le sol provincial, le domaine
éminent de César ou du sénat. Seul, était susceptible du véritable *dominium* le sol de l'Italie, ou la partie du sol provincial auquel la même qualité avait été conférée d'une manière
artificielle sous le nom de *jus Italicum*[1]. Mais cette infériorité,
à laquelle se rattachait jadis l'impôt foncier des provinces,
était devenue dans le cours du temps purement théorique. Il
en restait ceci, que les actions protégeant la propriété provinciale étaient autres que celles qui protégeaient le *dominium*,
mais elles étaient également efficaces : les modes d'aliénation

1. Heisterbergk, *Das jus Italicum;* Robert Beudant, Thèse de doctorat.

différaient aussi de part et d'autre, mais ceux qui s'appliquaient
à la propriété provinciale étaient les plus commodes et les
plus souples.

Envisagée, non plus au point de vue juridique, mais au point
de vue économique et social, cette propriété affectait principalement la forme de la grande propriété. En dehors de la
banlieue des villes, la petite et la moyenne propriété tendaient
à disparaître. C'était un mouvement déjà commencé depuis
longtemps[1], mais qui s'accentuait de plus en plus : il avait
maintenant deux causes : la fiscalité exagérée et l'insécurité
du petit propriétaire.

J'ai dit combien étaient devenus lourds les impôts, et comment le petit propriétaire était écrasé dans une répartition
trop souvent injuste. Il y en a des signes indéniables. On voit
le propriétaire appauvrir sa terre en coupant les vignes et les
arbres fruitiers pour diminuer la somme de ses impôts[2] ; on
voit, dernière extrémité, les propriétaires abandonner leurs
terres, abdiquer leur propriété, pour échapper au fisc, et les
lois constatent le fait en réglant le sort des propriétés aban-
données[3]. L'insécurité n'était pas moins à redouter pour les
petits. Les grands propriétaires, les *puissants*, cherchaient, en
effet, à accroître encore leurs domaines en y joignant les parcelles voisines ou enclavées ; et deux moyens étaient à leur
disposition. Ils pouvaient audacieusement en prendre possession ; ces envahissements (*invasio, pervasio*) reviennent souvent
dans les lois de cette époque, et, la justice étant bien peu
accessible aux petites gens, ils restaient d'ordinaire impunis[4] ;
ou bien ils forçaient le petit propriétaire à leur vendre son
champ, en dictant les conditions de la vente[5]. Les malheureux

---

1. Fustel de Coulanges, *L'alleu et le domaine rural*, p. 27 et suiv.
2. L. 1, C. Th., XIII, 11.
3. C. J., XI, 59, *De omni agro deserto*; Salvien, *de Gubernatione Dei*, V, 7. C'est
là un phénomène qu'on a pu revoir dans d'autres temps ; mais, chez les Romains,
il y avait une raison de plus pour que les malheureux abandonnassent leurs
propriétés, c'est que la torture était souvent employée par les agents de recou-
vrement pour faire payer les récalcitrants ; L. 2, C. J., X, 19; Salvien, *op.* et *loc. cit.*
4. L. 10, C. J., XI, 59 : « Qui per potentiam fundos opimos ac fertiles occu-
parunt. » — L. 1, C. J., XI, 60 : « Quidquid potentia uniuscujusque elicuit. » —
Salvien, *de Gubernatione Dei*, V, 8 : « Plerique pauperculorum spoliati resculis
suis et exterminati agellis suis... qui privata pervasione nudati sunt. »
5. L. 1, § 1, C. J., X, 31 : « Vel circumventum se insidiis vel oppressum potentia
comparatoris queri debeat. »

ainsi dépouillés n'avaient que la ressource de se faire les colons d'un grand domaine[1]. Aussi, avant d'en arriver à ces extrémités, les petits, le plus souvent, prenaient-ils les devants, et allaient se mettre sous le *patrocinicium*, sous la protection d'un *potens*, du grand propriétaire de la contrée[2], comme je l'ai dit plus haut; mais cela n'empêchait point la perte de leur propriété. Le *potens*, en effet, faisait payer le patronage qu'il accordait, et le prix, c'était le champ du protégé[3]. Il y avait une vente consentie, mais pour la forme, et dont le prix n'était pas payé[4]. Salvien nous fait apparaître plus clairement encore l'économie de l'opération; le protégé abandonnait son bien au protecteur en toute propriété, mais celui-ci lui en laissait la jouissance jusqu'à sa mort; à la génération suivante, le propriétaire n'avait plus devant lui que des colons[5]. Ainsi se formaient, dans l'empire même, des clientèles[6], qui, bien que extra-légales, sont un des précédents lointains de la féodalité[7]. A un autre point de vue, les grands propriétaires prenaient déjà, par avance et en fait, la position de seigneurs. J'ai dit que leurs grands domaines à l'écart des cités étaient soustraits à l'action judiciaire des magistrats municipaux, et que la justice du *præses provinciæ* était bien éloignée. Dans ces conditions, les domaines constituaient comme des lieux d'asile et de franchise où l'action du pouvoir public se faisait difficile-

---

1. Salvien, *op. cit.*, V, 8 : « Cum domicilia atque ag·ilos aut pervasionibus perdunt aut fugati ab exactoribus deserunt, quia tenere non possunt, fundos majorum expetunt et coloni divitum fiunt. »

2. Salvien, *op. cit.*, V, 8 : Tradunt se ad tuendum protegendumque majoribus, dedititios se divitum faciunt, et quasi in jus eorum ditionemque transcendunt. »

3. Salvien, *op. cit.*, V, 8.

4. L. 8, C. J., X, 19 : « Si quilibet cujuscumque dignitatis atque fortunæ, re vera fundos... non patrocinii gratia sed emptionis jure... possederit. » — L. 1 pr., C. J., XI, 54 : « Si quis in fraudem circumscriptionemque publicæ functionis ad patrocinium cujuscumque confugerit, id quod hujus rei gratia geritur sub prætextu venditionis vel donationis, seu conductionis... nullam habeat firmitatem. »

5. *Op. cit.*, V, 8.

6. Le mot même se trouve dans la loi 1, § 1, C. J., XI, 54.

7. Flach, *Les origines de l'ancienne France*, I, p. 70 et suiv. — Schröder, *Lehrbuch des deutschen Rechtsgeschichte*, p. 153 et suiv. Ces auteurs, surtout M. Schröder, insistent sur l'influence qu'aurait exercée en Gaule, pour l'établissement de ces rapports, la tradition de l'ancienne clientèle gauloise. — César, *de Bello Gallico*, VI, 15.

ment sentir. On le constate dès le Haut-Empire, quand il
s'agit de poursuivre les esclaves qui s'y réfugient [1]; au Bas-
Empire, quand il s'agit de traquer les brigands qui s'y retirent [2];
ou même quand il s'agit d'obtenir le paiement de l'impôt [3]. Là,
vivait toute une population de petites gens, esclaves, colons,
clients libres placés sous le *patrocinium* : il arriva naturellement que ce fut le grand propriétaire seul qui établit la police
et administra la justice entre ces résidents de ses terres ; sur
quelques-uns, les esclaves, il avait un pouvoir de droit, la
puissance dominicale ; sur les autres, un pouvoir de fait [4]. Pour
cette administration, les grands propriétaires ont des inten-
dants (*actores*, *procuratores*) dont les lois parlent souvent, et
qui sont presque des personnages officiels. Le sénateur romain
du ve siècle, dans sa *villa*, est déjà, en fait, un seigneur féodal.
Les étrangers qui ont un litige avec un habitant du domaine
lui soumettent leur cause au lieu d'en saisir la justice [5]; parfois,
il entretient une troupe armée, d'esclaves ou de clients [6]. Aussi,
dès cette époque, apparaissent les termes qui serviront plus
tard, dans la monarchie mérovingienne et carolingienne, à
désigner le propriétaire-seigneur et ses sujets : le premier
est désigné par le titre de *potens* [7]; les seconds sont dits
homines sui [8].

Pour terminer ce rapide exposé sur le régime de la propriété
foncière, disons que certaines terres se trouvaient soumises à

1. Dig., XI, 4, *de Fugitivis*.
2. L. 2. C. J., IX, 39.
3. Novelles de Majorien, tit. II : « Habenda sane ratio est potentium perso-
narum, quarum actores per provincias solutionem fiscalium negligunt, dum
pro sui terrore fastigii minime perurgentur, ac se in prædiis retinent contu-
maces, ne ad eos præceptum judicis possit aut conventio pervenire. »
4. Esmein, *Quelques renseignements sur l'origine des juridictions privées*
(*Mélanges d'archéologie et d'histoire*, publiés par l'École française de Rome,
tome XI, 1886).
5. Esmein, *Quelques renseignements*, etc., p. 11 et suiv.
6. L. 10, C. J., IX, 12 (a. 468) : « Omnibus per civitates et agros habendi
buccellarios vel Isauros armatosque servos licentiam volumus esse præclusam. »
— Cf. Grégoire de Tours, *Historia Francorum*, II, 8. Le *buccellarius* se retrouve
aussi dans la *Lex Wisigothorum*; Viollet, *Précis de l'histoire du droit français*,
p. 533.
7. L. 1, C. Th., I, 7; L. 146, C. Th., XII, 1.
8. L. 7, § 5, C. J., XI, 58; L. 4, C. J., XII, 1. — Esmein, *Quelques renseignements*, etc. p. 10.

une législation particulière. C'étaient des terres, d'abord inoccupées ou devenues désertes et situées aux frontières (*agri limitanei*), que l'empire avait attribuées par lots à des colonies de vétérans. Ceux-ci, tenus de garder une sorte de château-fort (*castellum, burgus*), étaient attachés à ce poste et leurs fils après eux[1]. Propriétaires de la terre à eux concédée, ils ne pouvaient l'aliéner au profit d'une personne d'une autre condition[2]. Si j'ai rappelé cette institution d'importance secondaire, c'est qu'on a voulu parfois, quoique bien à tort, y voir le prototype du fief, l'origine des devoirs militaires du vassal envers son seigneur. Cette hypothèse ancienne a même été reproduite de nos jours par un écrivain renommé[3].

§ 4. — SOURCES DU DROIT ET DROIT CRIMINEL.

I

Les habitants de la Gaule, sujets de l'empereur (*provinciales*), vivaient sous l'empire du droit romain, sauf l'application, sur certains points, de coutumes provinciales; et le droit romain se présentait, au v° siècle, sous la forme de la loi écrite. Les sources d'où étaient dérivées les règles du droit romain sous la république et le Haut-Empire étaient diverses et nombreuses : coutumes, lois proprement dites, édits des magistrats, sénatusconsultes, réponses des prudents et constitutions impériales. Mais, au iv° siècle, toutes ces sources s'étaient successivement taries, sauf une seule : la législation des constitutions impériales, toujours en activité. Dès cette époque, on prit l'habitude de ramener à deux catégories, le fonds du droit romain accumulé au cours des siècles. L'une, dite *jus* ou *jus vetus*, comprenait tout ce qu'avaient produit les sources anciennes du droit, jusqu'au moment où les constitutions impériales avaient commencé à former une législation abondante, c'est-à-dire jusqu'au iii° siècle environ : mais, pour étudier ou appliquer les règles appartenant à ce premier fonds, l'école ni la pratique ne remontaient plus aux sources mêmes,

1. L. 2, C. Th., XII, 19.
2. C. J., XI, 60, *de Fundis limitrophis*, etc.
3. Sumner Maine, *L'ancien droit* (traduction Courcelle-Seneuil), ch. VIII.

aux textes originaux ou créateurs : on cherchait l'expression
du *jus vetus* seulement dans les écrits des jurisconsultes classiques, qui en avaient extrait la substance et dégagé le système. L'autre catégorie, sous le nom de *leges*, comprenait la
législation des constitutions impériales, qui avait pris une valeur spéciale à partir du moment où toute la production du droit
nouveau s'était concentrée en elle [1]. Les constitutions impériales les plus importantes pour la pratique avaient été rele-
vées, dans leurs écrits, par les jurisconsultes classiques; mais
c'est surtout au moment où s'arrête cette littérature qu'elles
devinrent plus nombreuses que jamais, plus utiles à connaître.
Pourtant, il n'existait pour elles aucun mode de publication
en dehors de leur transmission aux fonctionnaires et parfois
aux particuliers, quand il s'agissait d'un rescrit. Des jurisconsultes furent alors amenés à en composer, pour la commodité
du public, des recueils qui prirent le nom de *Codices*. Deux de
ces recueils acquirent une grande célébrité. L'un est le Code
Grégorien (*Codex Gregorianus*), dont l'auteur s'appelait probablement Gregorius : composé, semble-t-il, sous le règne
de Dioclétien, il contenait des constitutions impériales de
Septime Sévère à Dioclétien, réparties par livres et par titres [2].
L'autre est le Code Hermogénien, composé dans la seconde
moitié du IVe siècle (peut-être après 365) par un jurisconsulte
nommé Hermogenianus, peut-être le même dont les ouvrages
ont fourni des fragments au Digeste [3]. Ces deux codes eurent
un succès considérable et prirent en fait la valeur de recueils
officiels [4].

Mais le droit romain, même ainsi concentré dans son expression, formait un ensemble de documents trop vaste pour que
la pratique et même la science, bien réduite, du Ve siècle ne s'y
perdissent pas. Les empereurs Valentinien III et Théodose II
le reconnurent [5] et cherchèrent à y remédier. En 426, Valentinien III donna force de loi aux écrits des cinq jurisconsultes

1. L. 23. pr., C. Th., XI, 36 : « Satis et jure et constitutionibus cautum est. »
— L. 1, § 1, C. J., I, 17.
2. Mommsen dans la *Zeitschrift der Savigny Stiftung*, X, p. 345 et suiv.
3. Karlowa, *op. cit.*, p. 942.
4. Lorsque Théodose II donna l'ordre de rédiger le code qui porte son nom,
il prit pour modèle les Codes Hermogénien et Grégorien, L. 5, C. Th., I, 1.
5. *De Theodosii Codicis auctoritate.*

Papinien, Paul, Ulpien, Gaius et Modestin, ainsi qu'aux passages des autres prudents rapportés dans leurs œuvres[1]; c'était enlever toute autorité aux autres œuvres juridiques et restreindre à celles-là les recherches à faire. Le *jus* était, par là, simplifié. En même temps, Théodose II faisait quelque chose de semblable pour les *leges*. Il ordonnait la rédaction d'un nouveau code destiné, non pas à remplacer complètement, mais à compléter les Codes Hermogénien et Grégorien. Il devait comprendre seulement des constitutions ayant le caractère de lois générales (à la différence des rescrits); il ne devait remonter qu'aux lois de Constantin, et présenter, dans chaque titre, les constitutions dans l'ordre chronologique[2]. Ce plan fut suivi, avec quelques déviations, et le code, ainsi rédigé et divisé en seize livres, approuvé par l'empereur d'Occident, Valentinien III, fut promulgué dans les deux empires en 438. Nous avons le procès-verbal de la séance, dans laquelle il fut communiqué au sénat de Rome. L'unité du monde romain se maintenait ainsi dans la législation. Il est vrai que les deux empereurs et leurs successeurs n'avaient point renoncé au droit de légiférer : ils en usèrent après la promulgation du Code Théodosien, et les constitutions qu'ils rendirent prirent le nom de *Novellæ leges*. Mais il était entendu que les Novelles d'un empereur seraient aussi introduites dans l'autre empire[3].

II

Le droit criminel que pratiquaient les Romains aux ive et ve siècles, quoique savant et énergique, était bien inférieur à leur droit civil. Le droit pénal, en particulier, c'est-à-dire l'ensemble des règles déterminant les actes punissables et les peines qu'ils entraînent, était défectueux sous plusieurs rapports. D'abord, au milieu d'une civilisation très avancée, il avait conservé, sur certains points, la trace des conceptions primitives de l'humanité en fait de répression. C'est un fait bien connu que, dans les sociétés, la répression des délits est d'abord laissée à la vengeance privée; mais, le plus souvent, les

1. L. 3, C. Th., I, 4.
2. L. 5, C. Th., I, 1.
3. Karlowa, *op. cit.*, p. 946.

représailles effectives sont écartées moyennant une indemnité, ou *composition* de valeur pécuniaire, payée par l'auteur à la victime ou à ses représentants ; puis, par l'action de la coutume ou de la loi, cette composition dûment tarifée s'impose. La victime du délit n'a plus qu'un droit, c'est d'en exiger le paiement, et elle obtient, à cet effet, une action devant les tribunaux[1]. Le droit romain, dans son dernier état, avait conservé ce système quant à certains délits contre les particuliers : le vol, les coups et blessures et les injures, par exemple. Ces délits s'appelaient *delicta privata*, et les amendes spéciales payées à la victime, qui en étaient la punition, portaient le nom de *pœnæ privatæ*. Pour les autres délits et crimes, ils étaient punis de peines véritables, afflictives ; mais le système de cette pénalité était quelque peu incohérent, et très vicieux sur certains points ; il avait subi des déviations, résultant des transformations politiques et sociales successivement opérées dans le monde romain. Sous la république, pour la répression, le point de départ avait été l'arbitraire du magistrat. Il est vrai que, de bonne heure, cet arbitraire avait été corrigé au profit du citoyen romain, par le droit qui lui fut reconnu d'en appeler à l'assemblée du peuple toutes les fois qu'il était menacé d'une peine afflictive, et cette assemblée devint son seul juge en matière criminelle ; mais l'arbitraire avait subsisté, illimité, à l'égard du provincial. A la fin de la république et au début de l'empire, toute une série de lois, qui se rattachent pour la plupart aux noms de Sulla, de Pompée, de César et d'Auguste, avait précisé les principaux crimes et édicté des peines fixes devant leur être appliquées. Ces *leges judiciorum publicorum* établissaient aussi, pour le jugement, des jurys criminels, remplaçant l'assemblée du peuple ; mais cette dernière partie du système n'était applicable qu'aux seuls citoyens romains ; les provinciaux profitèrent peut-être de la fixité des peines. Sous l'empire d'ailleurs, avant même que le droit de cité eût été étendu à tous les hommes libres, la condition des uns et des autres s'égalisa quant au droit pénal ; les jurys criminels tombèrent en désuétude et cessèrent de fonctionner au IIe siècle[2], et tout pouvoir passa aux magistrats impériaux,

1. Voyez, sur ce point, Girard, *Nouvelle Revue historique*, 1886, p. 281 et s.
2. L. 8, D. XLVIII, 1.

pour juger au criminel, à Rome comme dans les provinces.
Le bénéfice de l'appel fut étendu à tous. Mais, en même temps,
reparut le système des peines arbitraires. Le juge put modifier à son gré, en plus comme en moins, la peine portée
dans les lois[1]. Le principe s'introduisit même qu'il n'était
pas nécessaire qu'une loi eût prévu et puni un délit, pour qu'il
fût puni-sable ; la jurisprudence en créa ainsi de nouveaux,
ce qui permit, d'ailleurs, de punir de peines afflictives certains
delicta privata[2]. En même temps, s'introduisait une règle
plus détestable encore, celle de l'inégalité des peines. Pour
le même délit, la peine fut différente selon la condition sociale
du coupable ; et ici reparaît une des conséquences juridiques
les plus nettes de la distinction entre *honestiores* et *humiliores*.
Les peines réservées aux seconds et épargnées aux premiers
étaient, naturellement, plus dures ou plus honteuses[3]. Enfin,
les peines appliquées aux esclaves étaient elles-mêmes plus
sévères et plus odieuses que celles prononcées contre les
hommes libres, même *humiliores*[4]. Les peines étaient d'ailleurs très variées, souvent atroces, et les plus graves condamnations entraînaient la confiscation des biens du condamné. Chose remarquable, la prison n'était pas prononcée à
titre de peine ; c'est la peine qui distingue les législations pé-
nales perfectionnées[5].

La procédure criminelle, c'est-à-dire cette partie du droit
qui détermine la poursuite, l'instruction et le jugement des
procès criminels, présentait aussi de singulières disparates.
On distingue, quant à la poursuite, deux systèmes fondamentaux et opposés, la procédure accusatoire et la procédure inquisitoire. Dans le système accusatoire, le procès criminel
ne peut s'engager sans un accusateur qui en prenne l'initiative et la responsabilité ; dans le système inquisitoire, au contraire, le juge entame les poursuites de son propre mouvement
et se saisit d'office de l'affaire. La procédure criminelle des

---

1. L. 13, D., XLVIII, 19.
2. L. ult., D., XLVII, 2.
3. L. 9, § 11, D., XLVII, 20 ; L. 2, § 2, D., L, 2 ; L. 3, § 5, 16, D., XLVIII, 8.
4. L. 10, 28, § 2, 16, D., XLVIII, 8.
5. L. 8, § 9, D., XLVIII, 20 : « Carcer ad continendos homines non ad punien-
dos haberi debet. »

IVᵉ et Vᵉ siècles était à la fois accusatoire et inquisitoire. De la procédure des *judicia publica*, elle avait gardé cette règle que tout citoyen, *quivis ex populo*, pouvait se porter accusateur et susciter un procès criminel, mais elle la tempérait par certaines restrictions, refusant le droit d'accusation à diverses catégories de personnes. A l'ancienne juridiction des gouverneurs sur les provinciaux, elle avait emprunté la règle que le juge pouvait lui-même poursuivre d'office, et elle l'appliquait largement. Cette procédure était d'ailleurs assez rationnelle quant à l'instruction. Elle était publique, sauf que le procès se déroulait dans une salle d'audience, appelé *secretarium*, où n'entraient qu'un petit nombre de privilégiés[1]. La preuve se faisait, comme aujourd'hui, par des témoignages et des écrits : les témoins déposaient à l'audience en présence de l'accusé. Mais un mode de preuve odieux s'était introduit et était devenu d'un usage constant et général : la question ou torture, ayant pour but d'arracher par la souffrance des aveux à l'accusé. Sous la république et au commencement de l'empire, le citoyen romain échappait à la torture. Seuls y étaient alors soumis : l'esclave, quand il était accusé ou même appelé à témoigner en justice, car l'antiquité n'a jamais admis le témoignage de l'esclave sans le contrôler, pour ainsi dire, par la torture, — et le provincial, à l'égard duquel tout était permis. La règle s'introduisit, aux premiers temps de l'empire, que le citoyen pouvait être, par exception, soumis à la question quand il était accusé de lèse-majesté. Puis cela devint une règle générale, applicable dans toutes les accusations, une pratique si commune que la loi recommande au juge de ne pas commencer par là l'instruction et de recueillir d'abord des indices[2]. Seulement, certaines catégories de personnes y furent soustraites, les *honestiores* à partir des décurions[3], et

---

1. Salvien, *de Gubernatione Dei*, III, 9 : « Ecclesias... minoris reverentiæ quidam habent quam cujuslibet minimi ac municipalis judicis domum. Siquidem intra januas non modo illustrium potestatum, sed etiam præsidum ac præpositorum non omnes passim intrare præsumunt, nisi quos aut judex vocaverit, aut negotium traxerit, aut ipsa honoris proprii dignitas introire permiserit. »

2. L. 8, § 1, C. J., IX, 41.

3. L. 11, C. J., IX, 41.

les soldats[1]; mais ce privilège cessait de s'appliquer quand il s'agissait du crime de lèse-majesté[2]. L'appel continuait à être admis en matière criminelle, sauf pour certains crimes particulièrement odieux, lorsque l'accusé avait avoué, en même temps qu'il était convaincu[3].

1. L. 8 pr., C. J., IX, 41.
2. L. 16, § 1, C. J., IX, 41.
3. L. 2, C. J., VII, 65.

CHAPITRE II

Les coutumes germaniques et les établissements des barbares en Gaule

Les hommes de race germanique qui démembrèrent l'empire d'Occident apportaient avec eux des coutumes dont l'influence, en Gaule, sur certains points, devait être très grande. Ce droit coutumier dérivait en grande partie du fonds primitif, commun aux peuples indo-européens, et, dans son ensemble, il était resté très primitif : on a constaté avec exactitude que le droit germanique, à l'époque des *Leges barbarorum*, était moins avancé dans son développement que le droit romain à l'époque des XII Tables[1]. Il nous est possible de reconstituer ce droit, dans ses lignes principales[2], grâce à trois ordres de documents. — 1° Les témoignages des auteurs latins qui ont décrit ces coutumes avant les invasions. Il en est deux principaux : César, dans son livre *de Bello Gallico*[3], qui a la valeur d'un témoin oculaire; Tacite, dans son traité *de Situ, moribus et populis Germaniæ*, que l'on prenait jadis pour une sorte de roman philosophique, et auquel la critique moderne a rendu la valeur d'une œuvre d'observation et de pré-

---

1. Sumner Maine, *L'ancien droit*, ch. viii.

2. Cette reconstruction a été faite, jusque dans les détails, par un grand nombre d'écrivains. Voyez Waitz, *Deutsche Verfassungsgeschichte*, t. Ier (3e édit.); Schröder, *Deutsche Rechtsgeschichte*, p. 8-87; Stubbs, *Constitutional History of England*, I, ch. ii-iv; Geffroy; *Rome et les barbares*; Glasson, *Histoire du droit et des institutions de la France*, t. III, p. 1-98.

3. Au livre VI, ch. xxi et suiv., il compare les coutumes des Gaulois et celles des Germains; au livre IV, i et suiv., il décrit les coutumes d'une peuplade germanique, les Suèves. L'ouvrage a été écrit au milieu du Ier siècle avant l'ère chrétienne.

cision [1]. — 2° Les données fournies par les auteurs qui, après la fondation des royaumes barbares en Occident, ont écrit l'histoire des diverses races qui les avaient fondés [2]. Mais les renseignements qu'ils fournissent, sur l'état de choses antérieur aux invasions, sont fragmentaires et ne sauraient avoir la valeur de témoignages contemporains des faits. — 3° Les coutumes rédigées des peuplades de race germanique. Il y en a deux groupes. Le premier comprend les *Leges barbarorum*, c'est-à-dire les rédactions faites à partir du v° siècle, généralement en langue latine, dans les divers royaumes fondés par les barbares sur les débris de l'empire d'Occident. Celles dont les indications sont les plus précieuses sont naturellement les plus anciennes ; mais, toutes, à un degré plus ou moins avancé, ont subi l'influence de la civilisation romaine [3]. Le second groupe comprend les vieilles lois ou coutumes danoises, suédoises, norvégiennes, islandaises [4]. Elles sont fort instructives, parce que le rameau scandinave de la race germanique est resté pendant très longtemps à l'état indépendant, soustrait à l'influence de la civilisation romaine. Mais ces rédactions sont relativement bien récentes ; elles sont des xii° et xiii° siècles.

A l'époque de Tacite, la race germanique n'était point organisée en nations proprement dites : elle était si loin de l'unité nationale qu'il n'existait même point, dans sa langue, un nom pour la désigner dans son ensemble [5]. Elle se divisait en un grand nombre de peuplades indépendantes ayant les mêmes coutumes et parlant la même langue, et pouvant se classer par leurs affinités les plus proches, mais politiquement tout à fait distinctes. Chacune de ces peuplades indépendantes, formant un petit état, porte, dans Tacite, le nom de *civitas*, qu'avaient de tout temps employé les Romains pour désigner un état

---

1. L'ouvrage a été écrit à la fin du 1er siècle avant l'ère chrétienne.
2. Les principaux sont : Grégoire de Tours, *Historia Francorum* (seconde moitié du vi° siècle) ; Jordanes, *de Gothorum Origine et Rebus gestis* (vi° siècle) ; Procope, écrivain grec contemporain de Justinien, *de Bello Vandalico, de Bello Gothico* ; Isidore de Séville, *Historia sive Chronicon Gothorum* (vii° siècle) ; Paulus Warnefridus, *de Gestis Langobardorum* (viii° siècle).
3. Voyez, ci après ch. iii, sect. i, § 5.
4. Dareste, *Études d'histoire de droit*, p. 279 et suiv.
5. Tacite, *Germ.*, 2.

libre. Elle représentait, comme tous les groupes primitivement
agglomérés dans la race indo-européenne, une union de familles, qui, tout en conservant leur individualité propre, vivaient sous un gouvernement communal, de forme démocra-
tique. C'est aussi le type originaire des cités grecques et
italiques, mais la *civitas* germanique s'en distingue par un
trait saillant : elle ne comprend point de *ville* ; l'élément urbain,
qui joue un rôle prépondérant en Grèce et en Italie, fait ici
complètement défaut [1].

A l'époque de Tacite, la forme de l'État, dans la majorité des
civitates, était républicaine [2], et l'on peut affirmer qu'originairement cette forme était générale. Le pouvoir suprême, la
souveraineté, résidait dans une assemblée ou *concilium* comprenant tous les hommes libres en âge de porter les armes [3]
où chacun pouvait prendre la parole, et qui statuait par des
clameurs favorables ou hostiles, mode primitif de votation,
qui se retrouve, au début, chez tous les peuples. Ce *concilium*
décidait seul toutes les affaires importantes, et, en premier
lieu, la guerre et la paix. Il statuait aussi sur les accusations
capitales qui devaient être intentées devant lui [4]. Enfin, par
suite de sa composition même, cette assemblée, c'était l'armée,
la nation en armes [5]. Mais la *civitas* avait aussi des autorités
locales et inférieures. Elle se subdivisait en cantons que Tacite appelle des *pagi*, à la tête desquels étaient placés des chefs
appelés *principes*, qui étaient élus par le *concilium* [6] ; ils étaient
pris parmi les nobles [7] et probablement nommés à vie [8]. Ils

1. Tacite, *Germ.*, 16 : « Nullas Germanorum populis urbes habitari satis no-
tum est. »
2. *Germ.*, 26.
3. *Germ.*, 11, 12, 13.
4. *Germ.*, 12. Selon certains auteurs, le passage de Tacite : « Licet apud consilium accusare quoque et discrimen capitis intendere », n'aurait pas ce sens.
Il voudrait dire que tout citoyen, au lieu de porter son procès devant l'assemblée de la centaine, dont il sera question plus loin, pouvait en saisir directement le *concilium* (Schröder, *Rechtsgeschichte*, p. 35). Mais les termes de la
phrase semblent formels.
5. *Germ.*, 13.
6. *Germ.*, 12.
7. *Germ.*, 12, 13.
8. Une expression de Tacite (*Germ.*, 22), *de asciscendis principibus ...consul-
tant*, paraît représenter les *principes* comme une classe permanente, à laquelle
de nouveaux membres sont agrégés.

rendaient la justice dans les *pagi*[1], et, sans doute, commandaient le contingent militaire que devait fournir le *pagus*[2]. On peut même préciser un peu plus ce qu'était cette circonscription du *pagus*. On voit, en effet, que, lorsque le *princeps* y rend la justice, il est assisté de cent compagnons[3] et que cent hommes composent également le contingent du *pagus*[4]. C'était donc une *centaine*, c'est-à-dire originairement un groupe de cent chefs de famille. C'est une division qui se retrouve à peu près partout où se sont établis les hommes de race germanique ; et cette race semble avoir une tendance naturelle à s'organiser spontanément ainsi, comme un certain liquide se cristallise sous une forme particulière[5]. On voit aussi par là, que, dans la centaine, tous les chefs de famille participaient à l'administration de la justice. Deux traits complètent le tableau : César nous apprend que les allotissements de terre, dont il sera parlé plus loin, se faisaient par groupes familiaux[6], et Tacite nous dit que les guerriers étaient groupés par familles dans le contingent du *pagus*[7] : celui-ci était donc un groupement de familles. Mais le nombre de cent chefs de famille par centaine ne dut être exact qu'à l'origine, lors du premier établissement ; il devait varier dans la suite : le nom de la circonscription se conserva cependant[8].

Ce gouvernement avait des finances absolument rudimentaires. La *civitas* recevait une partie des compositions en têtes de bétail, qui constituaient la peine des délits[9]. D'autre part, les citoyens faisaient aux *principes* des offrandes en bétail ou en céréales, purement volontaires en droit, mais moralement imposées par la coutume[10]. Telle était l'organisation politique

---

1. *Germ.*, 12.
2. *Germ.*, 6.
3. *Germ.*, 12 : « Centeni singulis ex plebe comites, consilium simul et auctoritas, assunt. »
4. *Germ.*, 6 : « Definitur et numerus : centeni ex singulis pagis sunt. »
5. Voyez, dans les *John Hopkin's University Studies in historical and political science*, 3ᵈ series, les études de M. Edward Ingle, p. 143 et suiv., et de M. Lewis W. Wilhem, p. 312 et suiv.
6. *De Bello Gallico*, VI, 22.
7. *Germ.*, 7.
8. *Germ.*, 6 : « Quod primus numerus fuit jam nomen et honor est. »
9. *Germ.*, 12.
10. *Germ.*, 15 : « Mos est civitatibus ultro ac viritim conferre principibus

de la *civitas* germanique; mais, à côté des autorités régulièrement constituées qu'elle comprenait, elle en connaissait d'autres, extraordinaires ou supplémentaires, pour ainsi dire.

C'était d'abord un chef militaire ou *dux*, qui était élu en temps de guerre, et dont les pouvoirs, d'ailleurs restreints, devaient cesser avec l'expédition pour laquelle il avait été choisi[1]; c'était, en second lieu, l'institution du *comitatus*. Celle-ci, dont l'influence devait être considérable dans l'histoire de l'Europe occidentale, et où l'on voit l'un des précédents lointains de la féodalité, est nettement décrite par Tacite. C'était une association d'une nature particulière qui intervenait entre un *princeps* et un certain nombre de membres de la *civitas*. Ceux-ci, qui se faisaient individuellement agréer par lui, étaient dits ses *comites*, et lui devaient un dévouement complet, spécialement dans la guerre. Le chef, de son côté, leur donnait un cheval de guerre et des armes, les gratifiant selon leurs mérites, et les entretenait dans une chère abondante[2]. Il semble, d'ailleurs, que ces *comites* se soient recrutés seulement parmi les nobles, surtout parmi les plus jeunes, et constituassent une classe qui, repoussant les travaux de l'agriculture, ne voulait vivre que de guerre et de butin. Il semble enfin, lorsque la peuplade était en paix, que ces associations, ou leurs membres individuellement, pouvaient se mettre au service d'une autre peuplade. Comment expliquer leur existence? Comment un État organisé pouvait-il admettre, à côté des cadres arrêtés et des autorités constituées, ces groupements facultatifs et ces autorités librement choisies? C'est que, dans les sociétés primitives, pendant longtemps l'État, encore peu développé, n'est point jaloux ni exclusif. Investi de for. peu d'attributions, il ne réclame pas sans partage le droit de commander aux hommes[3]. D'ailleurs, dans les *civitates*, une certaine régularisation de ces formations hors cadre paraît s'être introduite : seuls possédaient le droit d'avoir un *comitatus*, de se faire les chefs d'un de ces

vel armentorum vel frugum quod, pro honore acceptum, etiam necessitatibus subvenit. »

1. *Germ.*, 7 ; Cf. Schröder, *op. cit.*, p. 31.
2. *Germ.*, 13, 14.
3. Dans César (*B. G.*, VI, 23), le *comitatus* n'apparaît pas comme un groupement permanent; c'est un recrutement volontaire en vue d'une expédition déterminée.

groupes, le *dux* et les *principes*, c'est-à-dire des magistrats élus par la nation[1]. Cette institution du *comitatus* a été souvent présentée comme propre aux Germains. Je crois, au contraire, qu'une semblable organisation se présente naturellement dans les sociétés qui ne sont pas encore pleinement tassées, où la constitution politique est encore flottante, si ce n'est sur quelques points essentiels. Les *ambacti*, les *devoti* ou *soldurii*, que César décrit chez les Gaulois[2], semblent les proches parents des *comites* que Tacite trouve chez les Germains. Les ἑταῖροι des peuplades grecques, dont il est si souvent question dans les poèmes homériques, me paraissent aussi représenter une association similaire et les compagnons d'Ulysse se rapprocher des *comites* germains. Ce qui distingue le *comitatus* germanique, c'est qu'il persiste, en se régularisant, à un âge où la *civitas* a déjà une constitution arrêtée.

La constitution que j'ai décrite avait subi chez un assez grand nombre de peuplades, à l'époque de Tacite, une modification importante : la forme républicaine avait disparu chez elles et la monarchie s'y était introduite. Mais cela n'avait point amené des changements profonds et fondamentaux. La royauté s'était superposée à l'ancienne constitution républicaine, sans la détruire ni même la modifier profondément. Le pouvoir souverain résidait toujours dans le *concilium* qui conservait ses anciennes attributions; les *principes* étaient toujours les chefs élus des centaines. Les droits et prérogatives de la puissance royale étaient donc fort restreints[3]. Outre l'ascendant moral qu'il exerçait, le roi paraît avoir eu seulement deux privilèges légaux. Il recevait la part des compositions qui, primitivement, était perçue par la *civitas*[4]. Il est probable qu'il avait le droit de prendre sous sa protection

---

1. Dans ce sens, Stubbs *Constitutional History*, c. II. — Schröder, *op. cit.*, p. 28; il justifie cela par cette idée que, dans d'autres conditions, cet assujettissement du *comes* eût été, dans les idées des Germains, incompatible avec la qualité d'homme libre. — M. Siegel (*Deutsche Rechtsgeschichte*, p. 140) montre aussi le droit d'avoir un *comitatus* comme un privilège du *princeps*; d'après lui, le *comitatus* ne se composait, d'ailleurs, que de jeunes gens, non encore établis comme chefs de famille et, par suite, non astreints au service militaire.

2. *De Bello Gallico*, VI, 15 et 20.

3. *Germ.*, 7 : « Nec regibus infinita aut libera potestas. »

4. *Germ.*, 7 : « Pars multæ regi vel civitati exsolvitur. »

spéciale[1], avec la sanction d'une amende particulière contre qui la violerait, certaines personnes ou certains lieux. D'autre part, le roi, sans aucun doute, comme les *principes*, recevait des présents de la population, et avait, comme eux, un *comitatus*, le plus considérable de tous. Les rois paraissent avoir été électifs, mais toujours choisis dans les familles les plus nobles[2]. D'ailleurs, la royauté et la création momentanée d'un *dux* militaire n'étaient point incompatibles ; et le *dux*, ayant la discipline de l'armée, exerçait des pouvoirs plus étendus que ceux du roi : il pouvait prononcer la peine de mort et des châtiments corporels[3] ; il est vrai que, du temps de Tacite, il ne pouvait exercer ce pouvoir que par l'intermédiaire des prêtres.

La *civitas*, comme toutes les peuplades antiques, comprenait des hommes libres et des esclaves. Les premiers se divisaient en *ingenui*, ou hommes simplement libres, et en *nobiles*[4]. La noblesse ne paraît pas avoir eu d'autres privilèges que de fournir les rois, les *principes*, et peut-être leurs *comites*. Quant aux esclaves, ils paraissent s'être divisés en deux classes. Les uns n'étaient que des objets de commerce, vendus sans doute à l'étranger ; et de ce nombre paraissent avoir été les débiteurs insolvables, que la coutume germanique, comme beaucoup d'autres, réduisait en esclavage[5]. Quant à ceux que les Germains gardaient, ils n'étaient pas employés au service domestique ; c'étaient des esclaves agricoles, qui avaient leur ménage et leur demeure à part, et qui ne devaient au maître qu'une part des fruits produits par la terre qu'ils cultivaient[6]. Leur condition, en fait, n'était pas éloignée de celle du colon romain. L'esclavage pouvait cesser par l'affranchissement ;

1. Cela semble résulter du passage de Tacite (*Germ.*, 25) d'après lequel les affranchis, qui sont à peine au-dessus des esclaves dans les *civitates* républicaines, peuvent, au contraire, s'élever au-dessus même des nobles, dans celles où la royauté est établie. Cela ne peut provenir que d'une protection spéciale accordée par le roi. — Cf. Schröder, *Deutsche Rechtsgeschichte*, p. 20. — Lehmann, *Der Königsfriede der Nordgermanen*. 1886.

2. *Germ.*, 7 : « Reges ex nobilitate, duces ex virtute, summnt. »

3. *Germ.*, 7 : « Animadvertere, vincire, verberare. »

4. *Germ.*, 25. — Cf. César, *de Bello Gallico*, VI, 23.

5. *Germ.*, 27. Tacite donne pour exemple les joueurs qui finissent par perdre jusqu'à leur liberté.

6. *Germ.*, 25.

mais Tacite, parlant des affranchis, dit que leur condition ne
diffère guère de celle des esclaves[1]. A côté des esclaves et des
hommes libres, dans la période qui suit les invasions, nous
trouvons une catégorie de personnes appelées *liti, lidi*, ou *leti*.
Il est probable que leur état remontait aux anciennes coutumes; mais quel était cet état à l'origine? Selon les uns, ces
lidi n'auraient pas été autre chose que les anciens affranchis[2];
selon d'autres, c'étaient, à l'origine, des vaincus, réduits à une
sorte de servage au profit de la cité conquérante[3]. On peut invoquer un fait dans ce dernier sens : les Romains avaient
concédé en Gaule des terres à certains barbares, moyennant
qu'ils paieraient un tribut et fourniraient des contingents de
troupes ; or, les contingents s'appelaient *leti*, et les terres
concédées, *terræ leticæ*[4].

La forme de la propriété foncière qui dominait chez les
Germains et qui représentait le droit commun, c'était la propriété collective, avec des allotissements périodiques, pour la
jouissance privée[5]. La *civitas*, ou peut-être chaque centaine,
prenait possession d'un territoire propre à la culture, dont
elle était seule propriétaire ; et, périodiquement, par les soins
des *principes*, des lots étaient tracés et attribués aux familles,
qui en jouissaient et en recueillaient les fruits, jusqu'à un
nouveau partage ; les pâturages et les bois restaient soumis
à la jouissance commune. Ces partages, d'ailleurs, se renou-
velaient tous les ans; ils se faisaient suivant des règles que
nous ne connaissons pas; mais les lots n'étaient point égaux,
ils variaient spécialement selon la dignité des personnes, ce
qui implique que les *principes* avaient une part avantageuse.
Tel était, incontestablement, le régime agraire au temps de

---

1. *Germ.*, 25 : « Libertini non multum supra servos sunt. » M. Schröder,
(*op. cit.*, p. 40) explique cela, en supposant que le plein affranchissement,
accompli devant le *concilium* ou devant le roi, qui seul, d'après certaines *Leges*,
confère la pleine liberté, n'était pas encore connu à l'époque de Tacite.

2. Siegel, *Deutsche Rechtsgeschichte*, p. 163.

3. Schröder, *op. cit.*, p. 40.

4. *Notitia* (édit. Boecking), c. XL, § 4, *Præfecti lætorum et gentilium*.

5. Cette question est vivement discutée entre les historiens du droit. Voyez
spécialement, pour la France, Fustel de Coulanges, *Recherches sur quelques problèmes d'histoire*, p. 189 et suiv.; Glasson, *Étude sur les communaux et le domaine rural à l'époque franque*.

César[1]. Tel il était encore à l'époque de Tacite[2]. Cependant, un tel régime n'excluait pas toute propriété individuelle du sol; celle-ci n'existait qu'à l'état d'exception, mais avait deux applications possibles.

D'abord, la maison du chef de famille, ainsi que le sol sur lequel elle était bâtie et l'enclos qui l'entourait. Il est impossible que ces demeures, telles que les décrit Tacite, établies d'après un plan si contraire à toute promiscuité[3], n'aient pas été permanentes et absolument privées. D'ailleurs, la maison familiale et son enclos forment le premier ilot de propriété individuelle qui apparaît dans les coutumes des peuplades indo-européennes[4]. D'autre part, il semble bien que Tacite constate indirectement l'existence de propriétés foncières individuelles, d'une plus grande importance[5]. Comment avaient-elles pu se constituer? Par un moyen qui fut admis chez les peuples les plus divers. Le terrain, objet de la propriété collective et soumis aux partages périodiques, ne comprenait pas tout le territoire sur lequel s'étendait le pouvoir de la *civitas*. En dehors, se trouvaient des terres incultes et non appropriées : la coutume admettait que celui qui les défrichait et les cultivait en avait la jouissance privative et perpétuelle. Ainsi se constituait la propriété privée à côté de la propriété commune[6].

1. *De Bello Gallico*, VI, 22 : « Neque quisquam agri modum certum aut fines habet proprios; sed magistratus ac principes in annos singulos gentibus cognationibusque hominum qui una coierunt, quantum et quo loco visum est agri attribuunt atque anno post alio transire cogunt. » Cf. IV, 1.

2. Il est impossible, sans idée préconçue, d'attribuer un autre sens à la phrase célèbre, qui a été traduite cependant de tant de manières : *Germ.*, 26 : « Agri pro numero cultorum in vices ab universis occupantur, quos mox inter se secundum dignationem partiuntur : facilitatem partiendi camporum spatia præsta..t. Arva per annos mutant, et superest ager. ».

3. *Germ.*, 16.

4. Esmein, *La propriété foncière dans les poèmes homériques* (*Nouvelle Revue historique de Droit français et étranger*, 1890, p. 835 et suiv.).

5. Tacite (c. XVII) parle de *locupletissimi*, et il n'est pas probable que la richesse de ceux-ci consistât uniquement en troupeaux. Surtout ce qu'il dit des esclaves agricoles (c. XXV) paraît impliquer l'existence de propriétés individuelles importantes; c'est seulement sur de semblables domaines que le maître pouvait les établir à titre de colons, et leur donner une demeure fixe (*penates*).

6. Esmein, *La propriété foncière dans les poèmes homériques*, loc. cit., p. 842 et suiv.; Cf. Dareste, *Études d'histoire du droit*, p. 294, 312 et suiv. (Suède et Danemark); Kovalevsky, dans la *Nouvelle Revue historique de Droit français et étranger*, 1891, p. 480 et suiv.

Ces propriétés foncières individuelles, qui sûrement étaient héréditaires, probablement étaient inaliénables.

Les Germains ne connaissaient point la loi proprement dite; ils vivaient sous l'empire de la pure coutume, résultant du consentement tacite de la population, conservée par l'autorité des anciens[1], non fixée par l'écriture dont ils ignoraient l'usage[2]. Quant au droit criminel, ils en étaient encore à des formes primitives. Tous les délits contre les particuliers donnaient ouverture à la vengeance privée, à la guerre privée de famille à famille[3]. Mais la paix se faisait d'ordinaire moyennant une composition payée par le coupable, et consistant en têtes de bétail, la monnaie primitive. Cette composition se partageait, suivant certaines règles, entre les membres de la famille offensée[4]. Cependant, par rapport au système de la pure vengeance privée, deux progrès avaient été accomplis à l'époque de Tacite. En premier lieu, la coutume avait établi un tarif des compositions à payer pour chaque délit[5]. Secondement, elle ouvrait une action en justice à la victime ou à ses représentants pour faire condamner le coupable au paiement de la composition[6]. Mais elle ne leur imposait point cette voie, et les laissait libres encore de poursuivre la vengeance. Le pouvoir public n'intervenait que comme médiateur et il se faisait payer le prix de cette médiation; c'était la part de la composition qui revenait à la *civitas* ou au roi. Cependant, pour certains crimes, le droit s'était élevé à la répression publique, par la peine de mort. Mais il s'agissait alors de crimes contre la *civitas* elle-même, comme la trahison en faveur de l'ennemi, ou de faits qui, comme les actes contre nature, étaient considérés comme pouvant attirer sur le peuple entier la colère des dieux[7].

1. Siegel, *Deutsche Rechtsgeschichte*, p. 15.
2. *Germ.*, 19.
3. *Germ.*, 21.
4. *Germ.*, 21 : « Luitur etiam homicidium certo armentorum ac pecorum numero, recipitque satisfactionem universa domus. »
5. Cela résulte du texte cité à la note précédente : « *certo* numero armentorum ac pecorum. » Cf. *Germ.*, 12.
6. *Germ.*, 12 : « Sed et levioribus delictis pro modo pœna. Equorum pecorumque numero *convicti mullantur.* »
7. *Germ.*, 12 : « Proditores et transfugas arboribus suspendunt; ignavos et imbelles aut corpore infames cœno ac palude, injecta super crate, mergunt. »

§ 2. — LES ÉTABLISSEMENTS DES BARBARES EN GAULE. — LA PERSON-NALITÉ DES LOIS

Dans le cours du v⁵ siècle, trois royaumes barbares se fondèrent en Gaule, celui des Burgondes, celui des Wisigoths et
celui des Francs, qui devait, dans la suite, absorber les deux
autres. Quels changements ces conquêtes et ces établissements
apportèrent-ils aux institutions qu'avait laissées en Gaule
l'empire romain? En fait, les Gallo-Romains, très civilisés et
polis, souffrirent beaucoup au contact violent des barbares,
grossiers et rudes[1]. Mais, en droit, quelle condition leur fut-
elle faite? C'est là une question qui, au xviiⁱᵉ siècle, pas-
sionna les esprits dans notre pays, car on y mêlait des préoc-
cupations contemporaines; les défenseurs des privilèges de la
noblesse voulaient les rattacher à la conquête germanique
elle-même. C'est ce que fit en particulier le comte de Boulain-
villiers. Dans un livre d'esprit original, mais très superficiel
quant à l'érudition[2], il voulut établir que les nobles français
étaient les successeurs directs des Francs qui avaient conquis
la Gaule, et que les Gallo-Romains avaient tous été réduits en
servage[3]. En sens opposé, l'abbé Dubos composa un ouvrage
savant et critique[4], où il prétendait établir que les Gallo-Romains avaient conservé, dans la conquête, leur condition et
leurs droits antérieurs. Montesquieu, dans l'*Esprit des Lois*[5],
chercha, en se plaçant exclusivement au point de vue de la
science historique, à rétablir la vérité, et c'est un des savants

---

— Selon certains auteurs, les vieilles coutumes germaniques auraient même
rangé dans cette classe et puni de mort quelques crimes contre les particuliers, spécialement l'assassinat (à la différence de l'homicide simple), et la
composition pécuniaire n'aurait été que plus tard substituée à la peine de
mort: Ernst Mayer, *Zur Entstehung der Lex Ribuariorum*, 1886, p. 85, note 13,
p. 111.

1. Voyez un passage de Salvien (*de Gubernatione Dei*, V, 5) où celui-ci, d'ailleurs,
raconte que le sujet romain préfère encore parfois la domination des barbares
à l'administration impériale : « Et quamvis ab his ad quos confugiunt discrepent ritu, discrepent lingua, ipso, ut ita dicam, corporum atque induviarum
barbaricarum fœtore dissentiant, malunt tamen in barbaris pati cultum dissi-
milem quam in Romanis injustitiam sævientem ».

2. *Histoire de l'ancien gouvernement de la France*, 1727.

3. Tome Iᵉʳ, p. 34 et suiv.

4. *Histoire de l'établissement de la monarchie françoise dans les Gaules.*

5. Livre XXX, ch. vi et suiv.

E.   4

qui ont le plus contribué à éclaircir ce point. Aujourd'hui, la question ne peut plus avoir qu'un intérêt historique. Cependant, elle met encore en présence deux écoles opposées : d'un côté, les *romanistes*, qui, dans la formation des institutions propres aux royaumes barbares attribuent la prépondérance à l'élément romain [1]; d'autre part, les *germanistes*, qui y font jouer le premier rôle aux coutumes germaniques [2]. Pour élucider ce problème, il faut le décomposer et se demander si les Gallo-Romains ont perdu ou conservé leur liberté, leurs propriétés et la jouissance de leurs lois.

1° Quant à la liberté, la réponse est facile. Dans les invasions, comme dans toutes les guerres antiques, il fut fait un grand nombre de captifs de tout sexe et de tout âge, qui furent réduits en esclavage. Mais, en dehors de cette minorité sacrifiée et très faible, la masse des Gallo-Romains conserva sa liberté dans les royaumes barbares, et même, comme on le verra, elle obtint en principe l'égalité de droits avec les conquérants. En ce qui concerne la propriété, la question est obscure en partie; mais, cependant, on peut dégager un certain nombre de points certains.

2° Les barbares envahissant l'empire voulaient incontestablement obtenir des terres : c'est ce qu'ils demandaient toujours à l'autorité romaine, quand ils se pressaient aux frontières, avant d'entrer en maîtres. La terre était alors la principale richesse, et la conquête devait être productive. De là dut résulter nécessairement une dépossession partielle des propriétaires gallo-romains; mais elle ne fut ni aussi considérable, ni aussi violente qu'on pourrait le croire tout d'abord. Il faut bien remarquer que le fisc impérial avait, en Gaule, d'immenses domaines, qui, par le fait même de la conquête, passaient au monarque barbare, et au moyen desquels celui-ci pouvait faire des largesses à ses hommes. D'autre part, il paraît établi que la dépossession, dans la mesure où elle se produisit, fut acceptée sans trop de regrets par ceux qui la su-

---

1. Fustel de Coulanges, spécialement dans son *Histoire des institutions politiques en France*, peut être considéré comme le représentant le plus décidé et le plus illustre de l'école romaniste.

2. M. Sohm, parmi tant d'autres savants allemands, peut être considéré comme un de ceux qui représentent le plus fidèlement l'école germanique. Voyez son ouvrage : *Die Fränkische Reichs-und-Gerichtsverfassung*, 1871.

bissaient. Il est certain que parfois les Gallo-Romains virent les établissements des barbares presque avec satisfaction ; ils espéraient que c'était la fin de l'intolérable fiscalité de l'empire, et consentaient à payer leur libération par le sacrifice d'une partie de leurs propriétés [1]. Quant au colon, attaché à la glèbe, peu lui importait que la terre appartint à un Romain ou à un barbare : sa condition ne changeait pas. Mais, laissant de côté ces considérations générales, il faut voir de plus près ce qui se passa dans chacun des trois royaumes fondés en Gaule [2].

Pour le royaume des Burgondes, nous avons, dans la *Lex Burgundionum*, des indications précieuses quoique incomplètes. Nous savons qu'une dépossession partielle des Romains eut lieu et nous entrevoyons même comment elle s'opéra [3]. Lorsque, après l'année 443, les Burgondes s'établirent d'abord dans la Savoie, puis dans le pays de Lyon, ils se cantonnèrent chez les propriétaires romains, qui durent leur fournir logement et nourriture. Cette première installation, qui avait été à peu près pacifique, se fit régulièrement. Les guerriers burgondes suivirent tout simplement les règles qu'observaient les Romains pour le logement des troupes chez l'habitant, et qui étaient bien connues des barbares, comme toute l'organisation militaire des Romains. La charge que la loi romaine permettait d'imposer de ce chef à l'habitant ou *hospes* était fort lourde ; le Code Théodosien contient un titre entier sur la matière [4] ; nous y voyons, en particulier, que le soldat avait droit au tiers de la maison pour en user privativement. Mais le cantonnement des Burgondes avait un caractère tout nouveau. Il se présentait comme une mesure non temporaire, mais définitive ; de plus, le Romain n'avait pas seulement, comme autrefois, à

---

1. Salvien, *de Gubernatione Dei*, V, 8 ; et le texte de la chronique de Frédégaire restitué par M. Monod, *Bibliothèque de l'École des Hautes-Études*, fasc. 63, p. 58-59.

2. Les résultats que je vais résumer ont été dégagés, dans tout ce qu'ils ont d'essentiel, par Gaupp, dans son livre intitulé : *Die germanische Ansiedlungen und Landteilungen in den Provinzen des römischen Westreichs*, 1844. Cet ouvrage a servi de base à tous les travaux qui ont été composés depuis sur le même sujet.

3. Sur ce point, voyez Saleilles, *De l'établissement des Burgondes sur les domaines des Gallo-Romains*, Dijon, 1891 ; là, sont indiqués (p. 2, note 1) tous les travaux publiés sur la question.

4. L. VII, tit. VII, de *Metatis*.

loger son hôte, il devait sûrement le nourrir. Cela devait conduire à une liquidation nécessaire. Au lieu de maintenir le Romain indéfiniment soumis à cette charge insupportable, mieux
valait, pour les deux parties, attribuer au Burgonde une partie
du domaine et laisser au Romain le surplus, franc et quitte de
toute servitude. On aboutissait ainsi à un partage, et plusieurs
ordonnances des rois burgondes firent en effet cette attribution. Une première paraît avoir partagé la maison et les terres
qui en dépendaient par moitié[1]. Puis, une loi nouvelle vint attribuer au barbare la moitié de la maison, les deux tiers des
terres arables et un tiers des esclaves, les bois et les prairies
restant indivis par moitié entre les deux parties. Enfin, une
dernière ordonnance, qui se rapporte à de nouveaux pays occupés ou à de nouveaux contingents, ne donna plus au Burgonde que la moitié de la maison et des terres. Les relations
juridiques qui s'établirent, de ce fait, entre le Romain et le
Burgonde furent désignées par un nom qui en rappelait l'origine première : cela s'appela l'*hospitalitas*, les barbares possé-
dant les immeubles à eux attribués *hospitalitatis jure ;* mais
ils en avaient la pleine propriété, même aliénable par eux,
sauf un droit de préemption en faveur du Romain. D'ailleurs,
le Burgonde qui avait reçu par donation royale une terre du
fisc ne paraît pas avoir eu droit à l'*hospitalitas*[2].

Chez les Wisigoths établis en Gaule, il y eut aussi une
dépossession partielle des propriétaires gallo-romains, ayant
pour origine première le cantonnement et l'*hospitalitas* à la
romaine. Les détails ici sont moins abondants que pour les
Burgondes. Nous savons seulement que les deux tiers des
terres furent attribués au guerrier wisigoth; car les propriétés
laissées aux Romains sont appelées par la loi les *tertiæ Romanorum*[3], tandis que, par opposition, elle parle des *sortes Gothicæ*.

---

1. Sur le point de savoir quelle fut l'unité sur laquelle se fit le cantonnement et plus tard le partage, voyez l'étude de M. Saleilles. On peut hésiter
entre le domaine entier et la ferme ou métairie, formant une unité pour
l'exploitation.

2. Dans ce sens, Gaupp, *op. cit.*, § 43; en sens contraire, Saleilles, *op. cit.* —
Les titres de la loi des Burgondes qui fournissent les renseignements résumés
au texte sont les suivants : XXXVIII, LIV, LV, LXXIX, *additamentum secundum*
§ 1 (al. tit., CVII).

3. Ch. VIII, IX, XVI, *Lex Wisigoth.*, X, 1. — Blume, *Die Westgothische Antiqua*,
c. CCLXXVII, CCCII.

Quant au royaume des Francs, nous n'avons pas de documents directs et précis ; on ne trouve pas de traces d'un cantonnement régulier et d'un partage consécutif. Mais il faut distinguer les conquêtes successives des Francs.

Les premières conquêtes des Francs Saliens, celles antérieures à Clovis, et les conquêtes propres des Francs Ripuaires eurent pour conséquence une dépossession totale des Gallo-Romains, par la raison que toute la population romaine fut détruite ou abandonna le pays. Il y a, de ce dernier fait, un indice certain : c'est la disparition du christianisme dans ces régions. Or, au vᵉ siècle, en Gaule, le christianisme et la présence des Romains sont deux choses inséparables. Cela est prouvé par de nombreux témoignages pour les pays occupés par les Saliens ; aux vіᵉ et vііᵉ siècles, les païens dominèrent ou restèrent seuls[1]. Quant aux Ripuaires, c'est en l'an 464 qu'ils occupèrent définitivement le diocèse de Trèves, et, à partir de ce moment, pendant plus d'un siècle, les inscriptions chrétiennes disparaissent dans le diocèse, signe certain que la population chrétienne, c'est-à-dire romaine, a elle-même disparu[2]. Quant aux conquêtes de Clovis jusqu'à la Seine, puis jusqu'à la Loire, il est probable qu'elles n'entraînèrent point, en principe et par système, la dépossession des Romains. Il y avait eu déjà de longues relations de voisinage entre conquérants et conquis ; le clergé, si favorable à Clovis, protégeait les Romains, et les vastes domaines du fisc devaient suffire pour lotir les nouveaux maîtres. Peut-être même y eut-il traité et capitulation consentie, plutôt que conquête proprement dite[3]. Dans tous les cas, il n'y eut point dépossession complète, car la loi salique, rédigée sous le règne de Clovis, parle du *Romanus possessor*[4]. Enfin, la conquête du royaume des Wisi-

---

1. Roth, *Geschichte des Beneficialwesens*, p. 65.

2. Edmond Le Blant, *Inscriptions chrétiennes de la Gaule*, t. Iᵉʳ, préface, p. XLV et suiv.

3. Procope, *de Bello Gothico*, I, 12.

4. *Lex Sal.*, XLI, 3. — Cependant Gaupp, *op. cit.*, § 58, indique un indice possible d'une dépossession régulière et d'un partage, c'est le *wergeld* (prix de la vie) différent, assigné dans le tarif des compositions de la loi salique en cas de meurtre d'un Franc et d'un *possessor Romanus*. Le *wergeld* du Franc est de 200 *solidi*, celui du Romain seulement de 100. Cela donne une proportion de deux tiers à un tiers ; or, c'est la proportion entre la part de propriété donnée au barbare et celle laissée au Romain dans la répartition faite chez les Wisi-

goths par Clovis, dut avoir seulement pour effet de substituer, dans cette partie de la Gaule, des Francs aux Wisigoths allotis; les *sortes Gothicæ* furent attribuées aux vainqueurs, et la condition antérieure des Gallo-Romains ne fut pas modifiée; à plus forte raison, l'annexion de la Bourgogne à la monarchie franque, en 533, laissa-t-elle intact, dans ce pays, l'état de choses intérieur.

3° Les Gallo-Romains, dans les royaumes barbares, conservèrent la jouissance de leur droit et de leurs lois dans la mesure où cela n'était pas absolument incompatible avec la conquête. Ce résultat, étonnant à première vue, s'explique par deux ordres de faits.

En premier lieu, les rois barbares ne songèrent aucunement à renverser de fond en comble l'ordre établi par les Romains. Ils cherchèrent plutôt à se substituer à la puissance impériale à l'égard des *provinciales*. Ils se présentèrent d'abord, les uns en réalité, les autres en apparence, comme des délégués ou des concessionnaires de l'empire. Pour les rois wisigoths, ce fut, d'abord et dans la forme, une réalité. Les provinces du midi de la Gaule, qui constituèrent leurs premières possessions dans ce pays, furent cédées par l'empire à Alaric, dans une donation formelle[1], confirmée plus tard au profit des rois Athaulf et Wallia[2]; et, d'après cette concession, les rois wisigoths détenaient ces provinces au nom de l'empire, sur les terres duquel leurs troupes étaient établies à titre de *fœderati*. Ce fut seulement le septième roi des Wisigoths, Euric (466-484), qui répudia ce régime et affirma un droit propre sur ses possessions[3]. Les Burgondes, de leur côté, lorsqu'ils furent établis en Savoie, après avoir été vaincus par Aëtius, furent probablement les concessionnaires de l'empire. A l'époque d'Euric, Jordanès les présente encore comme des *fœderati*[4]. Jusqu'à la chute de l'empire d'Occident, leurs rois reçurent des

goths et les Burgondes. La valeur respective des hommes aurait été mesurée sur la valeur respective de leurs propriétés. Mais c'est là un indice bien faible.

1. Jordanès, *de Rebus Geticis*, c. xxx.

2. Jordanès, *de Rebus Geticis*, c. xxxi, xxxiii.

3. Jordanès, *op. cit.*, c. xlv, xlvii : « Euricus ergo Wesogothorum rex crebram mutationem Romanorum principum cernens Gallias *suo jure* nisus est occupare. »

4. *Op. cit.*, c. xlv : « Ad Burgundionum gentem vicinam, in eo tempore Romanis fœderatam advenit. »

empereurs les plus hautes dignités de la hiérarchie impériale,
les titres de *magister militum* et de patrice. Dans de telles
conditions, les rois barbares ne pouvaient que continuer l'administration romaine autant qu'il était en eux. Il est vrai que
les Francs ne connurent pas, à proprement parler, une condition pareille. Au ivᵉ siècle, lorsque, refoulés par les Saxons,
ils avaient occupé la Toxandrie, entre la Meuse et l'Es-
caut, l'empereur Julien ayant voulu les repousser, ils avaient
demandé et obtenu qu'on les tolérât, à condition qu'ils fourniraient des contingents à l'armée romaine : en effet, les contingents des Saliens figurent dans la *Notitia*. Mais cette condition de *fœderati*, ils la dépouillèrent dès le vᵉ siècle, et, sous
Clodion, ils sont les maîtres absolus des pays qu'ils conquiè-
rent. Seulement, il faut ajouter qu'un long contact avec la
population romaine les habitua aux usages de celle-ci et que,
peut-être même, ce fut un traité conclu avec elle qui donna
à Clovis le pays entre la Seine et la Loire. Sous le règne
même de celui-ci, des relations allaient s'établir entre lui et
l'empereur d'Orient, qui donneraient encore au royaume des
Francs l'apparence fictive d'une dépendance lointaine de
l'empire. En effet, après la chute de l'empire d'Occident, les
empereurs de Byzance affectèrent de considérer les provinces
anciennement romaines et soumises aux barbares comme faisant toujours partie de l'empire et relevant de leur domination. Sans doute, c'était une pure fiction, une prétention
théorique, quelque chose de semblable à la suzeraineté affir-
mée encore aujourd'hui par la Chine sur des pays qui, depuis
des siècles, sont effectivement détachés de son empire. Mais
ces prétentions s'affirmaient parfois par des faits précis; l'empereur byzantin conférait aux rois barbares d'Occident des
dignités de la hiérarchie impériale. L'empereur Anastase
(491-518) conféra ainsi au roi burgonde Sigismond le litre
de patrice[1], et à Clovis le titre de consul[2]. Les monarques
barbares se prêtaient volontiers à cette sorte de comédie,

---

1. Voyez Garnier, *Traité de l'origine du gouvernement français*, 1765, p. 14.
2. Greg. Tur. *Historia Francorum*, I, 38. — Voyez, d'ailleurs, sur ce fait,
W. Sickel, *Die Entstehung der Fränkischen Monarchie*, dans la *Westdeutsche
Zeitschrift für Geschichte und Kunst*, IV, 3, p. 237. — Cf. Agathias, *Hist.*, I, 2;
et, sur ce passage, Sickel dans les *Göttingische gelehrte Anzeigen*, juillet 1886,
p. 555 et suiv.

qui, sans doute, flattait leur orgueil, et qui, peut-être, leur
était utile pour gouverner leurs sujets romains. Il ne faut
donc point s'étonner de voir les rois francs appeler ceux-ci
provinciales, comme les appelait jadis l'empereur[1].

Même en laissant de côté ces faits historiques, on peut comprendre que les rois barbares devaient nécessairement maintenir aux Gallo-Romains la jouissance de leur droit national.
C'est, en effet, une nécessité qui s'impose au vainqueur de laisser aux vaincus leur lois, toutes les fois que la conquête jux-
tapose deux races trop différentes par le degré et la forme de
la civilisation. C'est ce que font de nos jours, dans une large
mesure, les Français en Algérie, les Anglais et les Français
dans l'Inde et en Indo-Chine. C'était là une nécessité d'autant
plus impérieuse pour les barbares que la loi romaine était fort
supérieure aux coutumes germaniques. D'ailleurs, les hommes
de race germanique ne connaissaient pas, par leur tradition
propre, la loi proprement dite, qui, étant l'ordre de l'autorité
suprême, se conçoit comme pouvant être imposée; tout le
droit pour eux se résumait dans la coutume : or celle-ci résulte nécessairement, pour chaque homme, du passé de la race
à laquelle il appartient; chaque homme a, naturellement, dans
ce système, le droit de vivre selon la coutume de ses ancê-
tres. Mais, pour la même raison, il ne pouvait être question
pour les barbares, dans les nouveaux royaumes, d'abandonner
leurs coutumes nationales[2]. Dans ces conditions, la solution
qui s'imposait, c'était que les hommes des diverses races
vivraient sous leur loi ou coutume d'origine, dans la mesure
où cela n'était pas incompatible avec l'unité des nouveaux
royaumes. Cela était possible pour le droit privé, même pour
le droit criminel. Mais il était impossible qu'il y eût deux
formes de gouvernement distinctes et coexistantes, ou deux
organisations judiciaires. Il s'établit donc, sur ces points, un
seul système, le même pour tous, sans distinction de race;
mais il emprunta au fonds romain une portion notable, peut-

---

1. *Clotarii II Præceptio* (Boretius, *Cap.*, I, p. 18) : « Usus est clementiæ prin-
cipalis necessitatem *provincialium* vel subjectorum sibi omnium populorum
provida sollicitudinis mente tractare. »
2. Seul, le roi ostrogoth Théodoric soumit ses sujets barbares à l'empire du
droit romain.

être prépondérante, de ses éléments constitutifs. Au point de vue du droit public, l'égalité en principe existait entre les barbares et les Gallo-Romains, les uns comme les autres étant également admissibles aux différents emplois [1].

Le système auquel on était ainsi fatalement arrivé, quant au droit privé et criminel, a reçu le nom de système de la personnalité des lois. Il était simple en apparence, très compliqué en réalité et fertile en difficultés. Il s'appliquait aisément, en effet, quand les deux parties appartenaient à la même race; mais il se prêtait mal aux affaires qui mettaient en présence deux parties de race différente. Aussi ne fut-il pas appliqué de la même manière dans tous les royaumes barbares [2].

A. Le royaume des Burgondes ne comprenant que deux races d'hommes, les Burgondes et les Gallo-Romains, le problème y était relativement simple. Il fut décidé que les Romains conserveraient la jouissance des lois romaines dans leurs rapports entre eux : quant aux procès entre Romains et Burgondes, ils devaient être tranchés, quelle que fut la position respective des parties, par la loi burgonde, la *lex Burgondionum* rédigée sous Gondebaud [3].

B. Chez les Wisigoths, il n'y eut aussi que deux races en présence, et la solution fut probablement la même. Les Romains conservèrent entre eux la jouissance du droit romain, cela est certain. Mais il est problable que les procès entre Romains et Wisigoths furent tranchés d'après la loi des Wisigoths, au moins quand elle eut été rédigée par écrit sous le roi Euric.

C. Dans le royaume des Francs, la situation fut d'abord la même; jusqu'à la fin du règne de Clovis, il n'y eut que deux races parmi les sujets de cette monarchie, les Francs Saliens et les Romains, et il est presque certain que la solution fut d'abord celle que nous avons déjà constatée deux fois. Les Ro-

---

1. Deux inégalités seulement peuvent être signalées. D'un côté, sous les Mérovingiens, les Romains restèrent soumis en principe, aux impôts du système romain, qui ne purent être étendus aux barbares. D'autre part, le *wergeld* du Romain était inférieur, chez les Francs, à celui du Franc.

2. Sur ce qui suit, voyez Brunner, *Deutsche Rechtsgeschichte*, § 31.

3. *Præfatio* de la *Lex Burgundionum* « Omnes itaque administrantes judicia secundum leges nostras quæ communi tractatu compositæ et emendatæ sunt nter Burgundionem et Romanum judicare debebunt... Inter Romanos vero... Romanis legibus præcipimus judicari. »

mains, dès cette époque, durent conserver entre eux l'usage du droit romain [1]; dans tout litige entre un Romain et un Franc Salien, la loi salique dut s'appliquer [2]. Mais la monarchie franque ayant reçu, dès la fin du règne de Clovis et dans la suite, de nouveaux et considérables développements, la situation changea. Par la réunion sous un même roi des diverses tribus saliennes et ripuaires, par la conquête de la Bourgogne, par la soumission successive des Alamans, des Bavarois et d'autres peuplades germaniques, il arriva que le royaume comprit des sujets appartenant à un assez grand nombre de races diverses. Cependant le pli était pris, l'idée de la personnalité des lois s'était implantée; on admit que chacune de ces races diverses conserverait la jouissance de ses coutumes propres; nous en avons les preuves certaines [3]. Mais, à partir de ce moment, en cas de procès mixte entre hommes de race diverse, la solution suivie jusque-là ne pouvait plus se maintenir : on ne pouvait déclarer d'avance quelle loi s'appliquerait alors, ni donner à une loi une prédominance certaine et constante sur toutes les autres. Une règle s'imposait : suivre, dans tous les cas, la loi du défendeur; car, en cas de doute, le bons sens et l'équité indiquent que c'est lui qu'on doit favoriser. C'est, en effet, le principe qui se fit recevoir. La loi du défendeur détermina les règles applicables au fond, soit pour le droit privé, soit même pour le droit criminel [4]. Elle déterminait aussi les modes de preuve qui seraient admis,

1. Nous n'avons pourtant, sur ce point, que des documents postérieurs; *Præceptio* de Clotaire II, c. IV (Boretius, *Capit.*, I, p. 19) : « Inter Romanos negucia causarum Romanis legibus præcepemus terminari. »

2. En effet, la partie la plus ancienne de la loi salique (tit. XIV, 1-3), détermine la composition à payer non seulement par le Franc qui a dépouillé un Romain, mais aussi par le Romain qui a dépouillé un Franc. C'est donc que le Romain, poursuivi par un Franc, était jugé, non d'après la loi romaine mais d'après la loi salique.

3. Voyez, dans les formules de Marculfe (I, 8), la formule de nomination d'un comte : « Actionem comitie... in pago illo... tibi ad agendum regendum que commisimus, ita ut... omnis populus ibidem commanentes tam Franci, Romani, Burgundiones vel reliquas nationes... recto tramite *secundum lege et consuetudine eorum* regas. » — *Lex Ripuariorum* (édit. Sohm) XXXI, 3 : « Hoc autem constituemus ut infra pago Riburio tam Franci, Burgundionis, Alamani, seu de quacumque natione commoratus fuerit, in judicio interpellatus sicut lex loci continet, ubi natus fuit, sic respondeat. » Cf. *ibid.*, LXI, 2.

4. La *Lex Rip.* (LXI, 2), parlant d'un homme qui vit selon la loi romaine, s'exprime ainsi : « Quod si aliquid criminis admiserit secundum legem Romanam judicetur. »

et, dans les actes extra-judiciaires, pour les contrats et les transferts de propriété, on se rattacha aussi à la même idée : c'était la loi de celui qui s'obligeait ou qui aliénait qui devait déterminer les formes et les éléments essentiels de l'acte. Quant à la procédure proprement dite, il s'établit des formes communes, les mêmes pour tous, de même qu'il n'y avait qu'une seule organisation judiciaire. Dans un pareil système, il était inévitable que les actes extra-judiciaires et les jugements constatassent la race à laquelle appartenaient les parties. Le procès engagé devait même naturellement commencer par cette question adressée au défendeur : *Sub qua lege vivis?* Mais il ne faudrait pas croire, comme on l'a enseigné autrefois, que chacun pût, par une déclaration, choisir la loi sous l'empire de laquelle il lui plaisait de vivre. La loi applicable à chaque homme était nécessairement déterminée par sa naissance, l'enfant légitime prenant la nationalité et la loi de son père, et l'enfant illégitime celles de la mère. Cependant cette règle n'était pas absolue; elle comportait certaines exceptions.

1° Les femmes mariées (au moins quand il s'agissait d'une femme épousant un barbare, sous le *mundium* duquel elle passait) prenaient la loi de leur mari, et la conservaient même après la mort de celui-ci.

2° Les affranchis n'avaient pas une loi de naissance ; car, au moment de leur naissance, ils étaient esclaves, c'est-à-dire dépourvus de toute personnalité juridique : mais, après leur affranchissement, il fallait leur en attribuer une. La solution simple, celle que le droit romain avait admise à un autre point de vue [1], eût été de leur attribuer la nationalité du maître qui les affranchissait. On en adopta pourtant une autre; on s'attacha à la forme dans laquelle s'était produit l'affranchissement. Il y avait des modes d'affranchissement fournis par le droit romain, d'autres par la coutume germanique. Si l'on avait employé l'un des premiers, l'affranchi était toujours Romain [2]; l'un des seconds faisait, au contraire, un affranchi

---

1. L. 6, § 3, D., L, 1.

2. *Lex Rip.*, LXI, 1, 2 : « Si quis servum suum libertum fecerit et civem Romanum... quod si aliquid criminis admiserit secundum legem Romanam judicetur. » LVIII, 1 : « Qualiscumque Francus Ribuarius... servum suum secundum legem Romanam liberare voluerit. »

soumis à une loi barbare. Cette solution ne revenait pas à la première, car certains modes étaient accessibles à tous pour affranchir, sans distinction de race.

3° L'Église, considérée comme corps, vivait sous l'empire de la loi romaine dans les royaumes barbares[1]. Cela était parfaitement naturel et logique ; car elle représentait alors véritablement ce qui restait de la civilisation romaine. Mais cette règle s'appliquait-elle aux membres du clergé individuellement considérés ? Cela a été pendant longtemps l'opinion commune ; on croit plutôt, aujourd'hui, que l'homme de race barbare, entré dans le clergé, pouvait revendiquer sa loi d'origine[2].

Ce système de la personnalité des lois, qui fut en vigueur sous les Mérovingiens et les Carolingiens, était singulièrement complexe et gênant pour le commerce juridique. Au ixe siècle, Agobard, évêque de Lyon, écrivait que souvent cinq hommes se trouvaient réunis, qui vivaient sous cinq lois différentes[3]. C'est principalement cette gêne qui amènera la formation des coutumes, locales destinées à supplanter les lois personnelles. Mais, alors même que le système était dans toute sa force, il s'était produit quelques faits généraux qui introduisirent partiellement l'uniformité du droit : de bonne heure, certaines institutions romaines se communiquèrent aux barbares, et les Romains, de leur côté, adoptèrent certaines coutumes germaniques.

Les hommes de race germanique devinrent tributaires du droit romain par des causes très simples et très puissantes, deux en particulier. Ce fut d'abord l'usage des actes écrits destinés à constater les conventions et les aliénations. Cet usage était très répandu chez les Romains qui ne faisaient aucun acte juridique de quelque importance sans le constater par un écrit. Il était, au contraire, totalement inconnu des Germains. Par sa commodité même, dans les nouveaux royaumes, il se communiqua promptement aux barbares. Mais,

---

1. *Lex Rip.*, LVIII, 1 : « Secundum legem Romanam, quam ecclesia vivit. »

2. Loening, *Geschichte des deutschen Kirchenrechts*, II, p. 286 et suiv.

3. *Adversus legem Gundobadi*, n° 4 (Migne, *Patrol., lat.*, CIV, p. 116) : « Tanta diversitas legum, quanta non solum in singulis regionibus aut civitatibus, sed etiam in multis domibus habetur. Nam plerumque contingit ut simul eant aut sedeant quinque homines et nullus eorum communem legem cum altero habeat. »

comme les hommes qui faisaient profession de rédiger ces actes, les *notarii*, ne savaient les rédiger que d'après le droit romain, dans des formules traditionnellement reproduites, les barbares prirent forcément l'habitude de contracter, dans ces cas, selon la loi romaine. Dans le même sens agit l'influence de l'Église. Celle-ci s'adressait à tous les fidèles sans distinction de race. Elle conserva ou propagea parmi eux la pratique de certains actes du droit romain, dans lesquels elle jouait un rôle actif ou qui, souvent, devaient intervenir à son profit. C'est ainsi qu'elle ouvrit à tous l'affranchissement *ante Ecclesiam*[1]; de même, elle contribua à conserver parmi les Romains et à répandre parmi les barbares l'usage du testament, qui contenait toujours, à cette époque, des legs pieux en faveur des églises ou des pauvres[2].

En sens inverse, certains usages très rudes et très grossiers des hommes de race germanique se communiquèrent aux Romains, deux en particulier : le système des compositions pécuniaires en cas de délit substituées aux peines afflictives, et, en cas d'accusation, la disculpation de l'accusé par son propre serment, soutenu par celui d'un certain nombre de *cojurantes*[3]. Ceci, à première vue, ne se comprend pas bien. On conçoit aisément que les règles du droit romain, représentant un droit raisonnable et excellent, aient exercé leur influence sur les barbares; mais, comment les Romains civilisés adoptèrent-ils les pratiques grossières importées par les envahisseurs? En réalité, cela s'explique. Ces pratiques étaient grossières, incontestablement; mais elles avaient l'avantage d'être simples. Elles avaient répondu aux besoins de l'état social en vue duquel elles avaient été créées, et la société des Gallo-Romains présentait dorénavant un milieu analogue. Cette société se décomposait; la notion de l'État s'y obscurcissait; elle retournait à la barbarie; il est assez naturel qu'elle ait accueilli favorablement des institutions barbares.

1. *Lex Rip.*, LVIII, 1. De Rozière, *Recueil général des formules usitées dans l'empire des Francs du* v^e *au* x^e *siècle*, n°s 62 et suiv. (*manumissiones in ecclesiis*).

2. Cependant le testament éprouva des difficultés à se faire pleinement admettre; voyez Greg. Tur. *Historia Francorum*, IV, 51; V, 36, 46; VI, 3, 45; VII, 7; Alcuin, *Epist. CXXVII*.

3. Esmein, *Mélanges*, p. 361 et suiv.

CHAPITRE III

Les institutions de la monarchie franque

Ce que je me propose d'exposer ici, ce ne sont point toutes les institutions de la monarchie mérovingienne et carolingienne, dans leur ensemble et leurs détails : car c'est là une étude qui rentre, pour la plus large part, dans l'érudition pure. Je voudrais seulement dégager les principes essentiels et les institutions typiques. Aussi je n'examinerai pas séparément les institutions mérovingiennes et les carolingiennes. Bien que, sur certains points, il existe des différences assez profondes entre les unes et les autres, elles reposent sur les mêmes principes et sont les termes successifs d'une même évolution; les secondes sont le développement naturel ou la réforme des premières. Je distinguerai, au contraire, dans le droit public, deux groupes d'institutions, pour les étudier séparément, bien qu'elles aient coexisté dans le temps et fonctionné côte à côte. Les unes sont normales, en ce sens qu'elles répondent à la notion de l'État et sont une émanation de la puissance publique; les autres, au contraire, sont les précédents directs de la féodalité.

SECTION PREMIÈRE

LES INSTITUTIONS PUBLIQUES. — L'ÉTAT DES PERSONNES ET LA PROPRIÉTÉ FONCIÈRE. — LE DROIT CRIMINEL. — LES SOURCES DU DROIT

---

§ 1er. — LE POUVOIR ROYAL ET SES PRINCIPALES MANIFESTATIONS

1

Dès la fondation de la monarchie franque, dès le règne de Clovis, nous trouvons le pouvoir royal largement développé, dégagé du cercle étroit d'attributions où l'avait confiné l'ancienne coutume germanique. La royauté est héréditaire, et le roi, sur tous les points où s'étend son action, a, on peut le dire, le pouvoir absolu[1]. Il a sur ses sujets droit de vie et de mort[2]; il a l'*imperium* militaire et fait la guerre et la paix; il rend la justice, particulièrement dans les accusations criminelles, comme le faisait déjà l'ancien *concilium*[3]; il peut mettre hors la loi tel ou tel de ses sujets[4]; enfin, il peut émettre des ordres permanents et obligatoires, sous la sanction d'une forte amende contre les contrevenants : c'est ce qu'on appellera le ban du roi (*bannus*[5]). Il peut prendre aussi des personnes choisies sous sa protection spéciale ou *mundeburdis*. Le pouvoir royal, ainsi entendu, s'est développé entre l'époque de Tacite et celle où se fondent les royaumes barbares : il est résulté de la transformation de la vieille constitution germanique, et non point de l'influence des institutions romaines, qui ne s'était pas encore fait sentir : ce qui le montre, ce sont les manifestations originales par lesquelles il se traduit. Cette transformation est probablement résultée d'un fait très simple. Si, dans la *civitas* germanique, les pouvoirs du roi étaient très bornés, ceux du *dux*, choisi en temps de guerre, étaient, au contraire, fort étendus, sauf le contrôle exercé par les prêtres. La période des invasions, tout le ve siècle, on peut le dire, fut un temps de guerres continuelles: il arriva naturellement que le *dux* put rester en fonctions pendant sa vie entière, et se délivrer du contrôle sacerdotal. La fonction se consolida ainsi et donna naissance à la nouvelle royauté. Les premiers rois barbares sont les anciens *duces*, devenus permanents, indépendants, et enfin héréditaires[6].

---

1. Fustel de Coulanges, *La monarchie franque*, 1888, ch. II. — W. Sickel, *Die Entstehung der fränkischen Monarchie*, loc. cit., p. 219 et suiv. — Schröder, *Deutsche Rechtsg.*, p. 114 et suiv. — Siegel, *Deutsche Rechtsg.*, § 63, 64.

2. Fustel de Coulanges, *op. cit.*, p. 123; l'*Historia Francorum* de Grégoire de Tours abonde en passages qui montrent ce pouvoir.

3. *Lex Sal.*, XVIII; XXVI, 1; XLVI.

4. *Lex Sal.*, LVI.

5. Ce pouvoir paraît avoir commencé par le droit de convoquer les troupes et de leur commander (*heribannus*), puis s'être généralisé. — Sickel, *Zur Geschichte des Bannes*, Marburg, 1886, p. 3 et suiv. — Schröder, *op. cit.*, p. 115. Dans la monarchie franque, l'amende du ban du roi est de 60 *solidi*, *Lex Rip.*, LXV, 1.

6. Schröder, *op. cit.*, p. 107.

Mais le monarque franc, comme d'ailleurs les autres rois barbares établis en Gaule, en conquérant des pays romains habités par les *provinciales* de l'empire, acquit, par cela même, une nouvelle qualité et des pouvoirs nouveaux. A l'égard de cette classe de sujets il succédait aux droits de l'empereur romain, à la toute-puissance impériale et aux prérogatives nombreuses et savamment régularisées qui en découlaient. De là, un élargissement nouveau du pouvoir royal. D'ailleurs, il n'y eut point, en principe, quant au droit public, deux classes de sujets distinctes auxquelles le roi commandait en vertu de principes différents : tous étaient, au même titre, les sujets du roi, et celui-ci prétendait à l'égard de tous exercer les mêmes droits. La monarchie franque, dans ses jours de force, tendit à devenir une monarchie absolue et administrative, sur le type de l'empire romain. Mais, jamais, elle n'arriva à ce résultat. Elle se heurta constamment à une aristocratie de fait, très puissante, à ces *potentes* dont nous avons déjà signalé l'apparition dans l'empire d'Occident. D'autre part, le monarque franc ne put jamais ramener à une véritable unité les deux qualités distinctes qu'il réunissait en lui. Certaines prérogatives de l'empereur romain, telles que l'impôt direct et permanent, ne purent efficacement s'exercer à l'égard des hommes de race germanique et finirent par se perdre à l'égard de tous. A l'inverse, certaines manifestations de la royauté germanique, peu compatibles avec un État régulier, persistèrent dans la monarchie franque, par exemple l'habitude pour le roi de prendre sous sa protection spéciale certaines personnes ou certains établissements [1] ; et c'est la vieille coutume du *comitatus* germanique qui produira l'antrustionat, puis le séniorat et la vassalité. Mais l'élément le plus dissolvant fut une conception sur la nature même du pouvoir royal que les rois barbares apportèrent avec eux.

Quelle qu'eût été la toute-puissance de l'empereur romain, elle avait été dominée par l'idée de l'État. L'empereur n'était que le représentant de l'État ; c'était au nom et dans l'intérêt de l'État, c'est-à-dire de tous, qu'il possédait et exerçait le pouvoir. Le roi barbare, au contraire, le monarque franc, con-

---

1. De Rozière, form. 9 et suiv., *Cartæ de Mundeburde.*

sidéra le pouvoir royal comme sa chose, son bien propre et son patrimoine privé[1]. Cette conception venait peut-être de la coutume germanique, car elle apparaît ordinairement dans les coutumes primitives[2] ; peut-être s'était-elle renforcée par ce fait que les nouveaux royaumes avaient été le produit de la conquête. Toujours est-il qu'il en résulta deux conséquences capitales.

1° La monarchie, sous les Mérovingiens et les premiers Carolingiens, était vraiment héréditaire : il y avait bien, sous les Mérovingiens, une reconnaissance solennelle du nouveau roi par les principaux du royaume, mais ce n'était point du tout une élection ni une confirmation[3]. Le pouvoir royal étant considéré comme compris dans le patrimoine du roi, se transmettait d'après les règles du droit privé qui réglaient la dévolution des biens dans la famille. Il en résulta que, considérant le royaume en quelque sorte comme les terres du roi, on exclut de la succession au trône les femmes, les filles du roi, que la loi salique et la loi des Ripuaires excluaient de la succession aux terres, tant qu'il y avait des parents mâles : mais, en revanche, lorsqu'il y avait plusieurs héritiers mâles du même degré, plusieurs fils, on les admit tous à la succession, au partage égal, toujours en suivant les mêmes règles. De là, les partages de la monarchie franque, qui furent une si grande cause de faiblesse surtout pour la dynastie mérovingienne[4]. Par la même raison, le roi pouvait disposer du pouvoir royal de son vivant[5] et Charlemagne fit de la même idée une applica-

1. Fustel de Coulanges, *La monarchie franque*, p. 45, 125. — W. Sickel, *Die Entstehung der fränkischen Monarchie*, loc. cit., p. 249, 331. M. Fustel (p. 118 et suiv.) a très ingénieusement montré ce changement de conception en établissant le changement de signification du mot *publicus*. Dans la langue de l'empire, il signifiait la chose de l'État ; dans la langue de la monarchie franque, il signifie la chose du roi.

2. Elle se traduit nettement dans la haute antiquité grecque : Esmein, *La propriété foncière dans les poèmes homériques*, loc. cit., p. 832, note 2.

3. Fustel de Coulanges, *La monarchie franque*, c. 1; l'auteur (p. 51) admet, avec assez de vraisemblance, que cette cérémonie était la survivance, dans la forme, d'un droit d'élection primitivement exercé. — Certains auteurs admettent que, quand la monarchie avait été divisée entre plusieurs frères, si l'un d'entre eux mourait, son royaume passait d'ordinaire non à ses fils mais à ses frères. — Schröder, *Deutsche Rechtsg.*, p. 111. — Paul Viollet, *La Tanistry*.

4. Fustel de Coulanges et Sickel, *op.* et *loc. cit.*

5. Fustel de Coulanges, *op. cit.*, p. 45 et suiv.

tion nouvelle en opérant, de son vivant, un partage de ses États entre ses fils, exemple qui fut suivi par Louis le Débonnaire[1].

2° Le roi considérant le pouvoir royal comme sa propriété privée trouva naturel de disposer, à titre gratuit, de ses attributs au profit de certaines personnes ou de certains établissements. De là, ces renonciations aux droits régaliens, ces concessions viagères, puis héréditaires des fonctions publiques, ces chartes d'immunité, qui jouent un si grand rôle dans la préparation de la féodalité. Tout cela, incompréhensible tant que la notion de l'État persiste, devient naturel dès que le pouvoir royal appartient au roi en propre et privativement[2].

On a souvent, enfin, signalé un autre trait comme caractérisant la nature de cette monarchie. C'est le serment de fidélité que le nouveau roi, sous les Mérovingiens, exigeait régulièrement de tous ses sujets adultes[3], et qui apparaît encore, quoique moins régulièrement, sous les Carolingiens. Mais il y a là une pratique qui s'est produite dans d'autres milieux ; peut-être même n'était-ce que l'imitation des usages suivis dans l'empire romain[4].

Voilà comment, dans ses traits généraux, le pouvoir du roi était conçu. Voyons comment il s'exerçait.

II

Le monarque franc avait autour de sa personne, lui servant comme organes du gouvernement central, un certain nombre d'officiers. Ils se divisent en deux groupes, de provenance diverse. Les uns étaient un legs de l'organisation romaine ; ils représentaient une chancellerie destinée à rédiger les diplômes qui contenaient l'expression de la volonté royale, les conces-

---

1. Voyez ces *divisiones imperii* dans Walter, *Corpus juris Germanici*, II, p. 215, 309, 397.

2. W. Sickel, *op. et loc. cit.*, p. 249, 331.

3. Nous avons dans Marcalfe, I, 40 (de Rozière, n° 1), la formule par laquelle le roi ordonnait aux comtes de faire prêter ce serment, appelé *leudesamium*. Voyez aussi dans de Rozière, n°s 2 et suiv., les formules du serment de fidélité lui-même.

4. Garnier, *Traité de l'origine du gouvernement français*, p. 103. — Fustel de Coulanges, *op. cit.*, p. 55, note 1.

sions qu'elle accordait. Pour les constituer, on avait sans
doute pris pour modèle la cour impériale, ou plutôt les bureaux
du préfet du prétoire ou du *magister militum per Gallias·*
Le principal d'entre eux, sous les Mérovingiens, paraît s'être
appelé *referendarius*[1]; sous Charlemagne, c'était le *summus
cancellarius*[2]. L'autre groupe était de provenance germanique
et présentait un caractère tout particulier. Le roi germanique
jouait primitivement un rôle restreint et tout personnel; il
n'avait donc point de ministres, car il n'avait pas de gouvernement proprement dit à exercer, ni de fonctionnaires quel-
conques; on ne pouvait même imaginer qu'il déléguât son
autorité[3]. Mais il avait, auprès de lui, un certain nombre de
serviteurs préposés aux principaux services de sa maison,
et probablement pris parmi ses *comites*, car il ne semble pas
que servir un chef fût considéré autrement que comme un
emploi honorable. Il fut tout naturel que, ses pouvoirs augmentant et ses attributions constituant un vrai gouvernement,
il y fît participer ses officiers domestiques, auxquels il délégua
ainsi une partie de son autorité. Cela concordait parfaitement
avec l'idée qui faisait du pouvoir royal la chose propre du
monarque; ce pouvoir était administré comme la maison
même du roi. C'est ainsi que nous trouvons auprès de la personne du roi franc un certain nombre d'officiers qui sont,
avant tout, des serviteurs domestiques et des officiers du palais, mais qui constituent en même temps, pour les affaires
publiques, ses conseillers ordinaires et comme ses chefs de service. Les principaux sont : le sénéchal (*seneschalcus*) ou intendant, le maréchal (*comes stabuli*) préposé aux écuries, le tré-
sorier (*thesaurarius*) et l'échanson (*pincerna, buticularius*).
Ce sont là des emplois qui se retrouvent dans tous les
royaumes fondés par les barbares. A côté d'eux, il faut signaler, dans la monarchie franque : le comte du palais (*comes palatii*) qui sera plus spécialement préposé à l'administration
de la justice, et le maire du palais (*major domus, major palatii*) qui s'éleva au-dessus de tous les autres officiers sous les
Mérovingiens.

1. Greg. Tur., *Historia Francorum*, V, 3, 13, 45.
2. Hincmar, *de Ordine palatii*, c. XVI, édit. Prou, p. 42.
3. W. Sickel, *Die Entstehung der fränkischen Monarchie, loc. cit.*, p. 337.

A côté de ces officiers, le roi franc avait d'ordinaire à sa cour un entourage de fidèles, qu'il hébergeait et qui étaient à sa disposition pour porter ses ordres. Nous en parlerons quand nous étudierons l'antrustionat et la vassalité.

De bonne heure, les rois mérovingiens employèrent, dans des cas extraordinaires, des hommes de confiance, auxquels ils donnaient de pleins pouvoirs pour régler certaines affaires en leur nom. Ceux qui étaient chargés d'une semblable mission recevaient le titre de *missi*, ou *missi dominici*. Mais ce ne fut là, sous la dynastie mérovingienne, qu'une ressource supplétoire du gouvernement royal, dont l'usage devint plus rare avec l'affaiblissement de la royauté. L'institution rentra en activité et prit une valeur nouvelle sous les premiers Carolingiens. Sous Charlemagne, elle devint un rouage normal et important de l'administration et conserva ce caractère sous Louis le Débonnaire. Les *missi* devinrent des inspecteurs généraux d'un genre particulier. Le pays était divisé en grandes circonscriptions ou circuits, et à chacune d'elles étaient assignés deux *missi*, ordinairement un comte et un évêque, qui devaient la parcourir à des époques déterminées de l'année. Ils n'inspectaient pas d'ailleurs seulement; ils représentaient véritablement partout l'autorité royale, pouvant statuer comme le roi en personne. Aussi, aux assises solennelles qu'ils tenaient, et où devaient se rendre tous les fonctionnaires, ils rendaient la justice comme elle aurait pu être rendue par le roi. Cette institution, manifestation d'un pouvoir central vigoureux, devait se désorganiser et tomber en désuétude avec la décadence carolingienne[1].

III

Le roi franc rend lui-même la justice, et c'est là une de ses attributions essentielles. Pour cela, il tient un tribunal dans son palais (*in palatio*), dans les différentes résidences où il se transporte, et il siège assisté d'un conseil où figurent ses principaux officiers et les personnages importants présents à la cour. Ce tribunal du roi n'est pas, d'ailleurs, une coursuprême à laquelle

1. Sur les *missi*, voyez surtout Schröder, *Deutche Rechtsg*, p. 133 et suiv.

on puisse toujours appeler des sentences rendues par les juridictions inférieures ; ce n'est pas non plus, en principe, une
juridiction privilégiée à laquelle soient réservées les causes de
certaines personnes; cependant, c'est à la fois une cour d'appel
et une juridiction privilégiée, mais dans des conditions toutes
particulières. L'appel proprement dit, tel que nous l'avons vu
dans l'empire romain, a disparu dans la monarchie franque;
c'était une conception trop savante pour se conserver dans un
pareil milieu. Mais le roi accueille les recours des parties
lorsque celles-ci accusent le juge non pas d'erreur, mais d'une
injustice proprement dite ou d'un déni de justice. Cette prise
à partie, qui se trouve déjà dans la loi salique [1], est maintenue
et précisée par les capitulaires [2] et est portée devant le tribunal du roi. En dehors de ce cas, la compétence du tribunal du
du roi est à la fois illimitée et indéterminée; elle n'a pour
règle que la volonté même du roi. Il peut, quand il lui plaît,
accueillir toutes les causes, qu'elles aient été ou non déjà tran-
chées par d'autres juges, mais il peut aussi repousser tous les
plaideurs. En général, pour qu'une affaire soit accueillie à ce
tribunal, il faut que le demandeur présente une autorisation émanant de la chancellerie, *indiculus regalis*. Certaines
personnes obtenaient, par une concession générale du roi, le
droit ferme de porter leurs causes au tribunal du palais, toutes
les fois qu'une décision rendue devant le tribunal du comte
leur porterait préjudice. Les puissants étaient toujours accueillis, et, d'ailleurs, cette juridiction était souvent la seule qui
pût s'imposer à leur respect [3]. Par là, le tribunal du roi pouvait
jouer le rôle d'une cour d'équité, corrigeant la rigueur du droit
légal.

Quelle avait été l'origine de cette juridiction royale? Dans
une certaine mesure et pour certaines de ses applications, elle
dérivait de la coutume germanique. Lorsque la monarchie
s'était transformée et fortifiée par la conquête, le roi avait suc-
cédé aux attributions judiciaires de l'ancien *concilium* [4]. Mais elle

1. *Lex Sal.*, LVII, 2, 3.
2. Esmein, *La chose jugée dans le droit de la monarchie franque* (*Nouvelle
Revue historique de Droit français et étranger*, 1897, p. 549 et suiv.).
3. Sur tous ces points, Esmein, *La chose jugée dans le droit de la monarchie franque*, *loc. cit*, p. 551 et suiv.
4. Schröder, *Deutsche Rechtsg.*, p. 113.

dérivait aussi, pour une large part, de la tradition romaine. L'empereur, le préfet du prétoire, avaient toujours administré la justice, non pas seulement en statuant comme juges d'appel, mais aussi en attirant devant eux les causes des personnes qui obtenaient cette juridiction privilégiée par des concessions impériales [1].

IV

Le roi franc exerçait le pouvoir législatif. Il faisait des lois ou ordonnances obligatoires pour tous, qui, sous les Mérovingiens, portent les noms de *decretum, decretio, edictum, præceptio*, et, sous les Carolingiens, celui de *capitula* [2]; on les désigne aujourd'hui, les unes et les autres, sous le nom générique de *capitulaires*. Jamais elles ne s'appellent *leges;* ce nom est réservé aux rédactions écrites des coutumes des diverses races. Ce pouvoir législatif est manifestement un emprunt fait au droit romain, comme l'indiquent les termes employés pour désigner ces lois, tous empruntés au vocabulaire romain : les hommes de race germanique ne connaissaient rien de tel ; toutes les règles du droit étaient, pour eux, fixées par la coutume. Ce qu'ils avaient inventé qui se rapprochât le plus de la loi, c'était le *ban du roi;* mais ces ordres généraux, sanctionnés par une amende, n'étaient que des mesures transitoires, attachées à la vie du roi de qui elles émanaient. Le roi franc exerçait le pouvoir législatif pleinement et sans limite. Sans doute, comme nous le dirons plus loin, les ordonnances étaient rendues habituellement après de grandes assemblées, où étaient convoqués les principaux personnages du royaume, et souvent elles mentionnent l'adhésion que ceux-ci y ont donnée. Mais c'était là une consultation qui, en droit, n'était pas obligatoire, et la nation ne participait pas au pouvoir législatif. Dans le cas seulement où il s'agissait de rédiger officiellement ou de modifier la coutume nationale qui constituait la loi personnelle aux hommes de chaque race, on admettait que la partici-

1. L. 6, 9, C. Th., II, 1, avec le Commentaire de Godefroy ; *Novellæ Martiani,* tit. 1; L. 5, § 1, C. J., III, 13.
2. Ce terme était lui-même emprunté à la langue du droit romain, pour désigner une suite d'articles de loi portant sur des matières différentes. — Voyez : *Pragmatica Sanctio Justiniani imperatoris, continens « varia capitula ».*

pation de ceux-ci et même leur consentement était nécessaire[1]. Les capitulaires étaient donc de véritables lois ayant un caractère de généralité et de permanence[2]. Cependant, c'est là un point qui fait l'objet de vives controverses, et d'éminents germanistes[3] soutiennent, au contraire, que les ordonnances ou capitulaires des rois francs n'étaient pas des lois véritables et qu'ils s'en distinguaient par deux traits.

1° Les capitulaires n'auraient eu de force que pendant la vie et le règne de leur auteur ; ils auraient été caducs à sa mort, à moins que le successeur ne les confirmât. Mais si l'on montre des ordonnances de ce genre, émanant du roi précédent, confirmées par le nouveau roi[4], cela ne prouve rien : les rois de la troisième race confirment souvent aussi les lois de leurs prédécesseurs, à une époque où ils ont sûrement conquis le pouvoir législatif[5].

---

1. Cap. de 803, c. xix (Borelius, I, p. 116) : « Ut populus interrogetur de capitulis quæ in lege noviter addita sunt ; et postquam omnes consenserint, subscriptiones et manufirmationes suas in ipsis capitulis faciant. » — On trouve, dans Borelius (I, p. 112), le procès-verbal, pour un comté, de ce consentement donné. On pourrait cependant songer à voir là seulement un mode particulier de promulgation de la loi. Mais un passage célèbre de l'édit de Pistes de Charles le Chauve, donne une autre portée à ce consentement. Dans le chapitre vi, il s'agit de sujets qui avaient leur domicile et leurs propriétés dans les comtés envahis par les Normands. Dans les comtés où ils se sont réfugiés, ils n'ont plus ni domicile ni propriétés et prétendent par là échapper aux poursuites qui pourraient être judiciairement intentées contre eux : « Quia non habent domos ad quas secundum *legem* (la loi salique) mauniri et banniri possent, dicunt quod de maunitione et bannitione *legibus* comprobari et *legaliter* judicari non possunt. » Le roi édicte, pour parer à cette fraude, une modification de la procédure légale, mais il ajoute : « Et quoniam *lex* consensu populi fit et constitutione regis, Franci jurare debent quia secundum mandatum nostrum ad justiciam reddendam vel faciendam, *legibus* mannitus vel bannitus fuit. » — Cependant, voici ce que l'évêque Agobard demande à l'empereur (*Adversus legem Gundobadi*, c. vii) : « Si autem placeret domino nostro sapientissimo imperatori ut nos transferret ad legem Francorum et ipsi nobiliores efficerentur et hæc regio... sublevaretur. » Cf. Siegel, *Deutsche Rechtsg.*, p. 34.

2. Dans ce sens, voyez surtout : Fustel de Coulanges, *La monarchie franque*, ch. vi. — Löning, *Geschichte des deutschen Kirchenrechts*, II, p. 17 et suiv.

3. Je citerai, comme résumant les autres, Thévenin, *Lex et Capitula (Bibliothèque de l'École des Hautes-Études)*, et Schröder, *Deutsche Rechtsgeschichte*, p. 117 et 242.

4. Cap. de 779, c. xii (Borelius, I, p. 50), *Breviarium missorum Aquitanicum* (Borelius, I, p. 65).

5. Il pouvait se faire, d'ailleurs, qu'un certain nombre de capitulaires eussent le caractère de règlements personnels au prince qui les avait rendus ; cela

2° Les capitulaires auraient été des *leges imperfectæ*, en ce sens que leur violation aurait été seulement punie du *bannus regius*, leurs règles n'auraient pas eu judiciairement une sanction directe. Mais, sauf ce qui a été dit quant aux règles contenues dans les *Leges*, cela ne saurait être exact; car nous voyons les capitulaires édicter, comme punition de certains crimes, la peine de mort ou des mutilations; ils contiennent aussi des règles sur le mariage, qui, certainement, recevaient leur application devant les juridictions séculières[1].

V

Dans la *civitas* germanique, là même où la royauté s'était établie, l'autorité souveraine résidait dans le *concilium*, composé de tous les hommes libres en âge de porter les armes. Dans la monarchie franque, existe-t-il quelque chose de semblable? On a prétendu en trouver encore des traces au début du règne de Clovis[2]; mais cela paraît peu vraisemblable, car, dans la loi salique, le roi exerce déjà les attributions judiciaires du *concilium*. Dans tous les cas, dans le royaume franc constitué par les victoires successives de Clovis, il n'apparaît plus. Il n'en reste qu'une chose : l'habitude, pour le roi, de convoquer au printemps, à ce qu'on appelle le champ de mars, les guerriers qui lui doivent le service; cela pouvait constituer des assemblées fort nombreuses, car tout homme libre devait le service militaire. Mais, c'étaient là, seulement, des revues militaires; les hommes convoqués n'y figuraient que comme soldats, non comme membres d'une assemblée délibérante, sauf, qu'en fait, dans un tel milieu, le sentiment populaire devait aisément trouver son expression. L'habitude de ces champs de mars paraît, d'ailleurs, s'être perdue en Neustrie, au cours du viie siècle, tandis qu'elle se conservait en Austrasie; l'institution redevint régulière avec les premiers Carolingiens sous le nom de champ de mai[3]. Mais des assemblées consulta-

---

avait été vrai des actes des empereurs romains; Herzog, *Geschichte und System der römischen Staatsverfassung*, II, p. 717.

1. Esmein, *Le mariage en droit canonique*, I, p. 10 et suiv.
2. Schröder, *Deutsche Rechtsg.*, p. 144; l'auteur pense même que la loi salique aurait été approuvée par ce *concilium*.
3. Schröder, *Deutsche Rechtsg.*, p. 145.

tives d'un autre genre, appelées *placita*, apparaissent déjà sous
les Mérovingiens, plus nombreuses et plus importantes sous
les Carolingiens[1]. Ce n'est point une résurrection des vieilles
libertés germaniques ; ce sont des réunions d'hommes importants, ecclésiastiques et laïcs, que le roi convoque pour
prendre leurs conseils. Sous quelle influence cette institution
s'est-elle établie? Il n'est pas probable que les assemblées
provinciales de l'empire romain aient servi de modèle : mais,
au contraire, les synodes ou conciles de l'Église ont certainement servi d'exemple, peut-être même de point d'attache[2]. Il
paraît également certain que, tant que se conserva la coutume
du champ de mars, la réunion du *placitum* coïncidait avec
une de ces revues[3]. D'ailleurs, ces assemblées ont eu pour
cause et raison d'être principale le besoin de coordonner l'administration d'un vaste royaume. Ce qui le montre bien, c'est
leur composition. Sous les Carolingiens, tout au moins, elles
sont composées de membres pour qui siéger et délibérer
n'est pas un droit, mais un devoir : ils sont convoqués par le
le roi et tenus de venir l'assister de leurs conseils. Ce sont, à
proprement parler, des réunions de fonctionnaires. Elles sont,
en effet, essentiellement composées, d'un côté, d'évêques et
d'abbés, qui sont réellement des fonctionnaires de la monarchie franque[4], et de comtes, qui sont les re   entants du
roi dans les provinces. Probablement y figuraient aussi des
potentes qui n'exerçaient aucune fonction.publique ; mais, c'é-
taient alors des *vassi regii*, auxquels le roi pouvait demander,
en vertu de leur obligation particulière de fidélité, tous les
services qui conviennent à un homme libre[5].

---

1. Sur ces assemblées, consulter Fustel de Coulanges, *La monarchie franque*, c. III. — W. Sickel, *Die Merovingische Volksversammlung*.

2. Les synodes d'évêques dans la monarchie franque se réunissaient avec la
permission ou sur l'ordre du roi. Celui-ci y assistait le plus souvent, et, avec
lui, d'autres laïcs, grands personnages. M. Schröder (*op. cit.*, p. 146) suppose que le roi saisit naturellement ces occasions pour mettre en délibéra-
tion, avec les évêques et les grands réunis là, des objets importants.

3. *Decretio* de Childebert II (Boretius, I, p. 15) c. 1. : « Antonaco, kalendas
marcias anno vicesimo regni nostri convenit. » — C. IV : « Pari conditione
convenit kalendas.marcias omnibus nobis adunatis. »

4. Sur ces divers points, Hincmar, *de Ordine palatii* (édit. Prou), c. XXIX,
XXX, XXXIV, XXXV.

5. Voyez plus loin, c. IV.

Sous Charlemagne, ces *placita* prirent une périodicité régulière. Il s'en tenait deux par an. L'un, en automne, peu nombreux, comprenant seulement les personnages les plus importants, l'autre, plus nombreux, au printemps, au moment du champ de mai, où l'on réglait le *status totius regni*. Nous sommes exactement renseignés sur cette organisation par un écrit d'Hincmar de Reims, que l'on a intitulé *de Ordine palatii*, et qui a été composé en 883, et d'après un petit traité sur le même sujet d'Adalhard, abbé de Corbie et parent de Charlemagne [1]. Après Charlemagne, cette périodicité disparut ; mais les *placita* qui furent réunis sous Louis le Débonnaire et Charles le Chauve acquirent peu à peu une importance nouvelle. Avec la féodalité commençante, les comtes étaient devenus maîtres de leurs charges, et l'Église conquérait une presque totale indépendance. Les *placita* étaient, dès lors, composés, non plus de véritables fonctionnaires, mais de seigneurs presque indépendants; ils pouvaient imposer leurs volontés.

§ 2. — L'ADMINISTRATION LOCALE, LA JUSTICE, LES IMPOTS.

I

L'administration des provinces était dirigée par des officiers royaux appelés *comites*, les comtes, qui réunissaient entre leurs mains l'ensemble des pouvoirs, ayant à la fois des attributions administratives, judiciaires et financières. Chacun d'eux était préposé à une circonscription, qui porte habituellement le nom de *pagus*, et dont les habitants sont dits les *pagenses* du comte : mais le *comitatus*, ne fut point, en principe, une circonscription nouvelle, mais bien le *territorium* de la *civitas* romaine [2]. Les comtes avaient sous eux des agents inférieurs ou des suppléants, dont il sera bientôt question, mais, en principe, ils n'avaient pas d'autres supérieurs que le roi qui les nommait et les révoquait à son gré. Cependant, sous les Mérovingiens, il arrive assez souvent que plusieurs comtes, tout en ayant chacun leur

---

1. *De Ordine palatii*, surtout c. xxix-xxxv, avec les notes de M. Prou.
2. Greg. Tur., *Historia Francorum*, IV, 42 : « Peonius vero hujus municipii (Audisiodorensis) comitatum regebat. » Dans la suite, il se forma des comtés secondaires, démembrant les anciens territoires.

comté, sont réunis sous l'autorité d'un fonctionnaire supérieur appelé *dux*[1]. D'où vient cette institution des comtes, qui est la cheville ouvrière de la monarchie franque : est-elle d'origine romaine ou germanique? Il est assez difficile de le distinguer, car, si le titre de *comes* est emprunté à la hiérarchie de l'empire romain, et si le *comes civitatis* se retrouve dans tous les royaumes fondés par les barbares dans l'empire, chez les Wisigoths, chez les Burgondes et chez les Ostrogoths, le comte franc porte aussi un autre nom d'origine germanique; il s'appelle encore *grafio* (gerefa). Cependant, c'est, je crois, une institution qui, créée sous l'empire romain exceptionnellement pour quelques cités[2], a été généralisée par les barbares et étendue à toutes, à raison de sa commodité et de sa simplicité. En effet, par là, l'unité administrative qui, dans l'empire, était très vaste, étant représentée par la province, se trouvait heureusement restreinte : le centre de gravité passait de la province à la cité.

Avec l'établissement de la monarchie franque, l'organisation municipale n'a point disparu. Sous les Mérovingiens, on voit subsister les curies, et, avec elles, les défenseurs des cités; seulement leur rôle est bien réduit. Ces organes ne paraissent plus servir pour l'administration proprement dite, qui est toute aux mains du comte et de ses subordonnés; les curies semblent fonctionner seulement pour la réception officielle et l'enregistrement des actes rédigés conformément à la loi romaine[3]. Mais, sous les Carolingiens, on voit disparaître les traces de cette ancienne organisation[4].

---

1. Greg. Tur., *Historia Francorum*, VIII 18 : « Nicetius ... a comitatu Arverno submotus, ducatum a rege expetiit... Et sic in urbe Arverna, Rutena atque Ucetica dux ordinatus est. » — VIII, 26 : « Toronicis vero atque Pictavis Ennodius dux datus est. » — IX, 7 : « Ennodius cum ducatum urbium Thoronicæ atque Pictavæ ministraret adhuc et Vice Juliensis atque Benarnæ urbium principatus accepit. Sed euntibus comitibus Thoronicæ atque Pictavæ urbis ad regem Childebertum obtenuerunt eum a se removere. » Cf. II, 20; VI, 19, 41. — Chez les Wisigoths, il semble qu'il y avait un comte par *civitas* et un *dux* par *provincia;* c. xii, xvii, xviii, *Lex Wisig.*, II, 1; voyez, d'ailleurs, la hiérarchie entière des fonctionnaires wisigoths, c. xxvi, *ibid.*

2. Esmein, *Mélanges*, p. 387 et suiv. — W. Sickel, dans les *Göttingische gelehrte Anzeigen*, 1er juillet 1886, p. 569 et suiv.

3. Waitz, *Deutsche Verfassungsgeschichte*, II, 1², p. 422 et suiv. — De Rozière, form. 259 et suiv.

4. Waitz, *Deutsche Verfassungsgeschichte*, III², p. 407. — Voyez, cependant, quant à la persistance de l'enregistrement à la curie, Thévenin, *Textes relatifs*

Voilà les traits généraux de cette administration; reprenons maintenant l'une des fonctions du comte, celle qui consiste à administrer la justice et voyons comment elle s'exerçait.

II

C'est une question depuis longtemps et vivement discutée que celle de savoir quel était au juste le fonctionnement des tribunaux de la monarchie franque, et si cette organisation judiciaire avait emprunté ses règles et ses éléments constitutifs aux coutumes germaniques ou aux usages romains [1]. Voici, rapidement résumé, ce qui me paraît se dégager des textes.

Dans la *civitas* germanique, la justice paraît avoir été véritablement populaire. Elle était rendue dans le *pagus*, ou centaine, par le *princeps*, mais tous les chefs de famille participaient à la décision; ce sont les *centeni comites* qui, selon Tacite, assistent le *princeps*, *consilium et auctoritas adsunt*. Dans la loi salique, la justice a encore le caractère populaire, mais à un degré moindre. La justice est rendue également dans une assemblée appelée *mallus* [2] ou *mallobergus* [3], et c'est encore une assemblée de centaine, car celui qui la tient s'appelle *thunginus* ou *centenarius* [4]. Celui-ci, d'ailleurs, n'est point un fonctionnaire royal, mais, sans doute, un magistrat élu par la centaine. Le comte existe déjà dans la loi salique, mais il ne fait qu'exécuter le jugement, il ne le rend pas [5]. Ce n'est pas, d'ailleurs, le *centenarius* lui-même qui arrête la sentence, mais des personnages appelés *rachimburgii*, qui siègent au *mallus* au moins au nombre de sept, et qui *legem dicunt* [6]. Est-ce à

aux *institutions privées et publiques aux époques mérovingiennes et carolingiennes*, n° 127. — Mais cf. Stouff, dans la *Nouvelle Revue historique de Droit*, 1887, p. 282 et suiv.

1. Voyez, sur ce sujet : L. Beauchet, *Histoire de l'organisation judiciaire en France, époque franque*, 1886. — Fustel de Coulanges, *La monarchie franque*, ch. xiii, *Recherches sur quelques problèmes d'histoire*, p. 359 et suiv. — Beaudoin, *La participation des hommes libres au jugement dans le droit franc* (*Nouvelle Revue historique de Droit*, 1888).

2. *Lex Sal.*, I, 1; XLIII, 1; L. 2; LX, 1.

3. *Lex Sal.*, LVII, 1.

4. *Lex Sal.*, XLIII, 1.

5. *Lex Sal.*, L et LI.

6. *Lex Sal.*, LVII. *Legem dicere* veut dire proprement énoncer la règle de droit, et, plus spécialement, le mode de preuve applicable dans l'espèce. Esmein,

dire que l'assemblée des hommes libres que comprend le *mallus* a cessé de donner son approbation à la sentence ? Non, sans doute ; seulement, ce sont les anciens, les notables, qui seuls jouent un rôle actif : ils dégagent le droit, et l'assemblée, qui se tient debout autour d'eux, ne fait que l'acclamer, ou, peut-être, témoigner par des murmures sa désapprobation [1]. C'est exactement la forme de justice populaire qui est décrite, pour la Grèce antique, sur le bouclier d'Achille [2]; les γέροντες me paraissent y jouer le rôle que la loi salique attribue aux *rachimburgii;* d'autre part, la foule au *mallus* devait, comme elle le fait dans Homère, marquer son sentiment par des clameurs. C'était sans doute la coutume, non pas une élection proprement dite, qui désignait les hommes notables ayant le droit de siéger [3].

Si nous passons à la monarchie franque, nous constatons un premier fait. C'est le comte dorénavant qui rend la justice, et siège au tribunal, au *mallus* comme on dit encore. Il rend la justice au civil et au criminel, et le magistrat populaire de la loi salique a disparu ; on retrouvera bien un officier appelé *centenarius,* mais celui-ci sera le subordonné du comte. Cette transformation probablement s'est opérée sous l'influence du droit romain. Mais, sur d'autres points, la coutume germanique paraît avoir communiqué quelques-uns de ses traits au droit nouveau qui s'est formé.

1° En premier lieu, bien que le comte commande au *territorium* entier d'une *civitas,* ce n'est point là la circonscription judiciaire. Ce territoire est divisé en cantons que le comte

---

dans la *Nouvelle Revue historique de droit,* 1889, p. 312. — Sur tous ces points, voyez Thonissen, *L'organisation judiciaire et le droit pénal de la loi salique.*

1. Dans ce sens : Sohm, *Fränkische Reichs-und-Gerichtsverfassung,* p. 372 et suiv.; Schröder, *Deutsche Rechtsgeschichte,* p. 161, note 5. — Cf. Siegel, *Deutsche Rechtsg.,* § 180.

2. *Iliade,* XVIII, v. 497 et suiv.

3. Cependant, c'est bien le comte qui choisit les rachimbourgs, lors de la prise de gages (*Lex Sal.,* L, 3). — Certains historiens attribuent aux rachimbourgs une tout autre qualité. M. Kovalevsky voit, dans les *rachimburgii* de la loi salique, des arbitres judiciaires, forme par laquelle commence d'ordinaire l'administration de la justice : *Coutume contemporaine et ancienne loi* (édit. russe) p. 408 et suiv. M. Fustel de Coulanges attribue aussi le caractère d'arbitres aux rachimbourgs soit de la loi salique, soit de la monarchie mérovingienne : *La monarchie franque,* p. 350 et suiv.; *Recherches,* p. 423 et suiv.

parcourt successivement pour y rendre la justice [1]. Quelles
étaient ces subdivisions? elles remontaient probablement, pour
la plupart, à l'époque romaine, mais elles prennent le nom usité
traditionnellement chez les Germains ; elles s'appellent des
centaines. Cette dénomination apparaît déjà sous les Mérovingiens, et elle devient d'un usage constant sous les Carolingiens [2].
Ce qui paraît d'ailleurs absolument démonstratif, c'est que le
comte a sous ses ordres un officier inférieur qui, au besoin,
tient l'assise à sa place et qui se nomme *vicarius* ou *centenarius* [3]. On trouve aussi le nom de *vice-comes* pour désigner le
suppléant du comte [4].

2° Le comte ou le centenier ne siègent pas seuls. Avec eux
siègent au *mallus* des personnages désignés par différents
noms : *rachimburgii, boni homines, magnifici* ou *illustres viri*,
et ce sont ces derniers qui arrêtent les jugements [5]. D'où vient
cette institution ? Il semble que le doute n'est pas possible, la
persistance du nom de rachimbourgs est démonstrative. C'est
le système de la loi salique, qui s'est conservé et généralisé ;
ce sont les notables, admis par le comte, qui disent le droit.
Voici encore un fait qui montre bien nettement la filiation :
les rachimbourgs de l'époque mérovingienne seront remplacés
sous Charlemagne par des auxiliaires permanents de la justice,
remplissant les mêmes fonctions et nommés *scabini;* or, dans
les régions du nord et de l'est, où cette organisation se conserva intacte pendant des siècles, nous voyons les échevins du
moyen âge remplir exactement les mêmes attributions que la
loi salique assigne aux *rachimburgii* [6]. Cette organisation,

---

1. Greg. Tur. *Historia Francorum*, VIII, 18 : « Gundovaldus autem comitatum
Meldensim... competiit, ingressusque urbem causarum actionem agere cœpit.
Erinde dum pagum urbis in hoc officio circuiret, in quadam villa a Werpino
interficitur ».

2. Guérard, *Essai sur le système des divisions territoriales de la Gaule*. Waitz,
Deutsche Verfassungsgeschichte, II, 1, p. 398 et suiv.

3. *Lex Rip.*, L, 1; *Lex Alam.*, XXXVI, 1. Voyez une formule contenant les
instructions d'un comte à son *vicarius* : de Rozière, 886.

4. Waitz, *op. cit.*, II, 2, p. 12.

5. Voyez, par exemple, de Rozière, 486, 493, 494, 499, 503, 506, 507.

6. Il y a, o. peut le dire, identité complète quant au double rôle attribué
de part et d'autre aux rachimbourgs et aux échevins : 1° *Legem dicere* (*Lex
Sal.*, LVII): 2° Intervention dans la saisie des gages (*Lex Sal.*, L, 4). Voyez, en
particulier, *Oude Dingdalen van Waterland* publiés par J. A. Fruin, p. 7 et
suiv.

dans la monarchie franque, s'est étendue à tout le royaume [1] et la raison en paraît assez simple : elle était commode et en quelque sorte naturelle ; avec le mélange des races et la personnalité des lois, des notables, pris dans les diverses nationalités, pouvaient seuls dégager pratiquement les règles à suivre dans chaque cause [2].

Le *mallus* n'avait pas cessé, d'ailleurs, d'être une assemblée des hommes libres de la centaine. Tous sont même tenus de s'y rendre, à certaines époques, ou sur la convocation du comte, sous peine d'amende [3]. Mais, à vrai dire, ce n'est point pour y rendre la justice, c'est pour recevoir une réquisition de l'autorité royale, tantôt pour prêter le serment de fidélité au roi, tantôt pour écouter la lecture des capitulaires promulgués, tantôt pour recevoir l'ordre de se rendre à l'armée à telle époque [4]. Cependant, on ne peut pas dire qu'au *mallus* où se rend la justice, l'assemblée des hommes réunis en ce lieu soit absolument inerte et ne joue plus que le rôle de spectateurs : suivant la tradition, ils manifestent leur sentiment par des clameurs, Dans Grégoire de Tours et dans les hagiographes, il est assez souvent parlé de ces acclamations de la foule, et l'on peut même trouver des textes de loi [5] et des documents judiciaires [6] où elle est regardée comme prenant

---

1. Sohm, *Fränkische Reichs-und-Gerichtsverfassung*, p. 115 et suiv.

2. W. Sickel, *Die Entstehung des Schöffengerichts*, dans la *Zeitschrift der Savigny Stiftung*, t. VI (germ. Abth.).

3. Cap. de 769-770, c. XII (Boretius, I, 46) ; cap. de 805, c. XVI (p. 126).

4. Fustel de Coulanges, *La monarchie franque*, p. 236 et suiv.

5. La *Lex Wisigothorum* est certainement, de toutes les *Leges*, celle qui a subi le plus profondément l'influence du droit romain. Elle permet au juge de ne point laisser le public entrer au prétoire où il rend la justice ; mais elle admet aussi, si le juge le veut, l'intervention des assistants : c. II, *Lex Wisig.*, I, 2. « Judex autem si elegerit auditores alios secum esse præsentes, aut forte causam, quæ proponitur, cum eis conferre voluerit, suæ sit potestatis. » Le mot *auditores* désigne ici le public ; le contexte ne laisse aucun doute à cet égard.

6. *Cartulaire de l'abbaye de Beaulieu* en Limousin, n° 47 (a. 960), p. 86 : « Judicaverunt memorati Regimundus comes, cæterique ei in circuitu sistentes... judicaverunt iterum dictus comes, cæteraque ei assistens turba. » — Cf. c. III, X, *De cons.*, I, 4 : « Quod in tua diœcesi etiam in causis ecclesiasticis consuetudo minus rationabilis habeatur quod cum aliqua causa tractatur ibidem... a præsentibus litteratis et illiteratis, sapientibus et insipientibus, quid juris sit quæritur, et quod illi dictaverint, vel aliquis eorum, præsentium concilio requisito pro sententia teneatur. » Ce texte il est vrai, qui concerne

ainsi part au jugement. Dans la conception de la justice restée encore populaire, il semble que tous ceux qui sont réunis dans le lieu où elle se rend font partie d'un même corps et concourent, avec des rôles divers, à une œuvre commune. Les uns sont assis (*residentes*) et disent le droit; les autres sont debout (*adstant, assistant*), et c'est le chœur de cette tragédie judiciaire, mais ce sont encore des acteurs.

Dans cette organisation judiciaire, Charlemagne introduisit trois réformes, qui, en réalité, ne furent que des retouches sur des points particuliers.

1° Il remplaça les rachimbourgs, ces notables jugeurs, qui pouvaient changer dans chaque affaire, par un collège permanent d'échevins ou *scabini*, la fonction restant la même. Les *scabini* sont nommés par le comte, avec l'assistance du peuple, c'est-à-dire en assise publique[1]. Ils doivent assister à tous les plaids, tout au moins au nombre de sept[2], ou de douze s'il est possible[3]. Par là, le fonctionnement de la justice était assuré et les notables déchargés d'un service pénible.

2° L'obligation pour l'ensemble des hommes libres de se rendre périodiquement au *placitum*, sous peine d'amende, était restreinte à trois *placita* par an; le comte ne pouvait plus convoquer aux autres que les scabins, les parties et les témoins[4].

4° La compétence du comte et celle du centenier ne s'étaient pas distinguées jusque-là l'une de l'autre; et cela se conçoit, puisque le second n'était, en réalité, que le suppléant du premier. Cela était cependant assez peu raisonnable. Aussi les causes les plus graves, celles qui portaient sur des crimes pouvant entraîner peine afflictive, sur des questions de liberté, de propriété foncière ou de propriété d'esclaves, furent-elles réservées à l'assise du comte[5].

la cour de l'évêque de Poitiers, est d'une tout autre époque (a. 1199): mais il me paraît attester la persistance d'une vieille coutume. » — Cf., sur la question, à l'époque carolingienne, Saleilles, *Du rôle des scabins et des notables dans les tribunaux carolingiens* (*Revue historique*, t. XL, 1889).

1. *Cap. Aquisgr.*, de 809, c. XI (I, p, 149); *Cap. missorum primum* de 809, c. XXII (I, 151).
2. *Cap. missorum* de 803, c. XX (I, 116).
3. *Cap. de justiciis faciendis*, c. II (I, 295). — *Cap. francica*, c. IV (I, 214).
4. *Cap. missorum* de 817, c. XIV (I, 290).
5. *Cap. de justiciis faciendis* de 811-813, c. IV (I, 176); *Primum capitulum*

III

Les Romains avaient établi un système d'impôts très savant et très lourd ; les Germains, au contraire, ne connaissaient pas l'impôt proprement dit ; nous avons vu seulement, chez eux, une portion des compositions attribuée au roi, et des dons coutumiers offerts aux *principes* et au roi. Les monarques francs essayèrent de maintenir à leur profit ces diverses prestations, de faire fonctionner à la fois l'un et l'autre système, sans réussir, d'ailleurs, complètement. On ne peut pas dire qu'il y eût véritablement à cette époque des finances publiques, mesurées sur les besoins et les forces de l'État ; il y avait seulement les revenus du roi, qui lui appartenaient en propre. Cela résulte de la conception même du pouvoir royal exposée plus haut. Cela était d'autant plus vrai que les services publics n'étaient pas rétribués : les hommes libres devaient le service militaire sans solde et à leurs frais ; les travaux publics étaient exécutés par voie de corvées ; le comte n'avait pas d'appointements proprement dits, mais seulement touchait une part des amendes. Voici quelles étaient les principales sources de revenus du roi.

1° Le produit des grands domaines royaux ou *villæ*, administrés par des fonctionnaires spéciaux appelés *domestici*. Suivant un mode économique, que l'on retrouve souvent dans les civilisations peu avancées, la royauté vivait, autant que possible, sur ses domaines : le roi se transportait avec sa suite de *villa* en *villa* pour consommer sur place les produits. De là, des habitudes ambulatoires, qui persisteront pendant des siècles. Charlemagne régularisa et systématisa l'administration des *villæ* royales[1].

2° Les profits de justice. C'étaient d'abord les prestations pécuniaires édictées au profit du roi par la coutume germanique : le *fredum* (*friedgeld*, argent de la paix), ou partie de

---

missorum Aquisgr., de 810, c. III (I, 153). — Cf. Nissl, *Der Gerichtssland des Clerus in fränkischen Reich*, p. 114.

1. Voyez le capitulaire de Charlemagne *de Villis* (I, 83), et Guérard, *Explication du capitulaire « de Villis »*, dans la *Bibliothèque de l'École des Chartes*, mars 1853.

la composition (le tiers) qui devait être payée au roi[1]; le *bannus*, ou amende de 60 *solidi*, parfois multipliée, prononcée contre ceux qui violaient les ordonnances ou ordres du roi. A cela se joignait la confiscation des biens des condamnés, en cas de crimes graves, que les rois francs empruntèrent à la législation romaine.

3° Des réquisitions en nature très nombreuses étaient exercées sur les sujets au profit du roi. En particulier, le roi et ceux qui voyageaient en son nom avaient le droit de se faire loger et héberger, eux et leur suite[2], charge qui, d'ailleurs, pesait surtout sur les riches et les établissements ecclésiastiques. Une réquisition plus générale était celle qui fut levée fréquemment sous les Carolingiens sous le nom de *fodrum* pour la nourriture de l'armée, hommes et chevaux[3]. Sur ces points, des coutumes germaniques coïncidèrent probablement avec les pratiques analogues constatées dans l'empire romain.

4° Les dons offerts par les sujets. Cette habitude des présents coutumiers, apportée de Germanie, se conserva dans la monarchie franque. Sous les Carolingiens, cela devint une obligation véritable pour les grands du royaume et pour les monastères. Sous Charlemagne, le *placitum* du printemps avait en partie pour but l'apport de ces dons[4], et nous avons une pièce de 817, où l'empereur Louis détermine les monastères qui doivent ces prestations et ceux qui en sont dispensés[5].

5° Les impôts proprement dits. Les rois mérovingiens cherchèrent à maintenir et même à étendre dans une certaine mesure le système d'impôts directs établis par les Romains. Mais ils se heurtèrent à des difficultés presque insurmontables. D'un côté, les résistances furent très vives; d'autre part, l'or-

1. *Lex Sal.*, L, 4; *Lex Rip.*, LXXXIX.
2. W. Sickel, *Zum Ursprung des mittelalterlichen Staates* (tirage à part, p. 32).
3. Waitz, *op. cit.*, IV², p. 15 et suiv.
4. Hincmar, *de Ordine palatii*, c. xxix, *in fine* (édit. Prou, p. 74) : « Cæterum propter dona generaliter danda », et la note de M. Prou.
5. *Notitia de servitio monasteriorum* (I, p. 350) : « Inter cæteras imperii dispositiones statuit quæ monasteria in regno vel imperio suo et dona et militiam facere possunt, quæ sola dona sine militia, quæ vero nec dona nec militiam sed solas orationes ».

ganisation des impôts romains était un instrument trop délicat et trop savant pour être manié par des mains grossières[1].
Les tentatives pour soumettre à l'impôt les hommes de race
franque paraissent avoir été vaines; cela est certain, du moins
quant à la *capitatio humana*, qui passait traditionnellement
pour un signe d'infériorité sociale et presque de servitude[2].
Quant à la population romaine, elle ne pouvait, en droit, con-
tester le principe de l'impôt; mais, c'était justement à raison
des impôts qu'elle avait vu, presque avec joie, la chute de
l'empire; elle résistait souvent lorsque le monarque franc
voulait reprendre la fiscalité impériale, et, chose notable, elle
était soutenue dans sa résistance par l'épiscopat. Cependant,
malgré ces résistances, les deux impôts directs des Romains,
la *capitatio humana* et la *capitatio terrena* paraissent avoir été
levés au vi[e] siècle, avec une certaine continuité, dans la monarchie franque. Mais ils avaient subi une transformation très
importante, surtout pour la *capitatio terrena*, et qui devait
favoriser la désagrégation du système. Ces impôts, sous les
Romains, étaient des impôts de répartition, et, par suite, la
cote de chaque contribuable n'était point arrêtée à une somme
invariable, pouvant varier, au contraire, selon la somme totale
que l'État, d'après ses besoins, devait demander à l'impôt. Sous
les Mérovingiens, il est à peu près certain que la *capitatio terrena*, comme la *capitatio humana*, devient un impôt de quotité.
On fixa à une certaine somme, ou à une certaine quantité
d'objets en nature, la contribution de chaque propriété, si bien
que toute augmentation paraissait une injustice. Cela se fit
sans doute tout naturellement, parce que l'administration
nouvelle était incapable de manier le système savant de répartition suivi par les Romains; cela concordait très bien, d'ailleurs, avec l'idée qui ne proportionnait plus l'impôt aux besoins
de l'État et en faisait un revenu propre du roi. C'était devenu
une redevance des personnes ou des propriétés. Cela eut une
conséquence notable. Les impôts romains, péniblement main-

---

1. Sur cette question des impôts, voyez Greg. Tur., *Historia Francorum*, III,
25, 36; V, 26, 28, 34; VI, 22, 45; VII, 15, 23; IX, 30; X, 4, 7. — Lehuérou, *Institutions mérovingiennes*, p. 312 et suiv. — Roth, *Geschichte des Beneficialwesens*,
p. 85 et suiv.

2. Marculfe, I, 19; Greg. Tur., VII, 15.

tenus sous les Mérovingiens, aux vi° et vii° siècles, disparurent ensuite en tant que système général s'appliquant à tous : il n'y a plus d'impôt direct général sous les Carolingiens[1]. Cependant, ils ne disparurent pas complètement ; ils subsistèrent localement, transformés en redevances coutumières[2]. Il y avait un grand nombre de sujets qui payaient un *census* au roi, soit à raison de leur personne, soit à raison de leurs biens ; mais c'était devenu déjà le *cens* (personnel ou réel) du moyen âge.

Quant aux impôts indirects, ils prirent, au contraire, un développement considérable, surtout sous la forme de péages locaux ; on constate ainsi l'existence de droits nombreux, désignés sous les noms les plus divers, levés sur la vente des marchandises, la circulation des marchandises, des hommes et des animaux[3].

§ 3. — ÉTAT DES PERSONNES ET CONDITION DES TERRES

I

La société romaine du Bas-Empire présentait une grande variété de conditions ; celle-ci s'augmente encore dans la monarchie franque. Aux types romains, conservés pour la plupart, s'ajoutent des états nouveaux, formes du droit germanique ou produits naturels du milieu nouveau. La division capitale des personnes est toujours celle en hommes libres et esclaves ; mais, entre ces deux classes, se place une classe intermédiaire, de plus en plus nombreuse, comprenant des types fort divers, et que l'on a pris l'habitude de désigner sous le nom de population quasi-servile.

A. *Hommes libres.* — Les hommes complètement libres, ce sont ceux qui sont libres de naissance. Il semble qu'entre eux

---

1. Waitz, *op. cit.*, IV, p. 112 et suiv.; Lehuérou, *Institutions carolingiennes*, p. 479 et suiv.

2. Ce caractère coutumier apparaît nettement dans le *Capitulare de justiciis faciendis*, c. iii (I, p. 295) : « Statuendum est, ut unusquisque qui censum regium solvere debet in eodem loco illum persolvat ubi pater et avus ejus solvere consueverunt. » — *Edictum Pistense*, a. 864, c. xxviii,(Walter, III, p. 150) : « Illi Franci qui censum de suo capite vel de suis rebus ad partem regiam debent ».

3. Waitz, *op. cit.*, IV, p. 55 et suiv.

une certaine égalité s'introduit dans la monarchie franque, par la disparition de la noblesse. L'empire romain avait une noblesse très particulière ; les contumes germaniques comportaient aussi une noblesse ; l'une et l'autre se perdent dans la monarchie franque. La noblesse romaine, étant une noblesse de fonctionnaires, logiquement devait disparaître avec les fonctions d'où elle dérivait, c'est-à-dire avec l'organisation impériale. Elle survécut cependant pendant un certain temps. La *Lex Burgundionum* mentionne le *Romanus nobilis*[1] ; dans la deuxième moitié du vi° siècle, Grégoire de Tours parle, en maint passage, de nobles Romains, de races sénatoriales. Mais ensuite la tradition disparaît. La noblesse germanique se perd également pendant les invasions ; après les établissements des barbares, on ne la retrouve plus nettement que dans les lois des Saxons, des Frisons et des Angles[2]. Dans la monarchie franque, on a pu dire exactement qu'en droit il n'y avait plus qu'une famille noble, celle qui avait le privilège de fournir les rois. Il y a donc une égalisation apparente entre les hommes libres ; mais cette apparence est trompeuse. En même temps que les anciennes noblesses disparaissaient, une nouvelle était en voie de formation ; à la place des anciennes inégalités, il allait s'en établir d'autres. D'un côté, sous les Carolingiens, l'idée prévaut que celui-là est déchu de sa pleine dignité et indépendance, qui vit sur la terre d'autrui et pour la cultiver. Cela coïncide avec l'établissement du séniorat. En même temps, il se constitue une noblesse de fait ; elle comprend tous ceux qui ont la puissance, c'est-à-dire ceux qui exercent une fonction publique importante ou qui possèdent de grandes propriétés foncières. Ce sont ceux-là que les documents privés ou même les lois de la monarchie franque désignent sous le nom d'*optimates, proceres, illustres personæ*. C'est une noblesse en voie de formation.

B. *Esclaves.* — Ils sont toujours très nombreux, et les

---

1. *Lex Burg.*, XXXVI, 1.

2. *Lex Frison.*, tit. 1 ; *Lex Saxon.*, tit. 1 ; *Lex Anglior. et Werin.*, tit. I. — La loi des Burgondes (XXXVI, 1) met sur la même ligne l'*optimas Burgundio* et le *nobilis Romanus*. — On trouve, dans les *Leges*, quelques traces d'une division des personnes libres en *meliores* et *minores personæ*, qui fait songer à la distinction des *honestiores* et des *humiliores* ; voyez Waitz, *op. cit.*, II, 1, p. 263 et suiv.

Leges, en tarifant lacomposition à payer pour le meurtre d'un esclave, d'après sa fonction ou son métier, nous font connaître les principaux emplois que leur donnaient les maîtres. En droit, leur condition tendait à s'améliorer, principalement sous l'influence de l'Église. Celle-ci, par son action disciplinaire, réagissant contre la loi civile, cherchait à leur assurer l'équivalent de la personnalité juridique qui leur manquait, en protégeant leur famille et leurs biens [1]. Elle reconnaissait comme légitime le mariage de l'esclave, pourvu qu'il eût été contracté avec le consentement du maître [2]; et elle défendait aux maîtres d'enlever à l'esclave ce qu'il avait amassé par son travail et son économie [3]. Elle punissait aussi le maître qui tuait son esclave sans juste cause et sans qu'un jugement fût intervenu. Mais l'esclave, même marié, pouvait toujours être vendu; tout ce que fit la législation, ce fut qu'elle défendit de vendre les esclaves aux païens, en dehors des frontières; elle ordonna aussi que la vente eût lieu en présence de l'évêque ou du comte, ou de leurs suppléants [4]. Mais la coutume devait peu à peu assimiler aux colons les esclaves agricoles, les plus nombreux de tous, et, par là, leur assurer la fixité du domicile et la sécurité.

C. *Population quasi-servile*. — Elle formait une classe de plus en plus nombreuse, constituée à la fois par les institutions romaines et germaniques, augmentée par de nouvelles recrues et comprenant des personnes qui avaient la personnalité juridique, mais subissaient, comparées aux hommes libres, certaines infériorités. Cela impliquait des catégories diverses.

1° Les *colons* du droit romain, dont la condition s'est maintenue, et qui sont très souvent visés par les textes.

2° Les *liti* ou *lidi;* ce sont des colons d'origine germanique qui figurent souvent dans les *Leges* et dans les documents mérovingiens et carolingiens; leur condition paraît semblable à celle du colon romain [5].

---

1. Esmein, *Le mariage en droit canonique*, t. Ier, p. 317 et suiv.

2. Concile de Châlon, de 813, au Décret de Gratien, c. vIII, C. XXIX, qu. 2. — Cf. Boretius, *Capit.*, I, p. 218.

3. Voyez les textes cités dans mon *Mariage en droit canonique*, t. Ier, p. 322, note 2.

4. *Cap. Liptinense*, c. III (I, p. 28); *Cap.*, de 779, c. xIX (I, 51).

5. Thévenin, *Textes*, n° 74, p. 93.

3° La plupart des affranchis[1]. L'affranchissement était fort répandu dans le droit de la monarchie franque. J'ai déjà eu l'occasion de dire que fonctionnaient à la fois et parallèlement des modes d'affranchissement d'origine romaine et d'autres d'origine germanique; mais tous n'avaient pas la même efficacité. Il en était deux seulement qui faisaient, de l'affranchi, l'égal d'un homme libre. C'était, d'abord, un mode d'affranchissement germanique qui s'accomplissait devant le roi, et dans le rituel duquel figurait un denier, sans doute prix symbolique de la liberté donnée : cela s'appelait la *manumissio per denarium*, et l'affranchi prenait l'épithète de *denarialis*[2], *denariatus*. C'était, ensuite, l'affranchissement à la romaine, soit *in ecclesiis*, soit par acte simplement privé (*carta*), mais conçu de telle manière, que, dans l'acte dressé de part et d'autre, le *manumissor* donnait expressément à l'affranchi la qualité de *civis Romanus*[3]. Pour les autres modes, ils ne faisaient pas de l'affranchi l'égal d'un homme pleinement libre, et cela était bien conforme à la vieille conception germanique : sur lui continuaient à peser certaines charges, indéfiniment transmissibles à ses descendants. L'affranchissement pouvait alors faire de l'affranchi un lite ou un colon[4]; dans tous les cas, celui-ci avait un patron à qui il devait une redevance annuelle, un *census*, et des prestations ou services. Ce patron, c'était, en principe, le *manumissor* et, après lui, ses héritiers;

---

1. Sur ce point et dans des sens divers, voyez : E. Mayer, *Zur Entstehung der lex Ribuariorum*, p. 137 et suiv.; Roth, *Feudalität und Unterthanenverband*, p. 280 et suiv.; Marcel Fournier, *Essai sur la forme et les effets de l'affranchissement dans le droit gallo-franc*, dans la *Bibliothèque de l'École des Hautes-Études*; Fustel de Coulanges, *L'alleu et le domaine rural pendant l'époque mérovingienne*, ch. x et xi.

2. *Lex Rip.*, LVII, 1; LXII, 2; de Rozière, form. 55 et suiv.

3. Bien qu'on donne souvent une portée moindre à l'affranchissement romain, ce résultat me paraît établi par deux textes : *Lex Rip.*, LXI, 1 : « Si servum suum libertum fecerit et civem Romanum portasque apertas conscripserit, et sine liberis discesserit, non alium quam fiscum habeat heredem. » Cf. *Lex Rip.*, LVII, 4; *Ludovici Pii ad Hetti episcop. Trevirensem præceptum* (Boretius, I, p. 356) : « Modus autem absolutionis et manumissionis illius talis esse debet; scribatur ei libellus perfectæ et absolutæ ingenuitatis more quo hactenus hujusmodi libelli scribi solebant, civem Romanum libere potestatis continens. » V. De Rozière, form. 82, 86.

4. *Lex Rip.*, LXII, 1 : « Si quis servum suum tributarium aut litum fecerit. » Rozière, form. 123.

mais le titre d'affranchissement pouvait avoir assigné comme patron une autre personne ou donné à l'affranchi le droit de s'en choisir un[1]. Dans ce cas, le patron désigné ou choisi, c'était généralement une église ou un couvent, car l'Église avait pris sous sa protection générale les affranchis. Sous les Mérovingiens, elle revendiqua même la juridiction sur eux[2], et elle obtint deux choses : 1° le droit d'intervenir toutes les fois que l'affranchissement lui-même était mis en question[3]. 2° Le patronage et la juridiction sur tous ceux qui seraient affranchis *in ecclesiis*[4].

4° A ces hommes s'en ajoutent d'autres, qui, pleinement libres de naissance, renoncent volontairement à leur liberté d'une façon plus ou moins complète. La liberté était alors dans le commerce; c'est un point certain que la coutume germanique en permettait l'aliénation[5]. Dans la monarchie franque, où la notion de l'État s'obscurcissait, il devait en être de même. Les hommes libres se vendaient, et les actes qui contenaient ces ventes portent d'ordinaire le nom d'*obnoxiationes*[6]. Ce qui les poussait, c'était, d'ordinaire, la misère et la faim, comme le constatent les formules[6]; souvent, aussi, c'était l'impossibilité de payer une dette, et surtout une composition : dans ce cas, d'ailleurs, l'homme ne faisait guère que devancer une solution inévitable. L'asservissement du débiteur était alors la sanction possible des obligations[7].

Tous ces hommes vivaient côte à côte sur les domaines des riches, c'est-à-dire des grands propriétaires, et, à côté d'eux, vivaient aussi des hommes libres ayant obtenu des concessions de terres. Peu à peu, leur condition devait s'égaliser, et les classes diverses, qui composaient la population quasi-servile, devaient se fondre dans le servage.

---

1. Voyez De Rozière, form. 83 et suiv.
2. Deuxième concile de Mâcon (a. 585), c. vii, dans Bruns, *Canones apostolorum et conciliorum*, II, p. 251.
3. Édit de Clotaire II, de 614, c. vii (Boretius, I., p. 22).
4. *Lex Rip.*, LVIII, 21.
5. Tacite, *Germ.*, 24.
6. De Rozière, form. 44 et suiv.
7. Esmein, *Études sur les contrats dans le très ancien droit français*, p. 154 et suiv.

II

On a vu que la propriété foncière dans l'empire d'Occident
se présentait sous la forme supérieure de la propriété individuelle, libre et absolue ; que les Germains, au contraire, avant
les établissements, pratiquaient principalement la propriété
collective du sol, qu'ils admettaient seulement à titre d'exception la propriété foncière individuelle, héréditaire, mais probablement non aliénable. Dans la monarchie franque, ce fut le
type supérieur, le type romain, qui l'emporta. La propriété immobilière, en quelques mains qu'elle se trouve et sans distinction de race entre les propriétaires, apparaît comme un droit
privatif et absolu. Le propriétaire peut en disposer à son gré ;
il nous a été conservé des actes et des formules sans nombre
où nous le voyons vendre, donner, engager la terre [1] ; et il est
dit expressément que l'acquéreur aura le droit le plus absolu
de disposition sur la chose qu'il a acquise [2]. D'ailleurs, chez les
Burgondes et les Wisigoths, la propriété foncière, même celle
établie au profit des barbares par le partage initial, apparaît
aussi comme individuelle et aliénable. Cependant, ce serait exa-
gérer que de dire qu'on ne trouve, dans la monarchie franque,
aucune trace de l'influence germanique dans la constitution
et le régime de la propriété foncière. Dans certaines régions,
sûrement les établissements des Francs gardèrent la marque
de l'ancienne communauté agraire. Non point que celle-ci ap-
paraisse sous cette forme d'après laquelle les individus n'ont
qu'une jouissance temporaire sur certains lots ; chacun était
propriétaire de son domaine à titre perpétuel. Mais, dans certaines régions, les propriétaires formaient des groupes, et le
groupe avait gardé certains droits sur les propriétés individuelles de ses membres : il pouvait empêcher un étranger de
s'y introduire, et, lorsqu'un de ses membres mourait, les autres
avaient, dans certains cas, le droit de recueillir sa propriété par
droit de succession. Le premier trait nous est indiqué par un
passage de la loi salique qui nous montre plusieurs personnes

---

1. De Rozière, form. 159 et suiv., 267 et suiv., 374 et suiv.
2. « Ut quicquid exinde a die præsente facere volueris liberam et firmis-
simam in omnibus habeas potestatem faciendi. » Voyez les formules citées à la
note précédente.

établies sur un domaine sans doute subdivisé en parcelles, et qu'il appelle *villa* : il déclare que si un étranger veut prendre la place de l'une de ces personnes, avec le consentement de celle-ci, il pourra cependant être expulsé si toutes les autres, tous les *vicini*, ne donnent pas aussi leur consentement [1]. Le second trait résulte d'un édit du roi Chilpéric. Parlant des lieux où les propriétaires sont constitués par groupes de *vicini*, il décide que si l'un deux vient à mourir sans laisser de fils, mais en laissant soit une fille, soit un frère ou une sœur, ce sont ces derniers et non les *vicini* qui recueilleront la terre [2]. C'est donc que les *vicini* avaient un droit de succession, et même qu'avant l'édit de Chilpéric ils n'étaient primés que par les fils. Mais les établissements régis par cette coutume, affaiblissement de l'ancienne coutume germanique, devaient constituer des îlots perdus au milieu d'un pays où la propriété était constituée à la romaine, et ce régime n'a pas exercé une influence notable dans l'histoire de nos institutions.

En même temps que le type romain de la propriété se maintenait dans la monarchie franque, des pratiques s'introduisaient, qui devaient le déformer, pour y substituer la tenure féodale. Mais nous les examinerons en étudiant les institutions de la monarchie franque, qui constituent les précédents de la féodalité.

---

1. *Lex Sal.*, XLV, 1, *de Migrantibus* : « Si quis super alterum in villa migrare voluerit, si unus vel aliqui de ipsis qui in villa consistunt eum suscipere voluerit, si vel unus extiterit qui contradicat, migrandi ibidem licentiam non habebit. » Cependant, ce droit d'expulsion disparaissait au bout d'un an, *ibid.*, § 3 : « Si vero quis migraverit et infra XII menses nullus testatus fuerit, securus sicut et alii vicini, maneat. » M. Fustel de Coulanges a vainement tenté de donner à ces passages un autre sens, *L'alleu et le domaine rural*, p. 187 et suiv.

2. *Edictum Chilperici*, c. iii (Boretius, I, p. 8) : « Simili modo placuit atque convenit, ut si quicumque vicinos habens aut filios aut filias post obitum suum superstitus fuerit, quamdiu filii adviverint terra habeant sicut et lex Salica habet. Et si subito filios defuncti fuerint, filia simili modo accipiant terras ipsas sicut et filii si vivi fuissent aut habuissent ; et si moritur, frater alter superstitus fuerit, frater terras accipiant, non vicini. » Le mot *vicini* ne peut vouloir dire simplement *voisins*, car tout propriétaire a des voisins, et le texte suppose, au contraire, qu'il a ou n'a pas de *vicini*.

§ 4. — LE DROIT CRIMINEL [1]

Le système de la personnalité des lois s'appliquait, on l'a vu, au droit criminel aussi bien qu'au droit privé. Par suite, dans la monarchie franque, les Romains continuèrent à être soumis au droit pénal romain et aux peines afflictives qu'il édictait[2]. Les hommes de race barbare, au contraire, étaient jugés d'après leurs coutumes, et les *Leges barbarorum* nous montrent que le système de répression admis par la vieille coutume des Germains subsistait encore dans ses lignes essentielles. Il est vrai que la vengeance privée n'est plus reconnue comme légitime que par quelques-unes des *Leges;* cette guerre de famille à famille, qui porte le nom de *faida*, est encore admise par les lois des Saxons[3], des Frisons[4] et des Lombards[5], tempérée seulement en ce que la vengeance ne doit pas s'exercer à de certains temps et en de certains lieux. Mais le droit de la monarchie franque, la législation des capitulaires ne l'admet plus : elle ne permet pas à la victime du délit ou aux parents qui la représentent de refuser la composition que le coupable est prêt à payer; pour toutes représailles, elle ouvre le droit de demander en justice le paiement de cette composition[6]. D'ailleurs, dans cette monarchie où régna toujours une anarchie plus ou moins développée, la *faida* ne put point être efficacement éliminée. Les lois et les autres documents montrent qu'elle persiste malgré les défenses réitérées, et que l'on

---

1. L'ouvrage le plus complet à consulter sur cette matière est Wilda, *Das Strafrecht der Germanen*, 1842.

2. *Lex Rip.*, LXI, 2; de Rozière, form, nᵒˢ 241, 215, 49, 465, 511; Esmein, *Mélanges*, p. 362.

3. *Lex Sax.*, II, 5; III, 4 (édit. Walter).

4. *Lex Frison.*, tit. III, et *Add. I, de Pace faidosi.*

5. *Edict. Roth.*, 45, 74, 17-18, 35-38; *Liutpr.*, 119, 135.

6. *Cap. Harist.*, de 779, c. xxii (I, p. 51) : « Si quis pro faida precium recipere non velt, tunc ad nos sit transmissus, et nos eum dirigamus ubi damnum menime facere possit. Simili modo et qui pro faida pretium solvere noluerit nec justiciam exinde facere. » — Greg. Tur., *Vitæ Patrum*, VIII, 7 (édit. Krusch, p, 697) : « Seditioni quodam loco exorta... unus elevati ensis acumine cum adsultu gravi virum perculit. Post dies autem paucos nanctus ab interempti germano simili exitu trucidatur. Quod cum judex loci illius comperisset vinctum virum in carcerem retrudi præcepit, dicens : « Dignus est leto hic scelestus ocumbere, qui voluntatis propriæ arbitrio, nec spectato judice, ausus est temere mortem fratris ulcisci. »

est obligé d'en tenir compte[1]. La composition pécuniaire était
donc le moyen normal de répression des délits. Son montant,
pour chaque délit était fixé par la loi, et la plus grande partie
des *Leges* les plus anciennes est consacrée à ces tarifs. Il y avait
une composition-type, celle payée en cas de meurtre, et
comme elle était plus ou moins élevée selon le sexe, l'âge, la
race, la fonction ou le degré de liberté de la personne tuée,
elle représentait, en réalité, la valeur pécuniaire de chaque
homme. Cela s'appelait le *wergeld* (*weregildus* ou *widrigildus*),
et souvent, pour le calcul d'autres compositions, celle-là servait
de point de départ. Une part de la composition, appelée *fredum*
était acquise au roi, comme il a été dit plus haut. Ce système,
tout grossier qu'il fût, avait une valeur répressive plus grande
qu'on ne serait tenté de le croire. Ce qui suffirait à le prouver,
c'est que, sous les Carolingiens, le pouvoir royal abaissa
le taux des compositions en substituant, pour leur calcul, au
sou d'or, qui valait 40 deniers, un sou d'argent, qui n'en valait
que 12[2]. En effet, les compositions représentaient souvent des
sommes très élevées, étant donné le milieu, et le paiement en
était énergiquement sanctionné. Le condamné insolvable était
livré au créancier et perdait au moins la liberté[3]. Anciennement, d'ailleurs, ce n'était pas lui seul qui était tenu de cette
dette; sa famille devait aussi y contribuer ou même la payer
à sa place, s'il abandonnait sa maison aux héritiers présomp-
tifs. Mais cette solidarité familiale dans le paiement de la
composition fut supprimée par Childebert II[4]. Cependant la
valeur répressive des peines afflictives ne fut point méconnue[5]

1. *Cap. Comp.*, de 757, c. xxi (I, p. 39); *Cap miss.*, de 802, c. xxxii (I, p. 97);
Cap. Theod., de 805, c. v (I, p. 123); *Cap. Carisac.*, de 873, c. iii.

2. Waitz, *op. cit.*, IV, p. 79 et suiv.

3. Esmein, *Études sur les contrats dans le très ancien droit français*, p. 151
et suiv.

4. *Lex Sal.*, LVIII, de Chrene Chruda. — Von Amira, *Erbenfolge und Ver-
wandtschaftsgliederung nach den Alt-niederdeutschen Rechten*, p. 80 et suiv.
— Brunner, *Deutsche Rechtsgeschichte*, § 21. — *Childeberti II Decretio* (a. 596),
c. v. (I, p. 16): « Forsitan convenit ut ad solutionem quisque discendat, nullus
de parentibus aut amicis ei quicquam adjuvet. ».

5. *Childeberti II Decretio* (a. 596) c. v (I, p. 16): « De homicidiis vero ita
jussimus observare ut quicumque ausu temerario alium sine causa occiderit,
vitæ periculum feriatur; nam non de pretio redemptionis se redimat aut componat. »

par les monarques francs, et les capitulaires en édictèrent,
pour un certain nombre de crimes, contre tous les sujets sans
distinction de race ; c'est ainsi que furent punis la trahison et
l'infidélité envers le roi, la désertion à l'armée, la fausse monnaie, le faux témoignage, le brigandage, le vol dans les
églises[1]. Les peines édictées étaient alors cruelles : la peine
de mort, surtout par la pendaison, la mutilation de divers
membres. Mais si, sur ces points, il s'établissait une loi commune, et si les barbares étaient ainsi partiellement ramenés
sous l'empire du système romain, en sens inverse, par l'action
de diverses influences, les Romains souvent substituaient,
quant à eux, les compositions aux peines afflictives[1].

La procédure criminelle, quant à la poursuite, fut dominée
par le principe accusatoire. C'était la règle mise en première
ligne par le droit romain ; et, pour les délits qui, conformément
à la coutume germanique, étaient punis seulement de compositions pécuniaires, on ne concevait pas que le procès fût engagé autrement que par la victime ou ses représentants. Mais
on a vu que le droit romain avait aussi admis largement la
poursuite d'office par le juge, et cette poursuite d'office se
maintint, dans la monarchie franque, pour les délits qui étaient
punis de peines afflictives, soit par application du droit romain,
soit par le texte des capitulaires.

La théorie des preuves, je l'ai dit, suivait le système de la
personnalité des lois. Pour les Romains, c'était celle indiquée
plus haut, simple et raisonnable, mais viciée par l'emploi de
la torture, qui se maintint dans la monarchie franque, et qui
apparaît à chaque instant dans les écrits de Grégoire de Tours.
Le système des preuves dans les coutumes germaniques était,
au contraire, très différent et fort extraordinaire en apparence.
Le voici, tel qu'il se dégage, dans ses grandes lignes, de l'ensemble des *Leges barbarorum*[3].

L'effort principal de la poursuite devait être de constater le

---

1. Waitz, *op. cit.*, IV, p. 506.
2. Esmein, *Mélanges*, p. 362 et suiv.
3. A proprement parler, on ne trouve ce système, sans altération, dans aucune des *Leges*; on arrive, cependant, à l'extraire de celles-ci en rassemblant les
règles communes qu'elles présentent, et en les complétant, pour le surplus,
les unes par les autres, quant à leurs éléments sûrement puisés dans l'ancienne
coutume. — Sur ce sujet, voyez principalement : H. Siegel, *Geschichte des*

flagrant délit : c'est là, d'ailleurs, un trait commun aux procédures primitives ; le flagrant délit apparait comme l'hypothèse normale pour la répression, car elle ne donne prise à aucun doute[1]. Lorsque le coupable était surpris, le poursuivant l'enchainait et le traduisait devant la justice : la condamnation était nécessairement prononcée sur le serment du poursuivant et d'un certain nombre de personnes, venant attester la capture[2]. Mais, hors le cas de flagrant délit, si l'accusé n'avouait pas, mais niait au contraire, c'était à lui qu'incombait la preuve de sa non-culpabilité. Ce renversement de la règle qui semble inspirée par le bon sens, et qui impose le fardeau de la preuve au demandeur, s'explique par la manière dont cette preuve était faite ; elle consistait dans un serment (serment purgatoire), que prêtait l'accusé et par lequel il affirmait son innocence. Ce serment que jadis, au temps du paganisme, le guerrier prêtait la main posée sur ses armes et qu'il prêta plus tard sur les reliques des saints, ne se présentait point isolé. Il devait être soutenu par le serment d'un certain nombre de personnes, fixé par la coutume (*cojurantes, sacramentales*), qui devaient être en principe de la même condition que l'accusé et dont le chiffre variait selon les divers délits[3]. A l'origine, les *cojurantes* étaient toujours pris dans la famille de l'accusé, éventuellement exposée à la *faida*[4]; mais, dans la monarchie franque, généralement on se relâcha de cette exigence[5]. C'était là le mode de preuve normal qui constituait un droit pour l'accusé, à moins s d'être exclu par une loi formelle[6]; mais il pouvait être écarté dans certaines hypothèses, et alors intervenaient à sa place des

deutschen Gerichtsverfahrens, p. 161 et suiv. — Cf. Fustel de Coulanges, *La monarchie franque*, p. 119 et suiv.

1. Esmein, *Mélanges*, p. 80 et suiv., et *Un contrat dans l'Olympe homérique*, p. 6 et suiv.

2. H. Siegel, *op. cit.*, p. 76 et suiv. — Mayer, *Zur Entstehung der Lex Rib.*, p. 117 et suiv.

3. Sur les *cojurantes*, Konrad Cosack, *Die Eidhelfer des Beklagten nach ältesten deutschen Recht*, 1885.

4. C'est encore la règle dans la *Lex Burgundionum*, VIII, 1 : « Si ingenuus per suspicionem vocatur in culpam... sacramenta præbeat, cum uxore et filiis et propinquis sibi duodecim juret. »

5. Mais, parfois, les *cojurantes* sont choisis en partie par le demandeur.

6. Dans les *Leges* et dans les formules de jugement intervient constamment cette alternative : *aut componat aut juret cum tantis viris.*

épreuves (*judicia Dei*), dans lesquelles on faisait appel au jugement même de la divinité. Ces épreuves, que l'on nomme aujourd'hui fort souvent *ordalies* (de *ordeal*, *urtheil* = jugement), étaient elles-mêmes de deux sortes. Dans les unes, ne figurait qu'une des parties, ordinairement le défendeur; c'étaient, pour prendre les plus répandues, l'épreuve du fer rouge (*judicium ferri candentis*), celle de l'eau bouillante (*judicium aquæ calidæ*) et celle de l'eau froide (*judicium aquæ frigidæ*). Elles intervenaient à la place du serment, dans deux hypothèses principales : 1° Lorsque l'accusé était, non pas un homme pleinement libre, mais un esclave ou une personne de condition quasi-servile, la disculpation par le serment et les *cojurantes* étant considérée comme un attribut de la pleine liberté[1]; 2° Lorsque les parties, quoique pleinement libres, convenaient qu'elles termineraient la querelle par un *judicium*; mais alors, celui-ci était, d'ordinaire, subi par un remplaçant, un *vicarius*, considéré comme représentant l'une d'elles[2]. La seconde catégorie d'épreuves présentait ce caractère que les deux parties jouaient un rôle actif; c'étaient le duel judiciaire (*pugna duorum*, *campus*) et l'épreuve de la croix, manifestement introduite par l'Église, et consistant à mettre les deux adversaires debout au pied d'une croix et à déclarer vaincu celui que la fatigue atteignait le premier[3]. Ces épreuves intervenaient parfois d'emblée sur la provocation d'une des parties, mais le plus souvent elles servaient au demandeur à empêcher la disculpation, par le serment, du défendeur qu'il soupçonnait de parjure : lorsque ce dernier se présentait pour jurer avec ses *cojurantes*, et avant qu'il eût posé la main sur l'autel, le demandeur pouvait le provoquer au duel ou à l'épreuve de la

1. *Concil. Tribur.* (a. 895), c. xv, C. II, qu. 5 : « Nobilis homo et ingenuus si in synodo accusatur et negaverit, si eum constiterit fidelem esse, cum duodecim ingenuis se expurget; si antea deprehensus fuerit in furto aut perjurio, aut falso testimonio ad juramentum non admittatur, *sed sicut qui ingenuus non est ferventi aquæ vel candenti ferro se expurget.* »

2. Hincmar de Reims, *de Nuptiis Stephani et filiæ Ragemundi comitis* (*Op.*, édit. Sirmond, II, p. 651) : « Quæ sacramenti purgatio et in ecclesiasticis et in exteris legibus usitatissima... Judicium autem nonnisi pro pacis caritatisque concordia inter coæquales fieri solet; fit autem a subjectis ad satisfactionem majorum. »

3. De Rozière, form. 502.

croix[1]. L'Église intervenait dans les *judicia Dei* pour bénir les objets ou éléments qui devaient y servir[2]. D'ailleurs, leur opération n'était pas toujours aussi simple qu'elle paraît à première vue. Ainsi, pour le *judicium ferri candentis* ou *aquæ calidæ*, on n'exigeait point, pour qu'elle réussit, que celui qui saisissait le fer rouge ou qui plongeait sa main dans l'eau bouillante n'eût pas été brûlé; mais on mettait sous scellé la main brûlée, et, au bout de trois jours, on examinait la plaie; si elle paraissait en voie de guérison, l'épreuve avait réussi; si la plaie présentait une mauvaise apparence, l'épreuve avait tourné contre celui qui l'avait subie[3]. Pour l'épreuve de l'eau froide, on était plongé dans une cuve ou fosse remplie d'eau, les pieds et les mains liés, et, pour triompher, on devait couler au fond; si l'homme surnageait, l'eau l'avait rejeté comme impur[4]. Tel est le système de preuves qu'apportèrent avec eux les barbares: comment s'explique-t-il?

Souvent les germanistes ont cherché à l'expliquer par un sentiment de fierté et d'indépendance propre à l'âme germanique. Toute accusation attaque l'honneur de l'accusé, et celui-ci n'admet pas qu'on lui demande autre chose qu'une disculpation par le serment, sinon il en appelle au jugement de Dieu; il ne connaît que sa parole, Dieu et son épée[5]. Mais c'est là une erreur certaine. Le système, en effet, n'est point propre aux coutumes germaniques; il caractérise, non une race déterminée, mais un certain degré inférieur de civilisation. On retrouve le serment purgatoire, les *cojurantes*, les ordalies, dans l'antiquité grecque[6] et chez les Indous[7]; on les voit fonctionner de nos jours chez un grand nombre de peuplades sauvages[8]. Ce système s'explique par l'extrême diffi-

---

1. *Lex Burg.*, VIII, 2; *Lex Rip.*, LXVII, 5; *Cap.* de 779, c. x (I, p. 49); *Cap.* 804-803, c. iii (I, p. 180); *Cap. Pip. Ital.*, 800-810, c. iv (I, p. 208); *Cap. leg. Rip. add.*, 803, c. iv (I, p. 117).

2. De Rozière, form. 581 et suiv.

3. De Rozière, form. 601.

4. Hincmar, *de Divortio Lotharii* (Migne, *Patrol. lat.*, t. CXXV, p. 666 et suiv.)

5. Bethmann-Hollweg, *Der Civilprozess des gemeinen Rechts*, t. IV, p. 28 et suiv.; Brunner, *Die Entstehung der Schwurgerichte*, p. 48 et suiv.; Sohm, *Fränkische Reichs-und-Gerichtsverfassung*, p. 127 et suiv.

6. Esmein, *Mélanges*, p. 240 et suiv.; Sophocle, *Antigone*, v. 264 et suiv., et schol.

7. *Lois de Manou*, trad. Loiseleur-Deslongchamps, L. VIII, 109, 113-116.

8. Kohler, *Studien über Ordalien der Naturvölker* (dans *Zeitschrift fur ver-*

culté de la preuve directe et adéquate : en dehors du cas de flagrant délit, comment prouver pleinement et sûrement l'existence d'un délit contre celui qui le nie? Il y a là un problème,
dont, après des siècles de civilisation lentement acquise, nous ne
sentons plus la terrible gravité, bien que nos lois soient encore
pleines de précautions contre les erreurs ou les tromperies
possibles dans la preuve judiciaire; mais il devait paraître in-
soluble aux hommes primitifs. En dehors du flagrant délit ou
de l'aveu de l'accusé, tout était incertitude : on ne pouvait
qu'en appeler aux divinités, toujours présentes, par un serment
solennel qui appellerait leur colère sur le parjure et sur les
siens, ou par une ordalie. Ce système grossier, les barbares
s'en contentaient encore après les établissements et continuèrent à le pratiquer dans la monarchie franque : ils ne lui
substituèrent pas, en général, la preuve par témoins du droit
romain. Celle-ci paraît, cependant, avoir passé dans la loi salique, qui veut que l'accusé soit convaincu par des témoignages produits contre lui, et n'introduit qu'à défaut de cette
preuve l'ordalie par l'eau bouillante ou les *cojurantes*[1]. Il y a
là quelque chose de très remarquable et qu'on ne peut attribuer qu'à l'influence romaine, bien que celle-ci, en général, se
soit assez peu exercée sur la loi salique[2]. Mais le système romain ne paraît pas avoir pénétré dans les autres *Leges*. Au
IXe siècle, les écrits d'Agobard montrent bien que la preuve
par témoins était exclue en général dans les accusations criminelles[3]; et, par un phénomène singulier, c'est la pratique du
serment purgatoire, des *cojurantes* et des ordalies qui gagne
du terrain, passant chez les Romains et refoulant la preuve

---

gleichende Rechtswissenschaft, t. V, p. 368 et suiv., et t. IV, 365 et suiv). — Post,
Afrikanische Jurisprudenz, II, p. 110 et suiv.

1. *Lex Sal.*, XXXIX, 2; LIII, 1; II, 12; XXXIII, 2.

2. M. Sohm (*Zeitschrift für Rechtsgeschichte*, t. V, p. 103 et suiv.) a essayé
d'établir que le système de la loi salique représente seul la vieille coutume
germanique, qui serait altérée dans les autres *Leges*: mais c'est là manifestement un paradoxe.

3. *Liber adversus legem Gundobadi et impia certamina quæ per eam geruntur*,
c. vi (Migne, *Patrol. lat.*, t. CIV, p. 117) : « Propter legem, quam dicunt Gundo-
badam... non possit super illum testificari alter etiam bonus christianus. Ex
qua re oritur res valde absurda, ut si quis eorum in cœtu populi aut etiam in
mercatu publico commiserit aliquam pravitatem, non coarguatur testibus, sed
sinatur jurare, tanquam non fuerint per quos veritas posset agnosci. » Cf. *ibid.*,
p. 220 et 221.

testimoniale. J'ai déjà indiqué plus haut ce fait, et j'ai dit comment peut s'expliquer, en général, cette propagation des grossières institutions apportées par les barbares ; mais le discrédit où tomba la preuve testimoniale a aussi ses causes spéciales. La preuve par témoins, toute simple qu'elle paraisse, ne peut fonctionner régulièrement que dans une société parfaitement policée, où l'État assure efficacement aux individus qu'il domine la sécurité et la protection de leurs droits. Son emploi devient impossible là où l'État est rudimentaire ou affaibli et où les individus se constituent en groupes, naturels ou artificiels, pour la défense mutuelle : et nous verrons bientôt que telle était justement la situation dans la monarchie franque. Là, en effet, par solidarité forcée, jamais un homme ne témoignera contre un autre homme du même groupe ; il ne témoignera pas non plus par crainte de la vengeance et des représailles contre un homme appartenant à un autre groupe. Dans un pareil milieu, le système du serment purgatoire et des *cojurantes* produira encore de meilleurs résultats que la preuve par témoins, et c'est ce que vient de constater un savant russe, M. Kovalevsky, d'après des faits précis recueillis parmi les populations du Caucase [1].

§ 5. — LES SOURCES DU DROIT

Les sources du droit dans la monarchie franque sont représentées par deux catégories de documents : 1° les textes des lois ; 2° les documents de la pratique.

I

Par suite du système de la personnalité des lois, on trouve autant de lois ou coutumes qu'il y avait de races distinctes, parmi les sujets de la monarchie franque. Mais ces coutumes nationales, qui prennent, une fois rédigées par écrit, le nom de *Leges,* se divisent naturellement en deux groupes distincts que

---

1. *Coutume contemporaine et ancienne loi* (édit. russe), t. II, p. 226 ; — *La loi et la coutume au Caucase* (en russe), 1890, t. Ier, p. 195 et suiv. J'y trouve cette constatation, p. 196 : « Les membres du tribunal montagnard à Naltchika sont unanimes à se plaindre des mensonges des témoins, et, comparant ceux-ci aux *cojurantes,* ils n'hésitent pas à préférer ces derniers. »

nous allons examiner successivement : les *Leges barbarorum* et les *Leges Romanorum;* nous parlerons ensuite des lois communes à tous les sujets, c'est-à-dire des ordonnances des rois francs ou capitulaires.

Avant les invasions, les peuplades germaniques vivaient, on l'a vu, sous l'empire de la simple coutume, fixée seulement par l'usage et la tradition ; mais, après les établissements, la plupart de ces coutumes furent rédigées par écrit du ve au vIII^e siècle. Les causes qui amenèrent ces rédactions sont multiples. Ce fut d'abord, très certainement, l'exemple et l'influence des Romains, qui vivaient sous le régime de la loi écrite [1] ; puis la nécessité de fixer le droit des barbares, exposé à se décomposer dans ce milieu nouveau ; enfin le système de la personnalité des lois lui-même, dont l'application était rendue plus facile par ces rédactions. Les conditions dans lesquelles elles se firent sont difficiles à préciser; il n'est même pas toujours possible d'affirmer, en présence de certains textes, si nous avons affaire à une rédaction officielle ou privée. Cependant, la plupart sont des rédactions officielles, faites par l'autorité des rois avec la participation du peuple [2]. Mais il ne faudrait point songer ici à un vote proprement dit de la loi. Un certain nombre d'hommes sages et expérimentés (*viri sapientes, illustres, antiqui*) étaient choisis par le roi pour arrêter la rédaction [3], puis le texte accordé par eux était publié dans de grandes assemblées, où la population était convoquée, ou bien encore dans les assises judiciaires, et il était censé accepté par tous. Souvent, en outre, des ordonnances proprement dites des rois étaient intercalées dans la *Lex*. Ces rédactions se firent toutes en latin par la raison que le latin était la seule langue qu'on écrivît alors; mais c'est le latin *vulgaire* ou *populaire*

---

1. Le prologue de la loi salique, dans sa forme la plus brève, énonce expressément cette idée; il dit que la loi a été rédigée « ut... quia (Franci) ceteris gentibus juxta se positis fortitudinis brachio præminebant, ita etiam legum auctoritate præcellerent. »

2. C'est la formule même de l'Édit de Pistes : « Lex fit consensu populi et constitutione regis. » Ci-dessus, p. 72, note 1.

3. Les prologues de la loi salique donnent les noms de quatre sages ayant présidé à sa rédaction, Wisogast, Bodogast, Salegast et Windogast; mais ce sont probablement des noms légendaires, comme l'indique leur formation similaire. M. Siegel paraît, cependant, voir là des personnages réels, *Deutsche Rechtsg.*, § 10.

qui était la langue courante ; elles contiennent, d'ailleurs, un certain nombre de mots germaniques, soit sous leur forme propre, soit latinisés. Il faut ajouter que, pour une même *Lex*, il nous a souvent été transmis plusieurs textes fort différents. Cela vient, le plus souvent, de ce qu'il y a eu des rédactions successives ; parfois, c'est le fait des copistes, qui n'avaient aucun scrupule de retoucher le texte authentique pour le rendre plus clair, ou d'y insérer des documents étrangers pour le compléter et le rendre plus utile. Toutes les *Leges barbarorum* n'ont point été rédigées dans la monarchie franque ou dans les pays qui en étaient tributaires. Un groupe important appartient à l'Italie, les *Edicta* des rois lombards ; d'autres ont été rédigées en Espagne ; d'autres en Angleterre, les lois des Anglo-Saxons. Je ne passerai point en revue toutes ces lois ni même tous ces groupes : je prendrai seulement quatre *Leges* pour les décrire, la loi salique et la loi des Ripuaires, la loi des Burgondes et celle des Wisigoths ; elles présentent, en effet, des types remarquables et divers, et ce sont elles, du moins les trois premières, qui ont le plus d'importance dans l'histoire de notre droit [1].

II

C'est de nos jours seulement que la critique a nettement dégagé le caractère de la loi salique et débrouillé l'histoire de ses rédactions. Déjà, cependant, au xvii° siècle Adrien de Valois [2], au xviii° Montesquieu et Voltaire [3], avaient fixé un certain nombre de points. Mais leur critique était forcément limitée, car, au xviii° siècle, trois textes seulement de la loi salique avaient été publiés. Ce fut un autre Français, Pardessus, qui fit faire à la science un pas décisif, lorsqu'il publia et compara, en 1843, tous les textes connus de la *Lex*. Depuis lors, ce sujet a été constamment étudié, surtout en Allemagne. Voici les principaux résultats auxquels on est arrivé [4].

1. Pour les autres, je renverrai aux ouvrages généraux cités, et particulièrement au *Précis* de M. Viollet.
2. *Rerum Francicarum lib. tert.*, t. Ier, p. 120.
3. *Esprit des Lois*, l. XXVIII, et Voltaire, *Commentaire sur l'Esprit des Lois.*
4. Parmi les ouvrages de langue française, consulter Thonissen, *L'organisation judiciaire, le droit pénal et la procédure de la loi salique*; Dareste, *Études d'histoire du droit*, p. 382 et suiv.

Tous sont d'accord pour reconnaître la rédaction la plus ancienne que nous possédions dans un texte assez court, intitulé *Pactus legis Salicæ*, ne comprenant que soixante-cinq titres, et dans lequel sont intercalés un assez grand nombre de mots tudesques précédés du mot *mal* ou *malberg*. On est convenu d'appeler ces intercalations les *gloses malbergiques*. Mais, si tous reconnaissent là notre texte le plus ancien, les avis sont fort partagés, au contraire, sur l'âge et la date de la rédaction première. Les uns admettent que la loi salique aurait été rédigée tout d'abord en langue tudesque, à une époque où les Saliens étaient encore sur les bords du Rhin. Cette donnée est fournie par une pièce qui se trouve dans plusieurs manuscrits, sous des formes différentes d'ailleurs, comme prologue de la loi, et qui paraît remonter au viiie siècle[1]. Abandonnée généralement par la science, elle a été reprise de nos jours par M. Kern, qui voit, dans les gloses malbergiques, des restes du texte primitif conservés dans l'adaptation latine, sans doute parce que la traduction ne paraissait pas absolument satisfaisante[2]. Mais c'est une hypothèse inadmissible. Une rédaction aussi développée suppose l'usage de l'écriture que les Francs ne pratiquaient point[3]; elle suppose plus encore le contact prolongé de la civilisation romaine. Il faut donc admettre que la première rédaction est représentée par le texte latin et qu'elle a été faite après les établissements. Mais, ici, deux opinions divergentes se présentent encore. Selon les uns, la loi aurait été rédigée dès l'époque où les Francs Saliens, encore païens, habitaient la Toxandrie, la Flandre méridionale, après les conquêtes de Clodion; d'après les autres, et c'est l'opinion qui tend à prévaloir, elle l'aurait été seulement sous Clovis, après les victoires qui le rendirent maître de la région romaine jusqu'à la Loire, peut-être après sa victoire sur les Wisigoths. Le principal point de repère, autour duquel la discussion a tourné pendant longtemps, se trouve dans le titre XLVII de la loi. Là, sont fixés des délais de procédure

---

1. Gaudenzi, article *Salica legge* dans le *Digesto Italiano*, lettre S. p. 194 et suiv.; M. Brunner, *Deutsche Rechtsgeschichte*, p. 298, l'attribue au vi[e] siècle; dans le même sens, Schröder, *op. cit.*, p. 298.

2. Dans Hessels, *Lex Salica, the ten texts*, p. 435.

3. Ils avaient pourtant fait quelque usage des caractères runiques; *Fortunati Carmina*, VII, 18.

et ils sont déterminés d'après ce fait que les deux parties habitent ou non en deçà de certaines limites, dont l'une est figurée par un cours d'eau appelé *Legere* ou *Legeris*. Dans ce cours d'eau, les uns voient la Lys, affluent de l'Escault; les autres, avec raison, y voient la Loire; mais, s'il en est ainsi, et si ce passage appartient au texte primitif, cela nous ramène à une époque où la domination franque avait non seulement atteint, mais dépassé la Loire[1]. D'autres indications fournies par les énonciations du texte doivent surtout être prises en considération. Il suppose, d'abord, chez les Francs Saliens, l'unité et le développement du pouvoir royal; d'autre part, si vainement on y a cherché des traces de paganisme, il ne contient aucune disposition se rapportant à l'Église ou au christianisme. Il contient, pour le calcul des compositions, un système monétaire autre que celui que supposent les monnaies trouvées dans le tombeau de Childéric I[er][2], et l'on a même supposé que c'était l'adoption de ce système nouveau, qui, exigeant une révision des tarifs de composition, avait amené la rédaction de la *Lex*[3]. Enfin, le texte contient des dispositions faites pour des pays où la culture de la vigne est développée[4]. Tout cela conduirait à placer la rédaction sous le règne de Clovis, mais postérieurement à la conquête du royaume des Wisigoths. On tend plutôt cependant à la placer après 486, mais avant 496[5]. Il faut ajouter que, d'après le prologue et les épilogues qui accompagnent le texte dans certains manuscrits, il y aurait eu, sous le règne de Clovis, une première rédaction, puis une révision. Quant aux gloses malbergiques, on a supposé ingénieusement que c'était le commencement de la formule en langue tudesque que l'on devait prononcer pour intenter l'action correspondante; cela aurait constitué dans le texte latin autant de points de repère pour les Francs[6].

Ce texte premier de la loi fut délayé et divisé en un plus grand nombre de titres (quatre-vingt dix-neuf ou soixante-dix) dans des copies postérieures. D'autre part, aux dispositions

1. Cf. Brunner, *Deutsche Rechtsg.*, p. 297-298.
2. Sur tous ces points, Brunner, *op. cit.*, p. 299-300.
3. Schröder, *op. cit.*, p. 224.
4. *Lex Sal.*, XXVII, 13, 14; XXXV, 6.
5. Siegel, *op. cit.*, § 10 : Schröder, *op. cit.*, p. 224.
6. Sohm, *Procédure de la Lex Salica*, trad. Thévenin, p. 162.

qu'elle contenait, des capitulaires mérovingiens ajoutèrent des dispositions nouvelles, qu'on inséra, dans certaines copies, de manière à faire du tout une même suite de titres, et l'on obtint ainsi des textes qui en contiennent jusqu'à cent-cinq ou cent-sept[1]. Enfin, à l'époque carolingienne, il fut fait du texte premier, celui en soixante-cinq titres, un remaniement qui consista à le rendre plus correct et plus clair et à supprimer les gloses malbergiques : c'est ce qu'on appelle la *Lex Salica emendata*, ou *a Carolo magno emendata*, bien qu'il soit fort douteux que cette récension soit une œuvre officielle[2]. Sous Charlemagne et sous Louis le Débonnaire, la loi salique fut retouchée ou complétée par divers capitulaires; mais ceux-ci n'y furent pas incorporés.

La loi salique est surtout connue par le renvoi qu'on y fit, au XIVe siècle, pour exclure les femmes de la succession à la couronne de France. Voltaire écrivait déjà : « La plupart des hommes qui n'ont pas eu le temps de s'instruire, les dames, les courtisans, les princesses mêmes, qui ne connaissent la loi salique que par les propos vagues du monde, s'imaginent que c'est une loi fondamentale par laquelle, autrefois, la nation française assemblée exclut à jamais les femmes du trône. » Mais l'historien du droit de la monarchie franque la considère à un tout autre point de vue. Elle est fort instructive, car, de toutes les *Leges,* c'est celle qui (sauf en ce qui concerne la théorie des preuves) a été le moins influencée par le droit romain. Elle représente assez bien, dans son ensemble, ce qu'était la coutume d'une peuplade germanique dans sa forme première. Elle devait consister simplement dans un tarif de compositions, comme ces *Kanouns* que l'on trouve aujourd'hui chez les tribus kabyles, rédigés par écrit, ou simplement conservés par la mémoire[3]. La loi salique en soixante-cinq titres est consacrée, dans la plus grande partie de ses dispositions, au tarif des

---

1. Dans cette version, le titre LXXVII ou LXXVIII porte une attribution précise; c'est un édit de Chilpéric.

2. Les meilleures éditions de la loi salique, surtout parce qu'elles contiennent rapprochés et intégralement reproduits les divers textes, sont celles de Pardessus, Paris, 1843, et de Hessels, London, 1881. Cette dernière présente, dans une disposition synoptique, titre par titre, les dix versions rapprochées.

3. Hanoteau et Letourneux, *La Kabylie et les coutumes kabyles,* t. II. p. 138, t. III, p. 327 et suiv.

diverses compositions : c'est là certainement son objet principal. Elle y ajoute les règles notables de procédure au moyen desquelles on peut obtenir la condamnation du coupable et le paiement de la composition qu'il doit[1]. Quant au droit privé proprement dit, celui qui régit la famille, la propriété, les contrats et les successions, elle contient peu de dispositions. Sur soixante-cinq titres, six ou sept seulement se rapportent à ces matières[2]; parmi ceux-là figure le titre LIX, *de Alodis*, c'est-à-dire des successions[3]; là, est écrite la célèbre règle qui exclut les femmes, tant qu'il reste des parents mâles, de la succession à la terre[4], et c'est le souvenir vague de cette règle qui fut invoqué au xive siècle lorsqu'on voulut les exclure de la succession au trône.

On peut dire de la *Loi des Ripuaires* qu'elle est la sœur cadette de la loi salique. Elle a été rédigée après celle-ci et, dans une certaine mesure, elle en présente une copie, une adaptation[5]. Mais à la différence de la loi salique, la *Lex Ripuariorum* ne présente pas de variétés profondes quant au texte qu'en fournissent les divers manuscrits; peut-être cela vient-il de ce que tous reproduisent une récension faite sous les Carolingiens. Seulement, la division par titres n'est pas partout la même : tantôt on en trouve quatre-vingt neuf, et tantôt quatre-vingt-onze; cela vient de ce que, dans les manuscrits de ce dernier type, on a fait trois titres de ce qui, ailleurs, n'en fournit qu'un seul[6]. Cette *Lex*, dans la forme sous laquelle elle nous a été transmise, a été rédigée et promulguée, dans son ensemble par l'autorité d'un roi franc[7]; mais, malgré cette unité appa-

---

1. C'est ce que relève le petit prologue; l'un des buts que l'on aurait poursuivis en rédigeant la loi, serait : *ut juxta qualitatem causarum sumeret criminalis actio terminum.*

2. *Lex Sal.,* XLIV, *de Reipus* (mariage d'une veuve); XLV, *de Migrantibus* (voir ci-dessus, p. 91, note 1); XLVI *de Adfatimire* (l'*afatomie,* ou sorte de donation à cause de mort); L, *de Fide facta;* LII, *de Re præstita* (des promesses et prêts); LX, *de Eum qui se de parentilla tollere vult* (sortie de la famille); LIX, *de Alodis.*

3. Voyez, sur ce titre, H. Rosin, *Commentatio ad titul. leg. Salicæ « de Alodis ».*

4. *Lex Sal.,* LIX, 5 : « De terra vero nulla in muliere hereditas non pertinebit, sed ad virilem sexum qui fratres fuerint tota terra pertineat. »

5. Sur cette loi, voir principalement E. Mayer, *Zur Entstehung der Lex Ribuariorum,* München, 1886.

6. Je cite toujours d'après le texte divisé en quatre-vingt neuf titres.

7. Le titre LXXXVIII, commence ainsi : « Hoc autem consensu et consilio

rente, elle contient, en réalité, des parties distinctes quant à leur origine et renferme juxtaposés des éléments assez hétérogènes. Ainsi, du titre Ier au titre XXXI, elle présente un tarif de compositions particulier, calculé autrement que celui de la loi salique ; puis, de XXXII à LXIV, elle suit (sauf une intercalation importante) le texte ancien de la loi salique. Les titres LVII à LXII sont certainement des ordonnances royales particulières sur les affranchissements et les ventes d'immeubles. Les titres LXV à LXXXIX sont des dispositions de nature diverse, qui paraissent être des additions postérieures. Quand et comment ces diverses parties ont-elles été réunies et soudées ensemble? Cela est difficile, sinon impossible à déterminer : il y a eu, sans doute, des sortes de codifications successives, et, seule, la première partie doit représenter la coutume propre et originale des Francs Ripuaires. Un prologue ancien, commun aux lois des Alamans, des Bavarois et des Ripuaires, raconte qu'elles auraient été rédigées à Châlons sous Thierry, fils de Clovis, puis complétées par les rois Childebert et Clotaire et enfin révisées par Dagobert. Mais cette pièce est justement suspecte à la critique [1]. Quant à son texte, la loi des Ripuaires, comparée à la loi salique, présente un droit plus éloigné du vieux fonds germanique. L'influence romaine s'y fait nettement sentir, surtout par la place et le rôle qu'y tiennent les actes écrits ; l'influence de l'Église n'est pas moins visible par les privilèges qui lui sont accordés; enfin le pouvoir royal y apparaît plus développé que dans la loi salique. Sur un point, cependant, il semble qu'il y ait un retour en arrière. La théorie des preuves est principalement établie d'après les principes germaniques : le serment purgatoire et les *cojurantes* figurent au premier rang, et le duel judiciaire intervient. Mais j'ai dit [2] comment s'explique cette anomalie apparente. La meilleure édition de la loi des Ripuaires, avec une introduction critique et des notes abondantes a été donnée par M. Sohm dans les *Monumenta Germaniæ historica*, 1883 (*Leges*, t. V, fasc. 2).

La loi des Burgondes et celle des Wisigoths, bien que fort

seu paterna traditione et legis consuetudinem super omnia jubemus. » L'expression *constituimus* se retrouve dans les diverses parties : XVIII, 1; XXXI, 2; LVII; LVIII; LXXIV; LXXXII.

1. Esmein, dans la *Nouvelle Revue historique de Droit*, 1885, p. 689.

2. Ci-dessus, p. 61.

différentes, présentent cependant un caractère commun. Ce sont des recueils de constitutions royales, et non plus des rédactions de coutumes : cela est vrai surtout de la seconde, qui se présente sous sa forme dernière comme un code méthodique et complet. La *Lex barbara Burgundionum*[1] a été traditionnellement attribuée au roi Gondebaud (474-516), et, sous les Carolingiens, déjà elle est visée couramment sous le nom de *Lex Gundobada*, expression dont on fera plus tard *Loi Gombette*. En effet, une préface, au nom de Gondebaud, placée en tête du texte, indique qu'il a voulu faire un recueil de ses ordonnances et de celles de ses prédécesseurs[2]. Ce *Liber constitutionum* doit avoir été rédigé dans les dernières années du ve siècle. Mais le texte que nous possédons contient quelque chose de plus : il renferme, en effet, des constitutions postérieures, dont quelques-unes sont datées et qui émanent soit de Gondebaud lui-même, soit de son fils et successeur Sigismond. On comprend très bien que la rédaction du code de Gondebaud n'ait pas arrêté la production législative, mais comment ces additions y ont-elles été introduites? Selon les uns, il y aurait eu des révisions successives de la *Lex*, l'une par Gondebaud, une autre par Sigismond en l'année 517. Mais cela est fort douteux : il est plus vraisemblable que ce sont les copistes qui ont intercalé dans le texte ces lois postérieures, à côté ou à la place de celles qu'elles modifiaient. Quant au fond, la *Lex Burgundionum* porte dans une large mesure la trace de l'influence romaine; celle-ci est particulièrement sensible en ce qui concerne la terminologie légale et la forme des actes écrits. Mais, d'autre part, cette loi présente très net le système de preuves qui caractérise la coutume germanique, l'exclusion du témoignage en matière pénale, le serment purgatoire, les *cojurantes* et spécialement un large emploi du duel judiciaire[3].

---

1. Sur cette loi, voir surtout Brunner, *Deutsche Rechtsgeschichte*, § 44.

2. « Vir gloriosissimus Gundebaldus rex Burgundionum. Cum de parentum nostrisque constitutionibus pro quiete et utilitate populi impensius cogitaremus... mansuris in ævum legibus sumpsimus statuta prescribi. »

3. C'est ce qui est spécialement relevé par Agobard, *Liber adversus legem Gundobadi*, c. vi, vii, x. Les meilleures éditions de la *Lex Burgundionum* ont été données par Bluhme, dans les *Monumenta Germaniæ historica*, et par Binding, dans les *Fontes rerum Bernensium* (1880). M. Valentin Smith a publié

Isidore de Séville († 636) constate que le roi Euric (466-484) a, le premier, donné des lois écrites aux Wisigoths, qui vivaient jusque-là sous l'empire de la seule coutume[1]. Le même chroniqueur rapporte aussi qu'au vi° siècle, alors que la monarchie wisigothe était transportée en Espagne, le roi Léovigilde (569-586) révisa la loi d'Euric[2]. Mais ces deux premières rédactions sont perdues, ou, du moins, nous n'en possédons que des fragments dont même l'identité n'est pas sûrement déterminée. D'une part, on a trouvé dans un palimpseste de Paris un fragment important d'une rédaction ancienne de la loi des Wisigoths que Bluhme a publié en 1847 sous le nom d'*Antiqua*[3]. Récemment, M. Gaudenzi a découvert et publié successivement en 1886[4] et en 1888[5] deux séries de fragments juridiques, dont la seconde au moins appartient à une rédaction de la loi des Wisigoths. Mais les auteurs sont partagés quant à l'attribution de ces divers textes. M. Gaudenzi, et je me range à son avis[6], voit dans les textes qu'il a publiés, des fragments de l'édit même d'Euric, et dans l'*Antiqua* de Bluhme un morceau du texte révisé par Léovigilde. Mais M. Brunner, reprenant une opinion anciennement émise, juge que l'*Antiqua* de Bluhme[7], que ce dernier, de son côté, attribuait au roi Reccarède Ier, n'est pas autre chose que l'édit même d'Euric; quant aux textes publiés par M. Gaudenzi, il les attribue à une compilation privée, composée pour compléter et élucider l'*Antiqua* de Bluhme[8].

en France de 1889 à 1890, en 14 fascicules tous les textes conservés de la loi : *La loi Gombette, reproduction intégrale de tous les manuscrits connus*.

1. *Historia seu chronicon Gothorum* : « Sub hoc rege Gothi legum instituta scriptis habere cœperunt; nam antea tantum moribus et consuetudine tenebantur. »

2. « In legibus quoque (Leuvigildus) ea quæ ab Eurico incondite constituta videbantur correxit, plurimas leges prætermissas adjiciens, plerasque superfluas auferens. »

3. *Die Westgothische Antiqua oder das Gesetzbuch Reccared des ersten*, Halle, 1847.

4. *Un'antiqua compilazione di diritto romano e visigoto, con alcuni frammenti delle leggi di Eurico, tratta da un manoscritto della biblioteca di Holkham*, Bologna, 1886. Ces textes sont reproduits dans la *Nouvelle Revue historique de Droit*, 1886, p. 525 et suiv.

5. *Nuovi frammenti dell'editto di Eurico*, Roma, 1888, reproduits dans la *Nouvelle Revue historique de Droit*, 1889, p. 430 et suiv.

6. *Nouvelle Revue historique de Droit*, 1889, p. 428 et suiv.

7. Voyez son introduction, p. xiii.

8. *Deutsche Rechtsgeschichte*, p. 321 et suiv.

Quoi qu'il en soit, la *Lex Wisigothorum* devait encore passer par les mains de plusieurs rois avant d'arriver à sa forme dernière [1]. Elle paraît avoir certainement été retouchée par Reccarède Ier, le premier roi catholique des Wisigoths. Mais ce furent surtout les rois Chindaswind (641-652) et son fils Receswind (649-672) qui imprimèrent une nouvelle direction à cette législation. Le premier paraît avoir voulu supprimer le système de la personnalité des lois, et publia toute une série de lois sur les matières les plus diverses, applicables à tous, aux Romains, comme aux Goths. Son fils poussa plus loin son œuvre, et fit composer un code systématique et complet; les éléments constitutifs furent les rédactions anciennes de la *Lex*, dont les fragments conservés portent la rubrique *Antiqua*, et les constitutions de Chindaswind et de Receswind, qui portent les noms de leurs auteurs. Receswind, en même temps, abrogea formellement les lois romaines et en interdit l'usage [2]. Le code de Receswind fut certainement retouché, ou, du moins, complété par ses successeurs, car on y trouve des lois des rois Wamba (672-680), Erwigius et même Egica (687-701). C'est sous cette forme que nous possédons au complet la *Lex Wisigothorum*. Elle présente un code divisé en douze livres, subdivisés en titres, dont chacun contient un certain nombre de lois ou chapitres (*capituli*). Il a été manifestement construit sur le type des codes romains, et la division en douze livres montre que c'est le code même de Justinien qui a servi de modèle [3]. De toutes les *Leges*, c'est celle qui a reçu le plus profondément l'influence du droit romain, et l'influence de l'Église n'y a pas laissé une empreinte moins profonde.

Des diverses rédactions, une seule, celle d'Euric a été en vigueur pendant un temps assez long dans une portion notable de la Gaule. Il est possible qu'indirectement elle ait, de plus, exercé une influence considérable : la première rédigée des coutumes barbares, elle aurait servi de modèle à celles qui suivirent. M. Brunner a récemment attiré l'attention sur la

---

1. Sur ce qui suit, voyez Brunner, *op. cit.*, p. 327 et suiv.

2. L. 9, *Lex Wisig.*, II, 1.

3. Voyez, cependant, Conrat, *Geschichte und Quellen des römischen Rechts im früherem Mittelalter*, I, p. 32, note 4.

similitude, l'identité partielle même, qui existe entre certains passages de la loi salique, de la *Lex Burgundionum* et de la *Lex Wisigothorum* [1] : il l'explique par cette hypothèse que la première aurait été copiée par les deux autres. Quant au code de Receswind, il a surtout de l'importance pour l'histoire du droit espagnol, dont il forme le premier fonds : il prit en Espagne le nom de *Forum judicium*, d'où, en vieil espagnol, *Fuero Juzgo* [2]. La *Lex Wisigothorum* resta en vigueur cependant dans une partie du midi de la France, spécialement en Septimanie.

III

Les *Leges Romanorum* sont des recueils de droit romain, ou des adaptations des lois romaines, faits par l'autorité des re'[.] dans les royaumes barbares, pour l'usage de leurs sujets romains, en vue de la personnalité des lois. Deux sont nées en Gaule, l'une dans le royaume des Wisigoths et l'autre dans celui des Burgondes. On a d'abord quelque peine à comprendre l'utilité de ces rédactions. Les Romains avaient déjà des lois écrites, introduites et répandues en Gaule avant la chute de l'empire d'Occident : elles étaient concentrées dans les Codes Grégorien, Hermogénien, Théodosien, et dans les écrits des jurisconsultes de la loi des citations. Mais ces textes ne répondaient plus aux besoins de la pratique. Bien qu'ils représentassent eux-mêmes une simplification et une réduction par rapport à l'état antérieur, ils étaient devenus difficilement utilisables, comme trop volumineux et trop savants. Il était nécessaire d'en extraire la substance, traduite autant que possible en langue vulgaire.

La *Lex Romana Wisigothorum* fut rédigée par ordre d'Alaric II, roi des Wisigoths, et nous connaissons par l'acte de promulgation ou *auctoritas*, placé en tête, l'histoire abrégée de sa rédaction [3]. Alaric confia d'abord à une commission com-

---

1. *Deu'sche Rechtsgeschichte*, p. 300 et suiv.

2. La meilleure édition de la *Lex Wisigothorum* est celle donnée à Madrid en 1815 (Fuero Juzgo, en latin y Castellano), et reproduite à Lisbonne en 1856, dans les *Portugaliæ Monumenta historica*. Celle dont on se sert communément, parce que le recueil qui la contient est plus répandu, se trouve dans le *Corpus juris Germanici* de Walter; c'est celle que je cite.

3. *Lex Romana Wisigothorum*, édit. Hænel, 1848, p. 2. Cette édition est un

posée de *sacerdotes* et de *nobiles viri* le soin de faire des extraits et remaniements des lois romaines, afin d'en bannir
toute obscurité; puis il fit rédiger un projet de texte par des
prudentes, et le soumit à une assemblée composée d'évêques
et de *provinciales electi*, qui l'approuva[1]. Il le promulga ensuite par l'organe de son référendaire Anien : l'*auctoritas*
d'Alaric a été donnée à Toulouse dans la vingt-deuxième année
de son règne, qui, selon la computation généralement suivie,
correspond à l'année 506. Toutes les autres lois romaines
étaient abrogées. La *Lex Romana* reflète en plus petit les deux
groupes de textes qui, au vᵉ siècle, constituaient la loi écrite
des Romains, le *jus* et les *leges*[2]; généralement, ils y figurent
sous forme d'extraits, parfois sous la forme d'un abrégé proprement dit. Voici, d'ailleurs, le contenu, dans l'ordre même
où se présentent ses différentes parties: 1° Le Code Théodosien; 2° Les Novelles des empereurs Théodose II, Valentinien III, Marcien, Majorien et Sévère; 3° Les Institutes de
Gaius, non point sous leur forme intégrale, mais sous la forme
d'un abrégé intitulé *Liber Gaii*, et qui ne résume pas toute la
matière contenue dans l'ouvrage original; il s'arrête avant la
fin du commentaire troisième[3]; 4° Les Sentences de Paul; 5° Le
Code Grégorien; 6° Le Code Grégorien représenté par deux
constitutions; 7° Les Réponses de Papinien représentées par un
seul extrait du livre premier. On remarquera que des jurisconsultes de la loi des citations, il en est deux, Ulpien et Modestin, qui ne sont pas représentés du tout; et, d'autre part,
dans l'ordre où ils sont utilisés, les divers recueils ou documents se présentent sous une forme de plus en plus réduite,
à mesure qu'on avance vers la fin. Cela vient-il de ce que cet

---

des monuments de la critique contemporaine. L'introduction très ample, en
latin, que M. Hænel a mis en tête, contient tous les renseignements que nous
possédons sur la *Lex*.

1. « Venerabilium episcoporum vel electorum provincialium nostrorum,
roboravit assensus. » Cette assemblée paraît avoir été constituée sur le modèle
des *concilia* provinciaux dont nous avons signalé l'existence dans l'empire, et
dont la tradition n'était sans doute pas encore perdue.

2. Édit. Hænel, p. 2: « Nec aliud cuilibet *aut de legibus aut de jure* liceat
in disceptationem proponere... Anianus... hunc codicem de *Theodosianis legibus* atque *sententiis juris* vel diversis libris electum... edidi. »

3. Il s'arrête à la matière du *furtum*, sur lequel il contient quelques règles
(édit. Hænel), p. 336.

ordre correspondait au degré d'utilité pratique, ou les commissaires d'Alaric ont-ils été pris de lassitude au cours de leur travail? La *Lex* ne contient pas seulement ces textes; ils sont généralement suivis d'une *interpretatio* qui constitue un bref commentaire, ou souvent une paraphrase en langue courante. On a pensé pendant longtemps que cette *interpretatio* était l'œuvre des commissaires d'Alaric, et destinée à faire connaître comment à leur époque les textes étaient interprétés. Mais il paraît bien acquis aujourd'hui qu'ils n'ont fait qu'utiliser des commentaires antérieurement rédigés, produits dégénérés des écoles d'Occident aux IVe ou Ve siècles[1]. Cependant, il est probable qu'ils y ont apporté quelques retouches[2]. L'*Epitome* de Gaius, qu'ils ont inséré en partie, est aussi une œuvre antérieure de la même nature; il n'est accompagné d'aucune *interpretatio*, ce qu'explique bien sa nature même d'abrégé et d'adaptation.

La *Lex Romana Wisigothorum* ne fut que pendant une année le code en vigueur pour les Romains dans une notable partie de la Gaule, car la domination wisigothique en Gaule tomba en l'an 507. Mais elle n'en resta pas moins la représentation officielle du droit romain, et son autorité s'étendit à toute la monarchie franque. Toute imparfaite qu'elle fût, elle répondait aux besoins de la pratique; elle constituait, effectuée d'une façon plus grossière, mais par là même peut-être plus commode, cette concentration des lois romaines que réalisa en Occident la compilation de Justinien. Cette dernière, dûment promulguée en Italie, pénétra sûrement dans la monarchie franque; mais elle ne s'y fit point recevoir dans la pratique : seule, l'Église l'adopta et en invoqua souvent les textes à son profit. La *Lex Romana Wisigothorum* resta l'expression incontestée du droit romain en Occident, tant qu'il continua à s'appliquer comme loi personnelle. Ce n'est qu'après la rénovation scientifique des XIe et XIIe siècles que la compilation de Justinien acquerra cette autorité. Comme toute œuvre devenue populaire,

---

1. Brunner, *Deutsche Rechtsg.*, p. 359, 360. — Karlowa, *Röm. Rechtsg.*, p. 977. — Krüger, *Geschichte der Quellen*, p. 311.

2. L'*auctoritas* d'Alaric désigne ainsi le texte rédigé par les *prudentes* : « quæ excerpta sunt, vel *clariori interpretatione* composita. » Cela semble indiquer à la fois l'existence et la révision d'une *interpretatio* préexistante.

la *Lex Romana* reçut des surnoms : on l'appela le *Breviarium* (l'abrégé) *Alarici*, ou *Breviarium Aniani*. C'est sous ce nom de Bréviaire d'Alaric qu'elle est encore le plus connue. Mais, l'ignorance grandissant, le Bréviaire parut lui-même trop volumineux, et, du vii° au ix° siècle, il fut composé un assez grand nombre d'abrégés de cet abrégé, de plus en plus barbares et dénaturés[1].

La *Lex Romana Burgundionum* est une œuvre d'un tout autre caractère[2]. Elle est due, comme la *Lex barbara* à l'initiative du roi Gondebaud[3] ; mais on ne peut déterminer au juste sa date[4]. Elle suit, pour la plus grande partie, l'ordre des titres de la *Lex barbara*, sans avoir, pour tous, des titres correspondants. Elle est constituée par des extraits des lois romaines, des Sentences de Paul, des Institutes de Gaius ; elle comprend aussi quelques constitutions des rois burgondes, rendues spécialement pour les Romains. Ce n'est point, comme le Bréviaire, un résumé de l'ensemble des lois romaines ; c'est plutôt une sorte d'instruction officielle rédigée pour l'usage des juges et attirant leur attention sur les points les plus importants. La *Lex Romana Burgundionum* paraît avoir été assez utile et assez populaire, car elle reçut de bonne heure[5] un surnom, qui, en même temps, est une preuve de l'autorité générale qu'avait acquise le Bréviaire d'Alaric : on l'appela *Liber Papiani* ou *Papianus*, le *Papien*. Voici comment une méprise fut l'origine de ce surnom. La *Lex Romana Wisigothorum* ayant acquis partout, dans la monarchie franque, la valeur du code des Romains, elle s'introduisit naturellement chez les Burgondes ; mais, néanmoins, dans les manuscrits destinés à leur usage, on copia à la suite la *Lex Romana Burgundionum*, qui conservait son utilité propre. Or nous savons que le Bréviaire se termine par un extrait de Papinien, ainsi rubriqué :

1. Ils sont reproduits par Hænel dans un ordre synoptique.
2. Voir, sur cette loi, Brunner, *Deutsche Rechtsg.*, § 49.
3. Elle est annoncée dans une préface de la loi barbare : « Inter Romanos.. Romanis legibus præcipimus judicari : qui formam et expositionem legum conscriptam, qualiter judicent, se noverint accepturos, ut per ignorantiam se nullus excuset. »
4. On ne peut, en particulier, déterminer au juste si la *Lex Romana Burgundionum* a été rédigée avant ou après la *Lex Romana Wisigothorum*. Voyez, sur ce point, Hænel, *op. cit.*, p. xcii et suiv.
5. Brunner, *op. cit.*, p. 357.

Incipit Papiniani (en abrégé *Papiani*) *liber I responsorum.*
On prit ce texte, qui constituait la fin de la première loi,
pour le commencement de la seconde, c'est-à-dire de la *Lex
Burgundionum*, et on appela celle-ci : *Liber Papiani.* La *Lex
Romana Burgundionum* a été éditée par M. Bluhme dans
les *Monumenta Germaniæ historica*, au tome III des *Leges.*

IV

Les *capitulaires* ou ordonnances des monarques francs, à
la différence des *Leges*, sont, on l'a vu, des lois générales,
applicables à tous les sujets de la monarchie, à moins que leur
auteur, de parti délibéré, les ait seulement rédigés pour une
partie de son royaume ou pour une classe de ses sujets. D'ail.
leurs, les capitulaires carolingiens ne sont pas toujours des
lois proprement dites, destinées à toujours durer : ils contiennent aussi des règlements provisoires ou des instructions
adressées à des fonctionnaires. Enfin, considérés comme lois
ou comme réglements, ils se divisent par leur contenu en deux
classes. Par suite d'un état de droit que je décrirai plus loin, le
monarque franc est véritablement le chef de l'Église des Gaules,
et il légifère sur la discipline ecclésiastique, en répétant d'ailleurs le plus souvent les décisions des conciles; il y a donc les
capitularia ecclesiastica qui contiennent des règlements ecclésiastiques, et les capitulaires séculiers. En prenant seulement
ces derniers, nous constatons que, quant à eux, il s'est introduit
une division tripartite, qui est devenue classique, et qui répond
d'ailleurs à la terminologie contenue dans les textes eux-
mêmes. On distingue : 1° Les *capitularia legibus addenda* ou
pro lege tenenda. Ce sont des dispositions destinées à compléter ou à réformer sur certains points les *Leges*, et qui, par
suite, font en quelque sorte corps avec elles et en prennent la
nature, sauf peut-être la nécessité d'une intervention des populations, dont il a été parlé plus haut [1]; 2° Les *capitularia per se
scribenda;* ce sont les plus nombreux, et ce sont des ordonnances, qui constituent des lois ayant leur valeur propre et indépendantes de tout autre ; 3° Les *capitula missorum;* ce sont
les instructions, généralement très intéressantes, données aux

---

1. Ci-dessus, p. 72, note 1.

missi, pour la tournée d'inspection qu'ils vont commencer.

Les capitulaires étaient rédigés et mis en forme par la chancellerie royale ou impériale en plusieurs exemplaires : l'un était gardé dans les archives royales; les autres envoyés aux principaux fonctionnaires. Mais il ne semble pas qu'il en ait été fait de registres officiels. Il résultait de là, non seulement pour les particuliers, mais aussi pour l'ensemble des fonctionnaires, une grande difficulté : comment connaître sûrement cette législation si importante et s'en procurer le texte? La difficulté était la même que celle qui avait existé aux IIIe et IVe siècles quant à la législation des constitutions impériales. Aussi les mêmes besoins amenèrent les mêmes productions; il fut composé, dans la monarchie franque, des recueils privés de capitulaires, rassemblés par des particuliers, comme avaient apparu dans l'empire les Codes Grégorien et Hermogénien. Le premier fut composé sous Louis le Débonnaire par Anségise, abbé de Fontenelle, personnage qui a joué un rôle assez important sous ce règne et le précédent. Anségise a fait précéder son recueil d'une préface dans laquelle il donne la date de publication, l'année 827[1], et les motifs qui l'ont amené à le composer : il l'a fait par amour pour l'empereur et pour ses fils et pour être utile à l'Église[2]. Il a divisé son recueil en quatre livres : comme il l'annonce lui-même, le premier comprend les capitulaires de Charlemagne *ad ordinem pertinentia ecclesiasticum;* le second, les capitulaires ecclésiastiques de Louis le Débonnaire; le troisième, les capitulaires de Charlemagne *ad mundanam pertinentia legem;* et le quatrième, les capitulaires qu'ont promulgués l'empereur Louis et son fils, le césar Lothaire, *ad augmentum mundanæ legis.* Le recueil contient trois appendices très courts, qui renferment seulement des nomenclatures de pièces, ou des mentions des pièces se répétant. Anségise d'ailleurs, n'avait pas la prétention de rédiger un recueil complet; il donne « ce qu'il a pu trouver ». En réalité, on l'a démontré, il n'a utilisé que vingt-neuf capitulaires. Son livre n'en eut pas moins un immense succès; tout de suite, il fut

---

1. Boretius, *Cap.* I, p. 394.

2. « Pro dilectione nimia... gloriosissimorum principum et pro amore sanctissimæ prolis eorum, sed et pro sanctæ Ecclesiæ statu, placuit mihi prædicta in hoc libello adunare quæ invenire potui capitula. »

accepté comme un recueil officiel; et, dès l'année 829, Louis le Débonnaire le cite et y renvoie dans un capitulaire [1].

Vers le milieu du IXᵉ siècle parut un nouveau recueil, qui ajoutait trois nouveaux livres aux quatre livres d'Anségise. Il était précédé de deux préfaces. Dans la première, en vers latins, l'auteur déclare s'appeler *Benedictus Levita*, le diacre Benoît. Il appartient à l'Église de Mayence, et c'est sur l'ordre de son évêque, Otger (Autcarius), qu'il a entrepris de continuer et de compléter l'œuvre d'Anségise [2]. Dans la seconde préface, qui est en prose, il déclare qu'il a puisé surtout ses documents dans les archives de Mayence, où Riculf, prédécesseur d'Otger, en avait réuni un grand nombre; il publie ce qu'Anségise avait ignoré ou laissé de côté [3]. En réalité, ce recueil contient peu de pièces sincères, peu de capitulaires réels et authentiques. La plupart sont des pièces forgées; aussi, les appelle-t-on d'ordinaire les *Faux capitulaires*. La critique a même dans le détail montré les éléments constitutifs de ces pièces et le procédé de composition. Elles sont constituées par des emprunts faits au Bréviaire d'Alaric, à l'*Epitome* des Novelles de Justinien par Julien, aux lois des Wisigoths et des Bavarois, surtout aux documents ecclésiastiques : canons des conciles, décrétales des papes, écrits des Pères de l'Église et *libri pœnitentiales* [4]. Le but évident de l'auteur, c'est d'étendre les droits de l'Église, en particulier la juridiction ecclésiastique [5], et c'est à cela que servent la plupart des morceaux

---

1. *Capit. Worm.*, c. v (dans Walter, *Corpus jur. Germ.*, II, p. 380) : « Ita enim continetur in capitulare bonæ memoriæ genitoris nostri in l. I, c. CLVII... item in capitulare nostro in libro II, c. XXI. »

2. « Autcario demum, quem tunc Moguntia summum — Pontificem tenuit, præcipiente pio, — Post Benedictus ego ternos Levita libellos — Adnexi, Legis quis recitatur opus. »

3. « Hæc vero capitula quæ in subsequentibus tribus libellis coadunare studuimus, in diversis schedulis, sicut in diversis synodis ac placitis generalibus edita erant, sparsim invenimus, et maxime in sanctæ Moguntiacensis metropolis ecclesiæ scrinio a Riculfo ejusdem sanctæ sedis metropolitano recondita, et demum ab Autcario secundo ejus successore atque consanguineo inventa reperimus. »

4. L'étude critique la plus complète se trouve dans Hinschius, *Decretales pseudo-isidorianæ*, Prolégomènes, § 17-20.

5. Voici, d'ailleurs, ce qu'il dit dans la préface : « Ea quæ ille (Ansegisus) aut invenire nequivit aut inserere fortasse noluit, et illa quæ postmodum a fidelibus sanctæ Dei Ecclesiæ et Pippini atque Karoli atque Ludovici didicimus jam

fabriqués par lui. Où et quand ce recueil a-t-il été composé ? C'est un point qui n'est pas absolument éclairci. Les données de la préface sont certainement fausses. Les faux capitulaires n'ont pas été composés à Mayence, mais sûrement dans la Gaule occidentale. Ils ne constituent pas une production isolée ; mais, au contraire, ils font partie de toute une série d'apocryphes, qui ont entre eux des affinités étroites, et dont les plus importants sont, outre celui dont il est ici question, les *fausses décrétales* et les *Capitula Angilramni, Metensis episcopi :* le nom de *Benedictus Levita* est probablement un nom de fantaisie, comme celui de *Isidorus Mercator*, donné comme l'auteur des fausses décrétales. Toutes ces œuvres sortent vraisemblablement d'une même officine : on a pensé pendant longtemps qu'elles avaient été composées dans la province ecclésiastique de Reims ; on incline, d'après des travaux récents, à croire que l'atelier de fabrication se trouve dans le diocèse du Mans. Cette énorme production de lois ou règlements supposés peut paraître bien surprenante : ce qui est plus étonnant encore, c'est leur succès immédiat et à peu près incontesté. Pour nous en tenir ici aux faux capitulaires, ils ont été publiés après l'année 847 [1] ; or, en l'année 861, ils sont cités par l'édit de Kiersy, comme un texte sûr et officiel [2]. Tout cela s'explique cependant. On est à une époque où la probité littéraire et scientifique n'existe pas encore ; chacun sert, par tous les moyens, la cause qu'il croit juste ; surtout, il n'y a point de critique littéraire ou juridique, étant donné l'ignorance qui grandit et la rareté des manuscrits qui ne permet pas de comparer les textes. Dans ce milieu, tout livre, quel qu'il soit, a une immense autorité et on le reçoit pour tel qu'il se présente [3].

Voilà les recueils des capitulaires, qui ont été faits dans la

dictis libellis minime esse inserta, pro Dei omnipotentis amore, et sanctæ Dei Ecclesiæ ac servorum ejus atque totius populi utilitate fideliter investigare curavimus. »

1. C'est, en effet, la date de la mort d'Otger de Mayence, laquelle est supposée dans la préface en vers.

2. *Edict. Carisiac.*, c. iv; Walter, III, p. 129.

3. Cependant l'auteur des faux capitulaires a pris quelques précautions pour masquer ses falsifications ; voici, en particulier, ce qu'il dit dans la préface : « Secundo vero in libello, post capitulorum numerum, prima fronte posita sunt quædam ex lege divina excerpta capitula, sicut ea sparsim in eorum mixta

monarchie franque, pour les besoins de la pratique, à l'époque
où ces textes étaient en vigueur. Dans les temps modernes, il
en a été composé de tc ' différents, en vue des études historiques. Leurs auteurs se sont proposé surtout de rétablir dans
leur texte original et dans leur succession historique les divers
capitulaires qui nous ont été conservés isolément ; ils ont, en
même temps, donné des éditions critiques du *capitularium*
d'Anségise et de celui de Benedictus Levita. Les premières de
ces éditions ont paru en France : en 1623, le Père Sirmond a
publié les capitulaires de Charles le Chauve et de ses successeurs[1] ; en 1677, Baluze, évêque de Tulle, a donné une édition
savante et complète des capitulaires[2]. De nos jours, deux ont
été préparées pour la collection des *Monumenta Germaniæ
historica*, la première par Pertz (*Leges*, vol. I, II) ; la seconde,
très supérieure, par M. Boretius[3].

V

Les *documents de la pratique* sont très importants pour
l'histoire du droit de la monarchie franque. Seuls, ils font
connaître le droit réellement appliqué, à une époque où la loi
écrite, quoique impérative, était mal observée : ce sont eux
également qui nous font connaître comment, malgré la personnalité des lois, le droit romain et la coutume germanique
fusionnaient peu à peu. Ils se classent en plusieurs catégories.

Les *recueils de formules* sont peut-être les plus instructifs.
Ce sont des modèles d'actes, dressés d'avance pour servir aux
praticiens, qui étaient appelés à en rédiger de réels. A toute
époque, on trouve de ces recueils usuels, et nous avons encore
nos formulaires du notariat. Mais, dans la monarchie franque,
ils présentent ce caractère qu'ils fournissent des modèles pour
les jugements et actes judiciaires aussi bien que pour les contrats et actes d'aliénation, pour les titres délivrés par la chancellerie royale, aussi bien que pour ceux rédigés au tribunal

capitulis reperimus ut omnes hæc capitula legibus divinis regulisque cano-
nicis concordare non ignorent. »

1. *Karoli Calvi et successorum aliquot Franciæ regum Capitula*, Parisiis, 1623.
2. L'édition de Baluze a été réimprimée et revue par de Chiniac, Paris, 1780 ;
c'est cette dernière édition qui est la meilleure.
3. Le premier volume de l'édition Boretius a seul paru en 1883. Cette édition
contient des tables de concordance avec les éditions de Baluze et de Pertz.

du comte, ou à la cour de l'évêque. De nombreuses collections
de ces formules sont parvenues jusqu'à nous ; mais, pour une
seule, on connait le nom de l'auteur ; ce sont les formules du
moine Marculfe[1]. La date en est d'ailleurs difficile à déterminer, car le principal point de repère, c'est la dédicace à un évêque *Landericus* ou Landry ; or, on trouve plusieurs évêques de
ce nom. Aussi, tandis qu'en général on place la rédaction des
formules de Marculfe au milieu de VIIe siècle, d'autres la placent à la fin du VIIe et d'autres à la fin du VIIIe [2]. Les autres collections sont désignées par le nom de la région pour laquelle
elles ont été rédigées, exemple : *Formulæ Andegavenses* [3], *formulæ Arvernenses, formulæ Turonenses* ; ou par le nom de leur
premier éditeur : Formules de Bignon, de Sirmond, de Baluze.
Il a été publié deux recueils complets et scientifiques des formules usitées dans la monarchie franque. Dans l'un, composé par
M. Eugène de Rozière[4], les formules sont classées par ordre de
matières. Il présente comme autant de traités par les formules
des diverses institutions qui y sont visées. Dans l'autre publié
par M. Zeumer[5], les diverses collections, composées dans la
monarchie franque, gardent, au contraire, leur individualité, et
sont reproduites en bloc et successivement, de manière à représenter l'ordre dans lequel elles ont fait leur apparition historique et leur domaine géographique.

Les formules sont des actes fictifs ; mais des actes réels,
rédigés à l'époque mérovingienne ou carolingienne, sont par-

1. *Marculfi monachi formularum libri duo.* Comme l'indique la préface, la
division en deux livres correspond à la distinction des actes qui sont rédigés
à la cour du roi (*in palatio*) et de ceux qui sont rédigés dans la circonscription du comté (*in pago*).

2. Ad. Tardif, *Étude sur la date du formulaire de Marculf,* dans la *Nouvelle
Revue historique de Droit,* 1884, p. 557 et suiv.

3. Les *formulæ Andegavenses* sont particulièrement intéressantes à raison
de leur ancienneté. En effet, les formules 1 et 34 sont datées de la quatrième
année du règne de Childebert, et il ne peut être question là que de Childebert Ier.
Cependant, on tend à considérer aujourd'hui le recueil comme postérieur à
cette date, car on doit ramener la formule 57 à l'année 678. Il n'en est pas
moins vrai qu'il faut admettre que le rédacteur devait avoir sous les yeux des
actes du règne de Childebert Ier. Voyez, sur ce point, Brunner, *Deutsche Rechtsg.,*
p. 404.

4. *Recueil général des formules usitées du ve au xe siècle,* Paris, 1859. C'est le
recueil toujours cité dans le présent livre.

5. *Formulæ Merowingici et Karolini ævi,* 1886.

venus jusqu'à nous en très grande quantité. Les uns ont été
conservés individuellement, mais il en a été fait des recueils,
soit dans des ouvrages qui constituent par eux-mêmes un choix
de ces documents [1], soit dans les histoires des diverses provinces de l'ancienne France, où ils figurent comme pièces jus-
tificatives. Il en est un grand nombre qui ont été réunis, généralement dans l'ordre chronologique, dès l'époque même où
ils ont été rédigés [2] : ce sont ceux qui sont contenus dans les
cartulaires des églises et des couvents, c'est-à-dire dans les
registres que tenaient les administrateurs de ces établissements et où ils avaient soin de transcrire les actes qui constituaient les titres de propriété de leurs biens [3]. D'autres documents très instructifs pour l'histoire de l'état des personnes et
de la propriété foncière se trouvent dans les *polyptiques* ou *libri
censuales*. Ce sont des registres sur lesquels les grands propriétaires inscrivaient, dans l'ordre où elles étaient groupées
pour l'administration, toutes les parcelles qui composaient
leurs immenses domaines, avec le nombre, le nom et la qualité
des tenanciers et les redevances qu'ils payaient. Les domaines
royaux étaient ainsi décrits et également ceux des églises et
des couvents [4].

SECTION II

LES PRÉCÉDENTS DE LA FÉODALITÉ DANS LA MONARCHIE FRANQUE

La féodalité a été le résultat d'un état d'anarchie persistant

1. Le principal est intitulé : *Diplomata et cartæ ad res Franco-Gallicas spe-
ctantia;* il a été publié par Bréquigny et La Porte du Theil, et réédité par
Pardessus.

2. Voyez, dans *Les origines de l'ancienne France*, par M. Flach, t. Ier, p. 43 et
suiv., la liste des principales collections de ce genre.

3. Voyez, dans *Les origines de l'ancienne France*, t. Ier, p. 25, la liste des
cartulaires et polyptiques manuscrits ou imprimés.

4. Édit de Pistes (a. 864) c. xxix : « Illi coloni, tam fiscales quam ecclesiastici, qui, sicut in polypticis continetur, et ipsi non denegant, carropera et
manopera ex antiqua consuetudine debent. » — Le polyptique le plus connu
est celui de Saint-Germain-des-Prés, rédigé au ixe siècle, du temps de l'abbé
Irminon; il a été publié par Guérard, en 1843, avec de savants prolégomènes,
et, de nouveau, en 1886, par M. Longnon.

et grandissant, dont déjà nous avons plus d'une fois relevé les traces : elle en est sortie naturellement et nécessairement. Mais on constate dans la monarchie franque, spécialement sous les Carolingiens, toute une série d'institutions déjà formées ou de faits sociaux nettement accentués, qui constituent les précédents immédiats des institutions féodales. Cette organisation, qui contient en puissance la féodalité entière, coexiste avec les institutions normales, que nous avons décrites ; elle s'enchevêtre et se combine avec elles, mais elle s'en distingue pourtant par ses origines et par ses tendances ; et il est logique de l'exposer à part. Les institutions ou faits qui constituent ainsi les précédents de la féodalité sont : la vassalité et le séniorat, l'appropriation des fonctions publiques, la transformation de la propriété foncière, les chartes d'immunités et la formation des juridictions privées.

I

L'institution germanique du *comitatus*[1] ne disparut point après les établissements dans l'empire ; elle persista, mais, dans la monarchie mérovingienne, elle ne paraît fonctionner qu'au profit de la royauté : le roi seul est le centre d'un groupe de *comites*. Ceux que l'on peut appeler ainsi, ce ne sont point les hommes qui sont désignés dans les textes comme ses fidèles ou ses *leudes* ; car ces mots désignent d'une façon générique les sujets d'un roi, ceux dont il a exigé ou pu exiger le serment de fidélité[2] ; mais, sous les Mérovingiens, on trouve deux classes de personnes qui certainement sont dans des rapports particuliers avec le roi. Ce sont d'abord les *antrustions*[3] ; ceux-là sont des sujets qui ont juré au roi une fidélité particulière en mettant leurs mains entre les mains du roi, et Marculfe nous a conservé l'acte qui constatait cette prestation de serment[4]. Ceux-là forment une classe déterminée[5] et jouissent de certains privilèges :

1. Ci-dessus. p. 43.
2. C'est dans ce sens, en particulier, que le mot est pris dans le traité d'Andelan. — Greg. Tur., *Historia Francorum*, IX, 20.
3. Voyez Deloche, *La Trustis et l'antrustionat royal*.
4. Marculfe, I, 18 (de Rozière, form. 8) : « Ille fidelis... veniens ibi una cum arma sua in manu nostra *trustem* et fidelitatem nobis visus est conjurasse. » Le mot antrustion vient de *trustis* (trost) qui signifie originairement fidélité
5. Marculfe, I, 18 : « Ut deinceps memoratus ille in numero antrustionum computetur. »

leur *wergeld* s'élève et devient le triple de celui d'un autre homme libre[1]. D'autre part, ils avaient sûrement l'obligation d'être toujours au service et à la disposition du roi, et, puisqu'ils arrivaient en armes prendre leur engagement solennel, c'est que, sans doute, ils devaient surtout le servir à la guerre. Nous trouvons aussi auprès du roi mérovingien d'autres personnes, désignées déjà dans la loi salique, et qui jouissent également du triple *wergeld* : elles sont dites les convives du roi, *convivæ regis* ; c'étaient des *comites* de la même nature que les antrustions ; ils sont désignés là par un autre trait du *comitatus* germanique, l'entretien à la table du chef[2]. Enfin, il y avait des personnes, hommes ou femmes, ou personnes morales, que le roi prenait sous sa protection spéciale, et qui étaient dites *in verbo regis*[3], *in mundeburde regis*[4] ; mais si c'était là peut-être l'effet d'une habitude traditionnelle de la royauté germanique, c'était tout autre chose que le *comitatus*.

Sous les Carolingiens, les antrustions ont disparu. Mais on trouve d'autres personnages qui paraissent remplir un rôle fort semblable. Ce sont les *vassi* ou *vassali* du roi (*re_ales* ou *dominici*)[5]. Les textes nous disent d'eux qu'ils ont solennellement juré fidélité au roi en mettant les mains dans les siennes, ce qui est habituellement exprimé par l'expression *sese commendaverunt*[6]. Et, par là même, ils sont tenus à un complet dévouement envers le roi. Ils sont tenus de le servir[7] sur sa réquisition ; et, en effet, on les voit employés comme ses hommes de confiance, soit au palais, soit au dehors, et chargés des missions les plus délicates. Dans les capitulaires, le roi leur commande souvent, comme il commande aux fonctionnaires

---

1. Marculf., I, 18 : « Et si quis fortasse eum interficere praesumpserit noverit se virgildo suo solidis oc esse culpabilem judicetur. » — Quant aux délais judiciaires, ils paraissent aussi être sous l'application de règles spéciales, *Edict. Chilp.*, c. ii (I, p. 10) ; cf. Waitz, *op. cit.*, II, 1, p. 339.

2. Cf. Waitz, *op. cit.*, II, 1, p. 337.

3. Greg. Tur., *Historia Francorum*, IX, 27 ; on voit aussi des personnes *in verbo regiæ* ; Greg. Tur., *Historia Francorum*, VII, 7.

4. Marculf., I, 24 ; voyez toute la série des *curtes de mundeburde*, de Rozière, form. 9 et suiv.

5. Sur cette institution de la vassalité, voir spécialement : Roth, *Geschichte des Beneficialwesens*, 1850 ; *Feudalität und Unterthanenverband*, 1863 ; et Waitz, *op. cit.*, II, 1, p. 241 et suiv.

6. Waitz, II, 1, p. 216 et suiv.

7. Roth, *Feudalität*, p. 212.

royaux. La nature de leurs obligations ne peut être juridiquement déterminée d'une façon précise, comme on a souvent essayé de le faire : ils devaient aider le roi de tout leur pouvoir, par leurs conseils et leurs actes [1]; le roi devait seulement ne les employer qu'à des actes compatibles avec leur qualité et leur capacité. On s'est demandé souvent, en particulier, si leur obligation de vassal comprenait le service militaire. La question me paraît mal posée : tous les hommes libres devaient ce service (sauf les atténuations apportées par la législation de Charlemagne en faveur des plus pauvres) ; il n'y avait donc pas besoin d'une obligation particulière pour que les *vassi regales* en fussent tenus. Mais, d'autre part, ils devaient être les premiers à prendre les armes pour être fidèles à leur serment, et à conduire avec eux leurs hommes, comme on le verra bientôt ; aussi sont-ils souvent visés en première ligne pour ce service. Il pouvait se faire, au contraire, que, servant le roi dans quelque autre emploi, ils fussent dispensés par cela même de se rendre à l'armée [2]. En retour de leurs obligations, les *vassi* obtenaient la protection spéciale du roi; on ne peut affirmer qu'ils eussent droit en triple wergeld des antrustions [3], ni qu'ils fussent en droit soustraits à la juridiction des comtes, bien que leurs procès fussent en fait portés au tribunal du roi. Les *vassi dominici* carolingiens sont-ils les successeurs, les continuateurs, sous un autre nom, des antrustions mérovingiens? On l'a soutenu avec beaucoup de force [4], et il est tout au moins vraisemblable qu'il n'y a point eu de solution de continuité entre les deux institutions. Mais, en sens contraire, on prétend que les *vassi* n'ont rien de commun avec les antrustions, qu'il faut voir en eux simplement une application spéciale d'une institution plus générale dont il va être

1. Le serment que Charles le Chauve exigea d'Hincmar de Reims doit reproduire le serment du vassal, puisqu'il est prêté au roi en tant que *senior*. Or, voici comment il débute (*Hincmari Opera*, édit. Sirmond, II, p. 831) : « Sic promitto ego quia de isto die in antea isti seniori meo, quandiu vixero, fidelis et obediens et adjutor, quantocumque plus et melius sciero et potuero, et consilio et auxilio *secundum meum ministerium* in omnibus ero ».

2. *Cap.*, 811, *de Rebus exercitalibus*, c. VII (I, p. 165); *Cap. Bonon.*, 811, c. VII (I, 167).

3. Pour l'affirmative, Roth, *Beneficialwesen*, p. 382. — En sens contraire, Waitz, *op. cit.*, II, 1, p. 251.

4. Roth, *Feudalität*, p. 249 et suiv.

question, la recommandation et le sénioriat, laquelle s'est développée dans la monarchie franque, indépendamment des traditions du *comitatus* [1]. Ce que l'on peut affirmer, c'est que les *vassi dominici* diffèrent en un point des *antrustiones* : tandis que ces derniers paraissent avoir été en nombre restreint, formant un groupe attaché à la personne du roi, comme les anciens *comites*, les *vassi dominici*, au contraire, sont très nombreux, répandus par tout le royaume [2]. L'effort du roi carolingien c'est d'attirer tous les personnages influents dans les liens de sa vassalité. Il semble puiser là une force nouvelle : en réalité, c'est un affaiblissement, car ces hommes prennent l'habitude d'obéir non point par respect de la puissance royale, mais à raison de la promesse spéciale, du contrat qu'ils ont consenti; le roi peu à peu disparaît derrière le *senior* [3].

Dans la monarchie carolingienne, le roi n'est plus le seul qui soit ainsi le centre et le chef d'un groupe de fidèles. Non seulement dans les chroniques, mais aussi, à partir du viiie siècle, dans les textes de lois, on voit mentionnées des personnes appelées *seniores*, qui exercent une autorité reconnue par la loi sur d'autres hommes, qui sont dits leurs vassaux ou leurs hommes (*vassali, homines sui*). Cependant, ils n'exercent pas cette autorité en qualité de fonctionnaires, car si, parmi eux, figurent des comtes, des évêques, des abbés, d'autres sont de simples particuliers. On voit que c'est une classe toujours ouverte. Les *vassali* auxquels ils commandent se sont recommandés à eux, *sese commendaverunt*, par le même serment que le *vassus dominicus* a dû prêter au roi, et nous avons les termes mêmes de l'engagement qu'ils contractaient. Ils devaient « servir et assister le *senior* pendant toute leur vie, comme il convient à des hommes libres [4] ». Cela ne comprenait pas d'obligations absolument déterminées, mais cela sup-

1. Waitz, *op. cit.*, IV, p. 249 et suiv.
2. Cf. Schröder, *Deutsche Rechtsg.*, p. 156.
3. C'est ce que fait déjà remarquer Hincmar, à propos du serment que Charles le Chauve lui a imposé (*Opera*, édit. Sirmond, II, p. 835 : « Cæterum rationabilius dicitur *isti imperatori* quam *isti seniori meo* ».
4. De Rozière, form. 43, *qui se in alterius potestate commendat* : « Dum ego in capud advixero, ingenuili ordine tibi servicium vel obsequium impendere debeam, et de vestra potestate vel mundoburdo tempore vitæ meæ potestatem non habeam subtrahendi, nisi sub vestra potestate vel defensione diebus vitæ meæ debeam permanere. »

posait un dévouement constant du *vassallus* envers le seigneur, en même temps qu'un droit général de commandement chez ce dernier, et la coutume déterminait les cas où un service précis était dû [1]. C'est ainsi que nous le voyons obligé de venir garder la maison de son seigneur [2], de suivre celui-ci dans une autre région [3]; le seigneur peut, semble-t-il, le forcer à prendre femme [4], à s'obliger par serment [5]. Pour ce qui est d'une obligation au service militaire du *vassus* envers le *senior*, il n'en saurait être question en droit; car les capitulaires défendent aux particuliers d'avoir des troupes de gens armés [6]. Mais, en fait, nous sommes dans un milieu où les guerres privées, bien que défendues, ne sont point rares [7], et, en semblable occasion, en vertu de son devoir général de fidélité, le *vassus* doit sûrement défendre le *senior*. Celui-ci, de son côté, a des obligations envers le *commendatus;* il lui doit sa protection (*tutela, mundeburdis*), prenant en main sa cause; il semble aussi qu'il lui doive l'assistance proprement dite, lui fournissant de quoi vivre [8], par la concession d'une terre ou autrement.

Ces rapports ainsi définis sont reconnus et sanctionnés par la loi carolingienne. Ces deux hommes sont légalement liés pour la durée de leur vie [9] : le *vassalus* ne peut point quitter

---

1. Hincmar, *ad Ludovicum Balbum* (*Opera*, II, 183) : « Homo subjectus vadit solliciter cum seniore suo ut ea faciat quæ illi placeant... secundum sæculum ad honorem et profectum, et si in aliquo fecerit quod seniori suo displiceat, hoc statim emendare festinat ut ad gratiam illius reveniat. »

2. Hincmar de Laon (*Hincmari Opera*, II, p. 613) : « Filium suum quem mihi commendaverat, cum præcepissem cum aliis meis qui de eodem pago sunt, meas tenere mansiones. »

3. *Cap. Vermeriense*, c. IX (I, p. 41).

4. Voyez mon *Mariage en droit canonique*, t. II, p. 68.

5. Hincmar, (*Op.*, II, p. 823) : « Pervenit ad nos quia hominem tuum Ratramnum irrationabiliter et inconvenienter sacramentum jurare fecisses; qui licet tibi servitium debeat, tamen sub nostra cura tu et ille de salute vestra esse debetis. »

6. *Cap. Haristal.*, 779, c. XIV (I, 50).

7. Elles apparaissent déjà très nettement dans Grégoire de Tours, *Historia Francorum*, VI, 4; VII, 2, 46, 47; VIII, 20, 32; IX, 9, 35; X, 5.

8. De Rozière, form. 43 : « Ut me tam de victu quam de vestimento, juxta quod vobis servire et promereri potuero, adjuvare vel consolare debeas. » Il s'agit ici, il est vrai, d'un malheureux qui n'a pas de quoi vivre, et la misère est la cause même de la recommandation. Mais si la nature de l'assistance devait varier selon la condition du recommandé, elle devait toujours exister.

9. *Cap.*, 813, c. XVI (I, p. 172) : « Quod nullus seniorem suum dimittat, postquam ab eo acceperit valente solido uno, excepto si eum vult occidere,'

le *senior* sans la permission de celui-ci, à moins qu'il n'ait été victime de sa part de quelque odieux attentat. La loi admet ce groupement des sujets; on a même pu soutenir qu'elle l'imposait. En effet, un capitulaire de 847 paraît ordonner à tout homme libre de se choisir un *senior*[1]. Mais il y a là une permission et non pas une contrainte; le sujet peut rester sous l'autorité directe du droit.

D'où vient cette organisation? Il n'est pas vraisemblable qu'elle ait pour point de départ le *comitatus* germanique, puisque, sous les Mérovingiens, celui-ci n'est plus représenté que par l'antrustionat royal. Elle dérive plutôt des patronages et des clientèles que nous avons signalés dans l'empire d'Occident[2]. Ces relations et ces groupements ne durent point cesser après la chute de l'empire; ils étaient plus utiles dans un État plus décomposé, et, nécessairement, leur importance grandit. Bientôt juridiquement ils changèrent de nature. Dans l'empire, cela n'avait été qu'un état de droit, et, dans une certaine mesure, la loi était intervenue pour l'interdire. Dans la monarchie franque, déjà sous les Mérovingiens, par l'influence de la coutume, cela devient un état de fait. La loi des Ripuaires vise l'homme libre qui est *in obsequio alterius*[3]; les formules de Marculfe, dans le titre qui contient la concession de la *mundeburdis* royale, en font profiter non seulement l'impétrant, mais « tous ceux qui sont soumis à son pouvoir et espèrent en lui[4] ». Sans doute, cette dernière formule compre-

---

aut cum baculo cædere, vel uxorem aut filiam maculare, seu hereditatem ei tollere. » Cf. *Capitula Francica*, c. viii (I, p. 215).

1. *Conv. ap. Marsnam* (An. Karoli), c. ii : « Volumus etiam ut unusquisque liber homo in nostro regno seniorem qualem voluerit accipiat, in nobis et in nostris fidelibus accipiat. »

2. Dans ce sens, Flach, *Les origines de l'ancienne France*, p. 76 et suiv.; Schröder, *Deutsche Rechtsg.*, p. 151, 1. Fustel de Coulanges, *Le bénéfice et le patronat*, p. 187 et suiv.

3. *Lex Rip.*, XXXI, 1 : « Quod si homo aut ingenuus in obsequium alterius inculpatus fuerit, ipse qui eum post se eodem tempore retinuit in præsentia judicis... representare studeat, aut in rem respondere. » Le mot *obsequium* paraît bien technique pour désigner cette attache d'une personne à une autre; il se retrouve dans la formule 13 de de Rozière (formule de Tours) citée plus haut. — Cf. *Edict. Rothais* (n. 225, al. 228) : « Si aliquis in gasindio ducis aut privatorum hominum *obsequio* donum vel munus conquisierit. »

4. *Marculfe*, I, 24 (de Rozière, form. 9) : « Inlustris vir ille (major domus causas ipsius pontifici aut abbatis, aut Ecclesiæ aut monasterii, *vel qui per eum sperare videntur vel undecumque legitimo reddibit mittio* tam in palacio)

nait probablement d'autres personnes que les recommandés,
mais elle comprenait aussi ceux-là. Sous les Carolingiens,
l'institution prend des formes précises. D'abord, très probablement, dans une de ses applications, elle fusionne avec l'antrustionat qu'elle remplace : ceux qui jurent fidélité spéciale
au roi ne sont 'plus considérés que comme une catégorie particulière de recommandés. Puis, dans toute recommandation
de personnes, intervient nettement le serment solennel, l'engagement pris les mains dans les mains : peut-être cette forme
de contracter fut-elle introduite par la coutume germanique;
c'était un serment de ce genre que prêtait l'antrustion *in manu regis*. D'autre part, c'est une des formes de serment très
répandues dans les coutumes primitives ou populaires, que
celle où figure la main du *jurans*[1]. Ce que, dans tous les cas,
la *commendatio* du vassal paraît avoir emprunté à la conception germanique, c'est la dignité de cet état, qui ne fut point
considéré comme avilissant : le *patrocinium* du Bas-Empire
paraît, au contraire, avoir entraîné, pour celui qui le subissait, une idée de dégradation[2].

J'ai dit plus haut que la législation carolingienne ne fit rien
pour entraver la formation des liens de vassalité, qui, cependant,
créaient des autorités privées s'interposant entre le roi et les
sujets; et cela se conçoit, car elle eût été certainement impuissante à arrêter ce mouvement. Mais elle fit plus, elle le favorisa;
cela paraît plus singulier, mais se peut comprendre cependant.
En effet, les vassaux des *seniores* continuaient à être soumis à
l'autorité publique; ils étaient tenus envers elle aux mêmes
services et prestations que les autres sujets, et le séniorial
paraissait même un moyen commode et sûr pour assurer l'accomplissement de ces obligations : cela se voit bien pour deux
services essentiels, la justice et la guerre. Tous les hommes

nostro sequere debeat. » Sur ces expressions, voyez Brunner, *Milhio und
Sperantes*, Berlin, 1884. Dans les formules postérieures de la *charta de mundeburdis*, ce terme est remplacé par l'expression *homines ejus*.

1. Voyez Esmein, *Études sur les contrats dans le très ancien droit français*,
p. 97 et suiv.; et le *Serment promissoire en droit canonique* (*Nouvelle Revue
historique de Droit*, 1888, p. 219 et suiv.).

2. Quant aux termes par lesquels sont désignées les deux parties, le mot *senior*
est constamment employé aux . et vii siècles pour désigner *un supérieur*,
celui qui a autorité sur un autre, et opposé à *junior*, qui désigne l'inférieur.
Le mot *vassus* dérive peut-être du celtique.

libres devaient alors le service militaire sans solde et à leurs
frais; mais, lorsque le comte convoquait le contingent de son
pagus, malgré la grosse amende qui frappait les récalcitrants,
il semble qu'il lui était difficile de réunir tous ses soldats. Les
capitulaires imposèrent au *senior*, sous sa responsabilité personnelle, l'obligation de convoquer et de conduire ses hommes
à l'armée en cas de convocation[1]. D'autre part, le *senior* pouvait
représenter en justice son vassal; et lorsqu'un tiers avait une
réclamation à faire valoir contre celui-ci, c'était au *senior* qu'il
s'adressait; le *senior* était tenu ou de lui faire rendre justice
ou de faire comparaître son homme au tribunal[2]. L'administration royale était, par là, déchargée d'autant. En réalité, par
la création de ces intermédiaires, le pouvoir royal perdait son
ressort; le roi disparaissait peu à peu derrière le *senior* qui était
le plus proche et commandait directement[3]. Il est vrai que le
senior lui-même entrait dans la classe des *vassi dominici*.

II

Nous avons vu plus haut que, dans la monarchie franque,
comme dans les autres royaumes fondés par les barbares,
c'était la forme romaine de la propriété qui l'avait emporté. Il
semble, d'autre part, qu'à la suite des établissements, la petite
ou moyenne propriété, qui tendait à disparaître dans l'empire,
se soit reconstituée dans une certaine mesure. Mais ces deux
résultats ne devaient pas être définitifs.

En premier lieu, la tendance à la reconstitution des grands domaines devait reprendre, dans la monarchie franque, plus énergique que jamais. Le petit propriétaire abdique pour des causes
analogues à celles qui ont été signalées au Bas-Empire : l'insécurité et les charges trop lourdes. L'insécurité vient de l'anarchie générale, de la faiblesse du pouvoir : dans cette société,

---

1. Voyez, par exemple, *Capitula de rebus exercitalibus*, 811 (I, p. 164); *Cap.
Bononiense*, 811, c. VII, IX I, p. 167).

2. Waitz. *op. cit.* (IV, p. 269); Roth, *Feudalität*, p. 225 et suiv.

3. Voyez *Capitula de rebus exercitalibus*, c. VIII (I, p. 165) : « Sunt... qui rema
nent et dicunt quod seniores eorum domi resideant et debeant cum eorum
senioribus pergere, ubicumque jussio domini imperatoris fuerit. Alii vero sunt
qui ideo se commendant ad aliquos seniores, quos sciunt in hostem non pro-
fecturos ».

la force prime le droit. Les charges ne proviennent pas à proprement parler des impôts, comme dans l'empire, mais des services personnels, des réquisitions, auxquels est soumis le petit propriétaire, et qui l'obligent fréquemment à payer de sa personne et de sa bourse en même temps : au premier rang, étaient les convocations au *placitum* et les appels à l'armée. Il aimait mieux renoncer à sa propriété pour devenir le tenancier d'un puissant qui le protégerait contre les attaques des particuliers, peut-être même contre les exigences de l'autorité publique. Les capitulaires montrent que souvent les comtes abusaient systématiquement de leurs pouvoirs à l'égard du petit propriétaire et qu'ils l'accablaient de réquisitions pour le forcer à leur céder sa terre[1].

Deuxièmement, la propriété libre et absolue, le *proprium*, comme on dit dans la langue de cette époque, tendait à devenir de plus en plus rare. La plupart des hommes qui avaient la jouissance de la terre, ne la tenaient plus que des concessions conditionnelles et limitées émanées des grands propriétaires. Ces concessions, d'ailleurs, n'étaient pas consenties d'ordinaire moyennant de lourdes redevances pécuniaires. Un assez grand nombre étaient absolument gratuites ; d'autres emportaient des redevances très faibles en argent ou en nature. Toutes se présentent comme ayant pour durée normale la vie du concessionnaire ; ce n'est que par une nouvelle évolution qu'elles tendront à devenir plus tard héréditaires. Ce phénomène, qui contenait en puissance les futures tenures féodales avait des causes multiples.

La concession des terres n'avait point toujours à cette époque pour but véritable de tirer un profit de la propriété foncière : souvent elle était tout autre chose qu'une simple amodiation, et avait pour but de développer l'influence sociale et politique du concédant. Il était alors tout naturel qu'elle fût gratuite ; il était également naturel qu'elle fût simplement viagère, le concédant voulant garder pour lui ou pour son héritier le moyen

---

1. *Capitula de rebus exercitalibus*, c. III (I, 165) : « Dicunt etiam quod quicumque proprium suum episcopo, abbati vel comiti aut judici vel centenario dare noluerit, occasiones quærunt super illum pauperem, quomodo eum condempnare possint et illum semper in hostem faciant ire, usque dum pauper factus, volens nolens, suum proprium tradat aut vendat ; alii vero qui traditum habent absque ullius inquietudine domi resideant. »

de s'attacher les fils comme il s'était attaché les pères. Même
dans le cas où la concession de la terre avait pour but de lui faire
rapporter une rente au profit du propriétaire, les charges pécuniaires exigées du concessionnaire ne pouvaient pas être bien
lourdes. En effet, dans cet âge de grande propriété et de peu
de sécurité, les terres étaient peu productives; faute de bras
pour les cultiver, beaucoup restaient incultes : le peu que le
propriétaire tirait d'une concession était autant de gagné.
Enfin, pour une autre raison, souvent le concédant ne pouvait pas en réalité dicter les conditions et devait les faire très
douces : il arrivait, en effet, qu'il n'était concédant qu'en
apparence et que c'était lui, au contraire, qui réalisait une
acquisition. Nous avons dit plus haut que le petit propriétaire était souvent amené et contraint à se défaire de son
bien ; mais alors, il ne le vendait pas toujours, car il n'aurait
su que faire du prix de vente. Il allait trouver le *potens* du
voisinage, et lui donnait sa parcelle en toute propriété, mais
à condition que celui-ci lui en rendît la jouissance et la lui
garantît jusqu'à la fin de ses jours. Il perdait un droit de
propriété fort compromis, mais il acquérait un usufruit assuré : c'était alors la manière de faire un placement à fonds
perdu. C'est là, d'ailleurs, une combinaison qui se présente
naturellement dans un pareil milieu; nous l'avons constatée aux derniers jours de l'empire[1]. Dans la monarchie franque,
elle est très fréquente; on l'appelle parfois la *recommandation
des terres*, par analogie avec la recommandation des personnes [3].

Ces concessions simplement viagères forment d'abord le
droit commun; mais, presque aussitôt, elles tendent à devenir héréditaires, au moins au profit des enfants du concessionnaire. C'est que, par une sorte de loi naturelle, la pos-

1. Pour ce qui suit, consulter Laboulaye, *Histoire de la propriété foncière en
Occident*; Garsonnet, *Histoire des contrats de location perpétuelle ou à long
terme.*

2. Ci-dessus, p. 29.

3. Les textes emploient cependant ici le mot *commendare* pour désigner non
pas l'oblation, mais la concession de la jouissance (de Rozière, form. 329). —
Sur l'acte même, voyez *Lex Alamannorum*, tit. II; *Lex Bajuwariorum*, tit. 1,
c. 1; Polyptique d'Irminon (édit. Longnon, n° 61, p. 38) : « Isti homines fuerunt
liberi et ingenui; sed quia militiam regis non valebant exercere, tradiderunt
alodos suos sancto Germano. »

session de la terre tend à se consolider entre les mains de
ceux qui la détiennent à demeure et qui la font produire : la
tenure tend à se transformer en propriété. Dans le système
que nous envisageons, le possesseur n'était pas appelé à devenir ou à redevenir propriétaire : il devait nécessairement rester
tenancier, car les rapports naissant de la tenure allaient bientôt
constituer le lien le plus fort entre les hommes. Mais quand
les devoirs et les droits furent bien fixés entre ceux qui tenaient la terre et ceux de qui ils la tenaient, la tenure put
devenir héréditaire, passer aux héritiers sous les mêmes obligations dont avaient été tenus leurs auteurs.

Les types de concessions qui s'introduisirent dans la monarchie franque furent nombreux et variés ; je n'en détacherai
que deux pour les étudier avec quelque détail : la *precaria* et
le bénéfice.

La *precaria* paraît avoir été introduite par l'Église ; bien
que parfois elle émane de laïcs[1], en général elle procède des
établissements ecclésiastiques. Elle s'est présentée, d'ailleurs,
successivement sous deux formes. Dans la première, c'est
une concession faite seulement pour cinq ans et moyennant
le paiement d'un *census* annuel : elle est, d'ailleurs, indéfiniment renouvelable, mais toujours pour cinq années. Il est
convenu que, faute du paiement du *census*, la concession sera
retirée de plein droit[2]. Elle est constatée par deux titres : l'un,
dit *precaria*, constate la demande de la concession, la prière
adressée par le particulier à l'Église, et il reste entre les mains
du concédant; celui-ci, en cas de litige, n'aura qu'à le produire
pour établir que la terre lui appartient, et que le tenancier n'en
est pas propriétaire ; l'autre titre, appelé *præstaria* ou *com-
mendatitia*, c'est l'acte même qui constate la concession et il
est remis au concessionnaire[3]. Où l'Église avait-elle pris cette
forme de concession? Tous reconnaissent que c'est un emprunt
aux institutions romaines, mais on n'est pas d'accord quant à

---

1. De Rozière, form. 325.

2. Marculfe, II, 39, 41. — De Rozière, form. 323, 325. La durée de cinq ans
nous est surtout connue par les formules ou les actes qui ont pour but de
l'étendre, d'écarter la nécessité du renouvellement quinquennal: de Rozière,
325, 328; Pardessus, *Diplomata*, n° 557; Thévenin, n° 56.

3. Voyez la série des formules de *Precaria* dans de Rozière, n°ˢ 319-367.

l'institution qui a été copiée. D'après une opinion, jadis commune, et qui compte encore des partisans [1], nous aurions là, tout simplement, la continuation d'une convention bien connue des romanistes sous le nom de *precarium;* c'était l'acte par lequel une personne cédait gratuitement à une autre, et sur sa demande (*preces*), l'usage d'une chose, mais en se réservant de retirer à volonté la concession. C'est surtout la similitude des noms (*precaria, precarium*) qui a fait soupçonner entre les deux institutions un rapport de filiation; mais le *census* stipulé dans la *precaria* et surtout la durée ferme de cinq années nous éloignent de cette origine. Des recherches plus précises font penser que si l'Église s'est inspirée du droit romain, ce n'est pas au droit privé, mais au droit administratif qu'elle a emprunté le modèle à copier. Propriétaire aux immenses domaines, elle a imité le plus grand propriétaire foncier de l'empire, c'est-à-dire le fisc impérial. Or, celui-ci, pour exploiter ses terres, employait deux sortes de concessions : l'une était une emphytéose perpétuelle, et nous savons que l'Église, de bonne heure, a consenti de semblables baux [2]; l'autre forme de concession était un bail temporaire, dont la durée était fixée à cinq années, par un souvenir vivace du temps où le censeur consentait pour un *lustrum* toutes les locations fiscales. C'est ce type que l'Église copia tout d'abord dans la *precaria* [3]. Mais j'ai dit que celle-ci se modifia et prit une seconde forme, qui bientôt refoula la première. Elle consista en ce que la concession fut consolidée doublement : 1° On la rendit viagère, en écartant la nécessité du renouvellement quinquennal, ou en tenant d'avance celui-ci pour accompli [4]; 2° On écarta la clause en vertu de laquelle, faute de paiement du *census*, la concession était révoquée de plein droit et l'on se contenta de frapper d'une amende le tenancier récalcitrant [5]; 3° Enfin, parfois même, la *precaria* fut déclarée transmissible aux héritiers du concessionnaire [6].

---

1. Fustel de Coulanges, *Le bénéfice et le patronat à l'époque mérovingienne,* p. 63-187.

2. Esmein, *Les baux perpétuels des formules d'Angers et de Tours (Mélanges,* p. 393 et suiv.).

3. Esmein, *Mélanges,* p. 394.

4. De Rozière, form. 319, 320, 325, 328.

5. C'est d'après ce type que sont rédigées la plupart des formules de *Precariæ;* de Rozière, n°ˢ 319 et suiv., *passim.*

6. Thévenin, n° 54; de Rozière, 350 et suiv.; Roth, *Feudalität,* p. 159.

Cette transformation s'explique par les causes générales indiquées plus haut : ce qui agit surtout dans ce sens, c'est ce fait que la *precaria* était devenue souvent un moyen d'acquisition pour l'Église. Parmi les petits propriétaires, qui étaient réduits à abdiquer leur propriété pour en reprendre seulement la jouissance viagère, beaucoup donnaient la préférence à l'Église ; et c'était alors au moyen d'une *precaria* qu'ils reprenaient la jouissance de leur bien[1]. Il y avait de cette préférence plusieurs motifs. C'était d'abord que les biens de l'Église étaient plus régulièrement administrés que les autres et ses tenanciers souvent mieux traités. Mais, surtout, il y avait un intérêt immédiat et pécuniaire. En effet, l'Église avait pour coutume de rendre au donateur, par voie de *precaria*, non seulement l'usufruit du domaine qu'il avait donné, mais encore la jouissance viagère d'une quantité égale de terre prise sur le domaine ecclésiastique[2].

Le mot *benefecium*, pris dans un sens large, désigne tout acte contenant une concession gracieuse et par là même un bienfait ; et, par suite, il peut être employé pour désigner toute concession de terre, et, en particulier, la *precaria*[3], comme il sert à désigner un prêt d'argent consenti[4]. Mais, dans un sens restreint (et c'est ainsi que nous le prenons ici), il désigne, sous les Carolingiens, une terre concédée gratuitement et à titre viager, d'ordinaire par un *senior* à son vassal. C'est une institution pratiquée à la fois par la royauté, l'Église et les laïcs puissants ; mais ce sont les bénéfices royaux qui ont eu le plus d'importance et qui, peut-être, ont servi de modèle à tous les

1. C'est ce qu'on appelle d'ordinaire la *precaria oblata;* voyez de Rozière, form. 339 et suiv.

2. C'est ce qu'on appelle souvent la *precaria remuneratoria;* Roth, *Feudalität,* p. 147. — Cette habitude paraît avoir pour origine les prescriptions contenues dans la compilation de Justinien et défendant aux églises d'aliéner leurs biens fonds. On ne leur permettait même pas d'en concéder l'usufruit, à moins que l'impétrant ne donnât à l'Église, sauf réserve d'usufruit à son profit, une terre d'un revenu égal : L. 14, § 5, C. J., I, 2; Novelle, VII, c. 1 et 11. Seulement, dans la monarchie franque, les rôles furent renversés, c. 1v, C. X, qu. 2.

3. Pardessus, *Diplomata,* n° 557 : « Preco et supplico gracie vestre ut michi in usum *ben*·*ficii* rem ecclesie vestre... concedere deberetis... Unde placuit vobis ut *duas precarias* absque quinquenii renovacione facte fuissent. » Cf. de Rozière, form. 322.

4. De Rozière, form. 368 : « Vestra bonitas habuit ut libera de argento de rebus vestris *nobis ad beneficium præstetistis.* »

autres. L'origine des bénéfices, ainsi entendus, est douteuse. On les a souvent rattachés, comme la *precaria*, au *precarium* du droit romain, ce qui impliquerait qu'à l'origine ils auraient été révocables à la volonté du concédant et qu'ensuite ils se seraient consolidés en devenant viagers; comme, d'autre part, ils finirent par devenir héréditaires, ils auraient, dans cette hypothèse, passé par trois états successifs, et c'est bien ainsi que leur histoire est décrite dans un vieux coutumier lombard, au xii° siècle[1]. Mais, en ce qui concerne la France, les choses se sont passées autrement, et les concessions de terres faites par le roi à ses fidèles ne paraissent avoir jamais eu le caractère précaire : toute la question est de savoir si le bénéfice simplement viager apparaît déjà sous les Mérovingiens ou s'il date seulement des Carolingiens. C'est une question qui a été et est encore très vivement discutée. Voici ce qui paraît se dégager des textes et de leur critique[2].

Sous les Mérovingiens, surtout par influence du droit romain, les donations de terres faites par les rois transféraient souvent la propriété pleinement héréditaire et aliénable[3]. Mais il ne semble pas pourtant qu'en droit tel fut l'effet normal des donations royales; il fallait, au contraire, une clause formelle pour qu'elles produisissent cet effet[4]. En dehors d'une concession précise conçue dans ce sens, la donation transférait bien la propriété, mais une propriété limitée, bornée à la vie du

---

1. *Consuetudines* ou *Libri feudorum*, l. I, tit. 1, § 1 : « Antiquissimo enim tempore sic erat in dominorum potestate connexum ut quando vellent possent auferre rem in feudum a se datam. Postea vero eo ventum est ut per annum tantum firmitatem haberent : deinde statutum est ut usque ad vitam fidelis produceretur. Sed quum hoc jure successionis ad filios non pertineret, sic progressum est ut ad filios perveniret. » — M. Waitz admet que ces trois formes ont existé d'une façon concomitante sous les Mérovingiens, *Deutsche Verfas.*, II, 1, p. 319, note 3.

2. Les travaux principalement à consulter sont : Waitz, *op. cit.*, II, 1, p. 308 et suiv.; Roth, *Beneficialwesen* et *Feudalität*; et, plus récemment, Brunner, *Die Landschenkungen der Merovinger und der Agilolfinger*.

3. La formule de ces donations est donnée par Marculfe, I, 14.

4. Les stipulations du traité d'Andelau, en ce qui concerne les donations faites par le roi Gontran à sa fille Clotilde, sont intéressantes à cet égard. Après avoir confirmé ces donations, le traité ajoute : « Et si quid de agris fiscalibus vel speciebus atque præsidio pro arbitrii sui voluntate facere aut cuiquam conferre voluerit, in perpetuo, auxiliante Domino, conservetur neque a quocumque ullo nunquam tempore convellatur. » Greg. Tur., *Historia Francorum*, IX, 20, édit. Arndt, p. 375.

donataire et qui n'était ni aliénable, ni même nécessairement
héréditaire[1]. Cependant, la transmission aux descendants du
donataire paraît s'être établie[2], comme étant de droit, à moins
qu'un acte formel de la volonté royale ne fît rentrer le bien
dans le patrimoine fiscal à la mort du donataire[3]. On voit, il
est vrai, les enfants demander au roi et obtenir de lui la confirmation d'une donation fiscale faite à leur père[4]; mais cet acte
se conçoit très bien; les héritiers allaient au-devant d'une
révocation possible et voulaient obtenir une complète sécurité[5].
Enfin ces donations, sans être proprement révocables au gré
du concédant, étaient facilement confisquées par les rois mérovingiens, en cas de faute grave, en cas d'infidélité du donataire : elles étaient révoquées alors que les biens propres et
patrimoniaux du coupable n'étaient pas confisqués[6]. Mais tout
cela, c'était une conception particulière des donations royales,
d'après laquelle, dans une certaine mesure, le maintien du
bienfait était subordonné à la grâce du roi : ce n'était point
du tout le bénéfice proprement viager, qu'on trouve sous les
Carolingiens[7]. Ce qui produisit ce dernier, ce fut probablement
l'imitation par le pouvoir royal des *precariæ* ecclésiastiques,
et un événement célèbre fournit le point d'attache.

Il se trouva, sous Charles Martel, que le patrimoine royal

---

1. Brunner, *op. cit.*, p. 14 et suiv.

2. Chez les Burgondes et les Bavarois, elle fut formellement établie par la
loi; *Lex Burgund.*, tit. I, 1, 3, 4; *Decretum Tassilionis ducis*, c. VIII.

3. Greg. Tur., *Historia Francorum*, VIII, 22 : « Hoc anno et Wandelenus, nu-
tritor Childeberti regis obiit... quaecumque de fisco meruit, fisci juribus sunt
relata. Obiit his diebus Bodygesilus dux plenus dierum, sed nihil de facultate
ejus filiis minutum est. » Cf. VI, 22 : « Nunnichius comes ... interiit, resque ejus,
quia absque liberis erat, diversis a rege concessæ sunt. »

4. Voyez la formule de Marculfe, I, 31.

5. Greg. Tur., *Historia Francorum*, IX, 35 : « Explicita igitur tam infelicem
vitam filius ejus ad regem abiit resque ejus obtinuit. »

6. Greg. Tur., *Historia Francorum*, XI, 38, *in fine* : « Sunnegisilus et Gal-
lomagnus, privati a rebus quas a fisco meruerant, in exilio retruduntur. » — « Ve-
nientibus legatis, inter quos episcopi erant, a rege Guntchramno et petentibus
pro his, ab exilio revocantur; *quibus nil aliud est relictum, nisi quod habere
proprium videbantur.* »

7. M. Brunner, *op. cit.*, p. 18 et suiv., parle aussi de donations, qui, faites
par le roi pour servir de dotation à un service ou à un office déterminé,
seraient devenues caduques lorsque le donataire aurait cessé le service ou
perdu l'office. Mais il paraît difficile de dégager des textes cette combinaison,
comme une forme précise, dans la monarchie mérovingienne.

était fort épuisé, et cependant le pouvoir royal avait un besoin
pressant, dans des circonstances difficiles, de s'attacher les
grands, les *seniores*, par des bienfaits. Le puissant maire du
palais n'hésita pas à prendre sur les biens de l'Église les terres
dont il avait besoin pour faire des largesses, et il les donna à
ses fidèles, sans doute encore dans les conditions indiquées
plus haut ; c'était, à cette époque, un principe reçu dans le droit
public, que le roi avait la haute main sur le patrimoine ecclésiastique et pouvait en disposer en cas de besoin [1], et plus tard,
sous Louis le Débonnaire et Charles le Chauve, il en sera fait
de nouvelles applications. Mais l'Église n'en sentit pas moins
très rudement le coup [2] : elle éleva des plaintes énergiques, et,
sous les fils de Charles Martel, Pépin et Carloman, elle obtint
une satisfaction partielle. Une partie des biens qui lui avaient
été pris furent rendus ; les autres furent laissés à ceux qui en
avaient reçu la concession, mais dans des conditions nouvelles :
ils furent considérés comme tenus de l'Église à titre de *precaria* et moyennant un *census,* payé, semble-t-il, par les cultivateurs qui habitaient ces terres. A la mort du concessionnaire, la *precaria,* selon le droit commun, devait faire retour
à l'Église. Il était dit, en outre, que si, à l'avenir, le roi avait
besoin de concéder des biens d'ecclésiastiques à des laïcs,
cela se ferait au moyen d'une précaire consentie, *sub verbo
regis,* par l'Église elle-même. Telle est la solution qui fut
adoptée au synode de Lestinnes en 743 [3]. Il est fort probable
que c'est à partir de ce moment que le pouvoir royal, employant
la *precaria* ecclésiastique pour son propre compte, commença
à conférer lui-même des bénéfices viagers. L'Église lui aurait
ainsi fourni, à cette époque, non seulement la matière, mais
aussi la forme pour ses donations. Mais ce qui donna aux
bénéfices royaux une physionomie propre et les différencia
de la *precaria,* c'est qu'ils avaient une fonction différente. Tandis que celle-ci avait été surtout un instrument économique,
destiné à mettre en valeur le patrimoine de l'Église, les autres

1. Schröder, *Deutsche Rechtsgeschichte,* p. 141, 143, 157.
2. Sur cet acte célèbre, désigné souvent par le terme *sécularisation aes biens
ecclésiastiques,* voir : Had. Valesius, *Rerum Francicarum,* lib. XXV, t. III, p. 538
et suiv., Roth, *Feudalität,* p. 71 et suiv. ; Waitz, *op. cit.,* III, 36 et suiv. ;
Schröder, *op. cit.,* p. 157 et suiv.
3. *Capitul. Liptin.,* c. II (I, p. 28).

étaient, en réalité, un instrument politique. Ils étaient destinés à assurer des vassaux au *senior* et étaient, par suite, naturellement et complètement gratuits : ils n'étaient accordés en fait que moyennant un serment de recommandation, dont ils étaient le prix. Mais, par là même, le bénéfice ne fut pas seulement pratiqué par le pouvoir royal, il s'étendit aussi loin que le séniorat lui-même : les *seniores* en accordèrent aussi à leurs propres vassaux, et tous ces bénéfices représentèrent des concessions de la même nature.

Le concédant retenait la propriété, et le concessionnaire n'avait sur la terre qu'un droit de jouissance viagère : *usufructuario ordine possidebat;* il ne pouvait aliéner le bien et ne devait pas le détériorer. On s'est demandé souvent si le bénéfice ne mettait pas des obligations et des devoirs à la charge du bénéficiaire. Il ne semble pas qu'il engendrât directement aucune obligation; mais il ne faut pas oublier qu'en fait la concession du bénéfice supposait la vassalité chez le concessionnaire, et il fournissait une sanction indirecte pour les obligations du vassal. Il est certain, en effet, que le maintien de la concession était subordonné à l'accomplissement de ces obligations. Si le vassal manquait d'une façon grave à ses devoirs, le retrait du bénéfice pouvait être poursuivi et prononcé en justice au profit du seigneur[1] ; c'était la coutume qui déterminait dans quel cas le manquement était assez grave pour entraîner cette sanction rigoureuse. Cette privation pouvait, en outre, être prononcée lorsque le bénéficiaire outre passait son droit sur la terre en vendant ou en détériorant l'immeuble[2].

---

1. Voici la formule employée dans une concession de bénéfices à la fin du VIIIe siècle ou au commencement du IXe (Loersch et Schröder, *Urkunden zur Geschichte des deutschen Rechts*, 2e édit., no 38, p. 25) : « Ipse Uuldorrich se ipsum tradidit in servitium Attonis episcopi... usque ad finem vitæ suæ, in hoc enim ipsum beneficium accepit ut fideliter in servitio domui sanctæ Mariæ permansisset, *et, si aliquid aliter fecisset, privatus de ipso beneficio permansisset.* » — Nous avons aussi une lettre instructive d'Hincmar de Laon, dans laquelle il raconte pour quelles causes il a fait prononcer le retrait de bénéfice contre un de ses vassaux (*Hincmari Opera*, édit. Sirmond, II, p. 608 et suiv.). Ici, le motif déterminant semble avoir été que le vassal n'a pas suivi son seigneur à l'armée du roi, p. 611 : « Judicaverunt adstantes laici ut sacramento probaretur ex mea parte quod de regis servitio sine mea licentia veniret, et amitteret illud beneficium. »

2. Ces griefs figurent parmi ceux qu'Hincmar de Laon invoquait contre son

Le bénéfice était une concession viagère qui prenait fin à la mort du bénéficiaire. Il semble bien qu'il était soumis également à une autre cause de caducité et qu'il prenait fin à la mort du concédant. Mais, en fait, le *senior* n'avait pas intérêt à se prévaloir, dans la plupart des cas, de cette double cause de caducité. Le nouveau *senior* laissait le bénéfice au vassal qui l'avait possédé, pourvu que celui-ci se recommandât à lui, et à la mort du vassal, le *senior* laissait le fief à l'un de ses enfants, qui devenait son vassal à la place du père. Tout ce qu'on demandait, c'est que le serment de fidélité fût fourni au nouveau *senior*, ou fourni par le nouveau vassal. Sous l'influence de cette pratique usuelle, une idée commune s'établissait d'après laquelle il était juste que, dans ces conditions, le bénéfice se transmît héréditairement. Mais, à la fin du IXᵉ siècle, on n'était pas allé plus loin dans cette voie ; en équité, le bénéfice était héréditaire, il ne l'était pas encore en droit[1], et la coutume n'avait pas encore déterminé les règles de cette succession. C'est encore à ce point de vue que se place le célèbre capitulaire de Kiersy-sur-Oise de 877. Il suppose la pratique commune que je viens de rappeler : il ne suppose pas et crée encore moins, comme on le disait jadis, l'hérédité proprement dite des bénéfices[2].

vassal, *op. cit.*, p. 611 : « Pervenit autem ad me clamor de eodem Ragenardo ... od suum habuerat destructum beneficium... Invenit missus meus et mansum indominicatum et ipsam ecclesiam penitus destructam ac silvam venditam. »

1. C'est exactement le point de vue auquel se place Hincmar de Reims à propos d'une curieuse affaire de bénéfice dans laquelle était impliqué son neveu Hincmar de Laon : *Expositiones Hincmari Rhemensis ad Carolum regem* (Migne, *Patrologie*, t. CXXV, p. 1035 et suiv., 1050 et suiv.). Voici quelques passages notables, p. 1035 : « Filius Liudonis ad vestram dominationem se reclamavit quia isdem frater noster *ab eo exenium acceperit et patris sui beneficium ei donaverit*, et deinde ab eo irrationabiliter tulerit. » — P. 1050 : « Episcopus... de rebus Ecclesiæ propter militiam beneficium donat, aut filiis patrum qui eidem Ecclesiæ profuerunt et patribus utiliter succedere potuerunt. » — Remarquons le mot *exenium*, qui figure dans le premier passage : il veut dire *présent*, et il en résulte que le *senior* ne concédait point à nouveau le fief au fils du vassal défunt, sans exiger de lui une certaine offrande. C'est l'origine du *relief* féodal.

2. Emile Bourgeois, *Le capitulaire de Kiersy-sur-Oise*, 1885, p. 127 et suiv.

III

Sous les Mérovingiens, les officiers royaux, ducs et comtes, étaient choisis et nommés par le roi et toujours révocables par lui[1]. Il semble même que leurs pouvoirs leur étaient conférés pour un temps déterminé et très court, sauf un renouvellement toujours possible[2], et, en fait, les comtes gardaient souvent leurs fonctions pendant une longue suite d'années[3]. Ils n'avaient qu'une délégation temporaire de la puissance publique. Mais, sous les Carolingiens, dès la première moitié du IXe siècle, la situation a changé. Les comtes, quoique toujours nommés par le roi et responsables envers lui, sont assez ordinairement investis à vie de leurs fonctions et souvent le fils succède au père dans le même emploi. Dans la seconde moitié du IXe siècle, c'est devenu la règle générale : le comte possède sa charge pendant sa vie et — le capitulaire de Kiersy-sur-Oise en fournit la preuve — la coutume admet, comme chose normale et équitable, qu'il ait pour successeur un de ses fils[4]. Ces fonctions publiques ont ainsi été appropriées par ceux qui les exercent; elles entrent dans leur patrimoine. Cela est résulté de deux causes principales.

Cela a été parfois le résultat d'une usurpation proprement dite que le pouvoir royal n'a pas pu réprimer et que, par suite, il tolère. C'est ainsi que, de bonne heure, déjà sous les Mérovingiens, les comtes bretons prennent une semblable position[5]; l'Aquitaine, à diverses reprises, dégage également son indépendance par l'organe de ses ducs[6]. Mais, somme toute, ce n'est pas là la principale cause qui a amené l'appropriation des fonc-

---

1. On trouve fréquemment de ces révocations dans Grégoire de Tours ; voyez par exemple : *Historia Francorum*, IV, 13 ; V, 47 ; IX, 7, 12.

2. Grégoire de Tours rapporte un fait qui le suppose expressément ; *Historia Francorum*, IV, 42 (édit. Arndt, p. 15) : « Peonius vero hujus municipii comitatum regebat. Cumque *ad renovandam actionem* munera regi per filium transmisisset, ille, datis rebus paternis, comitatum patris ambivit supplantavitque genitorem. »

3. Grégoire de Tours parle d'un comte qui conserva ses fonctions pendant quarante ans; *Vitæ Patrum* (édit. Krusch), p. 687.

4. Roth, *Beneficialwesen*, p. 432.

5. Greg. Tur., *Historia Francorum*, IV, 4 ; V, 16. — Waitz, *op. cit.*, III, p. 364.

6. Waitz, *op. cit.*, III, p. 48, 364.

tions publiques supérieures; ce qui a agi surtout dans ce sens, c'est la théorie du bénéfice royal, telle que je l'ai décrite. La charge de comte fut considérée comme un bénéfice conféré par le roi, et, comme le bénéfice, la charge ainsi conférée représenta un droit viager, puis tendit à devenir héréditaire [1]. Cela était d'ailleurs naturel, étant donnée la conception fondamentale du pouvoir royal [2] : la fonction publique était dans le patrimoine du roi, comme les *villæ* fiscales, et pouvait en être détachée de la même manière. La langue juridique du ixe siècle fournit la preuve très claire de cette assimilation : les mots *honor*, qui signifie la charge publique, et *beneficium*, qui désigne le bénéfice, deviennent véritablement synonymes et sont souvent pris l'un pour l'autre [3]. C'est des *bénéfices-honneurs*, et seulement de ceux-là, que s'occupe le capitulaire de Kiersy-sur-Oise [4]. Voilà comment se formèrent les grandes seigneuries féodales, et il en est un assez grand nombre pour l'histoire desquelles on peut remonter jusqu'à la fin du ixe siècle. Mais il faut remarquer que, tandis que les comtes acquéraient ainsi le pouvoir à titre propre, sauf à entrer nécessairement dans la vassalité du roi, d'autre part, par un procédé semblable, il se restreignait entre leurs mains : un certain nombre de leurs inférieurs ou suppléants voyaient aussi s'accomplir à leur profit l'appropriation de leur charge, et souvent des *seniores* s'interposaient entre eux et leurs *pagenses*.

IV [5]

Déjà sous les Mérovingiens, plus fréquemment encore sous

1. Roth, *Beneficialwesen*, p. 430 et suiv. M. Roth, il est vrai, ne présente pas cette assimilation comme s'étant directement opérée. Il voit un moyen terme dans les bénéfices en terres que le roi concédait ordinairement au comte dans sa circonscription. Ceux-ci devinrent la dotation de la charge, et en voyant celle-ci se transmettre avec ces bénéfices proprement dits, on en serait arrivé à la considérer elle-même comme un bénéfice.

2. Ci-dessus, p. 65 et suiv.

3. Roth, *Beneficialwesen*, p. 432; Bourgeois, *Le capitulaire de Kiersy*, p. 129.

4. *Secus*, M. Bourgeois, *op. cit.*, p. 129 et suiv.

5. Sur les immunités, voir : Flach, *Les origines de l'ancienne France*, p. 91 et suiv. — Beauchet, *Histoire de l'organisation judiciaire*, l. I, c. iii, l. II, c. v. — Fustel de Coulanges, *L'immunité mérovingienne*, dans la *Revue historique*, 1863; *Le bénéfice et le patronat*, p. 336 et suiv. — Prost, *L'immunité* dans la *Nouvelle Revue historique de Droit*, 1883, p. 113 et suiv., 262 et suiv.

les Carolingiens, les établissements ecclésiastiques et parfois aussi les grands propriétaires laïques obtiennent d'étranges concessions appelées *immunitates, chartes d'immunité*. Elles ont pour objet de faire de leurs domaines une sorte d'enceinte réservée, dont l'entrée est interdite aux agents du pouvoir public[1]. Voici, en effet, les principales clauses que contiennent ces chartes. Elles défendent aux *judices*, et, par là, il faut entendre tous les fonctionnaires royaux, de s'introduire sur le territoire de l'immunité : 1° pour y rendre la justice ou tenir des assises[2]; 2° pour lever les impôts ou la part des compositions due au roi (*fredum*)[3]; 3° pour réclamer le gîte ou les vivres dus aux envoyés du roi[4]; 4° pour exercer d'une façon générale aucun acte de contrainte ou d'autorité[5]. Cela jette un jour singulier sur le droit public de cette époque. On y voit qu'on considérait alors comme un précieux avantage d'être soustrait à l'action des agents du pouvoir royal, ce qui montre que l'administration était plus oppressive que tutélaire; on voit, en même temps, que le pouvoir royal accordait volontiers une semblable exemption, ce qui montre comment il comprenait sa mission. Mais ces textes posent un double problème; il faut se demander : 1° quelle fut l'origine de ces concessions; 2° quelle était la situation faite par elles aux habitants de l'immunité.

Quelle que fût la facilité avec laquelle le pouvoir royal renonçait alors à ses attributs même essentiels, il dut y avoir une cause particulière qui provoqua ces concessions et les rendit naturelles. Or, on peut remarquer d'abord que, quant au droit de juridiction qui en résulta forcément au profit de l'immuniste sur les habitants, la charte d'immunité ne faisait guère que confirmer ce qui était devenu le droit commun pour les grands propriétaires, comme on le verra bientôt[6]. Néan-

---

1. Voyez les formules d'immunités : de Rozière, nᵒˢ 16 et suiv.
2. De Rozière, form. 17 : « Ad causas judiciario more audiendas vel discutiendas. »
3. De Rozière, form. 21 : « Nec freda aut tributa... aut telonea... tollere. »
4. De Rozière, form. 16 : « Nec mansiones aut paratas... tollere non præsumatis. »
5. De Rozière, form. 20 : « Nec eos de quaslibet causas distringendum. » — Le mot *distringere* désigne tout acte de contrainte, d'autorité, de réquisition.
6. Flach, *Les origines de l'ancienne France*, p. 105 et suiv.

moins, l'exclusion des *judices*, l'interdiction qui leur est adressée de pénétrer sur ce territoire défendu, constitue un privilège particulier. Pour en expliquer l'origine, diverses hypothèses ont été produites [1] ; voici celle qui me paraît la plus vraisemblable. Les domaines du roi formaient, pour leur administration, des circonscriptions (*fiscus*) qui étaient placées sous l'autorité de fonctionnaires ou *judices* particuliers. Le *judex*, ainsi placé à la tête d'un *fiscus*, non seulement en était le régisseur et en recueillait les fruits, mais, en même temps, il exerçait seul le pouvoir judiciaire sur les habitants et percevait, s'il y avait lieu, les revenus publics [2]. L'action du comte s'arrêtait à la frontière du domaine fiscal, pour laisser la place libre à l'intendant royal. Probablement, c'est cet état de choses qui fournit le modèle de l'immunité [3]. Lorsque le roi faisait donation de quelque portion de ses domaines, il accorda assez facilement qu'elle continuerait à être soustraite à l'action des comtes, comme elle l'avait été quand elle appartenait au fisc. Puis, le type de l'immunité ainsi créé, on put le transporter sur des terres qui n'avaient jamais fait partie des biens fiscaux. Ce qui est certain, c'est que les textes rapprochent souvent, en les soumettant à des règles communes, le *fiscus* et l'*immunitas* [4].

Quant à la condition qui était faite aux habitants de l'immunité, on peut dire en principe qu'ils restaient soumis aux charges, prestations et devoirs que leur imposait antérieurement l'autorité publique ; mais le droit de leur commander et de les requérir pour l'accomplissement de ces obligations passait des officiers publics au maître du domaine ou à son représentant. Il reste à savoir si celui-ci servait seulement d'intermédiaire entre les hommes et le pouvoir royal, ou s'il commandait en son nom propre, pour son propre compte et à

---

1. Voyez Waitz, *op. cit.*, II, 2, p. 337.

2. Voyez le capitulaire *de Villis*, c. 4, 52 et suiv., et le commentaire de Guérard, p. 96 et suiv. On peut remarquer que le c. 29 contient justement, par rapport aux *villæ* royales, une des prohibitions dont profitent les immunités : « Et quando missi vel legati ad palatium veniant vel redeunt, nullo modo in curtes dominicas *mansionaticas prendant*. »

3. Schröder, *Deutsche Rechtsg.*, p. 193.

4. Voyez, par exemple, l'édit de Pistes, c. xviii : « Si falsus monetarius,... in fiscum nostrum vel in quancumque immunitatem... confugerit. »

son profit personnel. La question est assez obscure et comporte des distinctions. Quant aux profits pécuniaires que percevait le pouvoir royal, *tributa, freda, telonea*, le propriétaire immuniste les perçoit à son profit; une clause de la charte les lui attribue toujours[1], et, selon certains auteurs, c'est même la clause fondamentale et première de l'immunité, celle dont toutes les autres n'auraient été que la conséquence et la garantie[2]. Le service militaire, au contraire, continue à être dû au roi par les habitants libres de l'immunité : c'est le propriétaire immuniste qui leur transmet la convocation et qui est tenu de les conduire à l'armée. Les évêques et les abbés sont ainsi tenus d'amener leurs contingents : cependant, parfois, une clause formelle de la charte d'immunité a fait remise du service militaire[3]. Reste la justice. L'immuniste, à cet égard, paraît avoir eu compétence pour statuer quand il s'agissait d'un procès entre deux hommes de l'immunité, et que la cause n'était pas réservée, à raison de sa nature et de son importance, au tribunal du comte. En dehors de ces cas, il devait faire comparaître ses hommes au tribunal du comte[4]. Lorsqu'une personne du dehors voulait actionner un homme de l'immunité, elle s'adressait aussi au propriétaire immuniste, non que celui-ci fût alors réellement compétent, mais, comme s'il s'agissait d'un *senior* et d'un *vassallus*[5], il devait ou faire rendre justice au réclamant ou faire comparaître son homme au tribunal du comte. L'immuniste exerçait donc, dans une large mesure, la juridiction, et cela d'ordinaire par l'organe d'un *judex* ou *advocatus* qu'il choisissait. On voit en même temps que cette juridiction avait des bornes, et qu'en particulier elle ne comprenait pas les causes criminelles pro-

---

1. Marculfe, I, 3. — De Rozière, 16 : « Quicquid exinde aut de ingenuis aut de servientibus ceterisque nationibus quæ sunt infra agros vel fines seu supra terras prædicte ecclesie commanentes, fiscus aut de freda aut undecunque potuerat sperare, ex nostra indulgentia pro futura salute in luminaribus ipsius ecclesie per manu agentium eorum proficiat in perpetuum ».

2. Waitz, *op. cit.*, II, 2, p. 339 et suiv. Il est certain que, dans les textes romains du Bas-Empire, le mot *immunitas* désigne l'exemption des impôts ou des charges publiques.

3. Waitz, *op. cit.*, IV, p. 599 et suiv.

4. Waitz, *op. cit.*, IV, p. 419 et suiv.

5. Ci-dessus, p. 128.

prement dites [1]. Mais ces restrictions étaient destinées à disparaître avec l'affaiblissement définitif du pouvoir royal.

Les juridictions des immunistes étaient des juridictions privées, et elles ont été l'origine d'un grand nombre de justices seigneuriales; mais ce n'étaient pas les seules de la même nature. Tous les grands propriétaires, dans les mêmes conditions et dans la même mesure, rendaient la justice aux hommes qui habitaient sur leurs terres [2] : considérés à ce de point de vue, ils sont désignés par l'expression *potentes*, et leur domaine est appelé *potestas* [3]. Leurs juridictions sont nettement reconnues par l'édit de Clotaire II, de 614 [4], et, en réalité, ce n'était point chose nouvelle. Nous avons signalé, comme un fait, cette justice des puissants dans l'empire romain [5]; dans la monarchie franque, c'est devenu un droit par l'effet de la coutume.

Enfin, au cours du IXe siècle, se dégage aussi une juridiction du *senior* sur ses *vassalli* [5]. Nous avons déjà constaté certains rapports de droit qui y conduisaient naturellement; certains textes montrent cette juridiction fonctionnant déjà dans la seconde moitié du IXe siècle [6]. Tout cela, ce sont presque déjà les justices féodales : cependant, elles sont encore dominées par le pouvoir royal, qu'elles ne font que suppléer et qui les contrôle; mais ces derniers liens de dépendance ne tarderont pas à se dénouer.

---

1. Édit de Clotaire II, c. xv (I, p. 22).

2. F.ach, *Les origines de l'ancienne France*, p. 91 et suiv.

3. Édit de Pistes, c. xviii : « Si falsus monetarius... in fiscum nostrum vel in quamcumque immunitatem aut *alicujus potentis potestatem vel proprietatem* confugerit ».

4. C. xix, xx.

5. Ci-dessus, p. 30.

6. Hincmar de Laon, dans un passage plus haut cité (p. 137, note 1), raconte comment il a fait citer et juger devant lui son vassal Ragenardus. Un des griefs qu'il avait contre ce dernier, consistait en ce que Ragenardus lui-même ne rendait pas la justice à ses hommes; *Hincmari Opera* (édit. Sirmond), II, p. 611 : « Justitiam de suis qui de illo reclamabant hominibus villanis reddere nunquam noluerit ».

CHAPITRE IV

L'Église dans l'empire romain et dans la monarchie franque

La condition de l'Église demande un chapitre à part dans les origines du droit français, parce que, pendant des siècles, l'Église n'a pas seulement représenté une croyance et un culte, une association religieuse ; elle constituait aussi une véritable organisation politique. Par un enchaînement particulier de causes et de circonstances, elle était arrivée, quoique comprise dans un ou plusieurs États, à s'organiser elle-même comme un véritable État et à en exercer les attributs : elle avait, dans son clergé, une hiérarchie complète de magistrats; elle avait acquis d'immenses biens ; elle s'était fait une législation propre, qu'elle parvenait souvent à faire adopter par le pouvoir séculier lui-même; elle avait des tribunaux, qui statuaient sur les procès civils ou criminels, qui prétendaient exclure la justice séculière dans certains cas, et, dans beaucoup d'autres, fonctionner en concurrence avec elle. Par là, elle devint un facteur important pour le droit public et pour le droit privé. La cause première de ce développement, cette cause dont les effets devaient être si puissants et si durables, c'est la position qu'elle fut amenée à prendre dans l'empire romain.

§ 1er.—L'ÉGLISE DANS L'EMPIRE ROMAIN [1]

L'État romain, tant qu'il resta païen, avait eu un culte national, assez peu précis d'ailleurs, et un sacerdoce entouré de grands honneurs; mais ce sacerdoce n'avait jamais empiété

---

1. Sur la condition de l'Église dans l'empire romain, voyez Ed. Loening, *Geschichte des deutschen Kirchenrenchl*, 1878, t. Ier.

sur la puissance civile. D'un côté, ces prêtres étaient peu nombreux ; d'autre part, on en arriva, sous la république, à les faire élire par le peuple ; et ces sacerdoces étaient brigués par les mêmes hommes qui recherchaient les magistratures civiles : souvent le même personnage était successivement pontife et magistrat. Les sacerdoces et les magistratures dérivaient de la même source, et ne pouvaient représenter des pouvoirs rivaux. Mais, lorsque le christianisme fut officiellement reconnu dans l'empire, sous Constantin et ses successeurs, il en résulta un rapport tout nouveau entre le culte et l'État. La religion qui était admise ainsi à la vie légale avait trois siècles d'existence indépendante, pendant lesquels elle s'était puissamment constituée en se donnant des organes qui devaient remplacer pour elle les organes de l'État. Par la reconnaissance officielle, cette organisation fut maintenue et légalisée, et continua à fonctionner, sous le contrôle de l'État, mais en concurrence avec l'action des pouvoirs publics. Cette union singulière fut, en quelque sorte, imposée par les circonstances.

Pendant les trois premiers siècles de l'ère chrétienne, passant par des alternatives de tolérance et de persécution, les communautés chrétiennes s'étaient rapidement développées, cherchant surtout à profiter des lois romaines sur les associations, qui permettaient librement les sociétés de secours mutuels parmi les petites gens, les *collegia tenuiorum*. Elles s'étaient organisées de manière à vivre d'une vie propre, en dehors de l'État païen, aux services duquel elles s'efforçaient de ne jamais recourir ; les chrétiens de plus en plus se désintéressaient de la société civile pour se rattacher uniquement à l'Église, qui, pour eux, remplaçait l'État. Il y avait là, pour l'empire, un immense danger ; le christianisme soutirait ses forces vives : pour faire cesser ce dualisme épuisant et pour reconstituer l'unité de la patrie, Constantin annexa l'Église à l'État, en lui donnant l'existence officielle, en lui conférant des privilèges qui n'étaient d'ailleurs, pour la plupart, que la reconnaissance en droit des pouvoirs que précédemment elle exerçait en fait. Mais il n'absorba point l'Église dans l'État ; il y eut entre eux une union très étroite ; les évêques devinrent des autorités publiques, les conseillers de l'empereur ; l'empereur exerça un pouvoir de contrôle sur l'Église, mais elle conserva son organisation propre et largement indépendante. D'ailleurs, sous Constantin, régna la liberté de conscience : il y eut, dans l'empire, deux cultes officiels et égaux, l'ancien culte national et païen, et l'Église chrétienne. Ce n'est qu'au cours du IVᵉ siècle que cet équilibre fut rompu et que, sous l'influence de l'Église, les lois des empereurs prohibèrent et proscrivirent le paganisme [1]. Disons quelle fut, dans l'empire, l'organisation de l'Église et quels furent ses privilèges.

I

Tout en s'organisant à l'écart de l'État, l'Église avait utilisé, pour son organisation, les circonscriptions administratives de l'Empire. Après une première période de tâtonnements, l'unité constitutive de cette organisation devint l'évêché, et, en principe, il fut établi un évêque dans chaque *civitas* [2]. Autour de lui se forma un clergé composé de fonctionnaires ecclésiastiques nommés par lui [3]. Mais ce clergé, comme l'évêque, fut d'abord cantonné dans la ville; l'organisation ecclésiastique, comme le régime municipal romain, eut ainsi un caractère urbain très accentué. Cependant, il s'établit ensuite des chapelles ou oratoires dans les petites agglomérations situées en dehors des villes, avec un prêtre ou un diacre délégué par l'évêque. On trouve de ces établissements en Gaule dès la fin du IVᵉ siècle. Les évêchés des diverses *civitates* comprises dans une même province de l'empire formèrent, par imitation de la hiérarchie civile, une province ecclésiastique, et l'évêque du chef-lieu de cette province acquit aussi, par la même cause, sous le nom de métropolitain, une certaine autorité sur les évêques des autres *civitates*. Dès le IVᵉ siècle, l'au-

1. Voyez les lois contenues au Code Théodosien, XVI, 10, *de Sacrificiis, paganis et templis*, et au Code de Justinien, I, 11, *de Paganis, sacrificiis et templis*.

2. Cette correspondance entre la *civitas*, unité administrative, et l'évêché, était un principe bien arrêté au Vᵉ siècle; le concile de Calcédoine ordonne que si le territoire d'une *civitas* est démembré par l'autorité impériale, qui en fait deux *civitates* distinctes, l'organisation du clergé doit être modifiée en conséquence; c. XVII (Bruns, *Canones*, I, p. 30).

3. Ce sont ceux qui représenteront la hiérarchie des ordres majeurs et des ordres mineurs : *presbyteri, diaconi, subdiaconi, lectores, ostiarii, exorcistæ, acolytæ.*

torité des métropolitains était établie en Gaule. Enfin, tandis que certains métropolitains acquéraient en Orient une dignité spéciale, sous le nom de patriarches ou primats, l'évêque de Rome, grâce au prestige de la capitale ancienne du monde romain, devenait peu à peu le chef reconnu de l'Église entière: son autorité était pleinement reconnue en Gaule au vᵉ siècle. A côté de ces magistratures permanentes, l'Église avait aussi ses assemblées délibérantes et législatives, composées d'évêques réunis en *concilium* ou synode. De ces conciles, les uns étaient généraux, où étaient appelés à siéger tous les évêques de la chrétienté, et le premier fut celui de Nicée, convoqué en 325 par l'empereur Constantin lui-même. Les autres étaient particuliers, ne comprenant que les évêques d'une région déterminée : les plus importants de ceux-là étaient les synodes provinciaux, où le métropolitain réunissait périodiquement ses évêques suffragants.

Toute cette organisation fut reconnue comme une institution légale par Constantin et ses successeurs. Mais, en même temps, l'empereur acquit sur elle, en l'annexant à l'État, un pouvoir de surveillance et de contrôle : il était, comme on dira de bonne heure, l'*évêque du dehors*[1]. Mais la législation impériale n'intervint que très discrètement pour limiter le libre recrutement du clergé ou l'action propre de l'Église. Pour ce qui est de l'entrée dans le clergé, elle la défendit seulement à deux classes de personnes, qu'il importait de conserver dans leurs fonctions civiles : les curiales[2] et les colons ou esclaves agricoles[3]. Ils assuraient, les uns l'administration, et les autres le pain de l'empire. Mais les lois multiples qui statuent sur cette matière, validant souvent par mesure transitoire les entrées irrégulièrement admises, montrent que ces prohibitions étaient mal observées. Quant aux esclaves, quels qu'ils fussent, l'Église avait pris les devants[4] : elle ne les admettait dans ses rangs qu'avec le consentement du maître, qui devait alors les affranchir. Pour le choix des évêques, sans entrer dans l'examen des pratiques suivies à cet égard dans les premiers temps de l'Église,

---

1. Eusèbe, *Vita Constantini*, IV, 24 (édit. Turin, 1746), p. 576.
2. L. 3, C. Th., XVI, 2; L. 49, 59, 99, C. Th., XII, 1.
3. L. 4, 12, 16, C. J., I, 3.
4. *Canones apostolorum*, c. LXXXI (Bruns, I, p. 12).

il faut constater qu'au ve siècle, l'évêque de chaque *civitas* était élu par le clergé et le peuple de la cité, dans une assemblée présidée d'ordinaire par les autres évêques de la même province[1]. Cette élection, dont les règles et les formes paraissent avoir été assez peu précises, ne produisait d'ailleurs effet qu'autant qu'elle avait été confirmée par le métropolitain : c'était alors seulement qu'intervenait la consécration[2]. Le pouvoir impérial n'entama que faiblement cette liberté. Depuis le règne de Théodose Ier, il nomma directement le patriarche de Constantinople, mais il n'intervenait pas en principe dans les élections des évêques en Occident[3]. En cas d'élection contestée, il intervenait seulement pour trancher la difficulté, statuant directement ou déférant à un synode la connaissance du litige. Lorsque des conciles importants se réunissaient, c'était toujours avec l'autorisation impériale, souvent sur une convocation impériale, et l'empereur, lorsqu'il ne présidait pas lui-même, y envoyait ses commissaires avec des instructions expresses.

II

L'Église reçut des empereurs chrétiens de nombreux et importants privilèges. Les uns concernaient les clercs individuellement considérés : c'est ainsi qu'ils furent exemptés des charges personnelles, *personalia et sordida munera*, qui pesaient d'un poids si lourd sur les sujets de l'empire[4]; mais leurs biens restèrent soumis à l'impôt[5]. Les autres privilèges con-

---

1. Voyez les textes rassemblés au Décret de Gratien (1re partie) D. LXIII, spécialement les c. xi et xix.

2. Au Décret de Gratien, c. i, D. LXIV; c. ix, D. LXIII; c. i, D. LXII.

3. Dans ce sens, Loening, *op. cit.*, t. Ier, p. 122 et suiv. Voyez aussi la tradition sur l'élection de saint Ambroise et le refus de Valentinien Ier de désigner alors l'évêque, c. iii, D. LXIII. — Cependant on peut remarquer qu'après la chute de l'empire d'Occident, dans les divers royaumes fondés par les barbares, le roi se réserve le droit de confirmer les élections d'évêques. Nous le constaterons bientôt pour la monarchie franque; la même chose est constatée chez les Lombards (c. ix, D. LXIII) et chez les Wisigoths d'Espagne (c. xxv, D. LXIII). Cela pourrait faire supposer une pratique analogue dans l'empire romain.

4. L. 2, 8, 10, 36, C. Th., XVI, 2.

5. Eusèbe, *Historia Ecclesias.*, X, 7, p. 432 ; L. 3, C. J., I, 3. Ils furent seulement exemptés des taxes perçues sur les négociants, quand ils faisaient le commerce; L. 8, 5, 10, C. Th., XVI, 2; mais voyez aussi les lois 11 et 16, C. Th., XIII, 1, qui restreignent, puis suppriment cette exemption.

cernent l'Église considérée comme corps et les établissements
ecclésiastiques; les deux principaux sont un patrimoine et
une juridiction.

Constantin accorda aux églises, ainsi investies de la personnalité civile, le droit d'acquérir des biens. Les temples
païens avaient joui de ce privilège, mais d'une manière restreinte : les églises furent déclarées capables d'acquérir toutes
sortes de biens, par disposition testamentaire aussi bien que
par acte entre vifs[1], et cela sans limitation et sans contrôle
de la part de l'État[2]. C'était pour elles une conquête des plus
précieuses, car, jusque-là, elles n'avaient pu acquérir des biens
en propre et n'avaient possédé que sous le couvert des clercs
ou des fidèles. Constantin fit plus encore : il constitua un premier fonds à l'église de chaque *civitas*, en lui attribuant, à titre
de dotation, une partie des biens ou des revenus de la cité elle-
même[3]; plus tard, ce fonds fut grossi par les biens des temples
païens abolis. Mais quelle que soit la portée de ce privilège,
il était moins exorbitant que le pouvoir de juridiction, quoique
très limité, qui fut accordé à l'Église. Il y avait là un véritable
abandon d'un des attributs essentiels de la puissance publique ;
mais cela résulta naturellement des conditions dans lesquelles
se fit la reconnaissance de l'Église.

Aucune société ne peut exister sans une organisation de la
justice plus ou moins complète. Les communautés chrétiennes
qui voulaient vivre, isolées et indépendantes dans le monde
païen, en écartant toute intervention de l'État, avaient dû nécessairement organiser une juridiction propre, pour réprimer
les délits qui se commettraient dans leur sein et trancher les
litiges civils qui s'élèveraient entre des frères : c'était le seul
moyen d'écarter l'action des juges de l'empire. Elles arrivèrent
à ce but de deux façons.

1° Elles établirent une répression disciplinaire énergique
sur leurs membres. Le chrétien qui commettait un délit était
dénoncé à la communauté, qui, s'il était convaincu et ne
s'amendait pas, pouvait l'expulser. Dès les premiers temps,
dans les Épîtres de saint Paul, dans les Évangiles et dans la

---

1. L. 4, C. Th., XVI, 2.
2. Mais l'impôt continuait à peser sur les biens de l'Église; l. 11, C. J., I, 2.
3. Esmein, *Mélanges*, p. 398 et suiv.

lettre de Pline sur les chrétiens, plus tard dans l'*Apologétique*
de Tertullien, on trouve la manifestation très nette de cette
répression[1]. Dans le cours du IIIᵉ siècle, le pouvoir de répression passa de l'assemblée des fidèles à l'évêque, et ses conditions d'exercice se précisèrent : pour y donner lieu, il fallait
un péché grave et public[2]. Nous voyons ainsi dans des textes
anciens l'évêque administrant cette juridiction disciplinaire,
infligeant des pénalités dont la principale était l'excommunication[3].

2₀ Lorsqu'il s'agissait d'un litige entre deux chrétiens, la
tendance, dès les premiers temps, fut de substituer au jugement par le tribunal païen un arbitrage entre frères. C'est là
ce que recommandait déjà saint Paul[4]. Ces arbitrages furent
portés d'abord devant la communauté réunie, puis devant
l'évêque[5], qui, ici encore, succéda au pouvoir de l'assemblée.
Ici même, l'intervention de l'évêque pouvait prendre une forme
juridique, d'après les règles du droit romain qui reconnaissait l'arbitrage. Mais il fallait pour cela l'accord des deux
parties. Il fallait, en outre, pour que le compromis[6] fût reconnu
par le droit romain, qu'il se présentât revêtu de certaines
formes, dont la plus usuelle était l'emploi de la stipulation.
Enfin, la sentence de l'arbitre n'était pas exécutoire par l'autorité publique; celle des deux parties qui refusait de l'exécuter
pouvait seulement être condamnée à une peine pécuniaire,
stipulée dans le compromis, ou à des dommages-intérêts[7].

Après la reconnaissance officielle de l'Église, sous les empereurs chrétiens, la juridiction disciplinaire de l'évêque continua à s'exercer comme précédemment, mais en quelque sorte
avec un caractère nouveau. Elle gardait bien son caractère
ecclésiastique, mais elle n'était plus ignorée de l'autorité pu-

---

1. *I Corinth.*, c. v, v. 1-7; *Math.*, XVIII, v. 15-17; Pline, *Epist.*, X, 97;
Tertullien, *Apolog.*, c. II.

2. Tertullien, *de Pœnit.*, c. XIX ; c. XXII, C. XI, qu. 3 (Origène).

3. Voyez les *Constitutiones apostolicæ* (édit. Pitra, *Juris ecclesiastici Græ-
corum Historia et Monumenta*, t. Iᵉʳ), l. II, c. VII, IX, XVI, XLII.

4. *I Corinth.*, VI, v. 1-8.

5. *Constitutiones apostolicæ*, l. II, c. XLII.

6. On appelle ainsi le contrat par lequel deux personnes s'engagent à porter
un litige devant un arbitre au lieu d'en saisir le juge.

7. L. 11, § 2, 4; 13, § 2; 32, D. IV, 8.

blique : elle s'exerçait avec l'autorisation et l'approbation formelle du pouvoir impérial[1]. D'ailleurs, elle ne constituait pas
un empiètement sur la justice publique ; elle s'exerçait parallèlement à celle-ci, chacune restant indépendante dans sa sphère
propre. Cette juridiction complétait aussi son organisation :
l'appel contre les sentences de l'évêque était ouvert devant
le synode provincial, et un droit d'appel s'élaborait au profit
de la papauté. Que devenait, en même temps, la juridiction arbitrale de l'évêque? Elle fut consolidée, transformée par Constantin. Nous sommes renseignés à cet égard surtout par les
Constitutions dites de Sirmond : c'est une suite de constitutions
de Constantin et de ses successeurs, qui nous sont parvenues
avec l'indication qu'elles faisaient partie du livre XVI du Code
Théodosien, bien que nous ne les trouvions point dans le corps
de ce Code. Elles ont été publiées par le père Sirmond en 1631,
comme appendice au Code Théodosien[2], et leur authenticité a
été vivement discutée[3], bien que l'Église les ait invoquées au
moins depuis le ixe siècle ; aujourd'hui, la critique tend à les
reconnaître comme authentiques. L'une de ces constitutions,
attribuée à Constantin, vise l'arbitrage des évêques, et
donne aux parties le droit d'y recourir en tout état de cause,
alors même qu'elles auraient déjà saisi le juge, pourvu que ce
dernier n'ait pas encore rendu son jugement[4]. On a soutenu que
par ce texte l'empereur faisait des évêques des arbitres privilégiés, en dispensant alors le compromis de toute forme particulière ; mais cela ne paraît pas vraisemblable[5]. Ils devinrent
tout au moins plus tard des arbitres privilégiés en ce sens qu'une
constitution des empereurs Arcadius, Honorius et Théodose,
de l'an 408, rendit leurs sentences arbitrales exécutoires
comme les jugements proprement dits[6]. Il est possible que Cons-

---

1. Loening, *op. cit.*, p. 281.

2. Hænel les a rééditées à la suite du Code Théodosien, p. 415 et suiv.

3. Voyez surtout Jacques Godefroy, dans son Commentaire du Code Théodosien (édit. Ritter) t. VI, p. 339 et suiv.

4. C. xvii : « Et si quis ad legem christianam negotium transferre voluerit
et illud judicium observare, audiatur, etiam si negotium apud judicem sit
inchoatum, et pro sanctis habeatur quidquid ab his fuerit judicatum ».

5. Cela ne ressort pas des termes ; et, plus tard, la Novelle de Valentinien III, *de Episcopali audientia*, exige encore un compromis en forme.

6. L. 8, C. J., I, 4.

tantin ait fait plus encore, et qu'en matière civile il ait donné aux
évêques une juridiction proprement dite, en concurrence avec
les juges séculiers, de telle sorte qu'il eût suffit, pour les saisir,
de la volonté d'une seule des parties, et que cette option aurait pu se produire, alors même que la cause aurait été portée
devant le juge séculier et jusqu'au jugement. C'est ce que dit
formellement la première constitution de Sirmond[1], la célèbre
constitution de Constantin au *dux* Ablavius, dont l'Église invoquera l'autorité pendant tout le moyen âge. Mais, si cette
loi est authentique, elle ne resta pas longtemps en vigueur,
car nous avons une constitution des empereurs Arcadius et
Honorius, de l'année 398, qui exige forcément, pour saisir
l'évêque, le consentement des deux parties[2]. Les évêques restèrent donc simplement des arbitres privilégiés. Mais, en cette
qualité, leur juridiction fut recherchée et prit une grande extension : il suffit de faire remarquer l'importance du titre qui
lui est consacré au Code de Justinien[3].

Cette juridiction, d'ailleurs, fut restreinte aux matières
civiles. Dans l'empire, l'Église n'acquit point, à l'exclusion
des tribunaux de l'État, la juridiction criminelle même sur
les membres du clergé. Ceux-ci ne relevaient des évêques
qu'au point de vue de la juridiction disciplinaire et quant à
leurs manquements aux devoirs ecclésiastiques; pour les
crimes et délits de droit commun, ils restaient justiciables des
tribunaux ordinaires. Une seule exception peut être admise.
D'après une loi de Constantin, les évêques ne pouvaient être
mis en accusation que devant un synode[4]; mais l'empereur,
parfois, se saisissait directement de semblables accusations[5].
Il faut ajouter, cependant, que certains auteurs, invoquant
une constitution des empereurs Honorius et Théodose, de

1. Hænel, p. 445.
2. L. 7, C. J., 1, 4 : « Si qui *ex consensu* apud sacræ legis antistitem litigare
voluerint, non vetabuntur, sed experientur illius (in civili dumtaxat negotio)
arbitri more residentis judicium ».
3. I, 4, *de Episcopali audientia*.
4. L. 12, C. Th., XVI, 2. — Bien que ce texte soit général dans ses termes,
il n'est point absolument certain qu'il ait toute la portée qu'on lui attribue
ordinaire; en effet, la Novelle de Valentinien III, *de Episcopali audientia*,
suppose encore les évêques comparaissant en matière criminelle devant les
tribunaux; voyez *Nouvelle Revue historique de Droit*, 1889, p. 310.
5. Sulpice Sévère, *Historia sacra*, l. II, c. XLIX et suiv.

l'année 412, enseignent qu'à partir de cette époque les évêques auraient seuls connu des délits imputés aux clercs [1]. Mais cette loi doit être entendue comme visant seulement leurs délits ecclésiastiques, et une Novelle de Valentinien III exclut toute idée d'une semblable juridiction.

Le clergé intervenait, il est vrai, indirectement dans l'administration de la justice criminelle par l'exercice du droit d'asile. Les statues des empereurs divinisés avaient constitué des lieux d'asile dans l'État païen; la même faveur fut reconnue aux temples chrétiens, leurs dépendances y comprises [2]. Aucune autorité privée ou publique ne pouvait, en principe, en arracher ceux qui s'y étaient réfugiés. Les lois impériales n'exceptèrent de cette protection que ceux que tenait enserrés un service public : les curiales, les débiteurs du fisc, les ouvriers des manufactures impériales [3]. Pour les esclaves, ils devaient aussi être rendus à leur propriétaire, mais après que l'autorité ecclésiastique avait pu obtenir leur grâce du maître [4]. Les criminels de toute espèce pouvaient, en principe, user de cet asile; cela donnait lieu à une intervention de l'autorité ecclésiastique, qui s'efforçait de les amender et en même temps de faire régler leur sort le plus équitablement possible par l'autorité publique [5]. Le clergé, d'ailleurs, patron des malheureux, se faisait un devoir d'intervenir auprès des juges en faveur des criminels pour obtenir leur absolution ou, tout au moins, pour empêcher qu'ils ne fussent condamnés à mort [6]. Ces interventions étaient si fréquentes que des lois furent rendues pour les prohiber [7].

Jusqu'ici, en traitant de l'Église, je n'ai parlé que du clergé proprement dit. Mais, de bonne heure, une classe intermédiaire s'était formée entre lui et les simples fidèles : ce sont les *religieux* ou *moines*. Sans entrer dans les ordres, en restant des laïcs, ils vivaient d'une vie particulièrement sainte, d'a-

---

1. Glasson, *Histoire du Droit et des Institutions de la France*, I, p. 568 et suiv — Mais voyez *Nouvelle Revue historique*, 1889, p. 310 et suiv.
2. C. Th., IX, 45, *de his qui ad ecclesias confugiunt;* C. J., id., I, 12.
3. L. 1, 3, C. Th., IX, 45.
4. L. 6, C. Th., IX, 45.
5. L. 6, § 10, C. J., I, 12.
6. Esmein, *Mélanges*, p. 369 et suiv.
7. L. 4, 16, 22, C. Th., IX, 40.

bord isolés, puis réunis en corps, sous l'autorité d'une règle particulière fixant leur discipline et leurs devoirs. Les premières règles monastiques apparaissent au IVe siècle ; dès 360, il se fonde en Gaule des monastères. Ces ordres religieux et leurs monastères furent également reconnus par les lois des empereurs chrétiens. Toute liberté fut laissée pour la fondation des monastères, et ceux-ci constituèrent des personnes morales capables d'acquérir des biens par acte entre-vifs. Mais on ne voit point qu'aucune loi (et une loi aurait été nécessaire) leur ait conféré le droit d'acquérir par libéralité testamentaire [1]. Ils succédaient seulement, *ab intestat,* à ceux de leurs membres, hommes ou femmes, qui mouraient sans laisser d'héritiers [2]. En principe, les ordres monastiques se recrutaient librement ; leur entrée, comme celle du clergé, était seulement interdite à certaines catégories de personnes pour un motif d'intérêt public [3].

§ 2. — L'ÉGLISE DANS LA MONARCHIE FRANQUE [4]

L'Église conserva et agrandit dans la monarchie franque la situation et les privilèges qu'elle avait obtenus dans l'empire. Il est facile de saisir les causes principales de ce phénomène. Ce fut, d'abord, une influence d'ordre religieux : l'ascendant de la foi chrétienne, et, par là même, l'autorité de l'Église furent plus grands sur les barbares, naïfs et rudes, qu'ils ne l'avaient été chez les Romains civilisés et sceptiques. Mais ce furent surtout des raisons d'ordre politique. Il y eut, sous Clovis, une alliance véritable entre le roi franc et le clergé catholique. Ce fut ce dernier qui fraya à Clovis le chemin du centre et du sud de la Gaule occupé par les Romains. Il seconda ses entreprises contre les Burgondes et les Wisigoths qui s'étaient convertis au christianisme, mais étaient des

---

1. L. 13, C. J., I, 2, où l'on suppose une religieuse, ou autre femme spécialement attachée à l'Église, laissant ses biens à un moine, mais non à un monastère.

2. L. 20, C. J., I, 3.

3. Ainsi les curiales, L. 63, C. Th., XII, 1.

4. Consulter le second volume de l'ouvrage de M. Loening, qui ne dépasse pas, il est vrai, la période mérovingienne, et Waitz, *op. cit.,* III, 416 et suiv.

hérétiques ariens : les victoires du roi franc sur ces deux peuples apparurent comme des triomphes du catholicisme sur l'hérésie. Enfin, après la chute de l'empire d'Occident, parmi les ruines des institutions romaines, l'Église était le seul organisme qui fût resté intact; par là même elle représentait une force considérable. Dans chaque cité, l'évêque était le premier personnage et le représentant naturel de la population gallo-romaine, comme le clergé figurait la première classe de la cité. C'était l'Église qui conservait, à peu près seule, la tradition, la science et la civilisation romaines. Pour gouverner les Gallo-Romains, son concours était indispensable au roi barbare : aussi il l'associa au gouvernement et lui délégua, comme nous le verrons, certains attributs de la puissance publique. Mais, en revanche, le monarque franc prit sur l'Église des Gaules un pouvoir de direction et de contrôle plus énergique et plus complet que celui qu'avait exercé l'empereur romain. Il devint son véritable chef, choisissant ses principaux dignitaires et légiférant pour elle. Cependant, l'Église universelle avait un chef spirituel, le pape; mais il n'eut, pendant longtemps, qu'une action restreinte sur l'Église des Gaules, et ne gêna point la dynastie mérovingienne. Sous les Carolingiens, son intervention devint, au contraire, fréquente et efficace; mais, sous les premiers Carolingiens, elle ne contraria en rien l'action du pouvoir royal, car la papauté était alors la cliente et la protégée de la monarchie franque. Après la chute de l'empire d'Occident, la papauté, par tradition, était restée sous la protection et, dans une certaine mesure, dans la dépendance des empereurs d'Orient; mais cette protection devenait, en fait, de moins en moins efficace. Ayant besoin d'un secours plus actif, spécialement contre les rois lombards, la papauté se tourna vers la grande puissance qui s'était élevée en Occident, vers la monarchie franque, avec laquelle déjà elle avait entretenu quelques relations sous les Mérovingiens. Des relations suivies entre les papes et les rois francs commencèrent sous Charles-Martel, après la bataille de Poitiers, et se continuèrent sous Pépin et Charlemagne : sous le règne de ce dernier, a été rédigé, en 791, un recueil officiel des lettres des papes aux rois francs, résultat de ce commerce; c'est ce qu'on appelle le

Codex Carolinus [1]. Cela amena, sous les règnes de Pépin et
de Charlemagne, une intervention armée des Francs en Italie
pour secourir la papauté, et cette intervention se termina par
la ruine du royaume lombard et par la donation de certains
territoires par les monarques francs à l'Église de Rome. En
revanche, la papauté consacra la dynastie carolingienne : le
pape Zacharie approuva la déchéance du dernier roi mérovingien, et le pape Léon III ressuscita au profit de Charlemagne
l'empire d'Occident. Dès lors se précisa en Occident une conception nouvelle des rapports entre l'Église et l'État : la chrétienté est conçue comme ayant deux chefs, l'empereur et le
pape ; chacun d'eux a son domaine distinct, mais l'empereur
est cependant supérieur au pape [2]. Cela rendait parfaitement
logique un des traits qui depuis longtemps caractérisait l'organisation politique de la monarchie franque, à savoir que les
dignitaires de l'Église étaient en même temps les fonctionnaires de l'État : on l'a vu plus haut, dans le comté, le comte
et l'évêque étaient, en réalité, deux agents égaux, devant se
prêter un mutuel appui et se surveiller l'un l'autre ; les *missi*
allaient d'ordinaire deux par deux, un comte et un évêque, et
enfin, dans les *placita*, les évêques et les abbés siégeaient à
côté des comtes. Mais c'était là un équilibre instable entre les
deux puissances : cette harmonie ne survivra pas à Charlemagne, et déjà, sous Louis le Débonnaire, plus nettement sous
ses successeurs, l'Église s'efforcera de conquérir l'indépendance, puis la suprématie. Pour l'instant, voyons ce que
devinrent, dans la monarchie franque, son organisation et ses
privilèges.

I

L'unité constitutive de l'Église était toujours l'évêché ; seulement, le clergé perdait peu à peu son caractère strictement
urbain ; les paroisses ....ales s'étaient développées et multi-
pliées. Les principes antérieurs, quant à la nomination de
l'évêque, restaient en vigueur : la règle était qu'il était élu par
le clergé et le peuple de la cité. Mais, en même temps, la règle

---

1. Il a été édité par M. Jaffé.
2. Sur tout ce développement, voyez Waitz, *op. cit.*, III, p. 59 et suiv. ;
162 et suiv.

s'établissait que cette élection n'était valable et ne produisait effet que si elle recevait l'approbation (*assensus*) du roi, et même le roi se réservait le droit de nommer directement l'evêque. Cela est dit expressément dans le décret de Clotaire II, de l'an 614[1], et les formules reproduisent les actes par lesquels s'exerçait l'une et l'autre prérogative[2]. Dans ces conditions, le droit d'élection dégénérait le plus souvent en un simple droit de pétition et de présentation : le clergé et le peuple de la cité demandaient au roi de leur donner pour évêque tel personnage, sur lequel se portaient leurs vœux[3]. Ce régime était plus ancien que l'édit de 614 ; car il apparaît nettement, et à mainte reprise, dans les œuvres de Grégoire de Tours[4] ; il paraît s'être établi dès les premiers temps de la monarchie franque, et il existe également dans les autres royaumes fondés en Gaule par les barbares[5] ; l'Église, sauf quelques protestations[6], s'y soumit sans résistance, et il persiste sous les premiers Carolingiens. Louis le Débonnaire paraît, en 818-819[7], avoir rétabli la liberté des élections épiscopales ; mais tout ce que ce texte peut contenir, c'est une renonciation à la nomination directe par le roi. Pour procéder à l'élection d'un évêque, il fallait, au ixe siècle, que le peuple et le clergé obtinssent du roi la permission d'y procéder ; pour être valable, l'élection devait ensuite être approuvée par le roi, et c'était encore celui-ci qui mettait l'évêque en possession du temporel de son évêché, en exigeant de lui un serment de fidélité[8].

---

1. C.1 (I, p. 21) : « Ita ut episcopo decedente in loco ipsius qui a metropolitano ordinari debeat cum provincialibus a populo et clero eligatur ; si persona condigna fuerit per ordinationem principis ordinetur : certe si de palatio eligitur per meritum personæ et doctrinæ ordinetur. »

2. Marculfe, I, 6 (nomination directe par le roi) ; I, 7 (confirmation de l'élection) ; cf. de Rozière, form. 512 et suiv.

3. Ex. de Rozière, form. 513, 515 *bis*.

4. Greg. Tur., *Historia Francorum*, III, 2, 17 ; IV, 3, 6, 7 ; V, 5, 45, 46 ; VI, 9, 15, 36, 38, 39 ; VII, 1, 17, 31 ; VIII, 2, 7, 22, 23, 39 ; IX, 18, 23, 24 ; X, 26 ; — *Vitæ Patrum*, VIII, 3 ; IV, 1 ; VI, 2 ; XVII, 1.

5. Voyez, pour le royaume des Wisigoths, Greg. Tur., *Historia Francorum*, II, 23 ; *Vitæ Patrum*, IV, 1 ; pour le royaume des Burgondes, *Vitæ Patrum*, VIII, 1.

6. Toisième concile de Paris de l'année 556, c. viii (Bruns, II, p. 221 ; c. v, p. LXIII).

7. *Capitul. ecclesiast.*, 818-819, c. ii, I, p. 276.

8. Cela est dit expressément dans un écrit adressé en 881 au roi Louis III par Hincmar de Reims ; *Hincmari Opera* (édit. Sirmond), II, p. 189.

L'évêque recrutait son clergé, et en nommait les dignitaires.
Mais, sous les Mérovingiens, il fallait, pour entrer dans le clergé,
une autorisation du pouvoir royal, constatant que le candidat
ne devait point le *census* personnel à la royauté[1]. Cette exigence, maintenue par la législation de Charlemagne[2], tomba
en désuétude au cours du ix° siècle. Beaucoup de grands propriétaires avaient fondé sur leurs domaines et à leurs frais
des églises et des chapelles; ils réclamèrent bientôt pour eux
et pour leurs successeurs le droit de désigner les ecclésiastiques qui devraient desservir ces établissements : ce devait
être l'origine du droit de patronage ecclésiastique[3].

L'Église avait toujours ses assemblées délibérantes. Les
plus importantes étaient les conciles ou synodes nationaux,
comprenant tous les évêques d'un royaume, et qui se tenaient
avec l'autorisation et souvent sur l'ordre du roi. Souvent les
rois promulguaient dans leurs capitulaires ecclésiastiques les
décisions de ces conciles et leur donnaient ainsi la force de
lois du royaume; ils légiféraient aussi dans ces capitulaires,
de leur autorité propre, sur la discipline ecclésiastique.

Les ordres monastiques avaient pris un grand développement. L'unité juridique était toujours le monastère, et de très
nombreux monastères avaient été fondés par les rois, surtout
par ceux de la première race, et par de riches particuliers. Il
semble que la fondation d'un couvent, lorsqu'elle n'émanait pas
du roi, devait être confirmée par l'autorité royale[4]. A la tête de
chaque monastère était placé un abbé, personnage très important : d'après les règles du droit canon il était élu par les moines,
sauf confirmation de l'évêque ; et, dans la monarchie franque,
la confirmation du roi était également nécessaire : souvent,
surtout sous les premiers Carolingiens, le roi désignait directement l'abbé. D'ailleurs, le fondateur réservait souvent pour
lui et pour ses successeurs ce droit de désignation : là aussi
s'exerça le droit de patronage.

1. Marculfe, I, 19; premier concile d'Orléans de 511, c. iv (Bruns, II, p. 161).
2. *Cap. miss.*, 803, c. xv (I, p. 125). — Cf. Anségise, *Capitul.*, I, 114 et 125.
3. Loening, *op. cit.*, p. 357 et suiv.; Thomassin, *Vetus et nova Ecclesiæ disciplina circa beneficia*, part. II, l. I, c. xxix et suiv.
4. Voyez du moins les formules de confirmation royale : de Rozière, form.
508 et suiv.

II

L'Église conserva et accrut ses deux principaux privilèges : son patrimoine et sa juridiction.

Dans la monarchie franque, tous les établissements ecclésiastiques avaient le droit d'acquérir des biens de toute nature et par tous les modes d'acquisition, sans limite ni contrôle. Les couvents, comme les églises, avaient conquis le droit de recevoir des libéralités testamentaires. L'Église usa largement de ce droit. Par son influence sur la royauté, par son ascendant sur l'esprit des fidèles, elle obtint des rois et des particuliers d'abondantes donations, consistant surtout en immeubles : elle tendit à devenir le plus grand propriétaire foncier, et la constitution de cet immense patrimoine devait avoir de profondes et durables conséquences. En outre, sous les Carolingiens, elle reçut de la loi le droit de percevoir à son profit un véritable impôt sur toutes les propriétés, c'est-à-dire la *dîme*, le dixième des produits de la terre et parfois du croît de certains animaux. De bonne heure s'était introduite l'habitude pour les fidèles de faire au clergé des offrandes volontaires. L'Église déclara, dans la suite, ces prestations obligatoires sous la forme de la *dîme* : elle invoqua pour cela les textes de l'Ancien Testament qui en prescrivaient le paiement au profit des lévites. Mais, jusqu'au viii° siècle, ce ne fut là qu'une prescription religieuse, édictée par l'Église, et simplement sanctionnée par elle au moyen de pénalités religieuses et disciplinaires[1]. Les capitulaires de Pépin et de Charlemagne en firent une charge publique, reconnue par la loi, dont l'accomplissement au besoin était imposé par l'autorité et par la force publiques[2]. Cette concession résultait naturellement des rapports qui existaient entre l'Église et l'État; le clergé remplissait un service public, sous l'autorité du pouvoir royal.

Cet immense patrimoine de l'Église, les rois francs considéraient cependant qu'ils avaient sur lui un pouvoir supérieur

---

1. Sur le développement de la dîme, voyez Thomassin, *Vetus et nova Ecclesiæ disciplina*, part. III, l. I, c. iv, vi.

2. Le premier acte du pouvoir royal sanctionnant la dîme paraît avoir été une lettre de Pépin le Bref à Lullus archevêque de Mayence (Boretius, I, p. 42). Voyez aussi les capitulaires de 779, c. vii (I, p. 48) et de 794, c. xxv (I, p. 76).

de disposition, dont ils pouvaient user en cas de besoin pressant. Sous le règne même de Clovis, ce pouvoir paraît avoir été invoqué et exercé[1]. On a vu plus haut comment il fut exercé sous Charles-Martel et Pepin le Bref[2]. Au IXe siècle, on en trouve aussi des applications nombreuses sous Louis le Débonnaire et sous ses fils : dans les dissensions et les guerres civiles de cette époque, des terres furent enlevées par les princes aux églises et aux couvents et attribuées par eux à des laïes à titre de bénéfice et de précaire; des monastères même furent donnés à des laïcs. L'Église, comme précédemment, chercha à rentrer dans ses biens, et l'on peut relever toute cette négociation dans les actes du règne de Charles le Chauve[3]; mais elle ne niait point, en principe, son obligation de contribuer aux charges de l'État[4]. Cependant, les propriétés de l'Église avaient conquis l'immunité de l'impôt. Cela n'avait point été accordé d'abord sous les Mérovingiens[5], mais cela était résulté de deux causes dans la suite du temps. L'impôt proprement dit avait cessé de jouer un rôle véritablement important sous les Carolingiens[6]; et surtout les églises et couvents avaient obtenu, presque sans exception, des chartes d'immunité : or celles-ci, on le sait, conféraient au propriétaire immuniste l'impôt dû antérieurement au pouvoir royal[7]. Quant aux clercs, individuellement considérés, ils étaient exempts de toutes les charges et services personnels, qui étaient si lourds dans cette organisation politique; spécialement, ils étaient exemptés du service militaire[8]. On voit, cependant, sous les

1. Troisième concile de Paris de 557, c. 1 (Bruns, II, p. 220) : « Accidit etiam ut temporibus discordiæ sub permissione bonæ memoriæ domni Clodovici regis res ecclesiarum aliqui competissent, ipsasque res improvisa morte collapsi propriis hæredibus reliquissent ».

2. Ci-dessus, 136.

3. *Synodus ad Teodonis villam*, a. 844, c. III-V (Baluze, *Capitularia*, t. II, p. 7 et suiv.); — *Concilium in Verno palatio*, a. 844, c. IX, XII (Baluze, II, p. 13 et suiv.); — Synode de Beauvais, a. 845 (Baluze, II, 19).

4. *Synodus ad Teodonis villam*, c. III.

5. Greg. Tur., *Historia Francorum*, III, 25; V, 26, 28; VII, 42.

6. Ci-dessus, p. 85.

7. Ci-dessus, p. 143.

8. Dans Grégoire de Tours, ce sont seulement les *juniores Ecclesiæ*, c'est-à-dire les hommes ou serviteurs laïcs des églises, ou peut-être les clercs des degrés inférieurs, pour lesquels l'immunité est contestée par le pouvoir royal; — *Historia Francorum*, V, 26; VII, 42.

Carolingiens, les évêques et les abbés constamment requis de se rendre à l'armée et s'y rendant effectivement : mais ils figurent alors en qualité de grands propriétaires immunistes, tenus de conduire leurs hommes à l'ost du roi.

II

On a vu que, somme toute, le droit de juridiction conquis par l'Église dans l'empire romain comprenait seulement deux choses : le libre exercice de la juridiction disciplinaire et la fonction arbitrale des évêques. Mais, dans la monarchie franque, ces droits se renforcent et s'étendent : l'Église acquiert une véritable juridiction, qui, dans une certaine mesure, exclut l'action des tribunaux séculiers et qui, dans d'autres cas, concourt avec elle. Cela se fit, en partie, par la coutume, mais surtout par des concessions expresses du pouvoir royal, qui devaient paraître naturelles dans un système politique où les dignitaires de l'Église étaient en même temps des fonctionnaires de l'État [1].

La prétention que produisit l'Église, ce fut de réserver aux tribunaux ecclésiastiques le jugement de toutes les poursuites civiles ou criminelles dirigées contre des membres du clergé : c'est le droit que, plus tard, les canonistes appelleront le *privilegium fori*. Déjà, dans l'empire romain, des conciles avaient fait défense aux clercs de citer d'autres clercs devant les tribunaux séculiers, soit au civil, soit au criminel, et leur avaient enjoint de saisir toujours de leurs litiges la juridiction ecclésiastique [2]. Mais, après la chute de l'empire d'Occident, les conciles qui se tinrent en Gaule au VI° siècle émirent des prétentions plus hardies. S'adressant non plus seulement aux clercs, mais aux laïcs et aux juges publics, ils défendirent sous peine d'excommunication, aux premiers, de citer un clerc devant la justice séculière sans l'assentiment préalable de l'évêque, aux seconds, d'exercer contre les clercs aucun acte de contrainte ou de répression. Cette législation des conciles

---

1. Sur ce sujet, consulter: Dove, *de Jurisdictionis ecclesiasticæ apud Germanos Gallosque progressu;* — Sohm, *Die geistliche Gerichtsbarkeit im fränkischen Reiche*, dans *Zeitschrift für Kirchenrecht*, t. IX, p. 193 et suiv.; — Nissl, *Der Gerichtstand des Klerus im fränkischen Reiche.*

2. Troisième concile de Carthage, a. 386, c. XLIII, C. XI, qu. 1; douzième concile de Carthage, a. 407, c. XI, C. XI, qu. 1,

suivit d'ailleurs une marche ascendante[1], et elle atteignit son point culminant au cinquième concile de Paris en l'année 614[2]. Cette fois l'Église allait recevoir satisfaction du pouvoir royal. En effet, cette même année 614, le roi Clotaire II rendait un édit qui accueillait une grande partie des règles posées par le concile de Paris, et spécialement celle qui concernait les poursuites contre les membres du clergé. Cependant l'édit de Clotaire II ne reproduit pas sans modification le canon du concile de Paris : manifestement, il n'accorde pas tout ce que demandait le concile. Il paraît bien admettre pleinement le *privilegium fori* en matière civile, mais, au criminel, ne l'octroyer qu'aux clercs des ordres supérieurs, les prêtres et les diacres[3]. Cet état de droit semble avoir persisté sous les Carolingiens[4], mais en se modifiant encore au profit de l'Église. Sous Charles le Chauve, Hincmar de Reims donne une formule un peu différente du *privilegium fori* : il paraît le regarder comme absolu au criminel et au civil, sauf pour les causes qui mettent en jeu la propriété des immeubles et des esclaves, et pour lesquels le clerc continuerait à être justiciable des tribu-

---

1. Ainsi d'abord les conciles défendent seulement aux clercs de citer d'autres clercs devant les tribunaux séculiers, mais leur conseillent d'y comparaître lorsqu'ils sont cités par des laïcs, concile d'Agde de 506, c. xxxii (Bruns, II, p. 152). De même, on ne voit pas toujours très exactement ce que l'Église réclame : d'après certains textes, il semble qu'elle demande seulement un essai préalable de conciliation devant l'évêque et l'intervention d'un représentant de l'autorité ecclésiastique pour assister le clerc devant le tribunal séculier; quatrième concile d'Orléans, a. 511, c. xx (Bruns, II. p. 205).

2. C. iv (Bruns, II, p. 256) : « Ut nullus judicum neque presbyterum neque diaconum vel clerecum aut junioris Ecclesiæ sine conscientia pontefecis per se distringat aut damnare præsumat; quod si fecerit, ab ecclesia cui injuriam inrogare dignoscitur tamdiu sit sequestratus, quamdiu reato suo corregat et emendet ».

3. Voici ce texte, c. iv (I, p. 20) : « Ut nullus judicum de qualibet ordine clericus de civilibus causis, præter criminale negucia, per se distringere aut damnare præsumat, nisi convincitur manifestus, excepto presbytero et diacono qui convicti fuerint de crimine capitali juxta canones distringantur et cum ponteficibus examinantur. » Ce passage difficile a reçu des interprétations très diverses; la plus vraisemblable me paraît être celle que j'ai reproduite au texte, et l'ouvrage le plus clair sur la question est celui de Nissl, plus haut cité, dont j'ai donné l'analyse dans la *Nouvelle Revue historique de Droit*, 1887, p. 401 et suiv.

4. Certains textes de capitulaires semblent faire de l'évêque le seul juge des clercs; mais peut-être visent-ils les délits ecclésiastiques proprement dits. D'autres, pour les procès entre clercs et laïques, établissent des tribunaux mi-partie ecclésiastiques et séculiers; *Cap. Francofurt.*, a. 794, c. xxx (I, p. 77).

naux publics [1]. Mais deux garanties subsistaient au profit du pouvoir royal. La première concerne les poursuites criminelles dirigées contre les évêques (et sans doute aussi celles contre les prêtres et les diacres) : en semblable matière, le jugement est bien rendu par un synode d'évêques ; mais la mise en accusation n'a lieu qu'après une instruction préalable conduite et opérée par le pouvoir royal, et c'est au nom du roi que l'accusation est intentée [2]. En second lieu, le procès concernant un clerc peut toujours être porté devant le roi lui-même, soit directement, soit par voie de *reclamatio ;* mais cela n'est que l'application des principes généraux. La justice du roi représentait dans la monarchie franque, non un degré supérieur de la juridiction séculière, mais la plénitude de la juridiction à l'égard du clergé comme à l'égard des laïcs .

En même temps qu'elle acquérait cette juridiction proprement dite sur les membres du clergé, l'Église continuait à exercer contre les laïcs sa juridiction arbitrale et disciplinaire. La première n'apparaît pas très souvent dans les textes ; mais on en trouve cependant des traces certaines [4]. Quant à la seconde, elle fonctionne plus activement que jamais, dans des conditions nouvelles, et prépare, sur bien des points, la compétence exclusive qu'acquerra la juridiction ecclésiastique dans la société féodale. Au viiie et ixe siècles, elle reçut une application spécialement intéressante dans les *causæ synodales.*

De bonne heure, ce fut, pour les évêques, un devoir et une habitude de visiter périodiquement les diverses églises comprises dans leur circonscription épiscopale ; et, au témoi-

---

1. *Ad Carolum Calvum* (Migne, *Patrol. lat.*, t. CXXV, p. 1017) : « Nec clericus minime autem episcopus publicis judiciis se potest purgare, quia non potest ullius alterius nisi episcoporum et suorum regularium judicum subdi vel teneri judicio. Neque cuiquam licet episcopum vel alicujus ordinis clericum quolibet modo damnare nisi canonico episcoporum judicatum judicio, vel si causa exigit regulari eorum petitione... De sibi autem commissæ ecclesiæ rebus vel mancipiis... advocatum publicis judiciis dare debet. Ex capite autem suo, tam pro crimine quam pro civili causa, aut apud electos judices de quibus et sicut sacræ leges definiunt, aut ipse in synodo coram episcopis debet reddere rationem ».

2. Nissl, *op. cit.*, p. 48 et suiv.

3. Nissl, *op. cit.*, p. 214 et suiv.

4. Greg. Tur., *Vitæ Patrum*, VIII, 3 (édit. Krusch), p. 693. — Regino, *Libri duo de synodalibus causis*, II, c. xcviii.

gnage de Sulpice Sévère, dès le iv° siècle, l'évêché était divisé, à cet effet, en plusieurs districts que l'évêque parcourait successivement. Dans ces *visitationes*, il exerçait son pouvoir de juridiction au moyen d'une assise ou *synodus*, où étaient convoqués les ecclésiastiques et les fidèles. Au ix° siècle, cela devint un moyen très énergique de répression par le fonctionnement d'un véritable jury d'accusation. L'évêque choisissait, parmi les fidèles réunis, un certain nombre d'hommes de confiance et, par un serment particulier, les obligeait à lui dénoncer toutes les personnes coupables, à leur connaissance, de péchés publics. La personne dénoncée était tenue de se disculper par les moyens de preuve des coutumes germaniques, adoptées ici par l'Église, c'est-à-dire par le serment et les *cojurantes* ou par une ordalie [1] ; sinon elle était tenue pour convaincue et frappée de la peine disciplinaire portée par les canons. Nous connaissons exactement cette institution par un livre que composa, en l'an 906, ou environ, Régino, abbé de Prum, et qui, justement, est destiné à servir de guide pour les *causæ synodales* [2]. Au commencement du xi° siècle, on trouve encore des détails sur cette institution dans le décret de Burchard de Worms [2]. On ne sait, d'ailleurs, exactement si cette pratique est un produit direct de la discipline ecclésiastique, car, à la même époque, elle est également employée par le pouvoir séculier [3].

La juridiction disciplinaire de l'Église s'exerçait avec l'approbation du pouvoir royal, souvent même sur l'invitation formelle de celle-ci, et dans des conditions qui n'étaient pas toujours les mêmes. Le plus souvent, la répression ecclésiastique devait renforcer et doubler la répression civile ; le délinquant devait être poursuivi successivement par les deux autorités et frappé de deux peines distinctes [4]. Mais, parfois aussi, le pouvoir royal sollicitait et ordonnait l'intervention de la justice ecclésiastique, pour rendre inutile, en

---

1. C. xv, C. II, qu. 5; Regino, II, c. lxxiii, ccciii.
2. *Reginonis abbatis Prumiensis libri duo de synodalibus causis et disciplinis ecclesiasticis*, édit. Wasserschleben, Lipsiæ, 1840.
3. *Pippini Italiæ regis Capit.* (782-786), c. viii (I, p. 192). — *Hludovici II imperat. conventus Ticinensis*, a. 850, c. iii. — Voyez, sur ce point, Esmein, *Histoire de la procédure criminelle en France*, p. 70 et suiv.
4. Voyez, par exemple, l'Édit de Pistes, a. 864, c. ix, xiii, xx.

faisant cesser le désordre, l'intervention de la justice séculière
et pour suppléer, par suite, à celle-ci. Sans doute, la justice
séculière n'était pas dépossédée par là ; elle se réservait
toujours d'intervenir s'il était nécessaire ; mais, cependant,
elle s'effaçait devant la justice ecclésiastique, et il était fatal
que, dans ces cas, cette dernière finît par acquérir une
compétence exclusive. C'est ainsi que se prépara, dans la
monarchie franque, sur un certain nombre de points, la
compétence future des cours de l'Église ; c'est spécialement
ce qui se produisit pour les causes matrimoniales. Les capitulaires ayant adopté certaines règles du droit canonique sur
le mariage, en particulier la défense de mariage entre proches
parents ou alliés, et, dans une certaine mesure, l'indissolubilité
du lien conjugal, ils invitèrent les évêques à surveiller
l'application de ces règles et à obtenir, par leur action propre,
la séparation des conjoints qui s'étaient unis au mépris de
ces principes. Le pouvoir civil n'intervenait que si la
juridiction ecclésiastique s'était montrée impuissante[1]. Ce
n'était pas encore la juridiction exclusive de l'Église sur le
mariage ; celle-ci ne s'établira qu'au cours du xe siècle ; mais
cela en était la préparation.

III

Par la position qu'elle avait prise dans l'empire romain et
dans la monarchie franque, l'Église avait été naturellement
conduite à se faire une législation propre, un système juridique
pour son usage particulier[2]. C'est le droit canonique. Les
règles dont il se composa furent le produit de deux facteurs
principaux. Les unes furent établies par la coutume, et, tout
d'abord, il n'y en eut que de cette provenance. Les autres
furent édictées par les autorités qui représentèrent, dans
l'Église, le pouvoir législatif ; elles sont contenues dans les décrets des conciles, qui, à partir du ive siècle, fonctionnent comme
assemblées délibérantes et légifèrent, et dans les décrétales
des papes, qui, au moins à partir de la fin du ive siècle,
exercent le pouvoir législatif concurremment avec les conci-

---

1. Esmein, *Le mariage en droit canonique*, 1, p. 16 et suiv.
2. Sur ce sujet, consulter Ad. Tardif, *Histoire des sources du droit canonique*.

les, et dont les lettres ou rescrits imitent, dans la forme, les constitutions des empereurs romains. Mais si le droit canonique, considéré quant à son mode d'établissement, se ramène nécessairement, comme tout droit positif, à la coutume ou à la loi écrite, lorsqu'on analyse ses éléments constitutifs, on constate qu'ils sont très nombreux et variés. Les principaux sont les suivants : 1° Les textes de l'Écriture, de l'Ancien et du Nouveau Testament, en tant qu'ils contenaient des principes juridiques applicables aux chrétiens ; — 2° Les écrits des Pères de l'Église, qui fournissaient l'interprétation autorisée de ces textes et contenaient la tradition de l'Église ; les Pères ont été, en quelque sorte, les antiques *prudents* de ce système juridique ; — 3° La coutume de l'Église universelle ; — 4° Les décrets des conciles et les décrétales des papes ; — 5° Des emprunts très importants faits par l'Église au droit séculier des peuples au milieu desquels elle accomplit son développement. Ces emprunts furent particulièrement considérables en ce qui concerne le droit romain, si bien que, sur beaucoup de points, ce droit est la base même du droit canonique. Cela s'explique bien aisément pour la période que nous étudions. Dès le début, alors qu'elle s'isolait de l'empire, l'Église avait emprunté au droit romain pour sa juridiction les formes et les règles qui n'étaient pas en contradiction avec l'esprit chrétien. Plus tard, les empereurs avaient légiféré à son profit. Après la chute de l'empire d'Occident, elle était devenue le principal représentant de la civilisation romaine, et, dans le système de la personnalité des lois, elle vivait *secundum legem Romanam*. Les emprunts que fit le droit canonique aux coutumes germaniques furent moins importantes, quoique notables encore, surtout dans la théorie des preuves. Enfin, dans le système, s'incorporeront définitivement quelques capitulaires des monarques francs, naturellement des capitulaires ecclésiastiques.

Tous ces éléments si divers n'arrivèrent qu'assez tard à une fusion définitive. Ce n'est que par un travail qui commence au cours du xiiᵉ siècle, et qui se fera surtout par l'école, que le droit canonique deviendra un système juridique suffisamment harmonique et complet. Dans l'empire romain, dans la monarchie franque, on est bien loin encore de ce résultat :

à plus forte raison ne faut-il pas s'attendre à trouver dans
cette période un code complet du droit canonique. Mais, de
bonne heure, on composa des recueils partiels, contenant
les règles les plus essentielles ou les textes les plus importants.
Les premiers apparurent en Orient et il y en eut de deux
sortes. Ce furent d'abord des *coutumiers*, c'est-à-dire des ouvrages composés par des particuliers pour exposer la coutume de l'Église, et, dans les quatre premiers siècles, il en
parut un certain nombre, qui prétendaient reproduire la
doctrine des apôtres[1]. Le plus ancien paraît avoir été la Διδαχή Κυρίου διὰ τῶν ἀποστόλων qui a seulement été publiée de
nos jours[2]. A la fin du IIIe siècle ou au commencement
du IVe, fut composé un autre ouvrage en six livres, auquel, dans
le cours du IVe, furent ajoutés d'abord une adaptation de la
Διδαχή comme formant une septième livre, puis un huitième
livre : le tout fut désigné sous le nom de *Constitutions apos-
toliques*[3]. Enfin, au IVe siècle encore, fut composé un recueil
très bref appelé *Canons des Apôtres* (Κανόνες τῶν ἀποστόλων)
divisé d'abord en cinquante, puis en quatre-vingt-cinq articles.
Des ouvrages d'une autre nature furent aussi composés en
Orient ; c'étaient des recueils contenant les plus anciens conciles tenus dans cette portion de l'empire, et dont les canons
étaient donnés en langue grecque. Ces compilations pénétrèrent
ensuite en Occident, mais les coutumiers y acquièrent peu d'autorité. Les Occidentaux se mirent aussi à composer des recueils de conciles, traduisant les textes grecs, et y ajoutant
les décrets des conciles postérieurs tenus en Occident, dans le
latin original ; ils y insérèrent en outre des décrétales des
papes. Trois de ces recueils surtout sont intéressants pour
l'histoire de notre droit.

Le premier est celui qui fut composé en Italie, à la fin du
Ve siècle, par un moine appelé Denis le Petit (*Dionysius Exiguus*)
et plusieurs fois retouché par son auteur. Il comprend trois
éléments : 1° Une traduction latine des cinquante premiers

---

1. Sur ce point, consulter Friedberg, *Lehrbuch des katholischen und evan-
gelischen Kirchenrechts*, 3e édit., § 33, p. 94 et suiv.
2. Par Bryennios en 1883, et souvent réimprimée depuis.
3. Διατάγαι τῶν ἁγίων ἀποστόλων, dans Pitra, *Juris ecclesiastici Graecorum
Historia et Monumenta*, t. Ier.

canons des apôtres ; mais l'auteur avertit qu'ils ne sont pas
acceptés par t~~~ [1] : — 2° Des conciles ; — 3° Des décrétales
des papes [2]. Mais il faut remarquer que Denis ne donne aucune
décrétale des papes des trois premiers siècles. Les plus anciennes qu'il reproduit sont du pape Syrice (385-398), et
les plus récentes du pape Anastase II (496-498). Ce recueil,
augmenté de quelques additions, fut, au vIII° siècle, adressé
officiellement [3] à Charlemagne par le pape Adrien Ier, et il
devint en France l'expression traditionnelle et autorisée du
droit canonique ; on lui donna le nom de *Codex canonum
Ecclesiæ Gallicanæ.*

En Espagne on avait adopté un autre recueil qui se forma
et se compléta du vI° au vIII° siècle, et qui a été faussement
attribué à Isidore de Séville († 636). Cette collection était établie sur le même plan que celle de Denis le Petit, mais contenait un plus grand nombre de documents. On l'appelle la
Collectio Hispana, ou l'*Hispana ;* elle a aussi reçu le nom de
Codex canonum Ecclesiæ Hispanæ. Elle pénétra en France,
probablement à la suite des expéditions que Charlemagne fit
en Espagne.

Au milieu du IX° siècle, apparut une collection nouvelle,
dont l'auteur, dans une préface, déclarait s'appeler *Isidorus
Mercator* [4]. Elle reproduisait, en grande partie, les recueils précédents, suivant principalement l'*Hispana ;* mais elle s'en distinguait par deux traits remarquables. D'abord, elle contenait une riche collection de décrétales du II° et du III° siècle,
depuis le pape Clément († 101) jusqu'au pape Melchiadès († 314)
lesquelles paraissaient pour la première fois. De plus, ces
décrétales tranchaient la plupart des points de discipline
ecclésiastique qui étaient discutés au IX° siècle. Une double

---

1. *Epistola Dionysii Exigui Stephano episcopo :* « In principio itaque canones
qui dicuntur apostolorum de Græco transtulimus, quibus... plurimi consensum
non præbuere facilem ».

2. *Dyonisius Exiguus Juliano presbytero :* « Præteritorum sedis apostolicæ
præsulum constituta, qua valui cura diligentiaque collegi, et in quemdam
redigens ordinem titulis distinxi compositis. » — Originairement, les canons
des apôtres et les conciles d'une part, et les décrétales d'autre part, formaient
deux recueils distincts.

3. Friedberg, *op. cit.,* p. 96.

4. Hinschius, *Decretales pseudo-Isidorianæ,* p. 17. — Friedberg, *op. cit.,* p. 97.

tendance, en particulier, s'y manifestait : d'un côté, protéger les
évêques et les clercs en général contre les accusations intentées
par des laïcs ; d'autre part, augmenter l'autorité directe du
pape sur les évêques, et diminuer, dans la même mesure,
l'autorité de leur métropolitain. En réalité, ces décrétales
étaient des pièces fabriquées, comme les faux capitulaires.
La critique moderne a montré en détail les éléments à l'aide
desquels ces textes avaient été composés et dégagé les
procédés de fabrication [1] : on les appelle *Fausses décrétales*
ou *Décrétales pseudo-isidoriennes*, et le nom d'*Isidorus Mercator*
est un nom de fantaisie, comme celui de *Benedictus Levita*.
Un seul point reste discuté : dans quelle partie de la France,
cet ouvrage a-t-il été composé ? Jusqu'à ces derniers temps,
l'hypothèse généralement admise était que les fausses décrétales avaient vu le jour dans la province ecclésiastique
de Reims, et qu'elles avaient été composées pour servir
d'arme contre Hincmar de Reims, spécialement dans sa lutte
contre Hincmar de Laon. Mais, au fond, cela est peu vraisemblable, car Hincmar de Reims se vante de les avoir connues
un des premiers [2] ; et, en effet, jusqu'à présent, la plus ancienne citation qu'on en ait relevée se trouve dans un de ses
écrits [3]. Des travaux récents en placent la composition dans le
diocèse du Mans, sous l'inspiration de l'évêque Aldric [4]. On peut
remarquer, dans ce sens, qu'elles ont des affinités certaines,
une parenté indéniable, non seulement avec les faux capitulaires et les faux *Capitula Angilramni Metensis episcopi*,
mais aussi avec deux autres apocryphes, composés certainement dans l'entourage de l'évêque du Mans, les *Acta ponti-
ficum Cenomanensium* et les *Gesta Aldrici*. Quoi qu'il en soit,
tous ces textes factices forment un ensemble, se répétant

---

1. Voyez la belle édition critique donnée par M. Hinschius, *Decretales
pseudo-Isidorianae et Capitula Angiramni* : « Ad fidem librorum manuscriptorum
recensuit, fontes indicavit, commentationemque de collectione pseudo-Isidori
praemisit Paulus Hinschius ».

2. *Hincmari Opera*, édit. Sirmond, II, p. 136 et 320.

3. *Capitula synodica*, a. 852, c. xi, édit. Sirmond, I, p. 713 ; le passage cité
est tiré d'une épître de *Stephanus ad Hilarium* (Hinschius, p. 183).

4. Voyez, sur ces travaux, deux articles de M. Paul Fournier : *La question
des fausses décrétales*, dans la *Nouvelle Revue historique de Droit*, année 1887,
p. 70 et suiv. ; et année 1888, p. 103 et suiv.

souvent les uns les autres, et, sans doute, ils sortent tous de
la même officine. Ils trompèrent d'ailleurs les contemporains
sans difficulté et d'emblée. Seul, Hincmar de Reims a signalé
des contradictions et des invraisemblances dans les *Capitula
Angilramni* et même dans les fausses décrétales[1]. Mais, malgré
sa sagacité, il a accepté celles-ci comme authentiques dans leur
ensemble. Dès 857, elles sont citées dans un appendice à un
synode de Kiersy[2]. Pendant tout le moyen âge, la papauté les
invoquera à son profit.

1. *Opera*, édit. Sirmond, II, p. 475-477 ; cf. p. 460-461 ; p. 793.
2. *Collectio de raptoribus*, Walter, III, p. 70 et suiv.

DEUXIÈME PARTIE

LA SOCIÉTÉ FÉODALE

CHAPITRE PREMIER

Les principes du système féodal

La féodalité est une forme d'organisation sociale et politique, qui, au moyen âge, s'est établie non seulement en France, mais dans toute l'Europe occidentale. C'est, d'ailleurs, un type qui s'est reproduit dans d'autres pays et d'autres époques. Il a existé une féodalité musulmane, originale et puissante[1]. Une féodalité très développée a vécu au Japon pendant des siècles ; son abolition, aujourd'hui complète, n'a commencé qu'après 1867[2]. La Chine a anciennement connu le régime féodal. Il semble donc que c'est là un des types généraux d'après lesquels les sociétés humaines tendent à se constituer spontanément dans des milieux déterminés. Mais ici je n'ai à parler que de la féodalité chrétienne et occidentale ; je voudrais en dégager l'esprit et les éléments essentiels.

Ses éléments constitutifs sont au nombre de deux : le groupement féodal et la seigneurie.

I

Le groupement féodal a pour point de départ le fief, qui en est l'unité constitutive et comme la cellule de cet organisme. Le fief réduit à sa plus simple expression est une terre ou un droit immobilier concédé à charge de certains services par un homme, qui prend le nom de seigneur de fief, à un autre homme, qui prend le nom de vassal. Un contrat est ainsi

---

1. Tischendorf, *Das Lehnwesen in den moslemischen Staaten,* 1872.
2. Sur la féodalité japonaise, consulter Elliot Griffls, *The Mikado Empire;* Reed, *The Japan;* et les *Kinse skiriaku* (relation des derniers événements), traduits en anglais par Satow.

intervenu entre ces deux hommes ; mais sa portée dépasse de beaucoup le domaine et les bornes du droit privé, tel que nous le concevons. Ce que le vassal promet au seigneur dans un *hommage* solennel, ce n'est point une somme d'argent ou une redevance ayant une valeur pécuniaire : il lui promet, avant tout, une fidélité absolue ; il lui promet, en outre, certains services, qui rappellent, en les imitant, les obligations normales du citoyen envers l'État ; on les ramène à trois principaux. Le vassal doit venir combattre pour son seigneur, lorsqu'il en est requis ; il doit se soumettre à la justice de son seigneur, ou siéger comme juge sous sa présidence ; il doit, lorsqu'il en est requis, conseiller son seigneur et l'assister de ses avis. Enfin, s'il ne doit, à raison de son fief, aucune redevance pécuniaire périodique et forcée, dans un petit nombre de cas déterminés par la coutume et où le seigneur a un besoin pressant d'argent, il devra l'assister de sa bourse par l'aide féodale. Le seigneur, de son côté, contracte des obligations envers son vassal ; il lui doit fidélité, justice et protection.

Ce singulier contrat d'assurance mutuelle atteste à tous les yeux que, dans la société féodale, la notion de l'État s'est profondément altérée. Ces deux hommes, en s'associant, ont suppléé tant bien que mal à l'inertie ou à l'absence de la puissance publique. Ils ont conclu en petit un véritable *contrat social*, au sens que Rousseau donnait à ce mot, quoique dans des conditions bien différentes de celles qu'il a rêvées. Par la force des choses, le groupement ne sera pas restreint à ces deux hommes.

Celui qui est devenu ainsi seigneur de fief, d'ordinaire n'a pas concédé de fief qu'à un seul homme ; il a fait de ces concessions à plusieurs personnes, et réuni ainsi sous sa puissance un certain nombre de vassaux. Cela est venu tout naturellement de ce que, dans l'âge de la force et de la violence, il faut être riche et puissant pour se faire chef et protecteur. Ces divers vassaux d'un même seigneur, tous unis à lui par les mêmes devoirs, forment le groupe féodal [1], et celui-

---

1. Ils sont égaux entre eux et membres d'une même société ; aussi la langue de la féodalité les appelle-t-elle *pares*, les pairs.

ci est l'âme même de la société féodale. Il forme, en effet, comme un petit État, muni d'un gouvernement propre et capable d'accomplir toutes les fonctions essentielles de l'État. Par le service de guerre des vassaux, le groupe féodal est une armée ; par le service de justice, c'est une cour judiciaire ; par le service de conseil, c'est un conseil de gouvernement. Mais cela suppose aussi que le grand État, dans lequel se sont développés ces petits États, n'assure plus aux hommes la justice, la sécurité et la paix intérieure.

Le groupe féodal ainsi constitué n'est pas encore complet. D'autres personnes y sont encore rattachées, mais pour y jouer un rôle secondaire et subordonné. Ceux-là, ce sont des cultivateurs, des vilains et des serfs. Ce sont des vilains de franche condition, qui ont reçu des concessions de terre, soit du seigneur, chef du groupe, soit de ses vassaux ; mais ces concessions sont d'une tout autre nature que le fief ; elles sont faites moyennant des prestations de valeur pécuniaire, en argent ou en nature ; ce sont aussi des serfs qui sont attachés aux terres du seigneur ou à celles de ses vassaux. Toutes ces personnes ne sont point des membres actifs du groupe féodal tel que je l'ai décrit. Elles n'ont de rapports directs qu'avec celui dont elles sont les tenanciers ou à la terre de qui elles sont attachées, et leur état comporte plus de devoirs que de droits. Mais elles gravitent dans l'orbite du groupe féodal, car elles se rattachent soit au seigneur, soit aux vassaux qui le composent. Ce sont elles qui, par leur travail et leurs redevances, fournissent aux besoins économiques du groupe tout entier[1] ; et la protection contre les violences du dehors, elles la trouvent dans la force militaire et sociale dont dispose ce groupe, celui dont elles relèvent ayant le droit d'en invoquer l'appui.

Tous ces hommes ainsi constitués en groupe organique, seigneurs, vassaux, tenanciers et serfs, quel est le lien qui les unit ?

---

1. Voici ce que dit encore au xvie siècle Guy Coquille, *Institution au droit des Français*, édit. 1632, p. 153 : « Chascun doit service au public ou de sa personne, comme sont les nobles à cause de leurs fiefs, ou de sa bourse comme les roturiers... selon ceste grande ancienneté, quand les tailles n'estoient point, les cens ou autres redevances foncières estoient payées au roi ou à ceux qui tiennent en fief du roi, qui doivent service personnel à leurs fiefs ; qui estoit l'ayde que chascun faisoit de ses biens ».

C'est la terre : les uns l'ont concédée, les autres l'ont reçue à certaines conditions. Mais, par là même, la propriété foncière a pris une forme nouvelle, appropriée aux besoins sociaux. A la propriété libre et absolue, qui ne s'est conservée qu'à titre d'exception, s'est largement substituée la tenure ; presque tous tiennent la terre de quelqu'un en vertu d'une concession conditionnelle et limitée.

Le groupe féodal, je l'ai dit, est organisé pour se suffire à lui-même ; cependant, il n'est pas nécessairement isolé dans la société féodale ; régulièrement, il ne doit pas l'être. Le seigneur, chef du groupe, a pu lui-même entrer, à titre de vassal, dans un autre groupe de même nature, dont le seigneur-chef sera d'ordinaire plus puissant que lui-même. Dès lors, ses propres terres relèvent directement de ce seigneur à titre de fief, et les terres de ses vassaux en relèvent indirectement, en arrière-fief, comme diront les feudistes. Le premier groupe est ainsi rattaché à un second ; le second pourra se rattacher à un troisième, et ainsi de suite jusqu'à ce qu'on arrive à un seigneur qui ne reconnaîtra pas de supérieur, qui ne tiendra ses droits de personne, c'est à dire au roi de France. Le roi, quand ce rattachement sera complet, aura ainsi sous lui, étagés par échelons, tous les fiefs et toutes les tenures féodales du royaume, qui seront censés être une émanation directe ou indirecte de sa puissance. Cette hiérarchie permettra de conserver, au moins fictivement, l'unité nationale dans la France féodale ; et, de là, pour le roi, cette qualité de *souverain fieffeux du royaume*, que lui attribueront les juristes, et dont, en la dénaturant parfois, ils sauront tirer un profit merveilleux au profit de la royauté. Mais, remarquons-le, selon les principes féodaux, chaque vassal n'a de devoirs et d'obligations qu'envers son propre seigneur ; il n'est pas l'homme du suzerain supérieur[1], il ne lui doit rien ; parfois, seulement, son propre

1. Durantis, *Speculum juris* (xiii° siècle) tit. *de Feudis*, n° 28, édit. Francfort. 1592, p. 309 : « Quæritur utrum homo hominis mei sit homo meus. Responde quod non. Ex quo patet quod licet magni barones... duces et alii similes sunt immediate vasalli sive homines ligii regis, in cujus regno sunt... tamen homines baronum non sunt homines ipsius regis. » — Joinville, *Histoire de saint Louis*. c. xxvi, édit. de Wailly, p. 64 : « Li roys manda tous ses barons à Paris, et leur fist faire sairement que foy et loiautei porteroient à ses enfans, se aucune chose avenoit de li en la voie. Il le me demanda ; mais je ne voz faire point

seigneur pourra le requérir, en vertu de son droit personnel, au profit du suzerain supérieur. Dans le cours du temps, il est vrai, ce principe s'affaiblira, et certains rapports s'établiront entre le seigneur supérieur et l'arrière vassal, mais en passant toujours par l'intermédiaire du seigneur moyen.

Cette ordonnance savante n'est pas en France aussi ancienne que la féodalité elle-même ; elle fut, sur certains points, très lente à s'établir. La féodalité, chez nous, s'était formée spontanément, dans une période d'anarchie profonde : il en résulta tout naturellement qu'au début nombre de seigneurs furent absolument indépendants, nombre de groupes féodaux absolument isolés. Ce n'est que peu à peu que la hiérarchie s'établit par un second travail de régularisation et de tassement. Les seigneurs les plus forts amenèrent à leur hommage les seigneurs les plus faibles ; le roi ramena au sien les seigneurs supérieurs. Mais la royauté capétienne eut anciennement bien du mal à obtenir certains hommages, et les obligations féodales de ces grands vassaux, aussi puissants que le roi, restèrent bien souvent lettre morte.

Dans d'autres pays, au contraire, cette hiérarchie complète et régulière est née en même temps que la féodalité : c'est ce qui s'est passé en Angleterre. Mais c'est que, dans ce cas, le système féodal a été importé, tout formé, et implanté par le vainqueur dans la terre conquise.

II

Le second élément constitutif du système féodal, c'est la *seigneurie*.

Le droit de commander aux hommes ne dérive pas seulement des contrats et des concessions de terre qui ont donné naissance aux groupes féodaux. L'autorité publique, jadis incarnée dans le pouvoir royal, n'a pas disparu, pas plus que les droits qui en forment les attributs essentiels, bien que les droits dérivant des associations féodales lui fassent une rude

---

de sairement, car je n'estui pas ses hom. » Joinville était le vassal du comte de Champagne. — Voyez une conséquence de ce principe dans le *Livre de Joslice et de Plet* (XIIIᵉ siecle), l. XII, c. xxvi, § 4, édit. Rapetti, p. 258.

concurrence : mais elle s'est dénaturée et démembrée, elle est
devenue la seigneurie. La seigneurie n'est pas autre chose que
la souveraineté, ou un démembrement de la souveraineté, qui
a passé dans la propriété privée, dans le patrimoine de certains
individus. Cette acquisition, comme on l'a vu, s'est produite,
tantôt par suite des concessions émanant du pouvoir royal lui-
même, tantôt par une simple usurpation, consolidée par une
longue possession et confirmée par la coutume. Tantôt ce démembrement de la souveraineté, s'exerçant sur un certain
territoire, a été rattaché comme une qualité ou un appendice à
certaines propriétés foncières avec lesquels il se possède et se
transmet; tantôt il constitue une propriété distincte et ayant
une existence propre. Mais toujours, dans la féodalité pleinement hiérarchisée, cette propriété revêt la forme féodale : elle
est toujours tenue en fief, soit d'un seigneur, soit du roi. L'autorité publique s'est ainsi pliée au génie et à la hiérarchie du
système féodal.

Toutes les seigneuries se ressemblent quant à leur nature ;
mais elles diffèrent au contraire grandement quant au territoire
qu'elles embrassent et quant aux attributs qu'elles confèrent.
Il en était d'abord une classe supérieure, qui représentait la
pleine souveraineté sur un territoire, autant qu'on peut parler
de souveraineté dans la société féodale. Elles donnaient à celui
qui en était le titulaire le droit d'exercer dans une région, parfois très vaste, tous les droits régaliens qui n'avaient pas été
absorbés par les seigneurs inférieurs. Le plus souvent, elles constituaient des fiefs tenus directement de la couronne, et donnaient à la France féodale l'aspect d'une fédération particulière
dont le roi était le président. Ce sont ces seigneuries que l'on
appelle d'ordinaire les grands fiefs ; ce sont leurs titulaires
que les anciens textes désignent souvent comme les barons du
royaume de France [1]. Ces seigneuries supérieures portent toutes
des titres spéciaux, des titres de dignité [2]. Ce sont d'abord les

---

1. Sur la géographie politique de la France féodale, consulter Freeman,
Histoire générale de l'Europe par la géographie politique, trad. G. Lefebvre,
p. 331 et suiv. ; cartes 21-33, 36.

2. Loyseau, *Des seigneuries*, ch. iv et v. — *Livre de Jostice et de Plet*, I, 15, § 1:
« Duc est la première dignité, et puis comte et puis vicomte, et puis baron, et
puis chastelain, et puis vavassor, et puis citaen et puis vilain ».

duchés et les comtés, et ici l'origine de la seigneurie et du titre
est facile à discerner : ce sont les grandes divisions administratives de la monarchie carolingienne qui leur ont donné
naissance par l'appropriation des fonctions publiques au profit
des ducs et des comtes[1]. Au-dessous (en ordre de dignité) sont
les baronnies[2] : celles-là sont une création nouvelle, un produit
de l'âge où s'est formée la féodalité. Elles ne correspondent
point à une fonction publique de la monarchie carolingienne :
elles ont, sans doute, pour point de départ le séniorat ; elles
ont d'abord été une puissance de fait, puis sont devenues la
forme principale de la pleine seigneurie féodale. La liste des
fiefs titrés, d'ailleurs, ne s'arrête pas là : elles comprend aussi des
seigneuries de moindre importance, les vicomtés et les chas-
tellenies. Ici, nous avons affaire à deux fonctions inféodées, à
deux suppléants devenus titulaires. Le vicomte, dans la monarchie franque, était le suppléant du comte : le châtelain était, à
l'origine un délégué du baron chargé d'administrer pour lui
un ou plusieurs châteaux avec le territoire qui en dépendait.
D'ailleurs, certains vicomtes féodaux, devenus indépendants
ou vassaux directs de la couronne, égalèrent en puissance les
comtes et les ducs. Au-dessous enfin, ou plutôt à côté des seigneuries titrées, étaient celles qui ne conféraient que la qualité de seigneur justicier, divisées en hautes et basses justices,
selon l'étendue de leur compétence.

Quelle était la mesure des droits de ces seigneurs, quels
attributs de la puissance publique chacun d'eux pouvait-il
exercer dans les limites de son territoire ? Il est bien difficile
de le déterminer en termes généraux : car c'est la coutume
qui fixe, avant tout, le droit public de la société féodale, et la
coutume varie selon les lieux. Mais il est possible de dégager
deux règles générales. En premier lieu, la seigneurie qui représente, de droit commun, la plénitude de la souveraineté, c'est

1. Sur les marquis, voyez Loyseau, *Des seigneuries*, ch. v, nᵒˢ 28 et suiv.
2. Le mot *baro*, *baron*, a eu successivement plusieurs significations : il a
d'abord voulu dire seulement celui qui a autorité sur quelqu'un; ex. : la femme
et son baron, c'est-à-dire son mari. Ce n'est que relativement assez tard qu'il
apparaît pour signifier un seigneur féodal d'un certain rang. On ne trouve
point le mot *baronia*, avec un sens technique, dans les pièces anciennes, à
moins qu'il ne s'agisse de pièces apocryphes; voyez par exemple Sickel, *Acta
regum et imperatorum Karolinorum*, II Theil, 2 Abth., p. 401.

la baronnie[1]. Secondement, le seigneur qui exerce les attributs les plus précieux de la puissance publique, c'est le seigneur haut justicier. Sur son territoire, il rend la justice au criminel et au civil, avec une compétence illimitée, et pendant longtemps ses arrêts seront souverains; lui seul a le droit de lever des impôts sur ses sujets. Il a, à l'exclusion de tout autre, ces deux droits essentiels : la justice et le fisc. C'était donc la haute justice qui représentait véritablement la puissance publique dans la société féodale. Les droits qu'exerçaient les seigneurs supérieurs, là où ils n'avaient pas conservé eux-mêmes la haute justice, se réduisaient à peu de chose : leur puissance dérivait surtout de leurs domaines propres et du nombre de leurs vassaux. D'ailleurs, les pouvoirs du haut justicier lui-même ne doivent pas être exagérés ; ils étaient limités soit quant au fisc, soit quant à la justice par d'autres principes féodaux.

La société féodale se divise en trois classes d'hommes : les nobles, les vilains ou *homines potestatis* et les serfs[1], la puissance du haut justicier ne s'exerce pleinement que sur les vilains et les serfs, les gentilshommes y échappent presque complètement. En effet, les nobles sont exempts, en principe, des impôts directs ou indirects que lève le haut justicier sur ses sujets. D'autre part, le noble est toujours un vassal, un homme de fief : en cette qualité, il ne reconnaît pour juge que le seigneur auquel il a fait hommage, auprès duquel il trouve

1. Beaumanoir, *Coutumes de Beauvoisis* (xiiie siècle) ch. xxxiv, n° 41, édit. Beugnot : « Porce que nous parlons en cest livre, en plusors liex, du sovrain et de ce qu'il pot et doit fere, li aucun porroient entendre, porce que ne nous nommons ne duc ne comte, que ce fust du roy; mais en tous les liex que li rois n'est pas nommés noz entendons de cix qui tienent en baronie, *car cascuns barons est souvrains en se baronie.* » — *Établissements de saint Louis,* I, 26, édit. Viollet : « Bers (baron) si a toutes joutises en sa terre ne li rois ne puet mectre ban en la terre au baron sanz son assentement. » — *Coutumier d'Artois* (vers 1300) édit. Ad. Tardif, XII, 1 : « Et qui a marchiet et chastelnie et paiage et lige estaige, il tient en baronie à proprement parler »; XLVII, 6 : « en le court souveraine, c'est-à-dire dou baron ».

2. Beaumanoir, xlv, 30. Cf. xii, 3. Il y a, en réalité, dans cette société encore deux autres classes de personnes, les ecclésiastiques et les bourgeois; mais avant d'avoir ces qualités particulières, ils sont nobles, roturiers ou serfs. La condition spéciale des ecclésiastiques et des bourgeois consiste dans certains privilèges que nous exposerons en étudiant l'Église et les villes dans la société féodale.

un tribunal composé de ses pairs [1]. En principe, il échappe par
là à la compétence de la justice fondée sur l'autorité publique :
il n'est point le justiciable du seigneur haut justicier, si celui-ci
n'est pas en même temps son seigneur de fief et n'a pas reçu
son hommage, et alors c'est cette dernière qualité et non pas la
première qui fonde la compétence. Même en ce qui concerne
le vilain, le seigneur justicier peut voir certaines causes
échapper à sa justice. Je montrerai plus loin qu'originairement
tout homme qui avait concédé valablement une tenure à un
autre homme acquérait, par là même, le droit de statuer sur
les procès auxquels cette tenure pouvait donner lieu.

Voilà les éléments essentiels du système féodal dans toute
sa force. Il faut maintenant étudier en détail les principales
institutions féodales. Mais deux observations préliminaires
doivent être faites.

Le régime féodal a eu une existence des plus longues. Peu
à peu constitué au cours des IXe et Xe siècles, il est complet dès
le XIe et, d'autre part, il vivra, par certains côtés, jusqu'à la
Révolution française. Dans cette partie de mon livre, je n'ai
point l'intention de le suivre dans toute son histoire et d'exposer après sa période de force, sa décadence et enfin son abolition. Ce que je veux étudier ici, ce sont les institutions féodales dans leur originalité et leur complet épanouissement. Je
les prends dans la période où elles représentent vraiment l'organisation politique de la société française, où elles en sont le
ressort principal et essentiel, et cette période s'étend du commencement du XIe siècle à la fin du XIVe [2]. D'autre part, dans ce
tableau des institutions féodales, je ferai presque abstraction
du pouvoir royal. Il n'a jamais disparu cependant de la France
féodale ; dès le XIIe siècle, il joue un grand rôle politique ; aux
XIIIe et XIVe siècles, il a accompli d'immenses progrès à l'encontre des pouvoirs féodaux. Mais ce développement et ces
progrès feront dans la suite l'objet d'une étude spéciale. Pour
le moment, j'expose les institutions féodales dans leur logique,
comme un système juridique original, et le pouvoir royal n'y

---

1. Voyez, par exemple, *Établissements de saint Louis*, I, 76.
2. C'est le point de vue auquel s'est placé Brussel, dans son livre remarquable :
*Nouvel examen de l'usage général des fiefs en France pendant les XIIe, XIIIe et
XIVe siècles*, 2 vol., Paris, 1727 et 1750.

apparaîtra qu'autant qu'il joue un rôle et revendique des droits qui sont conformes au génie de ce système et dérivent de cette logique.

J'étudierai successivement dans la société féodale : 1° la condition des terres et l'état des personnes ; 2° le droit de guerre, la justice et les droits fiscaux ; 3° l'Église ; 4° les villes.

CHAPITRE II

La condition des terres et l'état des personnes

Les tenures féodales sont la clef de voûte de l'édifice tout entier. C'est par elles que s'est organisé le groupe féodal et que la hiérarchie des seigneuries s'est constituée ; d'autre part, dans une large mesure, elles déterminent la condition même des personnes, car cette condition dépend souvent du titre auquel la personne tient la terre. Aussi, par une symétrie logique, trouvons-nous trois classes de tenures féodales : les tenures nobles, les tenures roturières et les tenures serviles, et trois classes de personnes : les nobles, les roturiers et les serfs.

SECTION PREMIÈRE

LES TENURES FÉODALES

I. — LE FIEF

§ 1ᵉʳ. — LA NATURE DU FIEF ET LES RAPPORTS QU'IL ENGENDRE

Le fief est une terre ou une seigneurie (parfois un autre droit réputé également immobilier)[1] concédée par une personne, qui prend le nom de seigneur de fief, à une autre personne, qui prend le nom de vassal : la concession est faite moyennant certaines obligations imposées au vassal, dont la première

---

1. *Libri feudorum* (xiiᵉ, xiiiᵉ siècle), II, 1, § 1 : « Sciendum est autem feudum sive beneficium nonnisi in rebus soli aut solo cohærentibus, aut in iis quæ inter immobilia connumerantur... posse consistere ».

et la principale, celle d'où dérivent toutes les autres est un devoir absolu de fidélité envers le seigneur.

Cependant tous les fief n'eurent pas pour origine une concession réelle et libérale de la part du seigneur ; dans les temps qui virent la formation du système féodal, la concession fut souvent fictive et seulement pour la forme. Dans le mouvement qui produisit la hiérarchie complète de la féodalité, plus d'un homme se fit le vassal d'un seigneur par nécessité, et déclara tenir de lui, à titre de fief, des terres ou des seigneuries dont, jusque-là, il avait été le libre propriétaire et le maître absolu [1]. C'est un phénomène analogue à ces recommandations, qui ont été précédemment signalées dans la monarchie franque. Nos anciens feudistes appelaient *fiefs de reprise* les fiefs ainsi créés.

Que le fief ait eu pour origine une concession réelle ou feinte, cela ne change en rien la nature de l'institution, et celle-ci se dégage de cette idée, que le fief établit entre le vassal et le seigneur, non pas seulement des rapports *réels*, de concédant à tenancier, mais aussi et surtout des rapports *personnels*. Cet élément personnel est celui qui domine : le fief suppose avant tout un contrat véritable, la prestation d'hommage, entre le vassal et le seigneur, impliquant d'une part la fidélité, et de l'autre la justice et la protection ; la concession vraie ou feinte de la terre ou de la seigneurie n'est que la conséquence et l'accessoire de ce contrat, qui lui sert de cause et de support. Cela s'explique bien quand on remonte à l'origine même de la tenure en fief ; celle-ci a été produite par la combinaison de deux institutions antérieures, la vassalité et le bénéfice de la monarchie franque, l'une qui engendrait seulement des rapports personnels et l'autre seulement des rapports réels. Déjà, au IXe siècle, les deux institutions, distinctes en droit, étaient toujours associées en fait l'une à l'autre, en ce sens que le prince ou le *senior* ne concédaient de bénéfice qu'à ceux qui leur prê-

1. Durantis, *Speculum juris*, de *Feudis*, n° 12, p. 307 : « Quod si jam subjecit mihi bona sua, accipiendo illa a me in feudum... videtur ea mihi tradidisse et in me dominium transtulisse, iterum a me in feudum recepisse. » — Hostiensis, *Summa decretalium* (XIIIe siècle), tit. *de Usuris*, édit. Lyon, 1517, p. 445 : « Non semper transfertur feudum in vassallum; immo plerumque is qui possidet et a nemine recognoscit, recipit illud ab illo propria voluntate, vel ut a tyrannibus defendatur ».

taient le serment de vassalité. Dans le fief, les deux choses
sont devenues en droit inséparables ; le serment de vassalité
est devenu juridiquement la condition nécessaire et préalable
de la concession. Une fois cette conception formée, on y est
resté fidèle dans tout le développement historique des fiefs.
L'engagement personnel du vassal a paru chose si nécessaire
que, lorsque le fief, viager à l'origine, est devenu héréditaire, il
a fallu que l'héritier renouvelât ce contrat pour obtenir la possession[1] ; en vertu d'une règle générale, il a fallu renouer,
par l'hommage, le lien personnel entre le seigneur et le vassal
à tout changement de vassal ou de seigneur[2]. Le principe a
même été si puissant qu'il a survécu aux besoins qui l'avaient
fait introduire. Lorsque, dans les derniers siècles de l'ancienne
monarchie, le système féodal eut perdu, dans une large mesure,
son importance politique, les effets du contrat féodal, très
énergiques autrefois, devinrent presque nuls: le droit féodal
n'en maintint pas moins, comme une règle essentielle, la
nécessité de l'hommage renouvelé à tout changement de vassal
ou de seigneur. Mais, ici, nous devons étudier ce contrat à
l'époque où il possédait encore toute son énergie, et, pour cela,
il faut nous demander quelle était sa forme, quelles obligations
il engendrait, et quelle en était la sanction.

A. Le contrat féodal ou hommage (*hominium, homagium*)

1. Anciennement, cette mise en possession renouvelée a été parfois qualifiée
confirmation du fief. Durantis, *Speculum*, tit. *de Feudis*, n° 3, p. 304 : « Porro
si feudum a prædecessoribus concessum successor confirmet, hoc modo confi-
citur instrumentum. » — Ou encore, on a employé le terme de *reprise* :
Ancienne coutume de Bourgogne (xive siècle), ch. xxxv, dans Giraud, *Essai sur
l'histoire du Droit français*, II, p. 275 : « Li sires puet mettre et asseoir sa
main à la chose de son lié, pour deffault de servenz et de *reprise*. — Guy
Coquille, *Institution au droit des Français*, p. 63 : « De cette très ancienne
usance est venu le mot *reprise*, qui signifie le renouvellement d'hommage,
comme si le fief étoit failli et retourné au seigneur par le décès du vassal et
que le vassal le reprist du seigneur comme par une nouvelle concession ».

2. On peut remarquer que Durantis considère l'obligation même résultant
de l'hommage, comme transmise à l'héritier. Il en tire cette conséquence :
à la mort du vassal, si son fils ne vient pas renouveler l'hommage, le seigneur
peut l'y forcer, au moins s'il ne s'agit pas d'un fief de reprise; *Speculum*,
tit. *de Feudis*, n° 12, p. 307 : « Si autem aliquis se constituat hominem meum
ligium quia dedi sibi aliquam rem in feudum et quia vult sibi providere ut
eum defendere debeam... Quia præsumitur ita velle filio providisse sicut ipsi
sibi, persona filii adstricta est jure homagii, licet ipse velit abstinere a re quam
pater habuit in feudum ».

était un contrat formaliste [1]. Il rappelait les formes du serment de vassalité ou *commendatio* de la monarchie franque ; l'un et l'autre, d'ailleurs, étaient des applications d'un mode général pour créer les obligations, la *fides facta* ou *fidei datio* [2]. Le vassal, tête nue et sans épée, s'agenouillait devant le seigneur et, mettant les mains entre les siennes, il prononçait une formule solennelle par laquelle il déclarait devenir son homme à partir de ce jour et s'engageait à le défendre envers et contre tous [3]. Le seigneur le relevait alors, l'embrassait sur la bouche et déclarait le recevoir pour son homme [4]. Bien que la *fidei datio*, dont l'hommage était une application, fût considérée, au moyen âge, comme un serment ou comme l'équivalent d'un serment, l'habitude s'introduisit de la faire suivre d'un serment proprement dit de fidélité, que le vassal prêtait sur l'Évangile [5]. Ce qui fit probablement introduire cet usage, c'est l'importance extrême que le droit du moyen âge, spécialement le droit canonique, donnait au serment prêté sur une *res sacra* [6]. Après la foi et hommage, venait l'*investiture* du

1. Durantis, *Speculum*, tit. *de Feudis*, n° 8, p. 306 : « In plerisque autem locis *stipulatio* hujusmodi sic concipitur : Is qui facit homagium stans flexis genibus ponit manus suas inter manus domini et homagium sibi facit, per stipulationem fidelitatem promittit. » — *Grand Coutumier de Normandie* (XIII° siècle), texte latin, édit. Gruchy, c. XXXIX, p. 93 : « Homagium est fidei promissio observanda... quod fit expansis ac conjunctis manibus inter manus recipientis in hæc verba. » — Bouteiller, *Somme rurale* (XIV° siècle), édit. Charondas, Paris, 1603, tit. LXXXII, p. 478. — L'hommage, d'ailleurs, ne servait pas qu'à engager un homme de fief envers son seigneur; il avait encore d'autres applications, que signalent d'une façon concordante Durantis (*loc. cit.*, n° 12, p. 307), le *Grand Coutumier de Normandie*, c. XXXIX, et Bouteiller, tit. LXXXII, p. 478.

2. Esmein, *Études sur les contrats dans le très ancien droit français*, p. 98 et suiv., 104 et suiv.

3. Sur les formes de l'hommage, voyez *Assises de Jérusalem, Livre de Jean d'Ibelin*, c. CXCV, édit. Beugnot, I, p. 313; — *Livre de Jostice et de Plet*, XII, 22, § 1. — Bouteiller, *Somme rurale*, tit. LXXXII, p. 478.

4. Durantis, *Speculum*, tit. *de Feudis*, n° 3 : « Post hoc in continenti in signum mutuæ et perpetuæ dilectionis pacis osculum intervenit » ; — n° 8 : « Et dominus in signum mutuæ fidelitatis illum osculatur ».

5. Durantis, *Speculum*, *loc. cit.*, n° 1, p. 304 : « Dictus vero P. ibidem et in præsentia sibi promisit et corporaliter juravit ad sancta Dei Evangelia ex nunc in perpetuum sibi suisque heredibus se fidelem esse vassallum. » — Déjà, dans Yves de Chartres, *Ep. LXXI, Guliehno glorioso regi Anglorum* : « Quæsivit... vestra excellentia qua ratione exsolverim Nivardum de Teptolio a *fiduciis et sacramentis* quibus se vestræ magnitudini obligaverat ».

6. Ce fut, en définitive, le serment de fidélté qui fut considéré comme essen-

fief, c'est-à-dire la tradition que le seigneur en faisait au vassal, tradition d'ordinaire symbolique, conformément à l'esprit des coutumes médiévales [1].

B. Ce contrat formaliste entraînait des obligations précises à la charge du vassal et à la charge du seigneur.

Le vassal contractait d'abord l'obligation générale d'être fidèle à son seigneur ; mais, de plus, il lui devait certains services déterminés qui répondaient aux besoins organiques du groupe féodal, et qui se ramènent à trois chefs principaux.

1° Il lui devait d'abord le service militaire (service d'host ou de guerre), dans des conditions qui seront indiquées plus loin [2]. Ce service, dû à un particulier, suppose nécessairement la théorie des *guerres privées*, et c'est grâce à lui que le groupe féodal représentait une petite armée.

2° Il lui devait le service de *conseil*, c'est-à-dire que toutes les fois qu'il en était requis par le seigneur, il devait venir l'aider de ses conseils et délibérer avec lui et les autres vassaux, sur leurs intérêts communs. Dans les textes anciens, on ne voit guère ces délibérations, ces parlements féodaux, qu'auprès des puissants seigneurs ; mais ils durent fonctionner, inaperçus de l'histoire générale, partout où il se forma un groupe féodal de quelque importance : par là, celui-ci figurait un conseil de gouvernement [3].

3° Il lui devait le service de justice ou de *cour*, ce qui com-

tiel ; car, parfois, l'hommage proprement dit n'avait pas lieu, mais seulement la fidélité. Voyez de Laurière, sur l'art. 3 de la coutume de Paris. Les deux choses étaient rappelées dans l'expression courante, *faire foi et hommage*.

1. Durantis, *Speculum*, tit. *de Feudis*, n° 1, p. 304 : « Idem A. in robur et confirmationem concessionis præfatæ ipsum P. cum baculo vel chirotheca de dicto feudo legitime investivit. » *Ibid.*, n° 2 : « Ipsum H. de dicto feudo cum virga vel pileo legitime investivit. » — *Assises de Jérusalem, Livre de Jean d'Ibelin*, c. CXLIV.

2. Bouteiller, *Somme rurale*, I, ch. LXXXIII, p. 486 : « Sachez que mander peut son homme de fief qui est tenu de venir en armes et en chevaux selon que le fief le doit et en ce le servir ».

3. Voyez la formule très énergique et très remarquable que donne des devoirs du vassal Fulbert de Chartres, *Ep. LVIII* (a. 1020) = c. XVIII, C. XXII, qu. 5 : « Restat... ut consilium et auxilium domino suo fideliter præstet, si beneficio dignus videri vult et salvus esse de fidelitate quam juravit. » — Yves de Chartres, *Ep. CCIX :* « Nullus quippe qui fidelitatem fecerit regi præsumet illud dare consilium quod sit contra fidelitatem suam et regni minuat majestatem ».

prenait deux choses. En premier lieu, le vassal, par son hommage, se soumettait, pour toutes les poursuites dirigées contre lui, au jugement du seigneur et de *ses pairs*, c'est-à-dire des autres vassaux soumis au même seigneur : cela sera expliqué plus loin. Secondement, le vassal était obligé à venir siéger comme jugeur, lorsqu'il en était requis, à la cour du seigneur, pour juger les vassaux ou les sujets de ce dernier[1]. Par là, le groupe féodal se présentait comme une cour de justice.

En principe, le vassal ne devait pas au seigneur de prestations pécuniaires : c'est à raison de cela que ses services, et la tenure qui les entraînait, furent considérés comme nobles. Cependant, exceptionnellement, il lui devait une contribution pécuniaire, proportionnée à l'importance du fief ; mais cela se produisait dans un petit nombre de cas, dans des circonstances extraordinaires ; et alors, aider le seigneur de sa bourse, c'était simplement, pour le vassal, la conséquence naturelle du devoir général de fidélité et de dévouement qu'il avait contracté envers lui. Ces contributions extraordinaires et honorables furent appelées les *aides féodales*. La coutume les limita à un petit nombre d'hypothèses déterminées, dont les principales furent[2] : le cas où le seigneur était fait prisonnier et où il fallait payer sa rançon, celui où le fils aîné du seigneur était armé chevalier, enfin le mariage de la fille aînée du seigneur. Avec les croisades, l'expédition du seigneur en terre sainte prit place sur la liste des aides féodales.

Le seigneur contractait aussi des obligations envers le vassal[3], lesquelles, toutefois, dérivaient plutôt de la coutume que du contrat ; car l'hommage présentait le caractère strictement unilatéral des anciens contrats formalistes : le vassal seul y prenait des engagements. Ces obligations du seigneur étaient

1. Bouteiller, *Somme rurale*, p. 485 : « Quiconques tient fief... sachez qu'il est tenus de servir son seigneur... C'est à savoir en ses plais pour justice faire et tenir ».

2. Voyez *Assises de Jérusalem, Livre de Jean d'Ibelin*, ch. CCXLIX. — *Grand Coutumier de Normandie*, ch. xxxv, xliv. — Bouteiller, *Somme rurale*, I, 86, p. 500. — Loisel, *Institutes coutumières*, l. IV, 54 et suiv.

3. Fulbert de Chartres, *loc. cit.* : « Dominus quoque fideli suo in omnibus vicem reddere debet. » — Durantis, *Speculum*, tit. *de Feudis*, n° 2 : « Et nota quod qua fidelitate tenetur vasallus domino, eadem tenetur dominus et vasallo. »

au nombre de deux : il devait la justice à son vassal ; il lui devait aussi garantir la possession du fief dont il l'avait investi,
en employant au besoin, pour le défendre, toute la force du
groupe féodal [1].

C. La sanction de ces obligations réciproques était des plus
simples et des plus énergiques, quoique seulement indirecte.
Pour les obligations du vassal, c'était la perte du fief, le retrait
de la concession prononcé par la cour féodale, la *commise*,
comme diront les feudistes en empruntant un de ses termes au
droit romain remis en honneur [2]. La commise intervenait de
deux façons. Tantôt elle était prononcée directement et d'emblée, lorsque le vassal commettait envers le seigneur un acte
grave, par lequel on considérait qu'il avait *brisé sa foi*, c'est-à-
dire manqué gravement à la fidélité qu'il devait au seigneur ;
les principaux cas étaient lorsqu'il désavouait son seigneur,
lorsqu'il prenait les armes contre lui sans que celui-ci lui eût
dénié la justice, lorsqu'il refusait de se soumettre à la justice
du seigneur [3]. En cas de manquement simple à l'un des services, le seigneur se contentait de saisir le fief du vassal né-
gligent [4] et d'en percevoir les fruits : la commise intervenait
seulement, si cet état de choses se continuait pendant un certain temps, généralement pendant un an et un jour, sans que
le vassal fût rentré dans l'ordre [5]. La même saisie, avec les

1. Durantis, *loc. cit.*, n° 1 : « Promittens (dominus) ... ipsam rem ab omnibus, persona et universitate, legitime defendere, authorizare et defendere. »
— Beaumanoir, *Coutumes de Beauvoisis*, XLV, 4 : « Li segneur sunt tenu à
garantir à lor homes ce qu'il tienent d'aus. »

2. L. 14, 15, 16, D. XXXIX, 4.

3. *Libri feudorum*, II, tit. V, XXII, XXIV. — *Assises de Jérusalem, Livre de
Jean d'Ibelin*, c. cxc. — *Établissements de saint Louis*, I, 52, 54, 55, 90. —
Grand Coutumier de France (xive siècle), édit. Laboulaye et Dareste, I. II,
ch. xxvi, p. 234.

4. C'était certainement à l'origine, une saisie privée faite par le seigneur
sans autorité de justice. Durantis, *loc. cit.*, n° 35, p. 310 : « Quæritur quid si
homo meus tenens feudum a me non vult mihi servitia præstare, numquid
possum feudum propria auctoritate invadere et mihi ipsi facere jus de illo ?
Videtur quod non. Argumentum contra quod possum ad instar locatoris. »

5. *Grand Coutumier de Normandie*, ch. xxv, p. 75 : « Feodum ad dominum
revertitur, de quo tenetur... ex condamnatione possidentis. Cum enim aliquis
condemnatur, *anno elapso*, feudum ad dominum redit de quo immediate tenetur. » *Établissements de saint Louis*, ch. 1, 72 : « Li sires... li doit fere
metre terme d'un an et d'un jour o jugemant, et se il ne vient au 'terme li
sires le puet bien esgarder en jugement que il a le fié perdu. » Bouteiller

mêmes conséquences, se produisait lorsque l'irrégularité consistait en ce que le fief était ouvert et qu'il y avait *faute d'homme*, c'est-à-dire lorsqu'on se trouvait dans l'une des hypothèses où l'hommage devait être renouvelé, et où cependant le vassal ne l'avait pas prêté dans les délais fixés par la coutume [1]. La saisie féodale, telle que je viens de la décrire, ne peut d'ailleurs être reconstruite que grâce à quelques indications éparses, car de bonne heure elle s'affaiblit, n'eut plus jamais la commise pour conséquence, et même, dans la plupart des cas, le seigneur ne gagna plus les fruits perçus pendant la saisie [2].

Quant aux obligations du seigneur, par la même logique, leur sanction consistait dans la rupture du lien féodal. Le vassal était alors délié de son hommage envers le seigneur; cependant il gardait le fief (sauf, bien entendu, le cas où un tiers avait revendiqué celui-ci avec succès), mais il le tenait dorénavant du suzerain immédiatement supérieur dans la hiérarchie féodale [3].

Une forte et simple logique présidait à ces rapports de vassal et de seigneur; cependant une complication était possible. Bien que l'esprit de la féodalité voulût que chaque homme appartînt à un seul groupe féodal, aucune règle juridique n'assurait ce résultat. Au contraire, il était parfaitement licite que le même homme reçût ces fiefs de plusieurs seigneurs et devînt

---

rapporte comme étant encore en vigueur un système plus énergique encore pour sanctionner le service de guerre, *Somme rurale*, I, 83, p. 486 : « Selon aucuns il y aurait trois semonces. La première si est d'aller en l'ost quand le seigneur y doit aller, lors y a amende telle que le relief est. Item puisque le seigneur est en l'ost aux champs, qui ne vient à cette semonce il y a soixante livres (d'amende). Item à la tierce semonce qui n'y vient il perd le fief. Et ainsi fust-il jugé par les coustumiers de l'Isle en l'an mil trois cent quatre-vingt-six. »

1. *Libri feudorum*, I, tit. XXII. — *Assises de Jérusalem, Livre de Jean d'Ibelin*, ch. cxci. — Cf. *Livre de Justice et de Plet*, XII, 17, § 3. — Guy-Pape (XVe siècle), qu. 161 et suiv.

2. *Assises de Jérusalem, Livre de Jean d'Ibelin*, ch. cxci; on y voit que, faute de service, le droit commun n'édictait plus qu'une perte de jouissance d'an et jour : c'est un état intermédiaire.

3. Bouteiller, *Somme rurale*, I, 39, p. 276 : « Sachez (dans ce cas) que l'homme féodal doit à toujours estre exempt de son seigneur et retourner à son chef lieu et seigneur souverain de toute sa terre. » — Loysel, *Inst. Cout.*, IV, 98 : « Fidélité et félonie sont réciproques entre le seigneur et le vassal; et comme le fief se confisque par le vassal ainsi la tenure féodale par le seigneur. »

ainsi le vassal de chacun d'eux[1]. Mais, par là, il contractait des
obligations inconciliables entre elles. Supposons en effet que
tous ces seigneurs fussent en guerre l'un contre l'autre, lequel
d'entre eux devait suivre et servir le commun vassal? Pour
couper court à ces difficultés, on inventa une forme spéciale d'hommage, l'*hommage lige*. C'était la promesse par le
vassal de défendre et de servir le seigneur envers et contre
tous, même contre ceux dont il recevrait postérieurement des
fiefs. Celui qui s'était ainsi engagé ne pouvait plus ensuite
consentir un autre hommage envers un autre seigneur que
sous la réserve du premier[2]. Par là même, les seigneurs supérieurs tendirent à réserver pour eux cette forme d'hommage[3],
qui seule, dans la suite, conservera le rituel primitif. Il faut
ajouter, d'ailleurs, que cette interprétation de l'hommage lige
n'est pas admise par tous[4]: beaucoup y voient, à tort selon moi,
une obligation du vassal, particulièrement étroite quant au
service de guerre, le vassal ne pouvant pas alors invoquer la
coutume qui limitait à une durée précise le service militaire que
l'homme devait à son seigneur[5].

1. Durantis, *Speculum, loc. cit.*, n° 23, p. 309 : « Quæritur utrum quis potest
esse homo ligius duorum. Et dicunt quidam quod non, quia duo non possunt
esse domini ejusdem rei in solidum. Sed bene potest esse quis homo non ligius duorum. »

2. Durantis, *Speculum, loc. cit.*, n° 3, p. 305 : « Nota quod est homagium
ligium quod videlicet fit imperatori vel regi, nullius alterius fidelitate salva.
Illud vero quod fit aliis non dicitur ligium quod fit seu juratur salva imperatoris vel regis auctoritate... Alii dicunt quod duplex est homagium. Unum
dicitur ligium, in quo nullus excipitur quantum ad verba; quantum tamen
ad mentem illi qui supremam et generalem habent jurisdictionem, puta im-
perator vel rex, intelliguntur excepti contra quos non tenetur quis dominum
juvare... Alius vero non est ligium, quando videlicet aliquis excipitur : puta
facio tibi homagium excepta fidelitate qua tali domino meo ligio teneor, vel
salvo quod possim quem voluerim dominum meum ligium mihi constituere,
quia nolo te contra talem juvare. Sed prius dictum verius est, licet hoc ulti-
mum communis usus loquendi approbet. » — Cf. Ad. Beaudoin, *Homme lige*,
dans la *Nouvelle Revue historique de Droit*, 1883, p. 659 et suiv.

3. Voyez le passage de Durantis cité à la note précédente; *Assises de Jérusalem, Livre de Jean d'Ibelin*, ch. cxcv.

4. Déjà, au xiii° siècle, Durantis en signale une autre assez répandue, *loc.
cit.*, n° 3 : « Multi tamen putant ligium homagium esse quando vasallus mittit
manus suas intra manus domini et sibi homagium facit et fidelitatem promittit, et ab eo ad osculum recipitur : quod tamen non est, ut dixi. »

5. Brussel, *Usage des fiefs*, I, p. 94 et suiv. — Boutaric, *Histoire des institutions militaires en France avant les armées permanentes*, p. 120 et suiv.

§ 2. — LA PATRIMONIALITÉ DES FIEFS

Le fief, à l'origine, dans sa forme première, fut une tenure
strictement attachée à la personne du vassal, c'est-à-dire viagère et inaliénable. Cela était parfaitement logique ; la concession du fief, nous l'avons vu, n'était que l'accessoire d'un contrat éminemment personnel entre le seigneur et le vassal ; sa
portée était exactement limitée par là-même. Mais ce premier
état ne dura pas. Le fief devint promptement héréditaire ; il devint, quoique plus tard, librement aliénable, et c'est ce que
constataient les auteurs des XIIIe et XIVe siècles en disant que
tous les fiefs en France étaient patrimoniaux [1]. Cette transformation n'était, d'ailleurs, que le résultat d'une loi naturelle,
déjà signalée, qui agit partout et toujours là où aucune restriction législative ne vient arrêter son action. Le droit sur la terre
tend naturellement à se rapprocher de la propriété pleine, c'est-
à-dire à conquérir la perpétuité et la liberté ; la tenure tend in-
sensiblement à se transformer en propriété libre et absolue.

I

Le fief se présente d'abord simplement comme une tenure
viagère : elle prenait fin nécessairement à la mort du vassal,
peut-être même à la mort du seigneur. Le bénéfice de l'époque carolingienne n'était jamais arrivé à l'hérédité légale : la coutume
reconnaissait comme équitable la prétention du fils à conserver
le bénéfice obtenu par son père, et le *senior* était, à moins de
circonstances extraordinaires, moralement obligé de lui en
maintenir la jouissance moyennant un serment de vassalité [2].
Mais on n'était pas allé plus loin, et telle fut encore la condition première du fief proprement dit. Il semble même que le
caractère strictement personnel de la concession se soit d'a-
bord plus rigoureusement accentué dans le fief que dans le
bénéfice, ce qui se comprendrait bien, étant donnée l'importance nouvelle des obligations du vassal. Il fallait pour la

---

1. Boerius, *Decisio*, 113, édit. Francfort, 1599, p. 205 : « In hoc regno de
generali consuetudine feuda sunt reducta ad instar patrimoniorum quæ vendi
et alienari ac donari possunt irrequisito domino ac eo invito, ut voluit Johannes Faber (XIVe siècle)... Petrus Jacobi (XIVe siècle). »

2. Ci-dessus p. 138.

transmission héréditaire, la confirmation du seigneur qui
intervenait librement, choisissant même l'héritier, le nouveau vassal, entre plusieurs enfants[1]. Les recueils anciens de
droit féodal ont conservé la tradition de cet état de droit, et
c'est la règle que les rois de France cherchent à maintenir à
leur profit au x⁰ siècle et pendant une partie du xi⁰, soit quant
aux *honores*, soit quant aux simples fiefs relevant d'eux[2].
Mais la coutume peu à peu consolida partout en France la
transmission héréditaire des fiefs; elle donna aux héritiers un
droit ferme et légal, qui ne dépendit plus du bon vouloir du
seigneur. Il est vraisemblable que chaque fief acquit individuellement le caractère héréditaire, par une possession pro-
longée, par une sorte de prescription; au cours du xi⁰ siècle c'est
devenu une coutume générale[3]. Mais lorsque l'hérédité est
pleinement établie, l'intransmissibilité première a laissé pourtant des traces qui dureront aussi longtemps que le régime
féodal lui-même.

1° L'héritier désigné par la coutume eut désormais un droit
ferme à recueillir le fief; mais il dut non seulement faire au
seigneur foi et hommage, mais encore recevoir de lui la possession du fief. Aux yeux des anciens feudistes, cela se présentait réellement en droit comme une confirmation de la concession, à la fois nécessaire pour l'héritier et forcée pour le
seigneur, comme une nouvelle investiture[4]. Lorsque la saisine
héréditaire s'introduira au profit des héritiers, elle n'agira pas
dans les rapports entre le seigneur et l'héritier du vassal: celui-
ci devra toujours recevoir des mains du seigneur la possession
du fief auquel il succède[5].

1. *Libri feudorum*, I, 1, § 1 : « Sed cum hoc jure successionis ad filios non
pertinerel, sic progressum est, ut ad filios deveniret, in quem scilicet dominus
hoc vellet beneficium confirmare. »

2. Luchaire, *Histoire des institutions monarchiques sous les premiers Capétiens*, II, ch. ii.

3. Yves de Chartres, *Ep. LXXI* : « Prædictus Nivardus testatus est mihi fidu-
cias et sacramenta quæ sublimitati vestræ fecerat prioribus sacramentis fuisse
contraria, quæ fecerat naturalibus et legitimis dominis suis *de quibus manibus susceperat hereditaria sua beneficia.* »

4. Voyez ci-dessus, p. 187, note 1. Cf. Durantis, *loc. cit.*, n° 47, p. 312.

5. *Décisions de Jean Des Mares* (xiv⁰ siècle), à la suite du commentaire de
Brodeau sur la coutume de Paris, *décis.* 177 et 285. — *Grand Coutumier de
France*, p. 305, 306. — Mais cf. Masuer (xv⁰ siècle), *Practica forensis*, édit. Lug-
duni, 1576, tit. XXVII, *de Feudis*, n° 17; Loisel, *Inst. cout.*, III, 3, 1.

2º Le seigneur ne subit point cette hérédité sans une compensation pécuniaire et coutumière. L'héritier dut payer au seigneur un droit qui prit ordinairement le nom de relief (*relevium*), parfois celui de rachat. Les deux expressions, d'ailleurs, étaient parlantes : d'un côté, on voulait dire que le droit du vassal défunt était tombé, et qu'il fallait le relever au profit de l'héritier; d'autre part, que celui-ci devait racheter au seigneur le fief qui lui avait fait retour. Le terme et la chose figurent de bonne heure dans les textes; mais, d'abord, la somme du relief dut être, dans chaque cas, débattue entre les parties et fixée par un accord entre l'héritier et le seigneur; cela suppose une époque où l'hérédité n'était pas encore un droit ferme, et alors le mot relief ou rachat ne contenait pas une métaphore, il exprimait exactement l'acte qui s'accomplissait. Lorsque la coutume reconnut le droit de l'héritier à la succession, elle reconnut aussi le droit du seigneur au relief, et en fixa le montant. La commune mesure du droit de relief fut le revenu d'une année du fief; mais il y eut diverses combinaisons pour rendre moins aléatoire et plus commode à déterminer le montant de cette prestation [1].

Dans certaines coutumes, le droit de relief était dû non seulement à la mort du vassal, par l'héritier du vassal au seigneur, mais aussi à la mort du seigneur par le vassal investi au nouveau seigneur ; on disait alors que le fief relevait de toutes mains [2]. Ces coutumes gardaient fidèlement le souvenir d'un état très ancien où le contrat de fief était considéré comme si personnel qu'il ne pouvait durer qu'autant que les deux hommes, le vassal et le seigneur, étaient l'un et l'autre en vie. Mais elles formaient une rare exception ; le droit commun, ce fut qu'en cas de mort du seigneur, le vassal devait bien l'hommage, mais

---

1. Beaumanoir, *Coutumes de Beauvoisis*, XXVII, 2; *Grand Coutumier de France*, p. 311; Loisel, *Inst. cout.*, IV, 3, 13.

2. Le *Grand Coutumier de Normandie*, ch. xxxiv, p. 105, contient un adage qui paraît bien impliquer que cette règle formait le droit commun à l'origine : « Unde patet quod homagio inhæret relevium. » Il ajoute, il est vrai : « Ubicumque enim sit relevium necessarium est hommagium concurrere, sed non e converso. » Mais il y a là, sans doute, une retouche, un adoucissement du premier régime. — Cf., il est vrai pour la tenure roturière, *Livre de Justice et de Plet*, XII, 15, § 6. — Le *Grand Coutumier de France* emploie l'expression *relever de toutes mains*, mais dans un sens différent, p. 313.

non le relief ; il ne devait que les mains (pour l'hommage) et la bouche (pour l'*osculum* [1]).

Originairement tout héritier, quel qu'il fût, devait le relief ; mais, sur ce point encore, le droit du seigneur s'affaiblit. Les héritiers en ligne directe en furent dispensés. Cela s'appliqua en premier lieu aux descendants, les seuls héritiers en ligne directe qui furent d'abord admis ; et, sans aucun doute, les textes du droit romain, sur les *sui heredes* et la *continuatio dominii* à leur profit, exercèrent ici une grande influence. Puis l'exemption du relief fut étendue aux ascendants, et il ne resta dû que par les héritiers en ligne collatérale. C'était le droit commun de la France au xiiie siècle [2].

Le fief était devenu héréditaire alors que la féodalité politique était encore dans toute sa force, alors que les services qu'il entraînait étaient pleinement effectifs et constituaient le principal ressort de la vie publique. Il devait, par là même, s'établir pour lui des règles spéciales de succession ; il devait suivre une dévolution particulière qui empêchât, autant que possible, l'hérédité de troubler l'harmonie du système féodal [3]. Les traits principaux de cette dévolution furent le droit d'aînesse et le privilège de masculinité.

Le droit d'aînesse s'établit comme un moyen pour assurer l'indivisibilité du fief, que le droit féodal chercha aussi à garantir par d'autres règles. C'était là, en effet, un intérêt, de premier ordre pour le seigneur, à raison du service militaire attaché au fief. On pourrait croire, d'abord, que l'intérêt seigneurial était en sens contraire ; par la division du fief entre

---

1. Guy Coquille, *Institution*, p. 64.

2. *Livre de Jostice et de Plet*, XII, 6, § 1, 2. — Beaumanoir, *Coutumes de Beauvoisis*, XIV, 8.

3. Durantis, très exactement, faisait observer que la succession aux fiefs formait une succession distincte de la succession ordinaire, qui, elle, comprenait le reste du patrimoine, *loc. cit.*, no 25, p. 312 ; cependant, dès son époque, on tendait à rétablir l'unité, car on décidait que l'héritier appelé à la fois aux deux successions ne pouvait pas accepter l'une et répudier l'autre. Durantis pose aussi une règle très importante, qui est la clef même des difficultés que présentent les divers systèmes de dévolution féodale. Ce sont, dit-il, les termes des concessions originaires faites par le seigneur qui règlent ici la dévolution : « Breviter scias quod in successione feudi certa non potest regula dari, propter diversas locorum consuetudines *et propter diversa pacta et conventiones, quæ in eis apponi consueverunt;* nam contractus ex conventione legem accipiunt. »

tous les enfants du vassal, il aurait augmenté le nombre de
ses vassaux ; il aurait eu, pour ses guerres, plusieurs combattants au lieu d'un seul. En réalité, c'eût été là une cause
d'affaiblissement. Ce qui faisait la force des petites armées
féodales, c'était la qualité, non la quantité ; l'élément vraiment
utile, c'était le chevalier, armé de toutes pièces, exercé et bien
servi par une suite d'hommes suffisante. Mais, pour avoir et
garder cette qualité, l'homme de fief devait être suffisamment
riche, trouver dans les revenus de sa terre de quoi suffire à
son entretien. Il fallait donc que le fief restât entier aux mains
d'un seul héritier. Celui que l'on choisit fut naturellement un
fils, non une fille, — car l'admission des femmes à la succession
féodale souffrit, on le verra bientôt, de sérieuses difficultés ; —
ce fut le fils aîné, car, à la mort du père, celui-là, selon toute
probabilité, serait mieux que les autres en état de servir le
fief. Voilà, comment s'établit le droit d'aînesse ; par une formation indépendante et spontanée, il se développa de bonne
heure dans la plupart des pays où s'était implanté le régime
féodal. Il y eut pourtant quelques déviations: parfois le partage égal entre les fils du vassal défunt s'introduisait en même
temps que l'hérédité ferme. C'est la règle qu'enregistrent encore les *Libri feudorum* [1] ; mais, en général, la coutume
tourna d'elle-même vers le droit d'aînesse. Celui-ci s'établit,
semble-t-il, sur des précédents que créèrent soit un accord
intervenu entre le seigneur et le vassal, du vivant même de
celui-ci, soit la dernière volonté du vassal [2] ; et, si la législation intervint quelquefois pour l'établir [3], elle ne l'imposa
point et ne fit que préciser et consolider la coutume.

Le droit d'aînesse s'établit donc dans l'intérêt du seigneur, pour assurer l'indivisibilité du fief, non pas dans l'intérêt du vassal et de son fils aîné, pour assurer à celui-ci un
avantage sur ses frères. Ce qui le montre bien, c'est que, lorsque
le vassal laissait à la fois plusieurs fiefs et plusieurs enfants,

---

1. *Libri feudorum*, I, 1, § 1] : « Sic progressum est ut ad filios deveniret,
in quem scilicet dominus hoc vellet beneficium confirmare. *Quod hodie ita
stabilitum est ut ad omnes æqualiter veniat.* »

2. Voyez des exemples dans Orderic Vitalis, *Historia ecclesiastica* (édit. de
la Société de l'Histoire de France), t. II, p. 26, 18, 86, 120. Cf. p. 76.

3. Voyez, pour la Bretagne, Planiol, *L'assise au comté Geffroi*, dans la *Nouvelle Revue historique de Droit*, 1887, p. 117 et suiv. ; 632 et suiv.

on répartissait les fiefs, un par enfant, et tant qu'il y en avait, en suivant le rang d'âge dans la distribution, de sorte que l'aîné avait seulement l'avantage d'être loti le premier et le choix du meilleur fief. Ce système, que l'on peut considérer comme représentant l'état premier du droit, se retrouve dans les sources les plus diverses. Il figure dans les Assises de Jérusalem[1], et dans le Grand Coutumier de Normandie[2]. C'est lui que donne encore Bouteillier au xive siècle[3], pour les coutumes d'Artois, Flandre et Picardie[4]; il paraît aussi avoir été d'abord pratiqué en Angleterre[5]. En revanche, lorsqu'il n'y avait qu'un fief dans la succession, il était intégralement attribué à l'aîné à l'exclusion des puînés et des filles[6]. Cela était d'une logique parfaite. De part et d'autre, on obtenait le résultat voulu : le fief n'était pas divisé. Mais ce système répondait mal au principe, toujours plus influent, de la patrimonialité du fief. Lorsqu'il y avait plusieurs fiefs et plusieurs enfants, il laissait entièrement au hasard la question de savoir si tous

---

1. *Assises, Livre de Jean d'Ibelin*, ch. cxlviii, p. 223-24.

2. *Grand Coutumier de Normandie*, ch. xxvi, p. 79-80 : « Impartibilis dicitur hereditas in qua divisionem nullam inter fratres consuetudo patriæ patitur sustineri, ut feoda loricæ, comitatus et baroniæ et sergenteriæ... Cum autem aliquis patri suo successerit... ultimo nato debet tradi feodum ut de eo tot faciat portiones quot participes in eo fuerint principales... Postnatus ergo debet ita facere portiones quod feoda loricæ vel alia, quæ custodiam retinent, non dividat... factis autem portionibus... debet postnatus eas afferre in curia et dare de eis copiam fratribus primogenitis ut eligant. »

3. *Somme rurale*, tit. LXXVI, p. 118 : « S'ils sont plusieurs frères demeurant après le trépas du père, lequel père tint en son vivant plusieurs fiefs... seachez que si tous les fiefs estoient tenuz tout d'un seigneur, lors se partiroient par ceste manière, c'est à sçavoir l'aisné hoir partiroit premier et choisiroit pour luy le meilleur fief, et l'aisné après le meilleur ensuivant; et le tiers aisné après le meilleur ensuivant. Et ainsi de fief en fief et d'enfant en enfant, tant que fief y aura. Et s'il convenoit retourner et que tant de fiefs eust, si recommenceroit l'aisné fils devant aux fiefs demeurans, tant que fiefs y auroit. » Mais Bouteiller n'admet ce système que lorsque les divers fiefs sont tenus du même seigneur.

4. Note de Charondas (note c), p. 450.

5. Stephen, *Commentaries on the laws of England*, édit. 1879, t. I, p. 404 : « By the laws of king Henry the first, the eldest son had the capital fee or principal feud of his father's possessions and no other preeminence (*Leges Henr.* I, c. x); and the eldest daughter had afterwards the principal mansion, when the estate descended in coparceny (*Glanville*, l. VII, c. iii). »

6. C'est la règle d'après Bouteiller, lorsque les fiefs laissés par le père sont tenus de différents seigneurs, p. 118 : « Et si les fiefs estoient tenus de divers seigneurs, lors les auroit et emporteroit tous l'aisné fils, par raison de son aisneté. »

seraient lotis; lorsqu'il n'y avait qu'un seul fief, il sacrifiait
totalement les puinés à l'aîné. Une règle uniforme donnant
aux enfants les mêmes droits dans tous les cas devait s'introduire. Dans certains pays, en Angleterre, ce fut un droit d'aînesse absolu qui se dégagea : tous les immeubles, quel que
fût leur nombre, furent attribués à l'aîné[1]. En France, le résultat fut différent. Si quelques coutumes maintinrent aussi
le droit d'aînesse absolu, sauf parfois un usufruit accordé aux
puinés[2], ce fut généralement l'admission assurée des puinés
et des filles qui l'emporta; mais, en même temps, la coutume
assurait à l'aîné une part plus forte, un préciput. Pour cela,
il fallait sacrifier l'indivisibilité héréditaire du fief. Tantôt le
préciput de l'aîné consista simplement dans le principal manoir ou château, avec quelques dépendances, tout le reste des
fiefs compris dans la succession devant être également partagé entre les enfants; tantôt l'aîné eut, en outre, la plus grosse
part de chaque fief, et ce furent seulement, selon les coutumes,
le tiers ou le cinquième au partage desquels les puinés furent
admis, le surplus formant le préciput de l'aîné[3]. Il semble que
ce *quintement*[4] ou *tiercement* au profit des puinés et des filles

1. Stephen, *Commentaries*, p. 404, 405.
2. Bouteiller, *Somme rurale*, I, tit. LXXIX, p. 469 : « En Vermandois n'a
droit de quint avoir sur fiefs, fors à vie tant seulement et à compte d'hoirs.
Et en pays de Hainault n'à nul quint et n'y a qu'advis d'assenne que peuvent
faire le père et la mère par advis des prochains d'un costé et d'autre. » —
Coutume du Maine, art. 242 : « Si ne sont fondez tous les puisnez d'avoir leurs
tierz qu'en bienfait ou usufruit leur vie durant, qui retournera audit aisné ou
à sa représentation après leur décès. » — *Coutume d'Anjou*, art. 238.
3. *Coutumier d'Artois*, tit. XXVI, § 1, 2.
4. Beaumanoir, *Coutume de Beauvoisis*, XIV, 5 : « Se eritages descend as
enfans et il i ait hoirs male, li hoirs male aisné emporte le cief manoir hors
part, et après les deux parts de çascun fief. » — Pierre de Fontaines, *Conseil
à un ami* (xiiie siècle), XXXIV, 2 : « Par nostre usage puet li frans doner à
ses enfans le tierz de son franc-fié em partie, et si départir entre ses enfans,
combien qu'il en ait, que les II parz remaignent tozjorz à l'aîné. » — *Livre de
Jostice et de Plet*, XII, 6, § 10 : « Li ainznez des frères... a les deus parz de la
terre : et si sont plus, la moistié; il a la mellor herbergerie (maison) et un
arpent por tot, et li autre ont tuit ensemble un herbergerie. Et se plus i a
herbergages ilz sont partiz inéement (également) as autres frères; et s'il i a
plus, il vient em partie as autres frères et à l'enné, sau l'ennéence. » — Bouteiller, *Somme rurale*, p. 469 : « En la conté de Flandre n'y a que tiercement
de fief, pour les maisnez enfans, c'est à scavoir comme en France que les
maisnez ont le quint ou fief demeuré de leur père contre l'aisné hoir, tout
ainsi que les maisnez en Flandres ont le tiers ou gros du fief demeuré de leur
père. » — *Grand Coutumier de France*, p. 290.

se soit produit d'abord, comme un tempérament équitable en leur faveur, lorsque le nombre des fiefs ne permettait pas de les lotir tous et au profit de ceux-là seulement qui n'avaient pas été lotis [1]; mais cela devint une règle générale applicable à tous les fiefs compris dans la succession. Le droit de l'aîné fut ainsi fixé d'une façon uniforme et constante. D'ailleurs, cette transformation du droit d'aînesse ne se produisit point sans soulever des difficultés juridiques; avant d'abroger le principe de l'indivisibilité héréditaire, on le tourna par le moyen de la tenure en *parage*. Celle-ci consista en ce que l'aîné seul et pour la totalité du fief venait à l'hommage du seigneur, comme si aucun partage n'était intervenu: les puînés et les sœurs tenaient leurs parts du frère aîné [2]. Manifestement cette combinaison, qui ne souffrait aucune difficulté dans la mesure où la coutume permettait au vassal de sous-inféoder son fief, eut pour but, tout d'abord, de maintenir en apparence le fief intact et d'écarter toute objection de la part du seigneur; mais elle était également avantageuse aux puînés. Ceux-ci, en effet, ne devenaient pas les hommes du seigneur; et si l'aîné, seul tenu envers lui, pouvait les requérir de contribuer aux divers services et prestations dûs par le fief, ils n'en étaient pas directement tenus. Ils n'étaient même pas, à proprement parler, les hommes de l'aîné, car ils tenaient de lui non en *hommage*, mais en parage, et ne lui devaient en principe que la *fidelitas*. Cet état entre la branche aînée et les branches cadettes pouvait même se prolonger très longtemps, jusqu'à l'épuisement de la parenté canonique, c'est-à-dire jusqu'au septième degré. Alors le représentant de la branche cadette devait rentrer dans l'ordre et faire hommage au représentant de la branche aînée.

Somme toute, la tenure en parage était désavantageuse au

---

1. Bouteiller, *Somme rurale*, I, 80, p. 472: « Lors n'y auroit nul quintiage quant aux frères pour ce que chacun emporteroit son fief. Mais si tant n'y avoit de fiefs qu'il y auroit de frères, le demeurant des frères qui n'auroient fiefs, auroient quint contre les autres fiefs et frères, et ainsi seroit-il des sœurs s'elles y estoient. » Cf. p. 458, 448.

2. *Grand Coutumier de Normandie*, ch. xxx, p. 93; ch. xxxv, p. 109. D'après le Grand Coutumier, c'est l'aîné qui a la saisine du fief. — *Établissements de saint Louis*, I, 10, 12, 25. — *Livre de Jostice et de Plet*, XII, 6, § 5, 6, 9. — Bouteiller, *Somme rurale*, I, tit. LXXXIX, p. 488.

seigneur : la division héréditaire s'étant en fait introduite, mieux valait pour lui avoir les puînés pour vassaux directs. Aussi une réaction se produisit-elle. Une ordonnance de Philippe Auguste, de 1209, rendue d'accord avec un certain nombre de grands feudataires, prohiba pour l'avenir la constitution de tout nouveau parage, ordonnant que tous les héritiers venus au partage du fief tiendraient directement leurs parts du seigneur[1]. Néanmoins, la tenure en parage subsista non seulement dans les pays que n'avait pas atteints cette ordonnance, mais même dans la France proprement dite; mais elle constitua une exception de plus en plus rare[2].

Le droit d'aînesse, je l'ai dit, supposait un homme comme sujet ; le fils, quel que fût son rang d'âge, était toujours l'aîné par rapport aux filles. Cependant, lorsqu'il n'y avait que des filles du vassal en présence, la question dut se poser de savoir si le droit d'aînesse recevrait son application. Quelques coutumes l'admirent[3] ; mais la règle commune fut en sens contraire, et lorsque les seuls héritiers du vassal étaient des filles, le fief se partageait également entre elles[4].

La transmission héréditaire du fief fut d'abord restreinte à la ligne directe descendante; ce n'est qu'après coup qu'on admit les collatéraux, à défaut de descendants[5]. C'est sans doute pour cela, qu'en succession collatérale, il n'y eut point de

1. *Ordonnances des rois de France*, t. I, p. 29.
2. En 1304, on constate dans le registre criminel de Sainte-Geneviève, comme une exception à la coutume féodale de la vicomté de Paris, que les fiefs de la chatellerie de Montmorency suivent le régime du parage. Tanon, *Histoire des justices des anciennes églises et communautés monastiques de Paris*, p. 411.
3. *Établissements de saint Louis*, I, 12. — *Assises*, *Livre de Jean d'Ibelin*, ch. ci. — *Livre des droiz et des commandemens d'office de justice* (xive siècle), édit. Beautemps-Beaupré, no 425. — Cf. *Coutume de Touraine*, art. 273.
4. *Livre de Jostice et de Plet*, XII, 6, § 14 : « Entre femelles n'a point de enéance. » — Cf. Guy Coquille, *Institution*, p. 112 : « Presque toutes les coustumes disent, quand il n'y a que filles venans à la succession, il n'y a droict d'aînesse, ains succèdent toutes esgalement. »
5. Dans les *Libri feudorum*, on voit comment la succession en ligne collatérale fut d'abord seulement admise au profit des frères (I, 1, § 2), puis au profit des cousins germains et en dernier lieu au profit de tous les collatéraux, I, 1, § 4 : « Hoc quoque sciendum est quod beneficium ad venientes ex latere ultra fratres patrueles non progreditur successione, secundum usum ab antiquis sapientibus constitutum, licet moderno tempore usque ad septimum geniculum sit usurpatum. » — Il est vrai que, dans d'autres régions, la succession collatérale apparaît de bonne heure; voyez, pour la Normandie du xie siècle, Orderic

droit d'aînesse [1]; il ne figure du moins qu'à titre d'exception.
Mais ici apparaît une autre règle de dévolution, qui fut également
dictée par les besoins féodaux, le *droit de masculinité*. La
coutume féodale hésita à permettre aux femmes la possession
des fiefs [2]; et, en effet, elles paraissaient impropres à rendre les
services, qui en étaient la condition même : la femme ne pouvait
aller à la guerre, et en général, elle aurait figuré peu utilement
à la cour de justice ou au conseil [3]. Cependant, en France, on
ne voit pas que la coutume l'ait jamais exclue de la succession
féodale : somme toute, les services qu'elle ne pouvait rendre
par elle-même, elle pouvait les accomplir par un représentant [4]. Mais l'accession d'une femme à un fief était cependant
une cause de trouble dans l'organisation féodale. Aussi la coutume sans l'exclure absolument, chercha à l'écarter au profit
des mâles. En ligne directe, le droit d'aînesse suffisait, tel qu'il
a été décrit [5]; en ligne collatérale, où il n'y avait pas de droit
d'aînesse, la règle s'établit, qu'à degré égal, l'héritier du sexe
masculin excluait la femme [6]; c'est là ce qu'on entendit par
privilège de masculinité.

Vitalis, *Historia ecclesiastica*, t. II, p. 92, 164. — A vrai dire, une certaine succession collatérale dut souvent s'introduire d'emblée; c'est celle qu'on trouve
dans nos anciennes coutumes *souchères* et dans l'ancien droit anglais, et d'après
laquelle pour recueillir le bien il est nécessaire et suffisant de descendre du premier concessionnaire : qu'on soit le descendant ou le collatéral du dernier vassal,
peu importe alors; car, en réalité, on se présente toujours comme descendant
du vassal originaire. Ce système fut un produit de l'interprétation stricte des
concessions féodales, qui accordaient un fief à un tel et à ses descendants.

1. *Livre de Justice et de Plet*, XII, 6, § 15 : « En eschéete de costé n'a point
de enuéence, tuit sont iuel (égaux). » — Guy Coquille, *Institution*, p. 114 :
« Presque toutes les coustumes disent qu'en succession collatérale n'y a droict
d'aisnesse. »

2. Les *Libri feudorum* les excluent de la succession, I, 1, § 1.

3. *Très ancienne Coutume de Bretagne* (xive siècle), ch. ccxxxii : « Pource
qu'il n'apartient pas à feme à aller en ost, ne en chevauchée où il auroit fet
d'armes, car son pouvoir n'est rien; ne se doit aller à plet ne à jugement,
comme droit dit, et ainsy le seigneur seroit deceu de la recevoir, car il auroit
poy (peu) de conseil et d'aide d'elle. »

4. *Livre de Justice et de Plet*, XII, 7, § 3 : « L'on doit prendre feme à feme; car
ele pot fere par autrui ce qu'ele ne pot fere de soi. » Durantis, *speculum, loc.
cit.*, p. 311 : « Quæritur quomodo serviet feudum. Dic quod ipsa erit vasalla et
jurabit per se fidelitatem sed serviet feudum per substitutum, nam hæc opera
bene potest dividi ». — *Très ancienne Coutume de Bretagne*, ch. ccxxxii.

5. Guy Coquille, *Institution*, p. 113 : « La masculinité est spécialement et
directement considérée au droit d'aisnesse. »

6. *Livre de Justice et de Plet*, XII, 6, § 28 : « Uns hom si a sa terre qui mot de

On le voit, le côté patrimonial l'emportant, l'ancienne indivisibilité du fief avait été entamée par des partages. Mais elle n'avait cédé que peu à peu. Tout d'abord, on subordonna la possibilité du partage à cette condition, que chaque part du fief serait suffisante pour assurer l'entretien d'un chevalier [1]. Puis on avait admis la divisibilité des fiefs non titrés [2], la baronnie et les fiefs de dignité supérieure demeurant indivisibles. Cette règle, posée au xiiie siècle [3], resta définitive, et ces grandes seigneuries conservèrent jusqu'au bout l'indivisibilité héréditaire [4]. Le côté politique l'emporta sur le côté patrimonial.

La succession des fiefs se distingua encore par d'autres règles ; la seule que je signalerai, c'est le droit de réversion. Lorsque le vassal mourait sans laisser d'héritiers et sans avoir disposé de ses biens, le fief n'allait point à l'autorité qui avait en général le droit de recueillir les biens sans maître ; il faisait retour au seigneur de qui il relevait. La concession faite au vassal originaire et à ses successeurs étant épuisée, le fief était éteint.

Enfin, deux règles, qui se rattachent à l'hérédité des fiefs et à la féodalité politique, restent à signaler : l'une concerne le *mariage féodal*, l'autre la *garde*. On a dit plus haut que

---

fié, et muert sans enfanz de sa feme esposée. Sa terre doit eschéer au plus près... fors en ce, se il i a en eschéete de costé masle et femelle iuves (de même degré) li masles prent et la femeie non. Et se la femelle est plus près que li masles, le praut avant que li masles. »

1. *Assises de Jérusalem, Livre de Jean d'Ibelin*, ch. cl. — *Clef des assises de la Haute-Cour*, ch. xcvii : « Fié qui ne doit service que d'un chevalier ne se doit partir. » — Pierre de Fontaines, *Conseil*, XXXIV, 8, 9 : « Ne me semble que liez puisse estre partiz ne doie, dont chascune partie n'est sofisanz à servir. »

2. Le *Grand Coutumier de Normandie* divise les fiefs en partageables (ceux des vavasseurs) et impartageables (tous les autres), ch. xxvi, p. 79-80. Cependant il admet qu'entre sœurs le *feudum loricæ* se partage, p. 86.

3. *Livre de Jostice et de Plet*, XII, 6, § 16 : « Des baronies et des contiez vet autrement ; car la sole baronie n'est pas desmembrée, mès l'en set l'avenant as mennez (puinés) sor reutes o sor terres, et la digneté remaint à l'aiuzné ou à l'aiuznée. Et s'il i a dui ou trois baronies, es sont départies senz desmembrer. » — *Établissements de saint Louis*, I, 26. — *Coutumier d'Artois*, tit. XI, § 13.

4. Lebrun (xviie siècle), *Traité des successions*, l. II, ch. ii, sect. 1, no 70 : « L'aîné a le total, parce que ces sortes de fiefs ne sont pas sujets à division... Ce qui est fondé sur deux raisons ; la première que le service à la guerre, qui est attaché à ces grandes seigneuries, se rend beaucoup mieux par celui qui les possède dans leur intégrité ; la seconde que les reliefs et autres droits s'en exigent plus aisément... Mais il est dû en ce cas une récompense aux autres enfants. »

la femme, propriétaire d'un fief, faisait accomplir les services par un représentant. Un homme était tout naturellement
désigné pour cela ; c'était son mari : aussi la coutume voulait-elle que le mari de la vassale vînt, pour les fiefs de celle-
ci, à l'hommage du seigneur [1]. Mais cela n'était pas tout. Le
seigneur, dans ces conditions, était directement intéressé à ce
que sa vassale ne restât pas fille et à ce qu'elle épousât un
bon chevalier : la conséquence fut qu'il eut, à ce point de vue,
voix au chapitre. Nous constatons, dans divers documents anciens, que la femme féodale ne peut se marier sans le consentement du seigneur [2], et parfois celui-ci peut la forcer à se
marier, en lui présentant plusieurs prétendants à choisir [3].
Bien entendu, la femme restait libre, dans le premier cas, de
contracter un mariage valable, et, dans le second, de ne point
se marier ; mais la sanction était alors la commise du fief au
profit du seigneur.

Quand la succession du fief s'ouvrait au profit d'un mineur,
le service féodal était arrêté dans son fonctionnement. L'enfant en bas âge ne pouvait servir le fief, et les coutumes déterminaient même un âge au-dessous duquel le vassal ne
pouvait être reçu à l'hommage : c'était d'ordinaire vingt et un
ans pour les hommes et quinze ans pour les filles. Tant que
l'hérédité des fiefs ne fut pas légalement établie, mais seulement dans les mœurs, la minorité de l'héritier laissé par le
vassal fut certainement, pour le seigneur, un motif suffisant
de ne point maintenir la concession. Mais, quand le fief fut
devenu pleinement héréditaire, il passa héréditairement au
mineur comme au majeur, et il fallut un remède aux inconvénients résultant de la minorité : on le trouva dans l'institution de la garde seigneuriale. Celle-ci consistait en ce que le
seigneur reprenait la jouissance du fief pendant la minorité de
l'héritier, sauf à assurer l'entretien de ce dernier [1]. Mais la

1. *Très ancienne Coutume de Bretagne*, ch. ccxxxii.

2. *Grand Coutumier de Normandie*, ch. xxxiii, p. 103 : « Femina... cum ad
nubiles annos pervenerit, *per consilium et licentiam domini sui*... prout generis nobilitas et feudorum valor requisierint, debet maritari. » — *Assises de
Jérusalem, Livre de Jean d'Ibelin*, ch. clxxvii et clxxi. —*Établissements de saint
Louis* I, 67. — *Cartulaire de Saint-Père de Chartres*, édit. Guérard, p. 462.

3. *Livre de Jean d'Ibelin*, ch. clxxi, ccxvii et suiv.

4. *Grand Coutumier de Normandie*, ch. xxvi et xxxiii. C'est, de nos anciennes

patrimonialité demandait plus encore, et, dans la plupart des coutumes, la garde seigneuriale fut, de bonne heure, remplacée par le *bail*, qui forme le droit commun au XIIIe siècle. Il consista en ce que la jouissance du fief, au lieu de retourner au seigneur, pendant la minorité de l'héritier, resta à la famille de celui-ci ; un parent, en qualité de baillistre, eut la jouissance du fief, à charge d'en faire les services. Le bail ainsi conçu appartint, suivant les cas, au père, à la mère, ou au parent qui eût recueilli le bien à défaut du mineur [1]. Il cessait à la majorité de l'héritier, qui venait alors à l'hommage et prenait possession. Cependant, anciennement, il semble que, pour les femmes féodales, une fois établi, il ne cessait que par leur mariage [2]. Cela était fort logique, car cela diminuait les chances, pour les femmes, d'accéder à la jouissance personnelle des fiefs. La coutume féodale avait ainsi établi une sorte de tutelle perpétuelle des femmes.

II

Le fief se présenta d'abord comme étant inaliénable ; le vassal ne pouvait céder son droit sur lui ni à titre onéreux ni à titre gratuit. Cela était parfaitement logique et cela pour deux raisons. D'abord, lorsque la concession était viagère en droit, cela allait de soi : l'usufruit se présente naturellement comme strictement attaché à la personne. Puis l'hommage créait un lien individuel entre le seigneur et le vassal, et l'on ne concevait pas que l'une de parties pût se substituer un tiers dans ces relations si personnelles. Permettre au vassal de céder son fief,

---

sources, celle qui a le mieux conservé la théorie de la garde féodale. — Cf. Tanon, *Histoire des justices*, p. 247.

1. *Assises de Jérusalem, Livre de Jean d'Ibelin*, ch. CLXXI, CCXVII. — *Livre de Joslice et de Plet*, XII, 6. — Beaumanoir, *Coutumes de Beauvoisis*, ch. XV ; ch. XXI, n°s 12-16. — Ordonnance de Louis IX de 1246, *Ordon.*, I, 58. — *Somme rurale*, I, 93. — Jean Des Mares, *décis.*, 281.

2. *Grand Coutumier de Normandie*, p. 103 : « Femina tamen nisi per matrimonium custodia non egreditur. » — *Livre de Joslice et de Plet*, XII, 6, § 7 : « Quant feme a douze anz, et ele est mariée, le bail mort, et véez la raison : li anciens droiz si est tex que feme n'est à âge à terre tenir devant qu'ele fût mariée ; et por ce que li ami la tenoent tant à marier, pour avoir le preu (profit) de la terre, mainz maus en sordoent. Et li rois Loys vost ci fere amendement, et establi, par general concire, que feme puis qu'ele aroit quinze anz fust hors de bail et tenist sa terre. »

c'eût été, en particulier, l'autoriser à se choisir un remplaçant
dans le service féodal [1]. Cette raison garda sa force alors même
que le fief fut devenu pleinement héréditaire; le seigneur avait
à l'avance agréé une famille et une race, mais non point n'importe quel étranger. Cependant l'aliénation était possible, si le
seigneur y donnait son consentement : c'était, en quelque sorte,
une concession nouvelle qu'il faisait au profit de l'acquéreur.
Mais il fallait que le consentement du seigneur fût donné préa-
lablement à la cession : si le vassal aliénait, sans l'avoir obtenu,
la sanction était la commise même du fief. Ce droit est celui
qui s'est maintenu dans les *Libri feudorum*, après quelques
fluctuations et malgré certains adoucissements momentanés [2].
C'est le principe que reproduit encore le Grand Coutumier de
Normandie au xiiie siècle [3] et l'ancienne coutume de Bourgogne au xive [4]. Mais cette logique rigoureuse ne pouvait se
maintenir. Ici encore la patrimonialité l'emporta, et la coutume admit que le vassal pouvait vendre le fief, sans le consentement du seigneur; c'était déjà le droit commun en
France au xiiie siècle [4]. Mais, comme compensation, le seigneur
obtint deux droits importants.

1° Dans le cas le plus usuel d'aliénation, c'est-à-dire en cas
de vente, il perçut un droit pécuniaire assez élevé, représentant
une portion notable du prix, généralement le cinquième. Cela
s'appela ordinairement le droit de *quint* [5], parfois le droit de *lods*

1. Durantis : *Speculum, loc. cit.*, n° 30, p. 313 : « De rigore tamen juris videtur quod invito domino... non potest feudum alienare. Si enim hoc posset
per consequens posset alium in homagium subrogare, quia emptor feudi in
homagium subrogatur, cum res in eum transeat cum onere suo; quod esse
non debet. Nam tenetur præstare operas quæ in faciendo consistunt, scilicet
juvare dominum contra inimicos et similia, in quibus non videtur quod alium
valeat subrogare. »

2. *Libri feudorum*, I, 13; II, 9, 34, 39, 40.

3. Ch. xxix, p. 93 : « Notandum etiam est quod nullus terram quam tenet
de domino per hommagium potest vendere vel invadiare sine assensu domini
speciali. »

4. Édit Giraud, p. 275 : « Len ne puet vendre simplement la chose de fié
sans le consentement du seigneur de fié, car qui fait, la chose est acquise et
commise au seigneur dudit fié. »

5. Guy Coquille, *Institution*, p. 86 : « Quint denier... qui est la composition
qui autrefois a esté faicte par le consentement des Estats afin de se rédimer
du droit de commise, qui estoit quand le vassal vendait sans congé du seigneur ».

et ventes [1]. En cas d'aliénation à titre gratuit par le vassal, la coutume accorda d'ordinaire au seigneur le droit de *relief* ou *rachat*, comme en cas de succession.

2° L'acquisition ne fut parfaite que par l'intermédiaire du seigneur. L'aliénateur, pour cela, venait se dessaisir entre les mains de son seigneur et demander à celui-ci d'investir l'acquéreur en le recevant à son hommage. En cas de vente, d'ailleurs, le seigneur n'était pas obligé d'investir le vendeur, en percevant le droit de quint : il pouvait l'écarter, au contraire, mais en lui remboursant le prix d'acquisition et ramener ainsi le fief à lui [2]. Cela s'appela la *retenue* ou retrait féodal. Ce droit se présenta même d'abord sous une forme plus déférente pour le seigneur : le vassal, qui voulait vendre son fief, devait tout d'abord offrir l'acquisition à son seigneur, et ce n'était que sur le refus de celui-ci qu'il pouvait l'offrir à un étranger [3].

Avant même que l'aliénation directe eût été ainsi ouverte au vassal, la coutume lui avait permis une aliénation indirecte, par voie de sous-inféodation. Le vassal, dans ce cas, sans abandonner sa place dans la hiérarchie féodale et sans déserter l'hommage, concédait tout ou partie de son fief, à titre de fief ou de tenure roturière, à une personne qui devenait ainsi son propre vassal ou tenancier. La coutume féodale n'eut d'abord aucune défiance pour cet acte, qui, en apparence, ne dérangeait en rien l'harmonie préétablie [4]. En réalité, il était

---

1. *Livre de Justice et de Plet*, XII, 13, § 1 : « Los si est une chose que l'en doit a seignor quant aucun vent sa terre. Et est appelez loz de loer : quar la vente n'est pas parfeite devant que li sires l'ait loée. Et li los si monte le quint denier... et li sires de qui fié ce est, si le doit avoir. » Le *Livre de Justice* distingue d'ailleurs du los les *ventes*, qui représentent un second droit plus faible perçu par le seigneur en même temps, XII, 14.

2. Beaumanoir, *Coutumes de Beauvoisis*, LI, 20 : « Çascuns doit savoir quant uns héritages est vendus soit en fief... et li venderes se dessaisist en la main du seigneur de qui li héritages muet et li requiert qu'il en saisisse l'aceteur... li sires pot retenir le sesine por soi par le bourse paiant au vendeur ; car li sires est plus pres de ravoir par le bourse ce qui muet de li que n'est persone estrange. »

3. Durantis, *loc. cit.*, n° 30, p. 313 : « Quæritur utrum homo sive vasallus possit vendere feudum domino irrequisito. Dic quod non. Si autem dominus post requisitionem emere nolit, tunc poterit alteri vendere et sic in plerisque locis servari videmus. » — Guy Coquille, *Institution*, p. 86, rappelle aussi qu'anciennement le vassal qui voulait vendre son fief devait faire le seigneur « le premier refusant ».

4. Durantis, *loc. cit.*, n° 38, p. 314 : « Quæritur an vasallus possit alii dare in

ou pouvait être fort dangereux pour les seigneurs. En effet, le vassal, en sous-inféodant, surtout à titre de fief, s'appauvrissait et pouvait mal servir un fief dont il ne jouissait plus en réalité ; et le vassal qu'il s'était créé n'était point l'homme de son seigneur. Aussi une réaction se produisit-elle. En Angleterre, sous Édouard III, fut édicté un statut (le statut *Quia emptores*) qui, complété par d'autres, rendit à l'avenir impossibles les sous-inféodations. En France, les coutumes limitèrent la possibilité de la sous-inféodation[1] à une partie du fief[2], ou ne l'admirent que dans certaines conditions, par exemple à titre de tenure roturière, non à titre de fief.

Si le vassal ne pouvait pas, au début, aliéner le droit qu'il avait sur le fief, le seigneur ne pouvait point non plus aliéner les prérogatives de sa seigneurie féodale ; c'eût été, en quelque sorte, aliéner les vassaux qui en dépendaient, en transférant leur hommage à un autre seigneur. Mais, à ce point de vue encore, la patrimonialité prit le dessus, non toutefois sans difficulté[3] : l'aliénation put avoir lieu du côté du seigneur, comme du côté du vassal.

Le fief s'étant ainsi pleinement développé, lorsque les juristes cherchèrent à en faire la théorie, ils virent très bien que, sur la même terre, par cette forme de concession, portaient à la fois deux droits distincts. Le vassal avait, semblait-il, tous les avan-

---

feudum quod ipse habet in feudo. Et dicunt quidam quod sic. Tamen secundus vasallus tamdiu habebit feudum quamdiu vixerit primus vasallus vel ejus filii, quia vasallus non aliter potest alteri dare in feudum quam ipse habet. Et quod feudatarius possit alii infeudare probatur... alias autem non potest dare vel alienare. » — J. Saison, sur la coutume de Tours (édit Francf., 1573) p. 69 : « Licet regulariter vasallus feudum vel feudi partem non possit alienare sine domini consensu, poterit tamen infeudare sine ipsius domini consensu. »

1. Blackstone, *Commentaries on the laws of England*, II, ch. IV, p. 91.

2. Beaumanoir, *Coutumes de Beauvoisis*, XIV, 25 : « Selonc le coustume de Biavoisis, je puis bien fere du tiers de mon fief arrière-fief, et retenir ent l'hommage... Mais se j'en oste plus du tiers, li hommages du tiers et du sorplus vient au seigneur. » — Guy Coquille, *Institution*, p. 103.

3. Guy Pape, *Decisiones Gratianopolitanæ*, qu. 560. — Après 1360, divers seigneurs résistèrent à l'exécution du traité de Brétigny, en Languedoc et en Poitou, en invoquant ce principe. Froissart, *Chroniques*, l. I, ch. CXLI : « Si ne fut mie sitost fait, car plusieurs seigneurs en la Languedoc ne voulurent mie de premier obéir, ne eux rendre au roi d'Angleterre, combien que le roi de France les quittât de foy et d'hommage... et disoient les aucuns qu'il n'appartenoit mie à lui à quitter, et que par droit il ne le pouvait faire. »

tages de la propriété, l'*usus* et même l'*abusus*; mais, d'autre part, le seigneur n'avait point abdiqué tout droit sur la terre. Non seulement la possession du vassal était grevée des services; non seulement le seigneur retirait du fief des *profits* pécuniaire et casuels (droits de relief et de quint) ; mais encore il pouvait éventuellement rentrer dans la pleine propriété par l'exercice de la commise, du retrait, de la réversion. Les jurisconsultes, formés à l'école du droit romain, furent assez embarrassés, pour caractériser et analyser juridiquement une situation si nouvelle. Ils eurent, d'abord, l'idée de rapprocher le droit du vassal de celui de l'usufruitier, mais les différences étaient trop sensibles. Ils en arrivèrent à déclarer que, par la concession du fief, le domaine, la propriété, avait été divisé en deux fractions, représentant l'une le droit du seigneur et l'autre celui du vassal. Ils appelèrent la première *domaine direct* (on dira plus tard aussi *domaine éminent*), et la seconde *domaine utile*. C'étaient des expressions fournies par la langue du droit romain, qui montrait parfois le même droit invoqué par deux personnes, avec une efficacité diverse : d'un côté, par la voie de l'*action directe* et de l'autre par celle de l'*action utile*[1]. Le domaine éminent d'un fief était, le plus souvent, rattaché comme qualité et appendice à un autre fief, dont le seigneur, vassal à son tour, avait le domaine utile. On disait alors que le premier fief était dans la mouvance du second, dont il constituait l'arrière-fief. Mais le domaine éminent pouvait aussi constituer une propriété distincte, isolée ; on appelait cela parfois un *fief en l'air*.

II. — LES TENURES ROTURIÈRES ET LES TENURES SERVILES

Les tenures roturières étaient des concessions de terre faites aux membres inférieurs du groupe féodal. Anciennement, on les

---

1. Ce sont les docteurs italiens, légistes et canonistes, qui firent les premiers cette analyse et introduisirent cette terminologie. Voyez un bon résumé de leur doctrine et de leurs controverses sur ce point dans Hostiensis (xiiie siècle) *Summa decretalium*, tit. *de Feudis*, p. 270-271.

appelait d'ordinaire les *vilenages*[1] ou les *rotures*[2] ; elles avaient pour origine les *precariæ* et *dationes sub censu* de la monarchie franque et c'étaient des terres qui, à la différence des fiefs, n'avaient pas la qualité de nobles. La concession, en effet, n'avait pas eu pour but principal, comme le fief, de créer une association politique, dont les membres étaient égaux ; elle servait surtout à l'exploitation économique des fonds. Juridiquement, les tenures roturières se distinguaient des fiefs par deux caractères principaux.

1° Les services dûs par les tenanciers consistaient en prestations de valeur pécuniaire : une somme d'argent ou des fruits de la terre périodiquement fournis[3]. Dans le fief, au contraire, nous avons signalé, comme caractéristique, l'absence de toute prestation pécuniaire.

2° Le lien qui unit le tenancier au seigneur est ici réel et non personnel ; c'est la terre qui doit, plutôt que l'homme[4]. De là, cette conséquence, qu'il n'intervient pas de contrat personnel impliquant fidélité réciproque entre le tenancier et le seigneur. Il n'y a pas, dans la tenure roturière, de prestation de foi et d'hommage ; l'hommage est le signe distinctif du fief[5].

D'ailleurs, pour le reste, la tenure roturière copie le fief. Le concédant ou son successeur porte le titre de seigneur ; il a comme voie d'exécution contre le tenancier une sorte de saisie privée, qui rappelle la saisie féodale ; viagères et inaliénables à l'origine, ces tenures devinrent patrimoniales, comme le fief et à peu près aux mêmes conditions ; le domaine enfin est divisé en deux fractions, *domaine direct* et *domaine utile*. Les tenures

---

1. Beaumanoir, *Coutumes de Beauvoisis*, XIV, 6 : « Nous appelons villenage héritage qui est venu de seigneur à cens, à rente et à champart. »

2. Parfois, pour désigner ces tenures, le mot fief était également employé par les textes, parfois avec l'épithète *fief vilain;* mais la différence de nature entre les deux sortes de concessions n'était pas moins certaine. Voyez, cependant, Viollet, *Précis*, p. 547 et suiv.

3. Guy Coquille, *Institution*, p. 151 : « Autres héritages sont, dont le devoir est appelé roturier, pour ce qu'il consiste en prestations de deniers, grains et autres espèces estimables en argent. »

4. *Livre de Jostice et de Plet*, XII, 11, § 2 : « Cil (services) qui sont deu par la reson des terres sont cens, obliez, gelines, corvées, et plusors autres choses, qui plus doivent par la reson des terres que par autres. »

5. *Grand Coutumier de Normandie*, ch. XXXVIII, p. 90 : « Per homagium autem tenentur feoda, de quibus fides inter dominum et hominem expresse promittitur. »

roturières présentent des combinaisons nombreuses et variées ;
les principales sont la *censive*, le *champart* [1], la rente féodale.
Je détacherai seulement la censive pour l'étudier d'un peu plus
près ; c'était la plus usitée et traditionnellement on la prenait
comme type des tenures roturières [2].

La censive était une terre concédée moyennant le paiement
annuel d'une somme d'argent, *census :* le tenancier prenait le
nom de censitaire, le concédant celui de seigneur censier ; le
contrat de concession s'appelait *contractus censuarius* ou *bail
à cens.* Mais, dans le droit coutumier classique, à partir du
XVIe siècle, les auteurs relevaient, quant au *census*, une particularité étrange ; c'était sa modicité. Il était loin de représenter le revenu de l'immeuble-censive, et ne constituait, la
plupart du temps, qu'une somme insignifiante ; les jurisconsultes déclaraient qu'il était surtout *récognitif* du domaine éminent [3] : par le paiement annuel, le censitaire reconnaissait qu'il
n'était point pleinement propriétaire. Les seuls profits sérieux
du seigneur censier consistaient dans les droits qu'il percevait,
comme on le verra bientôt, en cas de mutation de la censive.
Comment expliquer ce caractère ? Deux causes ont contribué
à le produire. En premier lieu, beaucoup de censives étaient
d'origine très ancienne : à l'époque de leur constitution, le
cens fixé représentait une somme sérieuse, en proportion avec
le revenu de la terre ; mais, dans le cours des siècles, l'argent
perdit considérablement de son pouvoir ; le cens restant le
même, tel qu'il avait été fixé à l'origine, ne représenta plus
qu'une valeur insignifiante. D'autre part, il arriva souvent que,
de parti pris, le concédant imposa un cens purement nominal ;
il cherchait surtout à se faire des clients.

La censive, comme le fief, se présenta d'abord sous la forme

---

1. Voyez cependant Dumoulin, sur la coutume de Paris, art. 73, n° 2.

2. Guy Coquille, *Institution*, p. 131 : « Le plus commun et le plus ancien est
le cens. »

3. Guy Coquille, *Institution*, p. 131 : « La prestation ordinairement est petite et
payée par reconnaissance de supériorité et non pas pour avoir profit qui ait
quelque proportion aux frais de l'héritage chargé de cette redevance. » Dumoulin, sur la coutume de Paris, art. 73, glose 1, n° 16 : « Et quamvis hujusmodi
census ut plurimum in modico ære consistat et consistere debeat, utpote in
quo non id quod solvitur (quod est parvum) sed qualitas solutionis quæ est
magna, et recognitionem dominii et reverentiam implicat, consideratur, tamen quandoque ex tenore investituræ magna penditur summa. »

d'une tenure viagère et inaliénable. Mais la patrimonialité
s'introduisit également en ce qui la concerne, et même plus
complètement que pour le fief. Lorsque l'hérédité s'établit au
profit des descendants, puis des autres parents du censitaire,
aucune règle de dévolution spéciale ne fut édictée par la coutume; il n'y eut ici ni droit d'aînesse ni privilège de masculinité [1]. Il n'y en avait aucunement besoin. Pour payer de
l'argent, une femme valait un homme, et la division de la censive ne causait pas un préjudice sensible au seigneur. Cela
divisait le cens entre plusieurs débiteurs; mais la terre était
toujours là pour en répondre, et la coutume pouvait établir,
comme elle le fit souvent, la solidarité entre les divers censitaires. L'aliénabilité suivit l'hérédité; mais, comme pour le fief,
l'une et l'autre ne s'introduisirent que moyennant des profits
pécuniaires payés au seigneur. Ces droits paraissent même
tout d'abord avoir été plus nombreux, plus lourds que pour
le fief. En cas de transmission héréditaire, le relief était dû,
et souvent la censive relevait de toutes mains [2]. En cas de vente,
les *lods et ventes* étaient perçus, souvent augmentés de divers
accessoires [3], et, pour les aliénations à titre gratuit, des droits
semblables s'étaient établis [4]. Ce n'est pas tout : dans tous les
cas, il fallait que le nouveau censitaire se fît mettre en possession, ensaisiner par le seigneur, et la saisine n'était accordée
que moyennant le paiement d'un nouveau profit [5]. Mais tout
cela s'atténua peu à peu. L'obligation de l'ensaisinement
disparut pour le censitaire. En cas de transmission héréditaire,
l'héritier légitime fut saisi de plein droit, par l'effet de la
maxime « le mort saisit le vif », qui ne subit point ici de restriction, comme en matière de fiefs [6]. En cas de vente ou

---

1. *Livre de Joslice et de Plet*, XII, 21, § 7; XII, 25, § 7 : « Femes et homes
prenent inément en achaeste en villenage. » — Beaumanoir, *Coutumes de Beauvoisis*, XIV, 6. — Des Fontaines, *Conseil*, XXXIV, 12 : « Del eritage au vilain doit
avoir li unz de ses enfauz autretaut come li autres. »

2. *Livre de Joslice et de Plet*, XII, 15, § 6 : « En totes les manières que la censive
mue seignor, de quelque partie que ce soit, soit par le seignor qui tient le
fié, soit de par celui qui tient le vilenage, a relief. »

3. Beaumanoir, *Coutumes de Beauvoisis*, XXVII, 6, 7; *Livre de Joslice et de
Plet*, XII, 13, § 1.

4. Guy Coquille, *Institution*, p. 133.

5. Beaumanoir, XXVII, 6. — *Livre de Joslice et de Plet*, XII, 15, § 8.

6. *Grand Coutumier de France*, p. 234.

autre aliénation entre vifs, l'acquéreur put aussi recevoir la possession de l'aliénateur sans avoir besoin de se faire ensaisiner par le seigneur, ce qu'on exprima par la maxime « Ne prend saisine qui ne veut » [1]. Quant aux droits de mutation proprement dits, ils s'affaiblirent également. Déjà Beaumanoir montre qu'il n'est point dû de rachat en cas de donation ; et la plupart des coutumes abolirent aussi le relief au profit des censitaires, en ligne collatérale comme en ligne directe. Resteront seulement, en cas de vente, les lods et ventes. De même, en cas de vente, le seigneur, qui avait eu d'abord le droit de *retenue* ou de *retrait*, comme pour le fief, perdit ce privilège dans le droit commun : le retrait se présenta comme un avantage exceptionnel [2].

Le censitaire avait acquis le droit d'aliéner librement sa terre ; mais pouvait-il la donner lui-même à cens par une sous-inféodation ? Il semble que, dans un premier état du droit, il le pouvait, et ce nouveau cens, qui s'ajoutait au premier, portait spécialement le nom de *surcens* ou cens de côté [3]. Mais cette faculté fut supprimée dans la suite : ce devint une règle certaine et générale que le censitaire ne pouvait pas plus accenser sa tenure qu'il ne pouvait l'inféoder [4]. C'est ce que dit la maxime : *cens sur cens ne vaut* [5]. Deux causes contribuèrent à ce revirement. En premier lieu, l'intérêt du seigneur censier, qui ne gagnait rien et ne pouvait que perdre à cette opération [6]. En second lieu, un principe qui s'introduisit assez naturellement dans la féodalité pleinement hiérarchisée : c'est

1. *Grand Coutumier de France*, p. 265, d'après le texte rapporté à la note 5. « Si ainsi est que ledict vendeur se veuille faire ensaisiner, car, par la coustume de ladicte prevosté, *il ne prend saisine qui ne veult*, et adonc ledict seigneur ne reçoit que ses ventes. »

2. Jean Des Mares, *Décision* 204. « Quant aucun vent aucune chose tenue en censive, le seigneur de qui elle est tenue ne puet icelle retenir pour le prix : autrement est du seigneur duquel le fief vendu est tenu. »

3. Beaumanoir, *Coutumes de Beauvoisis*, XXIV, 20.

4. Guy Coquille, *Institution*, p. 151 : « Cens ni autre redevance emportant seigneurie directe ne peut estre mise sur le premier cens au préjudice du seigneur premier. »

5. Loisel, *Institutes*, IV, 2, 4.

6. Voyez dans le *Cartulaire de Saint-Père de Chartres*, édit Guérard, p. 345, un acte du XIIᵉ siècle portant concession d'une censive, et limitant chez le censitaire la faculté d'accenser : « Si vero voluerit eam aliis ad censum tradere, totum incrementum census nostrum erit. »

que celui-là seul qui tenait une terre noble ou libre pouvait conquérir, par une concession de cette terre, la qualité de seigneur féodal. C'est une idée qui apparaît dès le xiiie siècle[1]. Elle se précisa à partir du xive siècle, en ce que, sur la tenure roturière, il n'y eut jamais place que pour un seul seigneur direct[2]. Ce qui montre que là fut la raison déterminante, c'est que le censitaire put, au contraire, établir sur sa terre une charge simplement foncière, n'emportant pas la seigneurie féodale, la céder, par exemple, par un bail à rente foncière.

Les tenures serviles, ou terres concédées par un seigneur à ses serfs, présentent une grande analogie avec les tenures roturières. Ce sont, de part et d'autre, des services de même nature qui sont dûs par le tenancier. Mais elles en diffèrent cependant par deux traits importants. Dans la tenure roturière, l'origine de la concession, c'est un contrat, et, par suite, les prestations sont fixes, arrêtées par la convention. Dans la tenure servile, au contraire, il y a une simple grâce du concédant, et souvent la coutume admettait que l'autorité seigneuriale pouvait arbitrairement imposer la tenure comme la personne du serf. D'autre part, tandis que la tenure roturière devint promptement héréditaire et aliénable, la tenure servile ne conquit ni l'une ni l'autre de ces qualités[3]. L'hérédité ne s'établit point en droit pour la tenure, pas plus que pour les autres biens du serf ; et le consentement du seigneur restera nécessaire pour que la tenure servile puisse être aliénée par le tenancier au profit d'un autre homme également de condition servile.

§ 3. — LE FRANC ALLEU

Les tenures féodales, que l'on vient de décrire, représen-

---

1. *Livre de Justice et de Plet*, XII, 15, § 10 : « Nus ne se doit fere sire de ce dont il doit estre sogiez. »

2. Johannes Faber (xive siècle) *ad Instituta*, de Locat., § 2, no 6 : « In censualibus servatur de consuetudine quod primus et directus dominus investit, et vocatur primus et directus dominus ille qui primo tradidit ad censum quamvis forte teneat ab alio in feudum. » Cf. Dumoulin, sur la coutume de Paris, art. 73. glose 1, no 20.

3. *Grand Coutumier de Normandie*, c. xxviii : « Cum aliqua borda traditur alicui ad servilia opera facienda, quam nec potest dare nec vendere nec invadiare. »

taient la forme commune de la propriété foncière [1]. La propriété libre et absolue n'avait cependant point disparu ; plus ou moins rare, selon les régions, elle avait subsisté sous le nom de *franc alleu, francum allodium*. Ce terme dérivait du mot *alodis*, qui, dans la langue des *Leges* et des documents contemporains, désignait la succession ; il en était arrivé à désigner la propriété libre, parce que, au milieu des tenures viagères, celle-ci avait seule représenté d'abord le domaine héréditaire.

Dans le droit féodal, l'alleu se distinguait des tenures par trois traits essentiels : 1° Le propriétaire, en cette qualité, ne devait de service ni de prestation à personne ; 2° Il transmettait et aliénait librement sa propriété, sans avoir besoin de demander aucun consentement et sans payer de droits à personne ; 3° Le domaine restait intégral entre ses mains ; il n'y avait point ici de division en domaine direct et domaine utile [2]. Il se trouvait même que, dans la pure société féodale, l'alleu représentait une propriété plus franche encore que le *dominium* de l'empire romain ou notre propriété moderne, issue de la Révolution. Dans l'empire, comme dans notre État moderne, la propriété immobilière doit à l'État l'impôt foncier : dans la pure société féodale, l'impôt foncier n'existe pas ; la terre qui ne doit pas de redevances féodales échappe à tout impôt. Bien plus, tout en gardant sa liberté, l'alleu pouvait devenir le centre d'un groupe féodal, le support d'une seigneurie. Le propriétaire pouvait, en tout ou en partie, concéder sa terre à titre de fief ou de censive : il devenait, par ce fait, seigneur féodal ou censier, et c'était un seigneur qui n'avait pas de suzerain. A l'alleu avait pu, par la coutume ou la prescription, se rattacher le droit de rendre la justice dans un certain territoire, et alors, dans la pure société féodale, il représentait comme un petit État souverain. Ce dernier résultat était si exorbitant qu'il ne put se maintenir très longtemps. Dès le

1. Johannes Faber, *ad Instituta, de Action.*, § 1, n° 13 : « In regno Franciæ ubi omnes terræ vel quasi sunt feudales, vel aliis pensionibus seu censibus aff·ctæ, itaque possessores quasi omnes sunt utiles domini. »

2. Bouteiller, *Somme rurale*, I, 84, p. 490 : « Tenir en franc alleu si est tenir terre de Dieu tant seulement. Et ne doivent cens, rentes, dettes ne servage (service?), relief, n'autre nulle quelconque redevance à vie n'a mort, mais les tiennent les tenans franchement de Dieu. »

xiiiᵉ siècle, tout en maintenant l'alleu, comme propriété, en dehors du réseau des tenures, on fit rentrer dans la hiérarchie féodale la justice qui en dépendait. Toute justice fut considérée comme nécessairement tenue en fief par son titulaire : le justicier qui ne relevait pas d'un autre seigneur (et c'était le cas de l'alleutier) releva nécessairement du roi quant à sa justice [1]. De même, il fut admis que le propriétaire d'un alleu auquel la justice n'était pas annexée était le justiciable du seigneur dans le territoire duquel était situé son bien [2].

L'alleu était une véritable anomalie dans la société féodale ; aussi cette dernière, réagissant comme tout organisme vivant, chercha-t-elle à éliminer cet élément hétérogène. En Angleterre, elle y réussit ; la propriété libre du sol disparut complètement, et, aujourd'hui encore, dans ce pays où la forme féodale subsiste, les jurisconsultes reconnaissent que nul ne peut avoir l'entière propriété du sol ; le droit le plus fort que l'on puisse avoir sur la terre anglaise, c'est de la tenir en fief simple de la couronne [3]. En France, il n'en fut pas ainsi. En fait, dans certaines provinces, la propriété allodiale disparut complètement [4]. En droit même, aux xiiiᵉ et xivᵉ siècles, on trouve des coutumes

---

1. Beaumanoir, *Coutumes de Beauvoisis*, XI, 12 : « Toute coze qui est tenue comme justice laie doit avoir ressort de seigneur lai... car toute laie juridictions du roiaume est tenue du roy en fief ou en arrière fief. » — Dumoulin, sur la coutume de Paris, art. 68, nᵒ 3 : « Jurisdictio competens inferiori a rege in hoc regno nunquam est alaudialis et hoc esset impossibile, sed necesse est quod recoguoscatur a rege tanquam a supremo directo domino; et sic quantumcunque sit unita castro vel latifundio alaudiali tamen feudalis est et in feodo recoguoscenda a rege. »

2. Coquille, *Institution*, p. 164 : « Et est dit franc parce qu'il n'est mouvant d'aucun seigneur foncier, mais recognoist la justice du seigneur du lieu où il est assis, ou s'il y a justice, il recognoist la supériorité de la justice royale. »

3. J. Williams, *Real property*, 11ᵒ édit., 1875, p. 118 : « It is a fundamental rule that all lands within this realm were originally derived from the crown... and therefore the queen is sovereign laly or lady paramount, either mediate or immediate, of all and every parcel of lands within the realm. » — Blakstone, *Comment.*, B. II, ch. v, p. 60 : « In this manner are all the lands of the kingdom holden, which are in the hands of the subjects; for according to sir Edward Coke, in the law of England we have no properly *allodium*. »

4. D'Argentré, sur la coutume de Bretagne, art. 277, glose *g* : « Nam si alicubi talia alaudia sunt, in Britannia certe nulla sunt, imo vulgatum ubique axioma omnia omnium possessorum dominia et possessiones in feudum teneri, undecumque habeantur. »

qui excluent la possibilité de l'alleu, permettant au seigneur justicier ou souverain de confisquer la terre qui, dans son territoire, prétendrait à cette qualité [1]. Mais cela ne fut jamais qu'une règle exceptionnelle et qui ne se maintint pas. Le résultat général, c'est qu'à toute époque, d'un bout de la France à l'autre, la propriété allodiale put exister. Mais, quant à la preuve de l'allodialité, des difficultés très sérieuses se présentèrent de bonne heure, et, à cet égard, lorsque, dépassant la période que j'examine actuellement, on arrive au droit coutumier du xvie siècle, on trouve que les provinces, quant à cette question, se divisent en deux groupes suivant des principes opposés. Dans les unes, les plus fidèles à l'esprit féodal, règne la maxime : *Nulle terre sans seigneur*, et là existe une présomption légale en faveur de l'inféodation des terres, dont voici la conséquence. Le seigneur justicier, dans le ressort duquel se trouvent des terres prétendues allodiales, a le droit, sans produire aucun titre, d'exiger des possesseurs soit un hommage, soit les prestations que doivent les héritages roturiers voisins [2]. Cependant, cette présomption n'était pas invincible ; elle pouvait céder devant la preuve contraire ; mais toutes les coutumes n'admettaient pas toutes sortes de preuves pour établir l'allodialité ; il en était qui exigeaient un titre ou une possession immémoriale. Dans les autres provinces, régnait au contraire la maxime : *Nul seigneur sans titre*. Là, la présomption était en faveur de la franchise des terres, de l'allodialité : aucun seigneur ne pouvait exiger de devoirs féodaux, qu'en produisant un titre d'inféodation. C'était l'influence du droit romain,

---

1. Beaumanoir, *Coutumes de Beauvoisis*, XXIV, 5 : « Quant li sires voit aucun de ses sougès tenir heritage, duquel il ne rent a nului chens, rentes ne redevances, li sires y pot geter les mains et tenir le come soie propre ; car nus selonc nostre coustume ne pot par tenir d'alues ; et on apele alues ce c'on tient sans rendre à nului nule redevance. Et se li quens s'aperchoit, avant que nus de ses sougès, que tix alues soit tenus en se conté, il les pot penre comme siens, ne n'en est tenus à rendre n'a respondre a nus de ses sougès, por ce qu'il est sires, de son droit, de tout ce qu'il trueve tenant en alues. » — *Très ancienne Coutume de Bretagne*, ch. ccxxiv : « Nus ne nulle ne peut ne ne doit avoir terres, ou autres héritages, sans en avoir seigneur. »

2. Coutume de Poitou, art. 52 ; coutume de Touraine, art. 5 ; coutume de Blois, art. 33, 35, 108 ; coutume de Senlis, art. 262. A prendre au pied de la lettre quelques-uns de ces textes, ils excluraient complètement la possibilité de l'alleu, et certainement tel doit avoir été le sens originaire de l'art. 52 de la coutume de Poitou.

qui avait surtout agi dans ce sens, toute inféodation étant
considérée comme une servitude : aussi les pays de droit écrit
se rattachaient à ce système [1]. Cependant, l'effet de cette
maxime libérale était quelque peu atténué par une restriction ;
on admettait que si une terre était enclavée au milieu d'autres,
sur lesquelles un seigneur avait non pas seulement la juridiction mais le domaine direct, il était fondé à lui imposer, sans
titre et jusqu'à preuve contraire, les devoirs féodaux [2].

L'alleu était en dehors de la hiérarchie féodale; on finit
cependant par l'y faire rentrer par un certain côté. On distingua les alleux qui avaient dans leurs mouvances des tenures
féodales ou qui étaient assortis des droits de justice, et ceux
qui ne présentaient point ce caractère. On appela les premiers
alleux nobles, et, dans leur dévolution héréditaire, on les soumit
aux règles qui régissaient les fiefs; on appela les second *alleux
roturiers*, et ils se transmirent sans application des droits d'aînesse et de masculinité [3]. Mais cette sorte de régularisation ne
fut pas faite par le pur droit féodal; elle appartient au droit
postérieur.

SECTION II

L'ÉTAT DES PERSONNES

Dans la société féodale, il y a, nous l'avons dit, une symétrie
marquée entre la condition des terres et l'état des personnes.
Nous avons trouvé trois classes de tenures ; nous trouvons
(en laissant de côté les ecclésiastiques et les bourgeois), trois
classes de personnes correspondantes : les nobles, les roturiers

1. Du Moulin, sur la coutume de Paris, art. 68, nos 12, 13.
2. Dominicy, *de Prærogativa allodiorum in provinciis quæ jure scripto re-
guntur*, c. xx, no 6. — Sur le sens exact que l'on donnait aux deux maximes
à la fin de l'ancien droit, voyez : Argou, *Institution au Droit françois*, l. II,
ch. iii; Prévot de la Jannès, *Les principes de la jurisprudence françoise*, t. I,
p. 299 et suiv.
3. Ces droits originairement n'avaient eu aucune raison d'être pour la succession allodiale; *Li drois et lis coustumes de Champaigne et de Brie* (xiiie siècle),
ch. viii : « Et d'echanse qui mueve d'aluef ou de censives, une suers prent
contre un frère. »

et les serfs. J'insisterai surtout sur les deux classes extrêmes et opposées : les nobles et les serfs. La condition des roturiers se dégagera alors presque d'elle-même : elle résultera de ce que le roturier n'a pas les privilèges des nobles, mais ne subit pas les incapacités ou les charges propres aux serfs.

§ 1. — LES NOBLES

Dans la monarchie franque, où avaient disparu, à la fois, la noblesse romaine et la noblesse germanique, nous avons vu une nouvelle noblesse en voie de formation. Elle est toute formée dans la société féodale ; elle a été créée par la coutume, et sont devenus nobles tous ceux qui, au plus fort de l'anarchie, ont pu se consacrer au métier des armes, défendre leurs biens et leurs clients. Cela supposait chez eux deux choses, le courage et la fortune, c'est-à-dire la possession de la terre, qui représentait alors presque la seule richesse. La noblesse féodale a conservé de cette origine deux traits distinctifs : elle est à la fois terrienne et militaire, et cela se voit bien par ses deux principales manifestations.

Elle se manifestait d'abord par la possession des fiefs. « Les fiefs doivent estre as gentix homes par ancienne coutume », dit Beaumanoir[1]. En effet, les services qu'ils emportent sont nobles : c'est, avant tout, le service militaire, et, par le fief, le noble tient à la terre en même temps qu'au métier des armes.

La noblesse se manifestait en second lieu par l'entrée dans la chevalerie. La chevalerie est l'une des institutions les plus importantes du moyen âge : elle a son côté juridique, comme son aspect politique et religieux[2]. Elle représentait une vaste confrérie, sans cadres fixes et sans organisation précise, mais avec des règles de conduite et des devoirs professionnels ; en d'autres termes, c'était la noblesse féodale considérée dans l'accomplissement de ses devoirs militaires. Dans le latin du moyen âge, le mot *miles* signifie à la fois noble et chevalier, attestant ainsi la correspondance exacte de ces deux qualités.

1. *Coutumes de Beauvoisis*, XLVIII, 7.
2. Sur la chevalerie, voyez : La Curne de Sainte-Palaye, *Mémoires sur l'ancienne chevalerie*, 1759. — Léon Gautier, *La Chevalerie*, 1884.

Tout noble était naturellement destiné à entrer dans la chevalerie, et c'était une nécessité juridique pour le mâle, qui, mineur, avait hérité d'un fief, lorsqu'il arrivait à la majorité
féodale[1]. C'était pour le noble-vassal ce que la prise de la
toge virile était jadis pour les fils des patriciens romains; plus
encore, la constatation de son aptitude à remplir les devoirs
de son état. On n'arrivait normalement à la chevalerie qu'a-
près un long stage, après une éducation toute particulière, qui se donnait dans le monde des châteaux féodaux,
qui prenait l'enfant de bonne heure et le gardait longtemps
stagiaire.

La noblesse féodale était héréditaire; elle se transmettait
du père aux enfants[2]; mais, sauf exception, la noblesse maternelle n'était pas prise en considération[3]. Cette noblesse était
privilégiée; mais ses privilèges proprement dits, distincts des
avantages conférés par la possession des fiefs, n'étaient pas
très étendus. Ils consistaient essentiellement en deux choses.
D'un côté, les règles pour l'administration de la justice n'étaient
pas les mêmes quand il s'agissait d'un noble ou d'un roturier :
la composition du tribunal et surtout les délais de comparu-
tion étaient différents[4]. D'autre part, les nobles étaient exempts
des impôts proprement dits que connaissait encore la société
féodale et que l'autorité seigneuriale levait sur les roturiers
et sur les serfs. La taille n'atteignait point les gentilshommes,
et ils ne payaient pas non plus les droits fiscaux qui représentaient des contributions indirectes[5]. Mais cette exemption

---

1. *Grand Coutumier de Normandie*, ch. xxv : « Omnes feodum loricæ pos-
sidentes equum et arma habere tenebantur. Et quum ad ætatem triginta (?)
annorum devenissent tenebantur in militibus promoveri, ut prompti et appa-
rati ad mandatum principis vel dominorum suorum invenirentur. » — Cf.
Cherbuliez, *Le grand œuvre*, p. 181 et suiv.

2. Beaumanoir, *Coutumes de Beauvoisis*, XLV, 30.

3. Cf. Guilhiermoz, *Un nouveau texte relatif à la noblesse maternelle en
Champagne*, dans la *Bibliothèque de l'École des Chartes*, 1889, p. 509 et suiv.
— Beaumanoir, *Coutumes de Beauvoisis*, XLV, 30.

4. Beaumanoir, I, 15; ch. ii en entier. — Pierre de Fontaines, *Conseil*,
ch. iii.

5. *Établissements de saint Louis*, I, 63 : « Nuns gentis hom ne rant cos-
tumes ne paages de riens que il achate ne qu'il vande se il n'achate por re-
vandre. » — Cependant, d'après Beaumanoir (XXV, 15), les nobles étaient tenus
de contribuer aux impositions que levaient les seigneurs justiciers pour la
réparation des chemins. — Loisel, *Inst. cout.*, VI, 6, 8.

d'impôts n'avait pas encore l'importance qu'elle devait prendre plus tard, sous la monarchie tempérée et sous la monarchie absolue, lorsque les impositions générales se furent établies au profit de la royauté.

La noblesse féodale n'était point un corps fermé; elle était, au contraire, largement et librement ouverte. Les roturiers y pénétraient de deux façons. 1° Ils y entraient par l'acquisition des fiefs. C'était, on l'a vu, deux choses qui naturellement allaient de pair que la qualité de vassal [1] et celle de noble, et, d'autre part, dans les temps anciens, aucune règle n'empêchait un seigneur de concéder un fief à un roturier. C'est seulement par un revirement, qui sera bientôt indiqué, que l'acquisition des fiefs cessa par elle-même de conférer la noblesse; et l'introduction de cette nouvelle règle établit, par là même, l'existence de l'ancienne. 2° Les roturiers entraient dans la noblesse en entrant dans la chevalerie. Souvent un baron avait à son service des hommes d'armes roturiers, et tout bon compagnon d'armes pouvait être fait chevalier, ce qui nécessairement le rendait noble. Cet anoblissement par la chevalerie ne se présentait point anciennement comme un acte de souveraineté; car, selon la tradition, tout chevalier pouvait conférer la chevalerie [2].

Mais ce libre recrutement de la noblesse féodale cessa dans le cours du XIIIe siècle. Les deux portes qui en ouvraient l'accès aux roturiers se fermèrent simultanément. La chevalerie, bien que ses plus beaux jours fussent passés, devait

---

1. Beaumanoir, *Coutumes de Beauvoisis*, XLVIII, 7 : « Le francise des personnes n'afranquist pas les héritages vilains; mais li frans fiés franquist la persone qui est de poeste. »

2. Une anecdote, que rapporte Beaumanoir, montre que cet état de droit n'était pas encore oublié, quoiqu'il fût abrogé, dans la seconde moitié du XIIIe siècle. Beaumanoir raconte (XXXV, 26) qu'un jour, dans un procès suivi en Normandie, il s'agissait de procéder à une *vue* ou *montrée*, pour la validité de laquelle la coutume exigeait la présence de quatre chevaliers. Or, il n'y en avait que trois sur les lieux; ils étaient fort en peine, lorsqu'ils virent arriver un roturier, un « homme de poeste, qui passoit à ceval, qui aloit en se besongne... Adont li dirent li trois chevaliers, qu'il lor faloit un chevalier por estre à une veue fere, et qu'il le feroient chevalier, si venroit avec eus à le veue fere, et li dirent qu'il deist qu'il fust chevaliers; et li dona li uns une colée (accolade) et dist : « Chevaliers soyés, » et adont alèrent là où le veue devoit estre fete, et fu le veue fete. » Sans doute, tout fut annulé; mais un demi siècle ou un siècle auparavant cela eût constitué un acte fort régulier.

subsister longtemps encore. Mais, au xiii° siècle, cette règle se
fit recevoir, que, pour avoir le droit d'être fait chevalier, il
fallait être noble de noblesse paternelle [1]. Cependant, la possibilité de faire d'un roturier un chevalier et par suite un noble
ne disparut pas complètement; mais cela devint un acte de
souveraineté qui ne put émaner que des barons [2], puis qui
devint un attribut exclusif de la royauté [3]. Quant à l'acquisition des fiefs, il était très logique qu'elle anoblît le roturier,
lorsque le fief n'était pas librement aliénable par le vassal.
Alors, en effet, on ne pouvait en acquérir que par la concession
gratuite d'un seigneur, ou par l'acceptation volontaire qu'il
faisait d'un nouveau vassal. Le roturier qui méritait cette faveur était reconnu par là même comme capable de remplir
les devoirs de noblesse ; c'était le *dignus es intrare* qui lui ouvrait les portes de ce corps privilégié. Mais, lorsque le vassal
put librement aliéner son fief, sans consulter son seigneur et
même contre la volonté de ce dernier, qui fut obligé de recevoir l'acquéreur à hommage s'il n'exerçait pas le retrait
féodal, la situation devint tout autre. Maintenir le droit antérieur, c'eût été faire du marché des fiefs un marché de noblesse, et l'une des deux solutions suivantes s'imposait : ou
l'on interdirait aux roturiers l'acquisition des fiefs, ou bien
on la leur permettrait, mais en établissant qu'elle ne les ano-
blissait pas. Ce fut d'abord la première solution qui prévalut.
La coutume, dans certains lieux, décida très logiquement que

1. *Établissements de saint Louis*, I, 134 : « Se aucuns homs estoit chevaliers
et ne fust pas gentis hom de parage, tout le fust-il de par sa mère, si ne le
poveroit-il estre par droit; ainz le povroit prandre li rois ou li bers (baron)
en qui chastelerie ce seroit et [li feroit] par droit ses esperons tranchier sus
l femier. » — Beaumanoir, XLV, 30 : « Nus combien qu'il soit gentix hom de
par la mere ne pot estre chevalier, se li rois ne li fet especial grâce. » —
Idem, XLV, 15 : « Tout soit-il ainsi que le gentillece, par lequel on puist estre
chevaliers, doie venir de par le père, c'est coustume et roiaume de France
que cil qui sont gentil hom de par le père, tout soit leur mère vilaine, poent
estre chevalier, ce excepté qu'ele ne soit serve. »

2. Bien que Beaumanoir enseigne déjà que c'est là un droit royal (XLV, 30),
il cite un cas où un simple seigneur fit chevalier un de ses serfs qu'il croyait
noble, et, d'après un jugement de l'hôtel du roi, il donne à cet acte une certaine valeur, celle d'un affranchissement, *Coutumes de Beauvoisis*, XLV, 29.

3. *Olim*, édit. Beugnot, II, p. 166, n° 34 (arrêt de 1280). — Du Tillet, *Recueil
des rois de France*, p. 310. — Pithou, sur la coutume de Troyes, édit. 1609,
p. 4. — Loyseau, *Traité des ordres*, ch. vi, n° 38.

le vassal, noble par là même, ne pourrait librement aliéner
son fief qu'au profit d'un homme de sa condition[1]. En France,
il y eut quelque chose de plus : la loi intervint, et une ordonnance perdue du xiii° siècle, dont parle longuement Beaumanoir[2], et que l'on a attribuée soit à Philippe-Auguste, soit à
saint Louis, soit à Philippe le Hardi, défendit expressément
aux roturiers l'acquisition des fiefs. Mais c'était là chose impossible : les fiefs étant devenus librement aliénables, il fallait
bien admettre à leur marché ceux qui pouvaient le mieux les
payer, c'est-à-dire souvent les riches bourgeois. L'ordonnance
fut mal observée, et d'ailleurs le pouvoir souverain, le pouvoir
royal, pouvait en accorder la dispense[3], et il l'accordait moyennant finance. Philippe le Hardi entra dans une nouvelle voie ;
il sanctionna les acquisitions induement faites dans le passé
par des roturiers, moyennant le paiement d'un droit au trésor
royal[4]. Cet acte, qui n'était qu'une mesure particulière, destinée à régulariser des faits accomplis, devint une solution définitive. Philippe le Bel, Philippe V, Charles IV statuèrent dans
le même sens, et cela aboutit à un système : les roturiers
acquéraient des fiefs sans autorisation préalable du pouvoir
royal, puis celui-ci, tous les quinze ou vingt ans, levait une
finance sur tous ceux qui en avaient acquis depuis la dernière
perception. Cela s'appelait le droit de *francs-fiefs* ou *nouveaux
acquêts*. Cette jurisprudence s'étant établie, avait pour conséquence forcée l'abrogation de l'ancienne règle d'après laquelle
le roturier devenait noble en acquérant un fief. Le droit se
fixa en effet en ce sens, mais lentement, non sans résistance[5] ; cela ne devint une loi précise et générale qu'au
xvi° siècle, par l'ordonnance de Blois de 1579[5].

1. Durantis, *Speculum*, tit. *de Feudis*, n° 30 : « Poterit alteri vendere dum
tamen vendat homini suæ conditionis vel meliori, ut si sit nobilis vendat no-
bili. Si enim vendit burgensi sive ignobili, non tenetur dominus illum recipere in hominem suum, præsertim si feudum sit nobile ; imo poterit occupare
feudum vel saltem poterit eligere venditorem adhuc esse hominem suum ;
nam per subrogationem burgensis non videtur ab homagio liberatus. »
2. *Coutumes de Beauvoisis*, XLVIII. Sur cette ordonnance et sur ce qui
suit, voyez Langlois, *Le règne de Philippe III le Hardi*, p. 260 et suiv.
3. Beaumanoir, XLVIII, 3 : « S'autre grace ne li est fete du roi ou du conte
de qui li fief muet. »
4. Ordonnance de 1275, art. 6 (*Ord.*, I, p. 303, 304).
5. Guy Pape, *Decisiones*, qu. 385, 386. — Cf. Chopin, *de Domanio Franciæ*,
édit. 1588, p. 150.
6. Art. 258 : « Les roturiers et non nobles achetans fiefs nobles ne seront

§ 2. — LES SERFS

La classe des serfs était très nombreuse dans la pure société féodale ; elle comprenait, au début, la plus grande partie de la population agricole et même de la population ouvrière. En elle s'étaient concentrées et fondues les classes serviles et quasi-serviles de la monarchie franque. L'esclavage avait disparu, non point supprimé par la loi, mais transformé en servage par la coutume au cours des xᵉ et xiᵉ siècles. Les descendants des anciens colons, lites et affranchis étaient également devenus des serfs. Enfin, beaucoup d'hommes libres de naissance, établis sur les grands domaines féodaux avaient reçu de la coutume la même condition[1]. Quelle que fût leur origine ou leur dénomination locale, la condition de tous les serfs était la même en un point juridiquement essentiel : ils avaient la personnalité juridique, pouvaient avoir, par conséquent, une famille et un patrimoine. C'est là ce qui distingue le serf de l'esclave. Mais, à d'autres égards, la condition de serfs présentait une variété infinie. Je voudrais indiquer seulement, en traits généraux et en prenant les principaux types, quel était le lien qui rattachait le serf à la terre, quelles étaient les charges et les incapacités qui pesaient sur lui ; j'indiquerai en dernier lieu comment on naissait ou devenait serf et comment on sortait du servage.

I

On dit communément que le serf était attaché à la glèbe à perpétuelle demeure. Cette définition, très vraie en ce qui concerne le colon, ne s'applique pas exactement au serf. C'est à une seigneurie, au territoire d'une seigneurie, non à une parcelle de terre déterminée qu'il était attaché[2] ; et le lien qui le tenait ainsi était plus ou moins étroit suivant les cas ; il faut,

---

pour ce anoblis, ny mis au rang et degré des nobles, de quelque revenu et valeur que soient les fiefs par eux acquis. »

1. Beaumanoir, *Coutumes de Beauvoisis*, XLV, 19.
2. On pourrait appliquer ici ce que dit Hostiensis, comparant la condition du *colonus* et celle de l'*inquilinus*, *Summa*, tit. *de Natiser libero ventre*, p. 366 : « Proprie colonus conditionalis est qui cum sua familia in fundo inhabitat, nec a fundo recedere potest ; inquilinus vero est qui, etsi in fundo teneatur,

à cet égard, distinguer plusieurs catégories de serfs. Les uns étaient dits *serfs de corps et de poursuite*, et ceux-là tenaient en effet au territoire de la seigneurie ; ils avaient perdu le droit de se choisir ailleurs un domicile. S'ils allaient résider au dehors, le seigneur pouvait les poursuivre, et les ramener, les revendiquer au besoin contre ceux qui les auraient accueillis[1]. Il en était d'autres qui n'étaient pas immobilisés de la même manière ; ils avaient conservé la liberté de se mouvoir et de se déplacer ; ils pouvaient choisir un domicile en dehors de la seigneurie : mais, quelque part qu'ils résidassent, ils continuaient à supporter au profit du seigneur les charges et incapacités résultant de la condition servile. Ceux-là étaient *serfs de servitude* simplement *personnelle*[2]. D'autres, enfin, étaient mieux traités encore. Ils étaient serfs de *servitude* réelle, c'est-à-dire que leur servage était seulement la conséquence d'une tenure servile qu'ils possédaient. D'où la conséquence qu'en abandonnant cette tenure ils dépouillaient par là même la condition servile et pouvaient désavouer le seigneur[3]. Mais, pour ce désaveu, la coutume souvent se montrait plus exigeante, et n'ouvrait la liberté au serf que si, outre sa tenure servile, il abandonnait au seigneur tout ou partie de ses autres biens meubles et immeubles[4].

in suburbio tamen commoratur, et in eo minus est astrictus quod in aliqua parte suburbii domum conducendo inhabitare possit ; hoc enim colono non licet. »

1. Beaumanoir, XLV, 36 : « En autre païs, li seigneur... les poent contraindre de toz jorz manoir soz eus. » — Ordonnance de saint Louis de 1230, art. 2 (*Ord.*, 1, p. 53) : « Ubicumque aliquis invenerit juleum suum *licite capere poterit tamquam proprium servum.* »

2. Beaumanoir, XLV, 36 : « Mès on les a plus debonerement menés en Biavoisis, car puisqu'il paient a lor segneurs lors cens et lor cavages, tex comme il ont acoustumé, il poent aler servir ou manoir hors de le juridicion à lor segneur. » — Charte de l'évêque de Cambrai (1012-1018) dans Wauters, *De l'origine et des premiers développements des libertés communales en Belgique et dans le nord de la France*, Preuves, p. 1 : « Instituit ut ubivis terrarum extra Cameracensem episcopatum vel sub qua potestate principum vir pro capitis sui censu duos denarios persolvat. »

3. Durantis, *Speculum*, tit. *de Feudis*, n° 36, p. 311 : « Est autem mansata quando dominus dat alicui mansum cum diversis possessionibus et propter hoc ille se facit hominem domini et ad certum servitium tenetur, et talis dicitur homo de mansata, qui est homo ratione possessionum, persona tamen ejus libera erit, secundum consuetudinem Franciæ, si, dimissa mansata, alio se transferat. »

4. *Cartulaire de Saint-Père de Chartres*, pp. 316, 317, 423, 457.

II

Les redevances que devait le serf étaient extrêmement variées ; mais les trois principales étaient le chevage, la taille et la corvée.

Le chevage (*capitalicium*, *chevagium*, *census capitis*) était une capitation, une somme fixe que le serf payait tous les ans au seigneur à une date déterminée [1]. C'était une somme peu importante, ordinairement deux ou quatre deniers, ou quelques livres de cire [2], et, comme le *census* dans la censive, ce *census capitis* était surtout récognitif : c'était la reconnaissance périodique et solennelle de la servitude par le serf.

La taille était un véritable impôt direct que le seigneur levait sur le revenu et les économies du serf. Il se présentait soit sous la forme d'une taille personnelle, portant sur l'ensemble du revenu, soit sous la forme d'une taille réelle, portant seulement sur le revenu de la tenure servile [3]. C'était, d'ordinaire, un impôt de répartition, le seigneur fixant la somme totale que devaient payer soit tous les serfs de la seigneurie, soit tous les serfs d'un village : alors les serfs étaient représentés par quelques-uns d'entre eux à la répartition [4]. Tous les serfs n'étaient pas d'ailleurs de même condition quant à la taille. Les uns, et c'était au début le sort commun, étaient *taillables à merci*, *taillables haut et bas* [5]. Cela voulait dire qu'ils étaient à l'entière discrétion du seigneur, qui pouvait fixer arbitraire-

---

1. Beaumanoir, dans plusieurs passages rapproche le *quevage* des rentes et cens que le serf doit (XLV, 31, 36) ; il s'agit là des prestations annuelles dues à raison de la tenure servile ; et le caractère commun, c'est la périodicité régulière.

2. Wauters, *op. cit.*, Preuves, p. 3 : « Singulis annis in die sancti Trudonis duorum denariorum ceram pro censu capitis... persolvant. » — Cf. Flach, *Le origines de l'ancienne France*, p. 456 et suiv.

3. Enquête du XIIIe siècle entre l'abbaye de Saint-Germain-des-Prés et les hommes de poeste d'Esmans, citée par M. Guilhiermoz, dans ses *Enquêtes et procès*, 1892, p. 293 : « Requisitus (abbas) utrum homines de potestate de Emanto possint ire sub quocumque domino velint, dixit quod sic, sed tamen habebant manum mortuam, *et non habent tailliam nisi super suam terram.* »

4. Coutume de Nivernais, *Des servitudes personnelles*, art. 2 et 3, avec le commentaire de Guy Coquille. — Cf. Coutume du Chastelet en Berry (1531), art. 3, dans Bourdot de Richebourg, *Coutumier général*, III, 2, p. 1011.

5. Guy Coquille, sur la coutume de Nivernois, tit *Des servitudes personnelles*.

ment le chiffre de la taille et la lever aussi souvent qu'il lui plaisait. Mais, dans l'intérêt bien entendu des seigneurs [1], ce régime fut adouci dans beaucoup de lieux. Tantôt, cela se fit au moyen d'un contrat intervenu entre le seigneur et ses serfs, et dans lequel celui-là, moyennant un sacrifice immédiat, fixait le chiffre et le nombre des tailles qu'il lèverait à l'avenir : on appelait cela la taille abonnée [2]. Tantôt, ce fut l'action de la coutume qui opéra cette transformation ; elle limita le nombre des tailles que le seigneur pourrait lever dans une période déterminée, et elle en fixa le montant, ou, tout au moins, elle posa cette règle que la taille serait raisonnable [3].

Les corvées étaient des journées de travail que le serf devait gratuitement au seigneur, dans des conditions déterminées par l'usage des lieux. Pour la corvée, comme pour la taille, certains serfs, les plus nombreux à l'origine, étaient complètement à la discrétion de leur seigneur, *corvéables à merci*. Mais, ici aussi, très souvent la fixité s'introduisit, soit par voie d'abonnement, soit par l'effet de la coutume. Il faut d'ailleurs faire remarquer que ces charges, la taille et la corvée du moins, n'étaient pas nécessairement un trait de la condition servile ; elles pouvaient peser également sur les roturiers.

III

Ce qui caractérisait surtout la condition du serf, outre l'attache à la seigneurie, c'étaient les incapacités qui pesaient sur lui. Elles étaient au nombre de deux, représentées par le droit de *formariage* et le droit de *mainmorte* : l'une concernait les droits de famille et l'autre le patrimoine.

---

1. Beaumanoir, XLV, 36, 37 : « En autre pais li segneur poent penre de lor sers, et à mort et à vie, totes les fois qu'il lor plest et tant qu'il lor plet... Et si dist on un proverbe que cil qui a une fois escorche deus ne trois ne tont ; dont il apert, es païs où on prent çascun jor le lor, qu'il ne velent gaaigner fors tant comme il convient çascun jor a le sostenance daus et de lor mesnie. »

2. Chassanœus, *in Consuetudines ducatus Burgundiæ*, édit. Lyon, 1574, p. 1285 : « Abonnati sunt qui omnes de uno villagio debent certam summam determinatam et taxatam domino ; et per ipsos de villagio cuilibet imponitur portio secundum magnitudinem prædiorum. »

3. *Coutume de Nivernois*, tit. *Des servitudes personnelles*, art. 3 et suiv. — Coutume du Chastelet en Berry, *loc. cit.*

Le serf, ayant la personnalité juridique, pouvait contracter un légitime mariage, et l'Église, qui avait acquis la juridiction matrimoniale, reconnaissait pleinement son droit à cet égard. Elle avait d'abord exigé, pour la validité de ces mariages, le consentement du seigneur, puis, tout au moins au xiiᵉ siècle, elle les avait reconnus valables, sans conditions. La personne de condition servile contractait un mariage légitime, alors même que le consentement du seigneur n'aurait pas été demandé ou aurait été refusé ; elle pouvait épouser non seulement une personne de son état, mais même, pourvu qu'il n'y eût point d'erreur, une personne franche ou noble [1]. Mais la coutume séculière était moins libérale ; elle exigeait parfois le consentement du seigneur pour le mariage du serf. Il semble même que, dans certains lieux, ce consentement était toujours exigé [2], mais tel n'était pas le droit commun ; d'après celui-ci, le consentement seigneurial n'était nécessaire que dans le cas de *formariage*. Le mot par lui-même (*foris maritagium*) indique un mariage que le serf voulait contracter en dehors de sa sphère propre, représentée par la population servile de la même seigneurie : il voulait épouser soit une personne de franche condition, soit une personne de condition servile, mais dépendant d'un autre seigneur. La coutume défendait de semblables mariages, sauf autorisation du seigneur, parce qu'ils pouvaient être préjudiciables à celui-ci : les enfants qui en naîtraient pouvaient, en effet, échapper à son exploitation, n'étant pas ses serfs, et de là un dommage pécuniaire. Dans ces unions entre serfs ou entre serfs et francs, cela avait été, d'ailleurs, un point délicat que de déterminer si les enfants suivaient la condition du père ou celle de la mère [3]. En faveur

---

1. Sur tous ces point, voyez Esmein, *Le mariage en droit canonique*, I, p. 318 et suiv.

2. Voyez, par exemple, la charte de l'évêque de Cambrai (xiᵉ siècle), donnée par Wauters, *op. cit.*, Preuves, p. 1 : « Et si vir legitima copulatione mulieri nupserit aut mulier viro XII denarios persolvat. » — Enquête du xiiiᵉ siècle, citée par M. Guilhiermoz : « Dicit (abbas) quod ipsi non possunt contrahere matrimonium ad voluntatem suam. »

3. Durantis, *Speculum*, tit. *de Feudis*, nº 5, p. 307 : « Homo meus, cum non sit servus, bene potest contrahere matrimonium. Unde filius ex legitimis nuptiis natus patris conditionem sequetur. Argumentum contra quod iste sequatur matris conditionem, C. *de Liber. cau.*, l. fin. et idem est in servo et in ascripto et censito... Si vero natus est ex homine jam facto meo, secundum

de la première solution, on pouvait dire qu'il s'agissait d'un mariage légitime, et que, par suite, l'enfant, conformément aux principes ordinaires, devait prendre la condition paternelle: et de fait un certain nombre de coutumes statuèrent dans ce sens [1]. Mais la solution opposée put se rattacher aux règles grossièrement interprétées du droit romain. Celui-ci, en effet, disait que les enfants, dès que l'un des parents était *servus* ou *ancilla*, devaient suivre la condition de la mère. Il est vrai que le *servus* romain, c'était l'esclave, incapable de contracter aucune union légitime. Mais le serf s'appelait aussi *servus* dans le latin du moyen âge, et, dans la période où l'esclavage se transforma en servage, on ne dut pas distinguer nettement le serf de l'esclave. Aussi, dans la plupart des régions, on attribua toujours à l'enfant, dans ces mariages, la condition maternelle [2]. D'après cela et selon les coutumes, tantôt il y avait formariage seulement lorsqu'une femme serve épousait un homme franc ou un serf appartenant à un autre seigneur [3]; tantôt, et c'était le droit le plus répandu, dans le cas seulement où un

communem usum, homo meus est et paternam fortunam agnoscit. Secundum jus tamen videtur distinguendum; nam, si ex matre libera nascitur, liber erit. Si vero mater sit tua femina, pater vero meus homo sit, plus favent mihi jura qui sum dominus patris, quam tibi: unde filius erit homo meus. »

1. Chassanæus, *in Consuetudines ducatus Burgundiæ*. Sur l'art. 3, tit. IX, ainsi conçu : « En lieu et condition de mainmorte l'enfant suit la condition du père et non de la mère. » « In comitatu Burgundiæ et in multis locis regni Franciæ est hæc consuetudo. Contrarium est in comitatu Campaniæ, quia partus sequitur ventrem. »

2. Hostiensis, *Summa*, tit. *de Natis ex libero ventre*, p. 366 : « Cujus conditionem sequantur nati seu liberi ? Et quidem matris: nam si venter liber est partus liber erit... Aliquando tamen partus sequitur conditionem patris, scilicet de speciali consuetudine approbata. » — Beaumanoir, XLV, 15 : « Voirs est que servitute vient de par les méres, car tout li enfant que cele porte qui est serve sont serf, tout soit que li péres soit frans hons... Et encore apert-il por ce que quant il avient que uns hons est sers et il prent une fame franche, tuit li enfant sunt franc. »

3. Ancienne coutume de Bourgogne, édit. Giraud, p. 276 : « Nota que feurmariage a lieu, et si *femme* feurmariée tient ses heritages au lieu de sa nativetez et après son mariage paioit les tailles et servitudes au seigneur qui les reçoit, ne puet icelluy seigneur... demander feurmariage. » Coutume du duché de Bourgogne, tit. IX, art. 21. — Coustume du Chastelet en Berry (Bourdot de Richebourg, III, 1, p. 1015), art. 16 : « Les *femmes* mariées à autre que la condition de leur seigneur... ne doivent par chascun an que deux deniers tournois de commande. » — Cf. Coustume de la franchise et bourgeoisie de Boussac (*ibid.* p. 1011) : « Qu'ils puissent... *marier leurs filles* en quelque part qu'il leur plaira sans licence de nous ni des nôtres... sans danger quelconque. »

homme serf épousait une femme de franche condition ou une serve dépendant d'un autre seigneur [1].

En cas de formariage, si le seigneur donnait son consentement, d'ordinaire il le faisait payer. S'il le refusait, au contraire, le mariage n'était pas nul, car l'Église, qui en était le seul juge, le tenait pour valable; mais la désobéissance du serf avait une sanction pécuniaire. C'était la confiscation de tous ses biens au profit du seigneur ou une amende infligée par celui-ci : cette amende se présentait le plus souvent comme arbitraire, à la volonté du seigneur [2]; parfois, elle était fixée par une charte seigneuriale ou par la coutume [3].

D'ailleurs, parfois, les difficultés que soulevait le formariage ne se présentaient pas, ayant été écartées par la coutume. En cas de mariage entre une personne de condition servile et une personne de franche condition, parfois elle décidait que toujours les enfants étaient serfs, suivant ainsi la condition du parent de condition servile, que ce fût le père ou la mère. Telle était, sans doute, la règle d'abord suivie, car on la trouve dans des textes très anciens [4]; là où elle se conserva, elle s'exprima par la maxime : « En formariage, le pire emporte le bon » [5]. Dans d'autres régions, une autre règle écartait la difficulté : la personne franche, qui épousait une personne serve et venait demeurer avec elle au milieu des serfs de la seigneurie, était, par là même, réduite en servage, ce qui égalisait la condition des deux époux [6]. Enfin, pour les mariages entre serfs, les seigneurs voisins faisaient des échanges, l'un permettant qu'une

---

1. Beaumanoir, XLV, 31. — *Libr. practicus de consuetudine Remensi* (fin du xiiie siècle), édit. Varin, n° 392, p. 365 : « Peticio super forismaritagio... Cum reus es t et sit homo de corpore dictæ ecclesiæ et eidem servili conditione forismaritagii astrictus, ipse reus contraxit matrimonium cum tali alienigena non subdita dictæ ecclesiæ sine licentia abbatissæ ipsius ecclesiæ. »

2. Beaumanoir, XLV, 31 : « Quant il se marient en franques femes, quanques il ont eschiet à lor seigneur, muebles et heritages, car cil qui se formarient il convient qu'il finent (paient l'amende) à la volonté de lor seigneurs. » — *Liber practicus de consuetudine Remensi*, loc. cit. : « Propter quod dicta ecclesia debet habere medietatem omnium bonorum que habebat dictus reus tempore quo contraxit matrimonium predictum. »

3. Coutume de Vitry, art. 141.

4. *Lex Rip.*, LVIII, 11 : « Generatio eorum semper ad inferiora declinentur. »

5. Loisel, *Inst.*, I, 1, 23; Coutumes de Nivernois, tit. VIII, art. 22; de Bourbonnois, art. 199.

6. Esmein, *Le mariage en droit canonique*, I, p. 326 et suiv.

de ses serves ou l'un de ses serfs se mariât sur la seigneurie
voisine, mais à condition de réciprocité [1].

Le serf, en vertu de sa personnalité juridique, pouvait librement acquérir des biens, sauf les tenures nobles ou même
parfois les roturières. En principe même, il pouvait librement
aliéner entre vifs les biens qu'il avait acquis, sauf la tenure
servile [2]. Mais il était incapable de transmettre à cause de mort ;
c'est ce qu'on exprimait en l'appelant *homme de mainmorte*,
car la main était prise, dans le vieux langage, comme l'organe
de la transmission. Il ne pouvait pas faire de testament valable,
ou, du moins, la coutume lui permettait seulement de faire
quelques-uns de ces legs pieux que l'Église exigeait souvent
au moyen âge pour accorder aux défunts la sépulture ecclésiastique [3]. Dans la rigueur du droit, il n'avait pas non plus
de successeurs ab intestat, pas même ses enfants [4]. La conséquence juridique était forcée : à sa mort, tous ses biens reve-
naient à son seigneur, qui en était saisi de plein droit [5]. Cependant, celui-ci n'exerçait pas le plus souvent, dans toute sa
rigueur, ce droit de mainmorte ; il laissait aux proches parents
du serf la manse servile et les autres biens possédés par lui,
à condition que l'on rachèterait la mainmorte par une somme
d'argent qu'il fixait [6]. Sans doute, pour la transmission héré-

1. *Assises de Jérusalem, Livre de Jean d'Ibelin*, c. CCLXXVIII ; Coutume de
Nivernois, tit. VIII, art. 23, 31.

2. Beaumanoir, XLV, 37 : « Encore par nostre coustume pot li sers perdre et
gaaigner par marceandise, et se pot vivre de ce qu'il a largement a se volenté...
Et tant puent li bien avoir de segnorie en lor cozes qu'il aquierent a grief
paine et a grand travail. — *Ancienne coutume de Bourgogne*, p. 276 : « Li
homme taillable puet vendre son acquest à sa vie. » Cependant, certaines coutumes incorporaient les acquisitions du serf à sa tenure servile, l'empêchant
ainsi d'en disposer. Durantis, *Speculum*, tit. *de Feudis*, p. 311 : « In plerisque
autem locis provinciæ et diœcesis Narbonensis homo de mansata quidquid
acquirit post acquisitam mansatam ipsi mansatæ adquirit et quod acquirit ejusdem naturæ est cujus et ipsa mansata et de ipsa mansata efficitur. Est autem
natura seu conditio mansatæ ut alienari non possit. »

3. Beaumanoir, XII, 3 : « Li sers ne puet laissier par son testament plus
grande somme que cinq sous. »

4. Beaumanoir, XLV, 31 : « Et s'il muert il n'a nul oir fors que son seigneur,
ne li enfant du serf n'i ont rien, s'il ne le racatent au seigneur, aussi comme
feroient estrange. »

5. *Grand Coutumier de France*, II, 26 : « Consuetudo *mortuus saisit vivum*...
habet locum inter dominos et servos, quia servus mortuus saisit dominum
viventem. »

6. Voyez Beaumanoir, XLV, 31, cité ci-dessus note 4. — Loisel, *Inst.*, I, I, 74.

ditaire des fiefs et des censives, le droit de relief avait représenté originairement quelque chose de semblable : mais le relief avait été taxé à une valeur précise et correspondait à une hérédité assurée ; pour le serf, tout restait à la volonté du seigneur.

Ce droit si rigoureux ne se maintint pas : il subit de bonne heure, au moins dès le XIIIe siècle, des atténuations. Dans certaines régions, particulièrement dans les pays du Midi, on admit que le serf pourrait tester au profit de ses enfants, parfois au profit d'une personne quelconque de sa condition[1]. Là on admit aussi que ses enfants, parfois même ses autres parents de condition servile, lui succéderaient ab intestat[2]. Mais la plupart des coutumes furent moins libérales ; elles créèrent seulement pour les serfs un équivalent grossier du droit de succession, au moyen des communautés serviles.

Par suite des conditions économiques et sociales au milieu desquelles ils se trouvaient, beaucoup de familles de serfs vivaient dans une communauté de fait. Le père gardait auprès de lui ses enfants adultes et mariés ; les frères, après la mort du père, continuaient la vie commune. Tous vivaient dans la même maison, et à la même table, dans la même *celle* et *à un même pain et pot :* ils ne formaient qu'un seul ménage. De ce fait, la vie commune, la coutume avait tiré une conséquence juridique, la communauté de biens. Elle admettait que, de plein droit, ces associés de fait, ces *parçonniers,* contractaient entre eux une société civile ; et l'on appela *communautés taisibles* ces sociétés qui se formaient sans contrat exprès, et qui ont joué un rôle important dans le droit du moyen âge. On partit de

---

1. Hostiensis, *Summa, de Agricolis,* p. 366 : « Et numquid tales testari possunt ? Quidam dicunt quod non, cum servi dicantur. Azo dixit quod inter servos possunt, id est inter eos qui sunt de familia sua, sed non inter alienos. » — Johannes Faber, *ad Instituta,* I, 3, 2, n° 2.

2. *Livre de Jostice et de Plet,* XII, 25, § 2 : « A serf puet eschéer (échoir) de serf, non de franc ; et convient qui soit sers a celui seignor. » — Benedict (fin du XVe siècle), *Repetitio in cap. Raynutius,* édit. Lyon, 1544, I, p. 144 : « Si autem extarent liberi vel alii parentes ejusdem conditionis homines, illi defuncto succederent ex testamento, si testamentum fecisset, vel ab intestato... Sed dominus jure manus mortuæ, si defunctus suæ conditionis parentes hæredes non haberet, de bonis et hereditate illius remaneret saisitus, quia ubi est talis consuetudo manus mortuæ, liberi et franchi homines homini conditionato succedere non possunt. »

là pour écarter la mainmorte du seigneur. Lorsque, des serfs parents vivant ainsi en communauté taisible, l'un d'eux venait à mourir, on admit que, si la vie commune se continuait entre les survivants, la communauté ne serait pas considérée comme dissoute : elle subsistait, au contraire, et la part de chacun des associés se trouvait simplement augmentée d'autant par le prédécès de l'un d'eux. La part du prédécédé restant ainsi confondue dans la masse, le droit de mainmorte n'avait plus d'objet auquel il pût s'appliquer. En réalité, c'était ouvrir la succession aux serfs; mais ce droit de succession était subordonné à une double condition, à savoir que les héritiers fussent serfs comme le défunt, et que, jusqu'à son décès, ils eussent vécu en communauté de biens avec lui. C'est bien sous cette forme que les textes des XIIIe, XIVe, XVe et XVIe siècles présentent le droit créé au profit des serfs [1]. Mais ce droit, tout d'abord, fut très fragile. Il avait pour base, en effet, la communauté taisible; mais, de même qu'un fait, la vie commune, avait créé celle-ci, un fait contraire, la séparation, pouvait la détruire [2]. Le départ d'un des communistes avait même des effets

---

1. *Li droit et lis coustumes de Champaigne et de Brie* (à la suite du commentaire de Pithou sur la coutume de Troyes), ch. LX : « Il est coustume en Champaigne que se aucuns homs de mainmorte se muert senz hoirs de son corps, ou il *ait été partiz de ses hoirs*, que li sires emporte l'eschoite en meubles et héritages, pour cause de la main morte. » D'après ce coutumier du XIIIe siècle, le bénéfice de la communauté servile n'excluait la main morte qu'en ligne directe, non en collatérale. *Ibid.*, c. XXIX : « Es lieux des mains mortes, se uns homs se muert de qui il demeure enfans, tout soit ce qu'il soient parti ou qu'il ne le soient pas li uns des autres, et li uns des enfans se muert, li sires emporte la main morte c'est assavoir telle porcion, comme il appartient à l'enfens mort. Et ainsi en use l'en généralement. » — Masuer (XVe siècle), *Practica forensis*, tit. XXXIII, n° 20 : « Quidam tamen sunt conditionati et de manumortua, quorum frater non succedit fratri, nisi fuerint conjuncti re et verbis, id est nisi fuerint communes in bonis et ejusdem domicilii, *car le chanteau part le vilain*. » — Chassanæus, *in Consuetudines ducatus Burgundiæ*, IX, art. 18 : « Alii sunt homines manus mortuæ, et sunt hi quibus de consuetudine domini succedunt quando moriantur sine liberis vel parentibus existentibus in communione cum eis. » — Loisel, *Inst.*, I, 1, 74.

2. Chassanæus, *loc. cit.*, art. 20 : « Pone quod pater aliquis habeat filium legitimum et naturalem, qui tamen non habitat secum sed seorsum et separatim : an succedat patri an vero dominus? Videtur per textum nostrum quod non succedat, eo quod est partitus, divisus et separatus a patre, et ita tenet communis practica hujus patriæ. » — Loisel, *Inst.*, I, 1, 75 : *Le chanteau part le vilain*; 79 : *Le feu, le sel et le pain, partent l'homme morte main. Le chanteau*, c'est le pain du paysan, une fois entamé; pour rester en communauté

définitifs et à l'égard de tous. Non seulement il sortait de la
communauté, mais encore celle-ci était dissoute à l'égard de
tous, à l'égard de ceux même qui continuaient la vie commune [1],
et, une fois dissoute ainsi, elle ne pouvait plus se reformer valablement si ce n'est par l'autorisation formelle du seigneur [2].
Mais on se départit de cette rigueur [3]. On admit d'abord que,
si la séparation avait une juste cause, comme le mariage d'une
fille, l'établissement d'un fils pour l'exercice de son métier,
ou encore le mauvais caractère d'un des associés « qui est
homme mal gisant et fascheux » [4], les enfants, séparés, per-
daient bien leur droit de succession, mais les autres, restés
communs, le conservaient entre eux. Puis, dans ce cas, le seigneur étant désintéressé, écarté qu'il était par les enfants
restés au foyer, on admit à la succession et au partage même
les enfants séparés, par esprit d'équité [5]. Dès lors, pour conserver à tous les enfants du serf leur droit de succession, il
suffit que l'un d'eux restât, jusqu'au dernier jour, dans la maison du père ou de la mère [6].

IV

La source la plus abondante du servage dans la société
féodale définitivement constituée, c'était l'hérédité. On était
alors serf de naissance, d'*ourine* (*origine*) comme disent les
vieux textes. Nous savons dans quel cas la naissance en légitime mariage faisait un serf. Ajoutons cette règle remarquable, que, d'après Beaumanoir, l'enfant naturel d'une serve

il faut tailler au même chanteau. » Coutume du Chastelet en Berry, *loc. cit.*,
art. 16 : « En la coustume de ladicte terre le chanteau et le feu séparent et
départent le vilain. »

1. Loisel, *Inst*, I, 1, 75 : « Un parti, *tout est parti.* » — Coutume de Nivernois, tit. VIII, art. 9, avec le commentaire de Guy Coquille.

2. Coutume de Nivernois, tit. VIII, art. 15 ; Coutume de Bourgogne, tit. IX,
art. 10 ; Coutume du Chastelet, art. 14.

3. Guy Coquille, sur la Coutume de Nivernois, tit. VII, art. 9 : « Cet article
est fort rude, s'il est entendu selon sa première apparence, en tant que la
faute de l'un nuirait à tous les autres qui n'ont failli. »

4. Coutume de Nivernois, tit. VIII, art. 15 et suiv. ; Coquille, sur l'art. 9.

5. Coutume de Bourgogne, tit. IX, art. 17, et Chassanæus, sur cet article :
« Sic quis consequitur per alium quod per seipsum consequi non potest. »

6. Loisel, *Inst.*, I, 1, 83 : « Un seul enfant estant en celle resquent le droit
des autres. »

n'est pas serf, bien que sa mère le soit; le bâtard est en dehors de la famille, il n'en hérite à aucun point de vue[1]. Mais les causes, qui avaient constitué la classe servile antérieurement, opéraient encore, quoique moins actives : il y en avait deux principales. La première, c'était la convention. On pouvait se faire serf par contrat, et entraîner ainsi dans le servage toute sa descendance future. Il y avait, dans ce sens, une tradition constante[2], et, malgré quelques résistances[3], le principe se maintint : on ne s'éleva pas à l'idée de l'inaliénabilité de la liberté humaine, ou plutôt on l'écarta en considérant le servage non comme une servitude proprement dite, mais comme un service féodal[4]. Le second mode d'asservissement, c'était la prescription, dont la puissance était presque sans bornes dans la société féodale. On devenait serf par le seul fait qu'on avait, pendant un temps plus ou moins long, fixé par la coutume, subi les charges et les conséquences de la condition servile. Dans certains lieux, cette prescription était très courte; il suffisait, pour la fonder, qu'une personne eût vécu pendant l'an et jour mêlée aux serfs d'une seigneurie[5].

Le servage pouvait cesser et disparaître de diverses façons. D'abord, par l'affranchissement que consentait le seigneur.

1. *Coutumes de Beauvoisis*, XLV, 16 : « Le resons est que li bastart ne suit ne le condition du père, ne de la mère n'en lignage, n'en héritage, n'en autre coze; et aussi comme il ne partiroit de riens à lor biens ne à lor bones conditions, il ne doit pas partir à lor malveses conditions, ne aus redevances que il doivent à lor seigneurs. »

2. Durantis, *Speculum*, tit. *de Feudis*, nº 6, p. 306 : « Hinc est quod per pactionem scriptura interveniente potest quis se constituere ascripticium. » — Johannes Faber, *ad Instituta*, 1, 3, 4, nº 4 : « In aliis conditionibus hominum constituendis, sicut in adscripticiis, censitis et colonis et aliis conditionibus quæ plures sunt, dic... quod tales fiunt per pactum si cum scriptura se obligent et constet. »

3. Baldus, sur la loi fin. C., *de Transactionibus*.

4. Guy Pape, *Decisiones Grat.*, qu. 114, 115 : « Etiam pacto vel stipulatione potest se quis hominem alterius constituere vel ligium, aut talliabilem vel francum, attento etiam quod et hoc libertas sua non minuitur, imo tenetur dominus eum contra alios in persona et bonis defendere; et tales homines talliabiles proprie possunt æquiparari hominibus ascriptis glebæ. »

5. Beaumanoir, XLV, 19 : « Encore y a il de tix terres quant uns frans hons qui n'est pas gentix hons de lignage y va manoir et il y est residens un an et un jour, qu'il devient, soit hons, soit feme, sers au segnor desoz qui il veut estre residens. » — Coutume de Bourgogne, tit. IX, art. 6; Coutume du Chastelet en Berry, art. 1.

Pour cet acte, le droit féodal n'imposait aucune forme [1], bien que, à raison de son importance, il fût toujours constaté dans un titre scellé, dans une charte seigneuriale [2]. Mais le consentement du seigneur dont le serf dépendait ne suffisait pas pour opérer l'affranchissement valable. En affranchissant un serf, le seigneur, en effet, diminuait la valeur de son fief, du domaine utile qu'il possédait et auquel le serf tenait comme une dépendance : mais, par là même, il diminuait la valeur du domaine éminent entre les mains de son propre seigneur. La conséquence, c'est qu'il fallait aussi le consentement de ce seigneur supérieur, comme pour tout abrégement de fief [3]; sinon, l'affranchi n'acquérait point la liberté, mais devenait le serf de ce seigneur supérieur [4]. A l'égard de ce dernier, d'ailleurs, lorsque lui-même il était vassal, le même raisonnement pouvait être reproduit ; d'où, en bonne logique, pour affranchir valablement un serf, il fallait le consentement de tous ceux qui, dans la hiérarchie féodale, étaient superposés au-dessus du seigneur direct [5]. On n'alla jamais jusque-là. Dans la pure société féodale, on s'arrêta au chef seigneur (*capitalis dominus*), c'est-à-dire à celui, baron, comte, duc ou roi, qui représentait la souveraineté régionale [6]. Plus tard, la royauté, faîte de la hiérarchie féodale, interviendra toujours pour autoriser l'affranchissement, c'est-à-dire en réalité pour percevoir un droit pécuniaire [7]; mais le droit des seigneurs intermédiaires disparaîtra. Autoriser et confirmer

---

1. Cela résulte bien de ce que Beaumanoir fait dériver l'affranchissement d'actes, qui n'avaient pas ce but direct, mais qui impliquaient chez le seigneur l'intention de traiter le serf comme une franche personne. Beaumanoir, XLV, 29, 31.

2. Mais cela n'était point nécessaire, même pour la preuve, qui pouvait être faite par témoins. Beaumanoir, XLV, 14.

3. Beaumanoir, XLV, 18, 25, 26.

4. Beaumanoir, XLV, 18, 26; *Li drois et lis coustumes de Champaigne et de Brie*, c. XVII ; dans ce dernier texte, il s'agit d'un abonnement ou affranchissement partiel.

5. Beaumanoir, XLV, 26 : « Ne pot nus doner abrégement de servitutes de fief, ne francises d'eritage, *sans l'auctorité de ses pardessus*. »

6. Beaumanoir, XLV, 18 : « Bone coze est a cix qui voelent porcacier francise de lor servitute qu'il facent conferrer lor francise qui lor est pramise, par *les sovrains* de qui lor sires tient. » — Cf. XLV, 26 : « Aucuns ne pot francisous serf sans l'auctorité de son sovrain. »

7. Loisel, *Inst.*, I, 1, 73.

l'affranchissement, ce sera alors un droit strictement régalien.

De même que la prescription créait le servage, elle le faisait disparaître et transformait en franche personne le serf qui vivait pendant un certain temps en répudiant toutes les conséquences de l'état servile. Mais, sur les conditions de cette prescription libératoire, sur son admission même, les coutumes étaient très variables. Parfois elle était des plus courtes ; un assez grand nombre de villes émancipées avaient, au moyen âge, le privilège de conférer la liberté au serf qui y résidait pendant l'an et jour[1].

D'après une règle très ancienne, faite d'abord pour l'esclave, puis appliquée au serf, celui-ci ne pouvait point entrer dans le clergé ou dans les ordres religieux, sans le consentement de son seigneur, qui devait alors l'affranchir[2]. Mais, si cette prohibition avait été violée et que le serf eût reçu, sans cette autorisation, les ordres sacrés, la question se posait de savoir si, par le fait même de sa dignité nouvelle, il n'était pas affranchi. Le cas était discuté : en général, on admettait que la franchise était acquise, mais que les redevances pécuniaires devaient encore être fournies au seigneur par le clerc ou par quelqu'un en son nom[3].

V

Il reste à dire un mot des roturiers ou vilains. Leur condition a été indirectement dégagée par ce qui précède. Ils ne pouvaient pas invoquer les privilèges des nobles, et, à bien des égards, ils étaient traités comme les serfs, si bien que le mot vilain, dans les textes du XIII° siècle, désigne tantôt les roturiers des campagnes et tantôt les serfs. Il faut en dire autant de certaines autres dénominations qui sont également employées

---

1. Beaumanoir, XLV, 36 : « Les liex où il porroient aquere francise por demorer ; si comme en aucunes villes es queles tout li habitants sunt franc par privilliège ou par coustume. Car sitost comme aucun set que ses sers va manoir en tel liu, s'il le requiert comme son serf dedens l'an et jor, il le doit ravoir, ou dedens tel terme come le done le coustume du lieu où il est alés manoir. »

2. Beaumanoir, XLV, 17, 28 ; *Registre criminel de Saint-Maur-des-Fossés*, dans Tanon, *op. cit.*, p. 342-344.

3. Beaumanoir, XLV, 17, 28 ; *Liber practensis de consuetudine Remensi*, n° 35, p. 55. Cf. Johannes Gallus (édit. Du Moulin), qu. 164.

pour désigner les roturiers, par exemple, les termes, *hommes de poeste* (*homines potestatis*[1]) et *hommes coutumiers*[2].

Les tailles seigneuriales, les corvées, pesaient sur les roturiers comme sur les serfs ; mais, juridiquement, ce qui les distingue de ces derniers, c'est qu'ils n'étaient pas frappés des incapacités qui visent le serf, le formariage et la mainmorte : celles-ci peuvent être considérées comme caractéristiques de la condition servile[3]. Il faut ajouter que le roturier pouvait toujours se choisir librement un domicile, ce que ne pouvaient pas faire certains serfs. Il pouvait enfin librement acquérir des tenures roturières, qui, naturellement, étaient faites pour lui, tandis que souvent la coutume défendait au serf de posséder des terres autres que les tenures serviles.

1. Cela veut dire exactement les hommes d'un seigneur, les hommes d'une *potestas*. Voyez ci-dessus p. 144.

2. Les *coutumes* dont il s'agit ici, ce sont les *redevances*, surtout les droit levés sur les personnes ou sur la vente des marchandises. En anglais, le mot *custom* a conservé ce sens ; la douane se dit *custom house*.

3. *Registre criminel de Saint-Germain-des-Prés* (a. 1272), dans Tanon, *op. cit.*, p. 424 : « Et dist que pour ce que le Juif se pooit marier sans le congié du roi et donner ses biens et à mort et à vie, qu'il n'étoit pas de condition à serf quar serf ne puet tele chose feire. »

CHAPITRE III

La guerre, la justice et le fisc

---

§ 1er. — LES GUERRES PRIVÉES

Le droit de la guerre, dans les temps modernes, appartient au droit international, car la guerre n'existe que de nation à nation. Dans la société féodale, il fait partie du droit national ou intérieur, presque du droit privé, car la guerre a lieu d'individu à individu. Toute personne, au moins toute personne noble, peut recourir à la force et aux armes pour défendre son droit ou venger ses injures. C'est l'époque des guerres privées. Celles-ci, qu'on le remarque bien, n'étaient pas seulement des violences de fait contre lesquelles l'autorité publique était impuissante à réagir : c'étaient des voies de droit, et les meurtres, les pillages, les incendies[1] qui en étaient la conséquence étaient parfaitement légaux, comme aujourd'hui les actes accomplis en état de légitime défense. Ce droit était encore pleinement en vigueur au cours du XIIIe siècle, et Beaumanoir décrit tout au long et *ex professo* les règles des guerres privées[2].

Cependant, la société féodale n'était pas dépourvue de tribunaux ; la justice y était organisée, et deux hommes y trouvaient toujours une cour compétente pour trancher leur querelle. Mais la partie lésée avait le choix, en principe, entre deux voies parallèles, la procédure judiciaire et la guerre privée, plaider ou combattre[3]. D'ailleurs, les deux voies n'étaient pas

---

1. *Livre de Jostice et de Plet*, XIX, 28, § 2 : « An ville nus ne doit ardoir par nule guerre, se la guerre n'est tele que droiz la doie soffrir; ne hors de ville ausit. »
2. *Coutumes de Beauvoisis*, LIX, *des Guerres;* LX, *des Trèves et Asseuremens.*
3. *Petri exceptiones legum Romanarum* (édit. Savigny), III, 69 : « Unius soro-

E.   16

alors aussi dissemblables qu'elles le paraissent ; étant donnée
la place que tenait le duel judiciaire, *la bataille*, dans la procédure, un procès n'était souvent qu'un combat restreint aux
deux adversaires. De tels principes révèlent une société, où
la notion de l'État a disparu ; c'est là ce qu'a produit l'anarchie
d'où est sortie la féodalité. Mais, en même temps qu'elle est
un fruit naturel du monde féodal, la guerre privée rappelle, par
quelques-uns de ses traits, des institutions plus anciennes,
des institutions primitives, qui ont ainsi comme une renaissance sociale. Elle est, comme la *faida* germanique, comme la
vengeance des coutumes primitives, une guerre, non pas
d'individu à individu, mais de famille à famille. Étaient, en
effet, nécessairement compris dans la guerre, tous les parents
des deux adversaires principaux, jusqu'au degré où le mariage
devenait licite entre parents [1].

Le droit de guerre privée était-il ouvert à tous? Oui, sans
doute, au début, et ce principe est encore affirmé au cours du
xiiie siècle [2]. D'après Beaumanoir, le droit de guerre avait
été restreint aux nobles et refusé par la coutume aux roturiers [3]. Mais entre nobles il était presque illimité : tout noble
pouvait déclarer la guerre à un autre; tout seigneur pouvait
la déclarer au roi. Seul le vassal ne pouvait faire la guerre
à son seigneur, à moins qu'il n'y eût de la part de celui-ci infidélité ou déni de justice constaté [4]. Au xiiie siècle, une tendance se manifestait à défendre les guerres contre le roi, ou
du moins à les rendre plus difficiles [5]. C'était en vue de ces

---

ris filii quæstionem suæ partis silentio dederunt; alterius autem sororis filii
partem suam *per placitum et guerram exegerunt.* » — *Cartulaire de Saint-
Père de Chartres,* charte du commencement du xiie siècle, p. 417 : « Posuerunt
etiam in sacramento quod si quis, quicunque esset, nobis de terra illa calum-
pniam moveret, *ipsi placito, et, si necessitas postularet, bello nos, quantum possent adjuvarent.* »

1. Beaumanoir, LIX, 20, 21, 1, 2.
2. Innocent IV, *Lectura super decretales,* sur le ch. xii, de *Rest. spol.,* II, 13,
n° 8 : « Respondemus omnibus licitum esse movere bellum pro defensione sua
et rerum suarum nec dicitur proprie bellum sed defensio. »
3. Beaumanoir, LIX, 5.
4. *Établissements de saint Louis,* I, 52. — *Livre des droiz et commandements,*
§ 435. — Bouteiller, *Somme rurale,* I, 83.
5. Durantis, *Speculum,* tit. *de Feudis,* n° 28, p. 309 : « Quid igitur si aliquis
baro regis Franciæ facit guerram ipso regi : baro ipse præcepit ex debito sacramento fidelitatis hominibus suis quod ipsum juvent; numquid tenentur

guerres privées qu'avait été établi et organisé le service militaire attaché aux fiefs : aussi ne répondait-il vraiment qu'à ce
besoin et était-il manifestement insuffisant dans les guerres
nationales. Examinons quelles étaient les règles de ces guerres
privées, et comment la société féodale elle-même réagit contre
elles.

I

Tout chef de guerre, c'est-à-dire chacun des adversaires
principaux, entraînait avec lui certaines classes de personnes,
obligées de marcher en campagne, ou légalement exposées
aux coups. — 1° Les parents, comme il a été dit plus haut,
attachés à sa cause par la solidarité familiale. Cependant,
d'après Beaumanoir, ils pouvaient, par une abstention formelle, se tenir à l'écart de la lutte[1]. — 2°. Les vassaux, astreints
au service de guerre. Mais tous ne le devaient pas dans les
mêmes conditions; cela dépendait des conventions et de l'importance du fief. Tantôt le vassal n'était tenu que de venir
seul, tantôt il devait amener avec lui un certain nombre de
chevaliers[2]. Ce service était en principe fourni par le vassal
gratuitement et à ses frais[3]; mais il avait une durée préfixe,
que la coutume arrêtait d'ordinaire à quarante jours[4]. On a
prétendu parfois, mais à tort, que la force de l'hommage lige
consistait à obliger le vassal de continuer indéfiniment son
service jusqu'à la fin de la guerre. — 3° Les roturiers, les

eum contra regem juvare? Videtur quod sic, nam grave est fidem fallere. Di-
cendum tamen est contra; nam baro insurgens contra dominum videtur inci-
dere in legem Juliam majestatis. » — Cf. *Établissements de saint Louis*, I, 53
   1. Beaumanoir, LIX, 2, 18.
   2. *Livre de Jostice et de Plet*, XII, 8, § 3 : « Après un autre service est que
doivent senez, c'est à savoir servise d'ot; et chacun le doit si come coustume
est... Et est deuz en plusors manières : li uns le doit sels, li uns le doit soi et
autre, li autres le doit soi quinz, li autres le doit soi dizèmes. Et ce servisti
est deuz segont la coustume de la region et est acostumé par nombre d'anz. »
— *Grand Coutumier de Normandie* (texte latin), ch. XXV, XLIV, LXXXV, p. 195.
— *Coutumier d'Artois*, LVI, 8. — Bouteiller, *Somme rurale*, I, 83.
   3. Durantis, *loc. cit.*, p. 311 : « Quæritur utrum homo ligius teneatur seque
dominum ad exercitum suis sumptibus? Dic quod si habeat pingue feudum,
vel est dives, dominus non tenetur sibi facere sumptus. Secus si feudum est
modicum et ipse est pauper. Non enim propter modicam rem tenetur sufferre
magnam exactionem. »
   4. *Établissements de saint Louis*, I, 65, p. 95. — *Grand Coutumier de Normandie* (texte latin), ch. XXV.

vilains, figuraient eux-mêmes dans ces guerres. Ils en étaient d'abord les premières victimes, lorsque les ennemis de leur seigneur venaient piller et ravager ses terres. De plus, ils étaient tenus de marcher comme combattants [1]. Cependant ce n'était point en qualité de tenanciers qu'ils devaient le service militaire; leurs tenures n'emportaient point une semblable charge, et par conséquent ils ne devaient pas le service militaire au seigneur foncier en cette qualité [2]. Mais ils le devaient en qualité de sujets, au seigneur justicier, à celui dans la haute justice duquel ils résidaient. Ce droit de requérir les roturiers pour la guerre, ancien privilège du pouvoir royal, s'était rattaché à la haute justice [3]. Il était d'ailleurs assez peu lourd, car la plupart des coutumes interdisaient au seigneur d'emmener ses hommes à plus d'une journée de marche de leur domicile : dans bien des lieux il dégénéra promptement en un simple droit de guet et de garde du château seigneurial.

Pour conserver leur légitimité, les guerres privées devaient suivre certaines règles. Elles devaient d'abord être régulièrement ouvertes, ce qui avait lieu de deux façons : par *paroles*, c'est-à-dire par une déclaration formelle, et par *fait*, c'est-à-dire par suite d'une rixe où avaient été échangées entre nobles des violences ou des injures caractérisées [4]. Il fallait de plus que la guerre ouverte n'eût pas été régulièrement terminée par une paix ou suspendue par des trèves [5]. Au xiiie siècle, les actes de guerre devenaient également illégitimes lorsqu'ils intervenaient après que la justice avait été sai-

---

1. Boutaric, *Institutions militaires*, p. 141.

2. Bouteiller, *Somme rurale*, I, 84, p. 489 : « Terre... qui n'est tenue en fief, que ruralement on appelle entre les coustumiers terre-vilaine, ne doit hommage, service, *ost ni chevauchée*, fors la rente au seigneur aux termes accoustumés. »

3. *Établissements de saint Louis*, I, 65. — *Livre des Droiz*, § 443. — *Registre criminel de Saint-Maur-des-Fossés* (a. 1274), dans Tanon, *op. cit.*, p. 423; *ibid.*, *Registre de Saint-Germain-des-Prés* (a. 1295), p. 438. — On trouve, il est vrai, des textes où l'on voit un seigneur requérir pour la guerre ses tenanciers roturiers ou serfs (hostes ou *hommes de corps*) comme ses 'ommes de fief (Beaumanoir. LIX, 21); mais sûrement il s'agit alors de seigneurs, qui sont en même temps haut-justiciers.

4. Beaumanoir, LIX, 9, 11, 8.

5. Beaumanoir, LIX, 11-14; LX, *passim; Grand Coutumier de Normandie*, ch. IV, LXXV.

sie de l'affaire par une des parties[1] : on avait choisi l'une des
deux voies parallèles, la voie pacifique, on ne pouvait plus revenir à l'autre. Mais cette règle était un progrès réalisé : au
xii° siècle, on pouvait encore, après un jugement rendu, recourir à la guerre[2].

II

Les guerres privées étaient un tel fléau que de bonne heure
la société féodale chercha à réagir contre elles. Souvent, dans
les villes, ce furent des associations populaires, qui se formèrent pour réprimer par la force les violences individuelles.
Mais la réaction vraiment efficace, quoique restreinte, devait
venir de l'Église et de la souveraineté civile.

L'Église, qui avait alors à elle seule la direction morale des
peuples, usa de son influence pour tempérer un mal qu'elle
ne pouvait supprimer. Elle établit la paix de Dieu et la trève
de Dieu. La paix de Dieu consistait à soustraire en tout temps
aux ravages des guerres privées certaines personnes et certains objets, qui étaient déclarés en quelque sorte toujours
neutres et inviolables. C'étaient, pour les personnes, les clercs,
les agriculteurs, les voyageurs, les marchands, les femmes et
les hommes qui les accompagnaient sans armes ; — pour les
choses, les biens des clercs et des moines, les animaux de la-
bour et les moulins. La trève de Dieu était une suspension
d'armes édictée d'autorité dans les guerres privées, d'après laquelle les hostilités étaient défendues, du mercredi soir au
lundi, ou, tout au moins, du samedi au lundi de chaque se-
maine, et à certaines époques de l'année particulièrement sanc-
tifiées. Le mouvement qui aboutit à ces règles paraît d'ailleurs
avoir été populaire autant que religieux. D'après un historien

---

1. Beaumanoir, LIX, 16 : « La tierce manière comment guerre faut, si est
quant les parties plèdent en cor par gages de bbatailles, d'un fet duquel il
tenoient ou pooient tenir l'un l'autre en guerre. Car on ne pot pas ne ne doit
en un mesme tems querre vengence de son ennemi par guerre et par droit
de cort. »

2. Yves de Chartres, *Ep. CLXVIII* : « Sicut judicatum erat, venerunt utrique
in curiam comitissæ et actionibus utrinque ventilatis nescio quibus de causis
comes a causa cecidit. Postea cœperunt... adversum se guerram facere et
alterius bona diripere. » — Yves de Chartres ne paraît pas considérer ce procédé comme irrégulier.

de la première moitié du xi⁰ siècle [1], l'impulsion serait venue
du sentiment de rénovation qui suivit l'an mil. Il se serait alors
tenu en Aquitaine, sous la direction des évêques, abbés et
religieux, des réunions où tout le peuple était convoqué afin
de rétablir la paix entre les hommes; puis, de proche en proche,
le mouvement aurait gagné toute la France, et alors aurait
été établie la paix de Dieu proprement dite [2]. Mais cette première tentative n'aurait pas produit des résultats définitifs; le
mouvement aurait été repris un peu plus tard, encore en Aquitaine, en 1041, et alors la trève de Dieu aurait été ajoutée à
la paix de Dieu [3]. En 1095, ces deux institutions furent édictées
comme loi générale par le concile œcuménique de Clermont;
mais les règles spéciales déjà établies dans les diverses diocèses restèrent en vigueur. Enfin cette réglementation fut
renouvelée au deuxième et au troisième concile de Latran en
1129 et en 1179 [4]. Pour l'application de ces règles, dans chaque
diocèse de France, le clergé s'efforçait de faire jurer la paix et
la trève par tous les seigneurs, et il était constitué un tribunal spécial, dit *justicia pacis*, composé de laïcs et d'ecclésiastiques, pour juger les infractions [5]. La sanction consistait
dans l'excommunication; il y avait aussi des peines séculières,
lorsque l'Église faisait adopter le règlement par les seigneurs
souverains [6].

Le pouvoir civil pendant longtemps fut impuissant à rien
entreprendre de son chef contre les guerres privées. Mais au
xiiiᵉ siècle, déjà bien plus fort, il s'efforça de les restreindre
par divers moyens. Le principal fut l'*asseurement* ou *sauve-
garde* imposé par la justice. L'asseurement n'était pas autre
chose que la promesse solennelle qu'une personne donnait à

---

1. Raoul Glaber, qui termina son histoire entre 1046 et 1049.

2. Raoul Glaber, *Les cinq livres de ses histoires*, édit. Prou, l. IV, ch. v, nᵒˢ 14,
15, 17.

3. Raoul Glaber, l. V, ch. i, nᵒ 15. Dans Marca, *de Concordia sacerdotii et
imperii*, l. IV, c. xiv, *in fine*, sont rapportés divers conciles particuliers tenus
à cette époque en Roussillon.

4. C. un., X, *de Treuga et Pace*, I, 34.

5. Voyez sur tous ces points Yves de Chartres, *Ep. XLIV, L, LXXXVI, XC,
CLXVIII, CLXIX, CLXX, CLXXIII.*

6. Voyez l'établissement de Louis VII de 1155, acceptant pour dix ans la
paix de Dieu (Isambert, *Anciennes lois françaises*, I, p. 152): « Et si qui essent
violatores ordinatæ pacis, de eis ad posse nostrum justitiam faceremus. »

une autre de s'abstenir de toutes violences envers elle. Cette
promesse une fois donnée ne pouvait plus être retirée, et si
elle était violée, la violation constituait un crime capital[1]. Pendant longtemps l'asseurement ainsi compris ne put résulter que
du libre consentement; mais au xiii° siècle, lorsqu'une guerre
était imminente entre deux parties, le principe s'introduisit
que le seigneur souverain, roi, duc, comte ou baron, pouvait
citer les adversaires devant lui et les forcer à se donner assu-
rement, par la saisie de leurs personnes ou de leurs biens[2].
C'était faire du souverain le représentant de la paix publique;
c'était un premier effort vers la reconstitution de l'État. On
n'était pas arrivé d'emblée à ce résultat; on avait commencé
par admettre seulement que la justice pourrait ordonner l'as-
surement lorsqu'il serait requis par l'une des parties[3], puis on
lui donna le droit de l'imposer d'office.

Les premiers efforts du pouvoir législatif de la royauté se
tournèrent du côté des guerres privées, et ainsi fut édictée la
quarantaine le roi. On a vu précédemment qu'en principe la
guerre englobait de plein droit tout le lignage des parties en
cause, et que d'autre part la guerre était ouverte par un simple
fait, une rixe ou une dispute. Il en résultait que les parents,
qui n'avaient pas assisté au différend, étaient néanmoins immédiatement exposés aux coups et pouvaient être attaqués
sans avoir été prévenus et sans être sur leurs gardes. Un
établissement royal du xiii° siècle apporta un remède à ce mal,
en décidant que les actes de guerre, dans ce cas, seraient licites
seulement quarante jours après la rixe contre ceux des parents
qui n'auraient pas été présents[4]. Beaumanoir attribue cette
ordonnance « au bon roi Philippe », c'est à dire à Philippe-Auguste; d'autres l'attribuent à saint Louis; il est probable qu'elle
fut plusieurs fois renouvelée. Un mandement de saint Louis
de 1257 alla plus loin[5] : il défendit absolument toutes guerres
privées sur le domaine de la couronne. Mais c'était là une

---

1. Beaumanoir, LX, 4; LVII, 7, 8.
2. Beaumanoir, LX, 12, 18; LIX, 3; cf. *Livre de Jostise et de Plet*, II, 6, § 2,
IV, 12, § 1.
3. *Établissements de saint Louis*, I, 28; Beaumanoir, IX, 10.
4. Beaumanoir, IX, 13.
5. *Ord.*, I, 84.

mesure prématurée; bien que souvent renouvelée au cours du
xive siècle, elle sera inefficace [1], et ce n'est qu'à la fin du xve
que la prohibition pourra effectivement s'introduire. D'ailleurs,
prise dans son ensemble, la législation des xiiie et xive siècles
sur les guerres privées est beaucoup moins impérieuse. En
général, elles ne sont défendues que momentanément, en
particulier pendant que le roi soutient lui-même, au nom du
royaume, une guerre nationale [2].

§ 2. — LA JUSTICE

Comme le droit de guerre, le droit de rendre la justice
s'était démembré et altéré dans la société féodale. Le pouvoir
judiciaire s'était partagé entre les seigneurs féodaux, la
royauté, l'Église et les villes privilégiées, chacune de ces autorités l'exerçant à son point de vue et souvent d'après des
principes différents. Nous parlerons un peu plus loin des justices ecclésiastiques et municipales; dans la troisième partie
de ce livre nous étudierons l'histoire de la justice royale; pour
l'instant nous nous bornons à la justice rendue par les seigneurs. Celle-ci se présentait sous deux formes distinctes que
j'appellerai, l'une la *justice seigneuriale*, et l'autre la *justice
féodale*.

La *justice seigneuriale* était un démembrement inféodé de
la puissance publique, jadis concentrée dans la personne du
roi. C'était devenu une propriété possédée à titre de fief, le
plus souvent rattachée à une terre dont elle formait l'accessoire, et celui qui en était le titulaire, le *seigneur justicier*,
avait, en principe, le droit de juger tous ceux qui habitaient

---

1. Langlois, *Le règne de Philippe le Hardi*, p. 200 et suiv.
2. C'est d'ailleurs l'application d'une théorie déjà exposée par Durantis,
Speculum, tit. *de Feudis*, n° 16 : « Pone aliquis baro regni Franciæ habet
guerram cum alio barone; rex vero habet guerram cum alio, puta cum rege
Alemaniæ qui vult sibi subjugare regnum Franciæ. Baro præcipit hominibus
suis quod juvent eum contra alium baronem, rex vero præcipit eisdem quod
juvent eum contra regem Alemaniæ : quæritur cui magis obedire tenentur...
Argumentum quod potius debeant obedire regi, cum vocati sint ad majus
tribunal. Et hoc verum est, nam rex qui habet administrationem regni, vocat
eos pro communi bono, scilicet pro defensione patriæ et coronæ, unde sibi
jure gentium obedire tenentur. »

dans un certain rayon, que l'on appellera le territoire ou le
détroit de sa justice [1]. Tous les seigneurs justiciers n'avaient
pas d'ailleurs une compétence également étendue, dans leur
territoire plus ou moins grand : de bonne heure on distingua
à ce point de vue deux degrés, la *haute* et la *basse justice* [2].
La haute justice seule pouvait connaître de toute accusation
criminelle entraînant une peine afflictive, la peine de mort ou
une mutilation, et de tous les procès civils où pouvait intervenir le duel judiciaire, ce qui dans la procédure féodale était
le cas de tous les procès quelque peu importants [3]. A la basse
justice appartenaient les autres causes [4]. Il pouvait très bien
se faire que dans le même lieu un seigneur eût la basse justice et un autre la haute [5]. Au xive siècle apparaît un degré
intermédiaire, la *moyenne justice*, qui n'est pas autre chose
que la basse justice enrichie de quelques-uns des droits réservés auparavant à la haute.

Mais la seigneurie ainsi comprise n'était pas la source
unique de la justice. Il en était une autre non moins importante, qui résultait, non de l'autorité publique, mais des contrats féodaux et des tenures, et des rapports qu'ils créaient
entre les hommes; c'est celle que j'appelle proprement féodale [6]. Elle avait deux applications.

En premier lieu, le vassal, par l'hommage, s'était soumis à la
juridiction du seigneur de fief qu'il avait accepté, et c'était lui
seul qu'il reconnaissait pour juge, quand il était actionné au
civil ou au criminel [7]. Auprès de lui il trouvait une garantie
précieuse, le jugement par les pairs, dont il va bientôt être

---

1. Beaumanoir, LVIII et suiv. ; Pierre de Fontaines, *Conseil*, III, 7.

2. Beaumanoir, LVIII, *Des hautes et basses justices; Établissements de
saint Louis*, I, 34; *Livre de Justice et de Plet*, II, 5, § 1.

3. Esmein, *Études sur les contrats dans le très ancien droit français*, p. 48.

4. Beaumanoir, LVIII, 2; Loisel, *Institutes*, II, 4, 16 · « Pilory, eschelle, car-
quant et peintures de champions en l'auditoire sont marque de haute justice. »

5. Beaumanoir, LVIII, 1 ; *Établissements de saint Louis*, I. 115.

6. Voyez, sur ce qui suit, Flach, *Les origines de l'ancienne France*, p. 219 et
suiv.

7. Durantis, *Speculum*, tit. *de Feudis*, no 17 : « Quaeritur quid juris habeo in
homine meo ejusque bonis... In primis siquidem ratione, homagii vendicat
sibi (dominus) jurisdictionem in eo, non dico merum vel mistum imperium.
Eo enim quod aliquis est homo meus ligius, hoc ipso est jurisdictioni meæ
subjectus et sum ejus judex. Et omnia bona ejus, quæ non habet alio in feudum non ligium, sunt mihi subjecta ratione jurisdictionis, licet illa non teneat

parlé. Mais cette compétence générale et absolue, créée par la volonté des hommes, supposait le lien féodal dans toute sa force ; aussi la restreignit-on à l'hommage lige, et si le seigneur conserva, dans une certaine mesure, juridiction sur le vassal qui n'était pas son homme lige, ce fut en vertu de la seconde application de la justice féodale.

Cette seconde application se formule dans cette règle : Tout seigneur, de qui relevait une tenure féodale, avait qualité et compétence exclusive pour trancher tous les litiges, mais ceux-là seulement, auxquels donnait lieu cette tenure, pour connaître de toutes les actions qui étaient dirigées de ce chef contre le tenancier. C'est ainsi que nous voyons le seigneur de fief juge naturel et nécessaire de toutes les actions intentées contre le vassal à raison du fief[1]. De même le seigneur censier connaît des causes concernant la censive[2]. Mais cette juridiction que l'on appelle souvent foncière, se bornait, nous l'avons dit, à ce qui concernait la tenure, et elle n'existait que pour les tenures féodales : les tenures simplement foncières, que même un censitaire pouvait constituer sur son domaine utile, n'y donnaient pas lieu[3].

Par là est tranchée une question souvent agitée, celle de

a me in feudum. Eo enim quod personam suam mihi principaliter subjecit, videtur per consequens omnia bona subjecisse. »

1. *Livre de Justice et de Plet*, XIX, 26, § 2 : « Premièrement leu dit que sires puet prandre les choses à celui qui sera de sa juridiction... Et se je ne suis de sa juridiction, fors de la propriété del foiz (fief), de la chose pot il prandre por le fet de mon cors? Nenil. » — *Grand Coutumier de Normandie*, ch. XXIX : « Nullus autem potest justiciam facere super feodum aliquod, nisi teneatur de co lem ; » *ibid*, ch. XXX, sur la tenure en parage : « Potest autem antenatus in postnatos justitiam exercere pro redditibus et faisantiis ad dominos feodi pertinentibus. Pro aliis autem occasionibus nequaquam nisi solum modo in tribus casibus, vilelicet pro injuria personæ ipsius irrogata vel primogenito suo vel uxori. »

2. *Coutumier d'Artois*, II, 17 : « Robers qui est tes couchans et tes levans, fu adjornés par devant son signeur pour chateux et moebles; et à ce jour, meisme avoit jour par devant j sien autre signeur d'iretage qu'il tenoit de lui.. Mout gringneur reverence doit il a le court son signeur, desous qu'il couce et lière que à celui de qui il tient la terre à ceus sans plus. » — Bouteiller, *Somme rurale*, I, 81, p. 489 : « Terre qui n'est tenue en fief, que ruralement on appelle entre les coutumiers terre vilaine... doivent à leur seigneur service d'eschevinage. Car le seigneur de tels tenants peut faire ses eschevins pour traiter et demener les héritages entre tels subjects. »

3. *Grand Coutumier de Normandie*, ch. LIII, p. 136 : « Sciendum est quod nullus tenens feodum suum per vile servitium potest habere curiam super

savoir si originairement la possession du fief n'entraînait pas toujours le droit de justice dans l'étendue des terres qu'il comprenait : je réponds affirmativement en ce qui concerne la *justice féodale* et négativement en ce qui concerne la *justice seigneuriale* [1]. Cela n'empêche pas d'ailleurs que dans certaines régions, tout fief entraînait la justice seigneuriale et même la haute justice [2]; mais ce sont là des coutumes particulières, non une conséquence nécessaire des principes féodaux. Disons maintenant comment étaient organisés les tribunaux des seigneurs.

Le seigneur pouvait lui-même présider sa cour, ou la faire tenir par un officier qu'il nommait et qui portait ordinairement le titre de prévôt ou de bailli [3] : mais ni l'un ni l'autre ne siégeaient seuls. Les règles qui déterminaient la composition du tribunal variaient selon la qualité de la personne qui y comparaissait comme défendeur.

S'il s'agissait d'un homme de fief, par les principes de la justice féodale il ne pouvait être valablement actionné que devant son seigneur; mais celui-ci, en réalité, n'était pas son juge. Le vassal avait droit à être jugé par ses pairs, c'est-à-dire que le tribunal était composé d'un certain nombre de vassaux du même seigneur, et c'étaient eux qui faisaient le jugement :

tenentes de eodem, bordarii [scilicet] et servientes ad saccum et sommam et alii qui vilia debent servitia ».

1. C'est par rapport à la justice seigneuriale qu'il faut entendre la maxime « fief et justice n'ont rien de commun », en tant qu'elle indique l'indépendance naturelle de la justice et du fief.

2. Il en était ainsi en Beauvoisis, d'après Beaumanoir, X, 2; LVIII, 1. On trouve pourtant des passages de textes anciens qui semblent considérer la pleine justice comme une dépendance nécessaire du fief ou de l'alleu. *Grand Coutumier de Normandie*, ch. 11 : « Feodalis (jurisdictio) est illa quam habet responsione feodi sui. Unde ad ipsum pertinet jus inhibere de querelis ex feodo procreatis, et etiam super omnibus aliis querelis quæ contra residentes feudi procreantur, exceptis tamen illis quæ specialiter pertinent ad ducatum ». Pour l'alleu, voyez Flach, *Les origines*, p. 204. Mais cela doit s'entendre ou d'un régime particulier, spécial à une région, comme celui qu'on trouve en Beauvoisis, ou de la justice simplement féodale. — Cf. Boutillier, *Somme rurale*, I, 84, p. 490 : « Ils tiennent les tenans franchement de Dieu et y ont toute justice basse. »

3. Beaumanoir, ch. 1; *Livre de Justice et de Plet*, I, 17, 19. Parfois, pour une justice seigneuriale importante, on distinguait la prévôté et le bailliage ou assise, certains actes importants ne pouvant se faire qu'en assise, au moins avec une valeur définitive.

le seigneur ou son bailli n'avait d'autre rôle que de présider
et de prononcer la sentence [1]. Il en était ainsi non seulement
lorsque le poursuivant était un co-vassal ou un homme étranger au groupe féodal, mais aussi lorsque la demande était intentée par le seigneur lui-même, à raison du fief et des obligations qui en découlaient [2] ; c'était même dans ce cas que le
jugement par les pairs constituait la garantie la plus précieuse
pour l'homme féodal. Il ne faut pas imaginer d'ailleurs que,
pour une procédure valable, le groupe entier des vassaux dût
être réuni : le service dû par eux de ce chef était fort lourd,
très périlleux, comme on le verra bientôt. On se contentait
d'un petit nombre; quatre, trois, ou même deux paraissent
avoir été considérés comme suffisants [3]. Si le seigneur n'avait
pas assez d'hommes, il devait en demander à son propre seigneur pour compléter sa cour, et l'on considérait que la règle
du jugement par les pairs était encore respectée [4].

Lorsqu'il s'agissait non d'un homme de fief, noble par conséquent, mais d'un roturier, le principe était différent. Celui-ci
n'avait pas droit au jugement par les pairs, qu'il comparût en
vertu de la justice féodale ou de la justice seigneuriale, et alors,
selon les régions, le tribunal était constitué suivant l'un ou
l'autre des types que voici : tantôt c'étaient encore les hommes
de fief qui siégeaient et jugeaient, comme s'il se fût agi d'un
vassal; tantôt le bailli ou prévôt tenait seul le tribunal [5].
Cependant, même dans ce dernier cas, il ne jugeait pas seul [6].
Selon une tradition, très ancienne et constante, dérivée sans
doute du fonctionnement des rachimbourgs et *scabini* dans la

---

1. Beaumanoir, I, 13, 15; X, 2; *Grand Coutumier de Normandie*, ch. IX : « Barones autem per pares suos debent justiciari; alii vero per eos omnes qui non
possunt a judiciis a moveri ». — *Établissements de saint Louis*, I, 76. — Cf.
Esmein, *Histoire de la procédure criminelle en France depuis le XIII° siècle jus
qu'à nos jours*, p. 4 et suiv.

2. Beaumanoir, I, 15.

3. Pierre de Fontaines, *Conseil*, XXI, 29 ; — *Établissements de saint Louis*, I,
76 ; — Beaumanoir, LXVII, 2; — *Coutumier d'Artois*, LVI, 32.

4. Beaumanoir, LXVII, 3. — Pierre de Fontaines, *Conseil*, XXI, 10.

5. Beaumanoir, I, 15 : « Li homes... doivent jugler l'un l'autre et les que-
relles du commun peuple ».

6. Beaumanoir, I, 13 : « Il y a aucuns liex la u on fet les jugemens par le
bailli et autre lieu la u li home qui sunt home de fief font les jugemens ».
— *Coutumier d'Artois*, LII, 2.

monarchie franque, le juge devait consulter, avant de prononcer, les hommes notables et sages de l'assistance [1]. Il les appelait à son conseil, sans être, semble-t-il, obligé de suivre leurs avis [2]. Ceux qui composèrent ainsi le conseil du juge, ce furent naturellement les praticiens de profession, dès qu'il s'en forma dans les diverses juridictions. Cette règle, qui mettait presque le vilain à la discrétion du seigneur justicier ou de son bailli, s'appliquait aux procès concernant la tenure, comme aux autres causes [3]. Cependant sa condition pouvait être améliorée et il pouvait avoir droit localement et exceptionnellement au jugement par les pairs. Cela pouvait provenir de la coutume qui dans bien des lieux instituait, pour juger les roturiers, un tribunal composé de leurs pareils, habitants de la même seigneurie : cela avait lieu surtout quand il s'agissait de la justice féodale, qui était souvent rendue, quant à la tenure, par d'autres tenanciers [4]. En second lieu le seigneur, pouvait, par une charte, accorder à ses vilains le privilège d'être jugés par leurs pairs [5]. Enfin, lorsque le roturier put acheter un fief sur lequel il résidait, alors même qu'il ne devenait pas noble, il avait droit à être jugé par les autres vassaux du seigneur [6].

Le serf était, au point de vue judiciaire, traité comme le vilain ; même dans la rigueur du droit, il ne pouvait intenter aucune action contre son seigneur [7]. On trouve aussi dans

---

1. Beaumanoir, I, 13 : « Es liex u les baillis font les jugements... il doit appeler à son conseil des plus sages et fere le jugement par lor conseel ». — *Coutumier d'Artois*, III, 20.

2. C'est du moins ce qu'on trouve au xive siècle, très nettement ; Esmein, *Histoire de la procédure criminelle*, p. 36, note 1.

3. Pierre de Fontaines, *Conseil*, XXI, 8 : « Selon Dieu tu n'as mie plénière poesté sur ton vilain ; dont, se tu prens dou suen fors les droites redevances, qu'il te doit, tu les prens contre Deu et sur le péril de l'âme, comme robierres... mes par nostre usage n'a-t-il entre toi et ton vilein juge fors Dieu, tant com il est tes couchans et tes levans, s'il n'a autre loi vers toi que la commune ». — Cf. *Coutumier d'Artois*, LVI, 11-13.

4. Bouteiller, *Somme rurale*, I, 2 : « Selon la coustume des lieux conjure d'hommes ou d'eschevins, ou de juges hostes ou cottiers. » *Ibid.*, I, 3, p. 13 ; I, 81, p. 490.

5. C'est ce qu'indique de Fontaines, dans le passage cité plus haut, où il parle du vilain qui ne peut invoquer que la *loi commune*.

6. Beaumanoir, XLVIII, 7 et suiv. ; Pierre de Fontaines, *Conseil*, III, 4, 5.

7. Beaumanoir, XLV, 31 : « Li uns des serfs sont si souget à lor seigneurs que lor sires pot penre quanque il ont à mort et à vie et lor cors tenir en prison toutes les fois qu'il lor plait, soit à tort soit à droit, qu'il n'en est tenus

certaines coutumes la trace de cette idée, qu'à moins d'une concession émanée du souverain, les serfs ne pouvaient actionner en justice les franches personnes[1].

Les justices féodales et seigneuriales différaient profondément entre elles, soit quant à leur nature, soit quant à leur importance ; mais elles se ressemblaient toutes en un point. Dans le pur droit de la féodalité, c'étaient toutes des juridictions souveraines ; elles statuaient toujours en dernier ressort. L'appel proprement dit, né dans l'empire romain, avait déjà disparu dans la monarchie franque, à plus forte raison n'existait-il pas dans la jurisprudence des cours féodales. La conception de l'appel, en effet, n'est point simple ; c'est un produit de l'expérience, mais elle répugne naturellement à l'esprit populaire. Soumettre à un nouveau juge une cause déjà tranchée par un premier, parce qu'une erreur a pu se commettre, c'est mettre de parti pris la justice en suspicion ; et, si le premier juge a pu se tromper, pourquoi n'en serait-il pas de même du second ? Mais si la procédure féodale, essentiellement coutumière et populaire, ignorait l'appel, elle connaissait au contraire deux voies de recours, qu'elle qualifiait même de ce nom, mais qui étaient toutes spéciales. La première était l'*appel de défaute de droit*. Elle supposait un déni de justice : le seigneur, ou le bailli qui le représentait, fermait sa cour à un demandeur, refu... d'accueillir son action, bien qu'il fût dans l'hypothèse le juge compétent. Le plaideur éconduit pouvait alors saisir le seigneur immédiatement supérieur dans la hiérarchie féodale ; si là il subissait un nouveau refus, il pouvait remonter plus haut encore, au degré supérieur, et même jusqu'au souverain de degré en degré. Cet appel était ouvert à tous, et le déni de justice était prouvé, sans qu'intervînt contre le seigneur ou le juge aucune provocation au duel judiciaire. D'ailleurs, lorsque cet appel était bien intenté et réussissait, il entraînait de graves conséquences. Si c'était un vassal auquel son

---

à répondre fors à Dieu ». — *Livre de Justice et de Plet*, II, 4, § 2 : « Li rois deffent que... serf (fasse semondre) son seigneur » ; II, 15, § 2 : « L'en ne doit pas por serf semondre son segnor ce n'est por sa crüauté ».

1. Bouteiller, *Somme rurale*, I, 9, p. 42 : « Si est à scavoir qu'en demandant en cort laie n'est à recevoir homme de serve condition contre homme de franche condition, s'il n'estoit par adventure autorisé du prince ».

seigneur avait dénié la justice, le seigneur, ayant manqué à
l'un des devoirs essentiels du contrat féodal, perdait sa suzeraineté : le vassal était délié de ses obligations et gardait cependant le fief concédé, mais il le tenait dorénavant du seigneur supérieur, dont il devenait le vassal. Si l'appelant était
un roturier, le seigneur perdait en lui simplement un justiciable [1]. L'autre voie de recours était *l'appel de faux jugement*. C'était une application grossière et brutale d'une voie
de droit, que nous connaissons encore sous le nom de *prise
à partie*. Celui qui intente la prise à partie ne soutient pas
seulement qu'il y a mal jugé, il accuse le juge de prévari-
cation, d'injustice voulue, ou tout au moins de faute grave.
Dans l'appel de faux jugement, le plaideur reprochait au juge
d'avoir rendu sciemment un jugement *faux et mauvais*. C'est
là un acte que comprend très bien la conscience populaire.
Mais dans la procédure féodale, cette prise à partie avait un
caractère particulièrement grave : elle se vidait par le duel
judiciaire. Le plaideur provoquait un jugeur, on constituait
des gages de bataille, et le duel se déroulait devant la cour du
seigneur immédiatement supérieur : suivant l'issue de la bataille, le jugement était confirmé ou cassé [2]. Mais l'appel de
faux jugement n'était pas une voie de droit commun, ouverte
à tous. C'était un privilège réservé à ceux qui avaient droit au
jugement par les pairs : il n'était donc pas ouvert en principe
à d'autres qu'à l'homme de fief [3]. Il constituait d'ailleurs, en
dehors du duel, une procédure subtile et délicate [4].

La procédure des cours féodales était d'ailleurs très remarquable quant à ses traits généraux. Elle était orale et essen-

---

1. Sur l'appel de défaute de droit, Beaumanoir, LXI, 53, 65; LXII, 3-5; —
Établissements de saint Louis, I, 56. — Cf. Esmein, *Histoire de la procédure
criminelle*, p. 25.

2. Beaumanoir, LXI, 45 et suiv.; LVII, 7-9. — Pierre de Fontaines, ch. xxii;
— *Établissements de saint Louis*, I, 83; — *Livre de Jostice et de Plet*, XX, 16;
— *Coutumier d'Artois*, VII, 8; LVI, 27; — *Assises de Jérusalem, Livre de Jean
d'Ibelin*, ch. clxxxvii. — Cf. Esmein, *Histoire de la procédure criminelle*, p. 26.

3. Pierre de Fontaines, *Conseil*, XXII, 3 : « Vileins ne puet fausser le jugement son seigneur ne de ses homes, s'il n'est garniz de loi privée par quoi il
le puisse fere. »

4. Voyez sur ce point Brunner, *Wort und Form im altfranzösischen Process*,
dans les *Sitzungsberichte der K. Akademie der Wissenschaften* de Vienne,
t. LVII, p. 738 et suiv.

tiellement formaliste, subtile et grossière à la fois[1]. La théorie des preuves était encore très influencée par les principes qui s'étaient dégagés dans la monarchie franque. Cependant un certain nombre de règles nouvelles ou de modifications importantes sont à signaler. Le principe qui domine c'est que le fardeau de la preuve incombe au demandeur et que cette preuve doit se faire par des témoins d'une espèce particulière, qui viennent affirmer en pleine cour, sous la foi du serment, une formule arrêtée d'avance par un jugement; l'adversaire peut essayer de faire tomber le témoignage en *faussant* ou en *levant* le témoin, c'est-à-dire en le provoquant au duel judiciaire[2]. Par suite, les ordalies unilatérales, *judicium aquæ aut ferri*, très répandues encore au xii° siècle et qui apparaissent très souvent dans les chartes de commune, disparaissent peu à peu au cours du xiii° siècle; le serment purgatoire et les *cojurantes* se conservent plus longtemps dans certaines régions[3]. Enfin le duel judiciaire, *la bataille*, prend une extension considérable; il devient le principal mode de preuve au civil comme au criminel, Parfois il intervient d'emblée, par une provocation directe du demandeur; souvent il se greffe, au cours du procès, par un *faussement* du témoin ou du juge. Le droit criminel s'est également transformé en partie; le système des compositions proprement dites a peu à peu disparu. Tous les crimes et délits sont punis ou de peines afflictives cruelles, ou d'amendes véritables payées, non au gagnant, mais au seigneur justicier. Cependant, la vieille idée de la vengeance privée domine encore la procédure criminelle. En principe, la poursuite d'office, par le juge, n'existait pas, en dehors du cas de flagrant délit : elle n'appartenait qu'au particulier lésé ou à ses représentants. Par suite, la procédure criminelle suivait en général les règles de la procédure civile, n'étant qu'un débat entre deux particuliers[4]; et les parties pouvaient s'entendre pour faire la paix et se réconcilier. Ce

1. Sur cette procédure, consulter le travail de Brunner cité à la note 4 de la page précédente; il a été traduit dans la *Revue critique de Législation et de Jurisprudence*, 1871-1872.

2. Esmein, *Études sur les contrats dans le très ancien droit français*, p. 16 et suiv.

3. Esmein, *Histoire de la procédure criminelle*, p. 16 et suiv.; 324 et suiv.

4. Esmein, *Histoire de la procédure criminelle*, 1re part., tit. II, ch. I, p. 431.

sont d'ailleurs des points sur lesquels je reviendrai plus tard, en exposant, dans ses grandes lignes, le développement ultérieur du droit criminel.

§ 3. — LES DROITS FISCAUX

La fiscalité développée nous est apparue dans l'empire romain, comme la caractéristique d'un État très centralisé et d'une administration savante. Il semblerait, par conséquent, que l'on ne dût rien trouver de semblable dans la société féodale, où la notion de l'État s'est profondément dénaturée, et où l'organisme administratif est redevenu tout à fait rudimentaire. Il n'est pas de société cependant où plus de prestations pécuniaires aient été exigées des hommes par l'autorité publique, et où le contribuable ait été plus durement exploité. Mais cette fiscalité avait un caractère tout particulier ; elle était organisée non dans l'intérêt public, pour la satisfaction des besoins généraux, mais dans l'intérêt particulier des seigneurs et pour leur profit personnel. Le droit de lever des contributions s'était transformé en propriété féodale, et, avec le droit de rendre la justice, dont il formait d'ailleurs une dépendance, il constituait le principal attribut des seigneuries. En réalité dans la société féodale, il faut parler non des impôts, mais des droits fiscaux des seigneurs, qui constituaient pour eux une exploitation légitime de leurs sujets, une source normale de revenus, comme le produit de leurs terres. Sans doute les seigneurs justiciers, représentant presque tout ce qui restait de la puissance publique, rendaient des services au public, mais entre ces services et les contributions qu'ils percevaient il n'y avait plus aucune relation nécessaire et juridique. On ne peut donc parler à cet époque d'un système de contributions publiques ; tout ce qu'on peut faire, c'est de classer en diverses catégories les revenus fiscaux des seigneurs, d'après leur source et leur nature. J'en distingue trois classes.

1° *Les profits de justice.* La justice est avant tout considérée par le seigneur comme une source de revenus, et ces profits sont eux-mêmes de deux sortes. C'étaient d'abord les amendes, qui tantôt intervenaient comme peines des délits et tantôt comme sanction des ordres légitimes émanés du sei-

E.   17

gneur ou de son juge. Tout seigneur percevait les amendes
prononcées par sa justice, mais, seules, celles de la haute justice étaient véritablement abondantes. Parfois elles étaient
arbitraires, c'est-à-dire que le taux, en était laissé à la discrétion du juge [1]. Le plus souvent elles étaient coutumières,
c'est-à-dire que le taux dans chaque cas, en était fixé par la
coutume. Dans cette fixation, les traditions de l'époque précédente avaient exercé une grande influence. Souvent, c'était
l'ancien *bannus* royal qui avait fourni la mesure [2]. De l'époque
franque venait aussi cette règle fort répandue que, pour le
même fait, l'amende variait d'après la condition et la qualité
des personnes; chacun « amendait selon sa loi » [3]. En particulier, on peut remarquer que l'amende infligée au noble et celle
payée par le roturier étaient différentes; mais ici, et cela était
fort logique, le privilège était pour le roturier; lorsqu'il payait
un certain nombre de sous. le noble souvent payait le même
chiffre de livres [4]. En seconde ligne venaient les confiscations.
La confiscation de tous les biens du condamné, comme conséquence des condamnations capitales, avait été introduite par le
droit de l'empire romain; elle s'était conservée au profit du
roi dans la monarchie franque. La coutume féodale la maintint et en fit un attribut de la haute justice [5]. Cela était logique,
car seule la haute justice pouvait prononcer la condamnation
principale qui entraînait la confiscation, d'où la maxime « qui
confisque le corps, il confisque les biens [6]. »

2° La seconde catégorie de droits fiscaux représentait de
véritables impôts [7]. En principe, le droit de les lever appartenait à tout seigneur haut justicier et n'appartenait qu'à lui

---

1. Beaumanoir, XXX, 20. — Loisel, *Institutes*, VI, 2, 2.

2. P. Viollet, *Les Établissements de saint Louis*, t. I, p. 245 et suiv.

3. Viollet, *Les Établissements de saint Louis*, loc. cit.

4. Beaumanoir, XXX, 24 et suiv. — Loisel, *Institutes*, VI, 2, 30. — Cf. *Livre de Justice et de Plet*, XVIII, 24, § 64 : « Feme, se ele forfet de mahins forfez, si come de lédanges, de férir et de sanc et de chable, et d'amendrer forfez, l'amende n'est que la moitié mendre d'ome. »

5. Beaumanoir, XXX, 1 : « Quiconques est pris de cas de crieme et atains du cas... il doit estre trainez et penduz et si meffet tout le sien quanques il a vaillant, et vient le forfeture au seigneur desoz qui'il est trovez; et en a çascuns sires ce qui est trovez en sa signorie. »

6. Loisel, *Institutes*, VI, 2, 19.

7. Voyez, quant à leur origine, Flach, *Les origines de l'ancienne France*, l. II, ch. XVI et suiv.

sur son territoire [1]; nous savons aussi que les nobles étaient
exempts de ces impôts, auxquels étaient seuls soumis les roturiers et les serfs [2]. Les uns se présentaient sous la forme
d'impôts directs, telles étaient la taille servile et la taille roturière, qui parfois était réduite à un nombre de cas déterminé,
correspondant aux aides féodales, mais qui souvent aussi était
arbitraire, à la volonté du seigneur, dans les temps anciens [3].
On peut aussi ranger dans cette catégorie les droits de gîte et
de procuration, c'est-à-dire le droit pour le seigneur de se faire
gratuitement loger et héberger avec sa suite [4]. Mais le gîte et
la procuration étaient surtout réglés par des coutumes très
locales et souvent la charge pesait sur des nobles ou des établissements ecclésiastiques. Les autres contributions se présentaient sous la forme de l'impôt indirect. C'étaient ces in-
nombrables péages, droits de marché, droits de vente, qui
apparaissent dans les chartes, c'étaient aussi les *banalités* [5].
Ces dernières étaient des monopoles profitables établis au
profit du seigneur; leur nom venait de ce que les seigneurs les
avaient créées en édictant la défense de se servir ou de s'appro-
visionner ailleurs, par un règlement ou *ban* seigneurial. Les
principales étaient le droit de four et de moulin banal et le
droit de banvin, par lequel le seigneur se réservait, pendant
un certain temps après la récolte, le droit exclusif de vendre
du vin dans son territoire.

3° La dernière catégorie de droits fiscaux représentait le
produit pécuniaire résultant de droits régaliens autres que
celui de lever l'impôt. Ces droits régaliens, qui, démembrés du
pouvoir royal, s'étaient également inféodés, peuvent se ramener
à deux groupes. Les uns appartenaient seulement en principe
aux grandes seigneuries supérieures, à moins que la prescription, la grande régulatrice au moyen âge, ne les eût rattachés
à des seigneuries moindres. C'étaient, par exemple, la régale
ou droit de percevoir les revenus des évêchés vacants, et le

---

1. Flammermont, *de Concessione legis et auxilii tertio decimo sæculo*, p. 40
et suiv.
2. Ci-dessus, p. 228, 239.
3. Flach, *op. cit.*, l. II, ch. xvii.
4. Flach, *op. cit.*, l. II, ch. xviii.
5. Flach, *op. cit.*, l. II, ch. xvi.

droit de battre monnaie, si lucratif aux mains de ceux qui le possédaient. Les autres, au contraire, étaient l'attribut de toutes les hautes justices. Ceux-là découlaient de cet'e idée fondamentale qui fait adjuger à l'autorité publique les biens sans maître. C'étaient les droits de deshérence, d'épave, d'aubaine et de bâtardise[1].

Dans ce système fiscal, les impôts généraux et nationaux avaient disparu. Le roi n'avait droit à des contributions qu'en qualité de seigneur. Sur le territoire qui formait son domaine, et où ne s'étaient pas constituées des seigneuries supérieures, il exerçait les mêmes droits qu'un duc ou un comte sur son grand fief; là où il avait conservé la haute justice sur les habitants, il avait les revenus du seigneur haut justicier.

---

1. Le droit d'aubaine permettait au seigneur d'imposer des taxes à l'étranger et de recueillir ses biens lorsqu'il mourait; le droit de bâtardise était semblable.

CHAPITRE IV

L'Église

Dans la société féodale, l'Église maintint et consolida les droits politiques qu'elle avait obtenus dans la monarchie franque. Elle conserva et étendit ses privilèges et les exerça dans une indépendance presque complète à l'égard du pouvoir civil. Cela provint de deux causes principales. En premier lieu, la féodalité fut le produit de l'anarchie et eut pour conséquence l'obscurcissement momentané de la notion de l'État : dans cette perturbation profonde, l'Église, au contraire, comme jadis à la chute de l'empire d'Occident, conserva intactes son organisation et ses traditions. D'autre part, l'Église était devenue le plus grand propriétaire foncier du royaume, et nous savons quel rôle prépondérant joua la propriété foncière dans la formation des institutions féodales. Les évêques et les abbés, au nom des églises et des couvents, concédèrent des terres et eurent leurs vassaux et tenanciers ; les établissements ecclésiastiques devinrent ainsi le centre de groupes féodaux. Souvent aussi, aux évêchés et aux abbayes, se rattacha la seigneurie souveraine ou justicière, le droit d'exercer les attributs de l'autorité publique sur tout un territoire ; les chartes d'immunité furent, en particulier, l'origine d'une quantité de justices ecclésiastiques. C'était, pour l'Église, la source d'une grande et nouvelle puissance ; mais c'était aussi l'acceptation forcée de certains devoirs et d'une certaine dépendance. Ces seigneuries ecclésiastiques obéissaient, comme les autres, aux principes du droit féodal. Elles se distinguaient seulement quant à leur mode de transmission, qui n'était pas l'hérédité ; elles passaient, avec le titre et le bénéfice, au nouvel évêque ou au nouvel abbé[1]; mais elles entraînaient pour leur titulaire, la vassalité au moins envers le roi; il devait la fidélité, et, tout au moins par représentant, les services du vassal[2]. Mais si par là l'Église était entrée dans la hiérarchie et dans la dépendance féodales, quant à l'exercice de ses privilèges anciens, elle avait acquis une indépendance, que n'avaient admise ni la législation des empereurs chrétiens, ni le gouvernement des monarques francs, tant qu'il ne fut pas atteint d'une irrémédiable faiblesse. La juridiction ecclésiastique proprement dite, celle qui s'exerçait dans chaque diocèse, non pas en vertu des principes féodaux, mais par application des règles canoniques, prit une immense extension, empiétant largement sur la justice séculière. La législation propre de l'Église, le droit canonique, prit par là une valeur et une portée d'application nouvelles. Alors qu'il n'y eut plus, pendant deux siècles environ, de lois générales promulguées par le pouvoir séculier, l'Église continua à légiférer, par l'organe des conciles et des papes, pour toute la chrétienté, et elle légiféra en toute liberté. Dorénavant, en effet, les conciles s'assemblent spontanément, sur la convocation de l'autorité ecclésiastique, sans avoir besoin de l'autorisation du pouvoir civil : tout au plus, doivent-ils éviter de s'assembler sur certaines terres, lorsqu'elles appartiennent à un seigneur en conflit avec la papauté[3]. Les ecclésiastiques, au profit desquels la coutume a reconnu les privilèges que leur accorde le droit canonique, et, en particulier, l'exemption d'impôt, constituent une classe de personnes semblables aux nobles et fort différentes des roturiers. Voilà les traits généraux de cette condition nouvelle. Je me propose maintenant

---

1. *Grand Coutumier de Normandie*, ch. xxv bis : « Ex gratia autem fit successio quando episcopus vel abbas vel alius succedit alteri ad feoda ad beneficium pertinentia, ad quod per gratiam provectus est. » — Loyseau, *Des Seigneuries*, ch. xv, n° 26. — P. Bertrandi, *de Origine jurisdictionum* (xive siècle), n° 8, dans le *Tractatus tractatuum*, III, 1 : « De cæteris prælatis in regno Franciæ et Teutoniæ et in pluribus aliis mundi partibus constitutis notorium est quod... cum potestate spirituali et ecclesiastica obtinent ducatus, comitatus et baronias cum potestate temporali. »

2. Voyez mon étude sur la *Question des investitures dans les lettres d'Yves de Chartres*, dans la *Bibliothèque de l'École des Hautes-Études* (Section des sciences religieuses) t. I, p. 154 et suiv.

3. Voyez une lettre de Grégoire VII de l'année 1077 à son légat Hugues de

d'examiner spécialement deux points, qui ont fait aussi l'objet d'un examen spécial dans les périodes précédentes : le patrimoine et la juridiction ecclésiastiques.

§ 1er. — LE PATRIMOINE DE L'ÉGLISE ET LES BÉNÉFICES.

Le patrimoine de l'Église doit être envisagé à deux points de vue. Il faut indiquer d'abord quelle était la consistance et la condition des biens de l'Église; il faudra exposer ensuite comment la jouissance en était répartie entre les membres du clergé.

I

Le patrimoine ancien de l'Église, celui qu'elle possédait lorsque la féodalité se constitua, comprenait trois choses : 1° des biens acquis, et en particulier des immeubles; 2° le droit de percevoir la dîme ; 3° la faculté d'acquérir librement de nouveaux biens.

L'Église, sauf les déprédations auxquels personne n'échappait dans un âge de violence, conserva les biens qu'elle avait acquis; et même ses terres anciennes ne subirent point, en principe, l'inféodation; elles restèrent entre ses mains avec la propriété pleine et entière, ne payant de redevance à personne [1]. C'était ce qu'on appela le franc alleu ecclésiastique, ou encore la tenure en franche aumône. Seules, les seigneuries justicières annexées à ces terres furent ramenées dans la suite à la règle du ressort féodal [2], comme cela eut lieu pour le franc alleu laïque [3].

L'Église conserva aussi le droit de percevoir la dîme. Les capitulaires l'avaient introduite dans le droit public ; la cou-

---

Dic (Jaffé, *Monumenta Gregoriana*, p. 273) : « Admonemus fraternitatem tuam ut concilium in partibus illis convocare et celebrare studeas, maxime quidem cum consensu et consilio regis Francorum, si fieri potest ».

1. Beaumanoir, LVIII, 1 : « Tuit li home de le conté qui tiennent de fief ont en lor fiés hautes justices et basses; et aussi ont les églises, *qui tiennent héritages frans et de lonc tans sans faire redevance nule à nului.* »

2. La Poix de Fréminville, *Traité historique de l'origine et de la nature des dixmes et des biens possédés par les ecclésiastiques en franche aumône.* Paris, 1762, p. 257 et suiv.

3. Ci-dessus, p. 217.

tume l'y maintint, fixant les produits qui y étaient soumis. Toutes les terres, nobles ou roturières, la subissaient, et, lorsque l'organisation ecclésiastique fut complète, ce fut en principe la cure de chaque paroisse qui eut le droit de la percevoir ; mais, souvent, par la coutume ou par la prescription, d'autres autorités ecclésiastiques empiétèrent à leur profit sur la dîme paroissiale. Un certain nombre de dîmes sortirent pourtant du patrimoine de l'Église. Acquises à des laïcs, par usurpation ou autrement, elles furent concédées par eux à titre de fief à d'autres laïcs ; c'est ce qu'on appelle les dîmes inféodées [1].

Mais les établissements ecclésiastiques ne conservèrent point sans restriction la faculté d'acquérir de nouveaux biens. Les restrictions qui furent apportées par la coutume féodale ne procédèrent point, d'ailleurs, d'un esprit de défaveur à l'égard de l'Église ; elles ne furent pas non plus dictées par la préoccupation de l'intérêt général, qui ne se fera jour que bien plus tard. Ce fut l'intérêt féodal, l'intérêt pécuniaire des seigneurs, qui fut ici en conflit avec l'intérêt ecclésiastique. Ce qui montre bien que telle fut la cause de ces restrictions, c'est que les établissements ecclésiastiques conservèrent le droit illimité d'acquérir librement de l'argent, des meubles, même des immeubles allodiaux ; la prohibition ne porta que sur les tenures féodales. L'acquisition d'une de ces tenures par une église ou par un couvent portait un trouble incontestable dans le système. S'il s'agissait d'un fief, l'évêque ou l'abbé, qui en devenaient ainsi les titulaires, avaient des devoirs professionnels souvent incompatibles avec les obligations du vassal ; sans doute, ils pouvaient faire remplir par un remplaçant, qui les représentait, la plupart de ces obligations ; mais c'était là, néanmoins, une situation irrégulière et peu satisfaisante. Mais il y avait une autre raison, qui s'appliquait aussi bien aux tenures roturières qu'aux fiefs et qui avait surtout du poids. Un des profits les plus importants que les tenures rapportaient aux seigneurs, quand elles furent devenues patrimoniales, c'étaient les droits qu'ils percevaient en cas de transmission héréditaire ou d'aliénation entre vifs de ces tenures. Or, si elles

---

1. La Poix de Fréminville, *op. cit.*, p. 66 et suiv.

passaient aux mains de l'Église, cette source de revenus
était complètement tarie. Il n'y avait plus de transmission
héréditaire, car le propriétaire, personne morale et non phy-
sique, ne mourait jamais ; d'autre part, il était de règle que les
établissements ecclésiastiques ne devaient pas aliéner les biens
qu'ils avaient acquis. Cependant la coutume féodale n'alla pas
jusqu'à interdire absolument aux établissements ecclésiastiques le droit d'acquérir des tenures féodales ; elle chercha une
conciliation entre les intérêts opposés de l'Église et des seigneurs, et, dans ce but, s'introduisirent trois combinaisons diverses.

1° L'une consistait à permettre provisoirement l'acquisition ; mais l'Église ou le couvent était forcé de se défaire de
la tenure, dans un délai déterminé, au profit d'une personne
privée. Elle pouvait revendre et garder ainsi, non le bien en
nature, mais sa valeur : dans ce cas, il n'était pas dû de droit
de mutation pour cette revente forcée[1]. Si, d'ailleurs, l'Église
n'avait pas mis dans l'an et jour la tenure féodale hors de ses
mains, la commise était prononcée au profit du seigneur de
qui cette tenure relevait.

2° Le second système, c'était la constitution d'un *homme
vivant et mourant*. Le principal inconvénient de ces acquisitions, c'était que le propriétaire ne mourait jamais, car le seigneur ne pouvait jamais compter sur une aliénation volontaire
de la part du tenancier. On écarta juridiquement cette dérogation
aux lois naturelles en obligeant l'Église à mettre fictivement
la tenure acquise par elle sur la tête d'une personne déterminée : celle-ci, quant aux rapports avec le seigneur, était considérée comme le véritable propriétaire, et, à son décès, le
relief était dû[2].

3° La troisième combinaison, la plus ingénieuse, et celle qui
devait généralement faire disparaître les deux autres, consistait à permettre et à confirmer l'acquisition, mais en indem-

---

1. Beaumanoir, XLV, 33.
2. Bouteiller, *Somme rurale*, I, 84, p. 490 : « Supposé que le don ne soit fief
consenti n'amorti du souverain pour ce ne demeure que le don ne soit tenu
de l'Église ; mais il y convient avoir homme vivant et mourant qui soit responsable de ce tenement ». Ce système se maintiendra jusqu'au bout dans
quelques coutumes. Monfort, art. 47 ; Bar, art. 10 ; Bourbonnais, art. 390 ;
Laon, art 209 ; Péronne, art. 70 ; Bretagne, art. 368.

nisant le seigneur de qui relevait la tenure. Moyennant une
somme une fois payée, considérée comme l'indemnité de tous
les profits dont il perdait l'occasion, le seigneur consentait à
ce que la terre devînt *bien de mainmorte :* c'était l'amortissement. Mais, en vertu des principes féodaux déjà exposés, le
consentement de ce seigneur ne suffisait pas ; l'amortissement
avait des répercussions plus éloignées; il diminuait le domaine
utile ou le domaine éminent des seigneurs supérieurs. On
exigea donc aussi le consentement de ceux-ci, en remontant
jusqu'au seigneur souverain, qui seul, en définitive, put consentir l'amortissement. Ce souverain, ce fut, suivant les cas et
les régions, le baron, le comte, le duc ou le roi[1]. Mais, à la
fin du xiii° siècle, la royauté prétendit tirer un profit général
de cette théorie : le roi, invoquant sa qualité de souverain
fieffeux du royaume, affirma son droit d'intervenir toutes les
fois qu'un bien était amorti et de percevoir une finance à cette
occasion. C'est le système que contient une ordonnance de
1275[2]. Cependant, cette ordonnance contenait encore des
restrictions au droit royal. D'un côté, le roi renonçait à tout
droit d'amortissement pour les terres qui avaient été déjà
amorties par trois seigneurs successivement superposés à
l'aliénateur[3]; d'autre part, il maintenait à un certain nombre
de barons, ducs ou comtes, le privilège d'amortir souverainement[4]. Mais c'étaient là des réserves destinées à disparaître. Le système définitif se fixera en ce sens que, pour l'a-

1. D'après Beaumanoir, c'est le baron qui peut amortir, XLVI, 5 : « Quant
aucuns qui tient mains franquement que li barons, donne aucun héritage a
Église et le fet amortir par le baron, il ne pot puis demander garde en ce qu'il
dona à l'Église. » — *Grand Coutumier de Normandie,* c. xxxii : « Ex hoc etiam
notandum est quod, cum dux justitiam et jura principatus sui in omnium
terris habeat subditorum ipse solus elemosinas potest liberas facere sive puras. »
2. *Ord.,* I, 304. Sur cette ordonnance, voyez M. Langlois, *Le règne de
Philippe le Hardi,* p. 206 et suiv. Cependant, je ne suis pas de l'avis de M. Langlois, lorsqu'il dit : « On aurait tort de croire que ce fût là une innovation
théorique; ce droit, le prince l'avait toujours eu en vertu des principes essentiels de la constitution féodale ». D'après les principes féodaux, le droit avait
toujours appartenu *au souverain;* mais le souverain, ce n'était pas toujours le
roi : il s'en fallait de beaucoup.
3. Art. 2. « Precipimus quod ubi ecclesiæ acquisierint possessiones, quas
habent amortisatas a tribus dominis, non computata persona quæ in Ecclesiam
transtulit possessiones easdem, nulla eis per justiciarios nostros molestia infe-
ratur ».
4. *Ord.,* I, 305 ; Langlois, *op. cit.,* p. 207.

mortissement, n'interviendront plus que deux personnes : le
seigneur direct, qui touchera l'indemnité, le roi qui percevra
le droit d'amortissement. Les seigneurs intermédiaires dis-
paraîtront de l'opération, avec l'affaiblissement des principes
féodaux.

Comme les biens personnels des clercs, et à plus forte raison, les biens de l'Église étaient soustraits à l'impôt; c'est un
privilège qu'avait proclamé le droit canonique et que la coutume avait accepté : d'ailleurs, les chartes d'immunité avaient
tout naturellement conduit, dans bien des cas, à ce résultat.

II

Comment était répartie, entre les membres du clergé, la
jouissance de cet immense patrimoine? C'est la théorie des
bénéfices ecclésiastiques qui fournit la réponse à cette question [1]. Le bénéfice n'était pas autre chose, en effet, que le revenu de certains biens de l'Église, affectés, comme dotation,
à une fonction ecclésiastique déterminée : celui qui était
nommé à la fonction et en était régulièrement investi, avait,
par là même, le droit de percevoir ces revenus. On distinguait
deux grandes classes de bénéfices : les bénéfices séculiers,
affectés aux fonctions du clergé proprement dit ou clergé séculier, et les bénéfices réguliers, dotation des ordres monastiques. Cette constitution des bénéfices ne s'était faite d'ailleurs
que lentement et progressivement.

Pour le clergé séculier, dont l'unité constitutive avait été
l'épiscopat, l'évêque eut primitivement l'entière disposition
de tous les biens ecclésiastiques qui dépendaient de son évêché, sauf la défense de les aliéner, si ce n'est dans de certaines conditions, qui fut édictée de bonne heure. Tout naturellement, il prit l'habitude de déléguer la jouissance de ces
biens aux membres du clergé qui l'assistaient dans son mi-
nistère, soit dans la cité même, soit dans les campagnes où
ils étaient détachés. Cette délégation était faite *pro stipendio*,
pour l'entretien de ces clercs ; parfois, elle est dite faite à titre de

---

1. L'ouvrage capital sur les bénéfices est encore le traité du P. Thomassin,
Vetus et nova Ecclesiæ disciplina circa beneficia et beneficiarios. L'ouvrage parut
d'abord en français en 1678, puis en latin en 1688.

precarium ou de *precaria*, sans être à proprement parler une application exacte de ces institutions. Elle fut, d'abord, purement précaire, révocable à la volonté de l'évêque ; puis elle tendit constamment à se consolider, à devenir viagère, et enfin à se transformer en une dotation fixe de la fonction. La théorie des bénéfices séculiers exerça sur elle une influence incontestable, et c'est à elle peut-être qu'elle emprunta son nom définitif. A partir du ixᵉ siècle, la formation des bénéfices séculiers est dégagée dans les grandes lignes : elle se compléta aux xᵉ et xiᵉ siècles, et reçut son expression juridique et scientifique à partir du xiiᵉ[1]. Pour le clergé régulier, où l'unité constitutive fut le monastère, la formation des bénéfices fut plus lente et moins complète : la vie en commun, qui était l'un des traits de la règle monastique, semblait l'exclure. Cependant, la plus grande partie des revenus du couvent arriva à être attribuée à l'abbé dont elle forma le bénéfice ; quelques bénéfices se constituèrent aussi pour les autres dignitaires ou fonctionnaires de l'abbaye sous le nom de *bénéfices claustraux*.

La collation de ces divers bénéfices était la source d'une immense influence pour l'autorité qui en disposait. Cette collation résultait, en principe, de la nomination à la fonction ecclésiastique dont le bénéfice constituait la dotation ; mais, à raison de l'importance des biens temporels appartenant à l'Église, des considérations purement temporelles devaient fatalement intervenir.

Dans l'organisation ecclésiastique du moyen âge, la collation des bénéfices reposait en principe sur l'indépendance des églises locales et des corps ecclésiastiques. Pour les bénéfices séculiers, dans chaque évêché, l'évêque, suivant l'ancienne tradition, en était le collateur ordinaire : tous, en principe, étaient à sa nomination ; son droit, cependant, était restreint de deux côtés. Les chapitres des cathédrales ou des églises collégiales, dont les dignitaires et les membres avaient des bénéfices assez importants sous le nom de *prébendes*, avaient souvent le droit d'élire, sauf la confirmation de l'évêque, les

---

1. Ce développement a été exposé d'une façon magistrale par M. Carl Gross, *Das Recht an der Pfründe*, 1887, p. 16-93.

titulaires de ces prébendes [1]. D'autre part, pour beaucoup de
bénéfices, s'exerçait le *jus patronatus*, c'est-à-dire le droit
pour une personne de présenter, en cas de vacance, le nouveau
titulaire, que l'évêque était tenu de nommer et d'investir, à
moins qu'il ne manquât des qualités exigées par les canons.
Ce droit de patronage, qui souvent était aux mains des laïcs,
avait pour origine la plus commune la fondation des églises
et des chapelles, le fondateur s'étant réservé cette prérogative pour lui et ses successeurs [2].

L'évêque lui-même comment était-il nommé? L'ancien principe de l'élection des évêques s'était conservé, et, pour procéder
à l'élection, il fallait toujours la permission du souverain séculier. Mais le collège électoral changea au cours du temps.
Anciennement il était composé du peuple et du clergé, dans
leur ensemble, *clerus et populus*, bien que le rôle du peuple se
bornât le plus souvent à acclamer un candidat présenté par
les clercs. Au XIIIᵉ siècle, il se réduisit définitivement aux cha-
noines de l'église cathédrale [3]; en France, c'était la règle
admise dès la fin du XIᵉ siècle ou le commencement du XIIᵉ [4].
Cette élection, dont les règles en même temps se précisaient,
devait toujours, pour devenir définitive, être confirmée par le
supérieur ecclésiastique du prélat élu, l'archevêque, le primat
ou le pape [5]: c'était alors seulement que l'élu pouvait être consacré. Mais l'évêque dûment élu n'était pas, par là même, mis en
possession des biens temporels qui constituaient son bénéfice :
la souveraineté séculière, qui s'était déjà manifestée en auto-
risant l'élection, intervenait ici par deux droits très efficaces,
la *régale* et l'*investiture*.

La régale c'était pour le prince le droit de prendre posses-

1. Thomassin, *Nova et vetus Eccles. discip.*, part. II, lib. I, c. xxxvi. nᵒˢ 10,
16, 17; c. II, X. *De Concess. præb.*, III, 8; c. xxxi, LI, X, *de Elect.*, I, 6. Le signe
X désigne la collection des décrétales de Grégoire IX.

2. X, *de Jure patronatus*, III, 38.

3. C. xlii, X, *de Elect.*, I, 6 (concile de Latran de 1215); c. xlviii, L, LI, LVI,
ibid. — Sur les élections d'évêques au moyen âge, voyez Luchaire, *Histoire
des institutions monarchiques sous les premiers Capétiens* (1ʳᵉ édit.), t. II,
ch. II; Imbart de la Tour, *Les élections épiscopales dans l'Église de France du
IXᵉ au XIIᵉ siècle*; Paris, 1891.

4. Cela ressort des lettres d'Yves de Chartres, *Ep. LIV, CXXXVIII, CXXXIX,
LVIII.*

5. C. xliv, X, *de Elect.*, I, 6.

sion du temporel des évêchés, pendant la vacance du siège
épiscopal, et d'en percevoir les revenus à son profit pendant
ce temps. Cela avait commencé par un simple droit de garde
que nous constatons dans les capitulaires carolingiens : le
comte devait prendre en main les biens de l'évêché, pendant
la vacance, mais c'était uniquement pour les préserver des
dilapidations [1]. Cela se changea dans la suite du temps en un
droit de jouissance intérimaire [2] très précieux pour les premiers
Capétiens, puisqu'il mettait périodiquement entre leurs mains
l'administration des seigneuries épiscopales. Le temporel de
l'évêché étant ainsi entre les mains du prince, l'évêque élu
devait lui demander la mise en possession. Le souverain accordait cette investiture, mais seulement lorsqu'il avait donné
à l'élection son assentiment, *assensus*, droit ancien [3] qui s'était
conservé sans interruption à son profit. En même temps il
exigeait de l'évêque un serment de fidélité, même un hommage proprement dit lorsque l'évêché représentait une seigneurie temporelle [4]. L'investiture représentait en réalité un
contrôle assez sérieux du pouvoir séculier sur le recrutement
du haut clergé, la garantie efficace des droits traditionnels
qu'il exerçait à l'occasion de l'élection des évêques. C'était, on
peut le dire, le dernier lien qui retenait encore l'Église dans
la dépendance de l'État, quoique bien affaiblie. Aussi essaya-
t-elle au xie siècle de le rompre par un suprême effort. Les
investitures et le serment des évêques furent solennellement
condamnés par les conciles de Rome (1078 et 1080 [5]), de
Clermont (1095), de Troyes (1107), de Reims (1119), et de là
sortit la célèbre querelle des investitures, fertile en épisodes
tragiques, qui divisa pendant cinquante ans la papauté et
l'Empire. En France, la lutte n'eut point la même acuité. La
papauté, dans la plupart des phases de cette querelle, fit au
contraire alliance avec la monarchie capétienne. Le clergé

1. Capitulaire de Kiersy de 877, c. viii.
2. Quant à l'époque où, par cette transformation, s'introduisit le droit de
régale proprement dit, voyez mon *Étude sur la question des investitures dans
les lettres d'Yves de Chartres*, p. 153, note 1.
3. Voyez ci-dessus, p. 158.
4. Esmein, *La question des investitures*, p. 111, 171 et suiv.
5. C. xii, xiii, C. xvi, qu 7.

français se plia, sans beaucoup de résistance, à l'investiture du
temporel par la main royale : seules, certaines formes, la tradition par la crosse et l'anneau, paraissent avoir excité de vives
objections et furent mises de côté [1].

Les droits qu'avait conservés le pouvoir civil quant aux élections épiscopales, droits de régale, d'*assensus*, d'investiture,
s'étaient démembrés en France, comme les autres prérogatives du pouvoir royal. Ils étaient assez souvent exercés par
de grands feudataires, ducs et comtes ; nous les voyons ainsi
revendiqués et possédés par le duc de Bretagne, les comtes
de Champagne, de Nevers et d'Anjou [2]. Cependant sur ce point
la royauté s'était mieux défendue que sur d'autres : elle exerçait ces droits non seulement sur ses domaines propres, mais
souvent aussi en dehors, sur le domaine de plus d'un grand
feudataire [3].

Pour les bénéfices réguliers, l'unité bénéficiale était l'abbaye,
le monastère. L'abbé, conformément aux règles canoniques,
devait être élu par les moines du couvent, sauf confirmation
par l'évêque [4]. Mais, ici encore, pour procéder à l'élection, il
fallait la permission du souverain temporel, qui devait aussi
approuver l'élection opérée. Souvent le droit de patronage,
spécialement le droit de patronage royal, s'appliquait ici [5].
Sous les derniers Carolingiens et les premiers Capétiens, on
était allé souvent jusqu'à mettre à la tête des abbayes, pour
jouir de leur temporel, des abbés laïques [6]. L'abbé conférait
librement les bénéfices claustraux, dont quelques-uns, les
prieurés, étaient parfois très importants ; seulement, certains
prieurés, sous le nom de prieurés conventuels, étaient devenus des unités indépendantes, et le prieur, comme un abbé,
était alors élu par les moines du couvent [7].

1. Sur tous ces points, voyez mon *Étude sur la question des investitures.*
2. P. de Marca, *de Concordia sacerdotii et imperii*, l. VIII, c. xxv.
3. Luchaire, *Histoire des inst. monarch. sous les premiers Capétiens* (1re édit.)
t. II, p. 61, 69. — Luchaire, *Les communes françaises sous les Capétiens directs*
p. 265.
4. C. xliii, X, *de Elect.*, I, 6.
5. Thomassin, *Vetus et nova Eccl. discip.*, part. II, l. II, c. xxxix ; c. li, X,
de Elect., I, 6 ; c. ii, X, *de Statu mon.*, III, 35 ; c. xxv, X, *de Jure patr.*, III, 38.
6. Luchaire, *Histoire des institutions monarchiques sous les premiers Capétiens* (1re édit.), t. II, p. 83 et suiv.
7. Thomassin, *op. cit.*, part. I, l. III, c. lxix, no 12.

§ 2. — LA JURIDICTION ECCLÉSIASTIQUE

I

Nous avons vu les premières origines de la juridiction ecclésiastique et son développement dans la monarchie franque. Elle
atteignit son apogée dans la société féodale ; l'époque de sa plus
grande puissance doit, pour la France, être fixée au xiiᵉ siècle.
Elle avait acquis une compétence très étendue, statuant sur
les causes civiles et criminelles, tantôt à l'exclusion de la
justice séculière, tantôt en concurrence avec elle. Dans la
mesure où elle s'exerçait, elle était devenue complètement
indépendante du pouvoir civil ; il n'y avait contre elle aucun
recours devant la justice séculière. Cette exaltation de la juridiction ecclésiastique tenait à deux causes principales. C'était,
avant tout, l'abaissement du pouvoir civil, l'obscurcissement
de la notion de l'État qui l'avait rendue possible. Le seigneur
féodal ne tenait à la justice qu'à raison des profits qu'elle rap-
portait, à raison des amendes et des confiscations, et, tant que
la justice de l'Église n'empiétait pas sur ce terrain, il voyait
sans jalousie ses empiètements ; il ne résista que lorsqu'elle
menaça (et ce fut l'exception) ses intérêts pécuniaires. En
second lieu, les tribunaux ecclésiastiques avaient pour eux
l'opinion publique au moyen âge [1]. Ils avaient, en effet, une
supériorité incontestable sur les juridictions séculières. La
procédure qui y était suivie était plus raisonnable et plus
savante, fortement imprégnée de droit romain. L'Église, bien
qu'elle eût accueilli dans certains cas le système de preuves
germanique, ne l'avait pas accepté sans réserve. Elle n'avait
jamais admis le duel judiciaire ; et elle élimina, au commence-

---

1. C'est ce qu'attestent les prélats dans la célèbre dispute de Vincennes, où,
devant Philippe de Valois, l'on discuta les droits respectifs des deux ordres
de juridictions. — *Libellus domini Bertrandi*, dans Durand de Maillane, *Les
libertés de l'Église gallicane*, t. III, p. 470 : « Consuetudo videtur introducta
magis ex voluntate et electione populi recurrentis ad judicium ecclesiasticum potius quam ad judicium seculare » ; — p. 486 : « Et hoc est pro communi
utilitate, quia multi magis eligunt vinculum Ecclesiæ quam vinculum tem-
porale, et ante dimitterent contractus facere, sine quibus vivere non possunt,
quam se supponerent curiæ temporali. »

ment du xIIIᵉ siècle, les autres *judicia Dei*[1]. Elle avait conservé
et développé l'appel du droit romain, et sa hiérarchie fournissait des degrés d'appel multipliés. De l'évêque, on pouvait
appeler à l'archevêque ou métropolitain ; de celui-ci, parfois au
primat ; enfin, on pouvait toujours appeler au pape, et le principe s'était même introduit qu'on pouvait appeler directement
à lui, *omisso medio*, de toute sentence rendue par un autre
juge[1]. Le juge de droit commun était l'évêque, de là le nom
d'*ordinaire* qui lui est donné, *judex ordinarius*. Il rendit d'abord
la justice en personne, assisté d'assesseurs pris dans son clergé ;
mais, dans la suite, surchargé d'affaires, il dut se faire suppléer.
Son suppléant fut d'abord l'archidiacre ; mais les archidiacres
profitèrent souvent de cette suppléance pour la transformer à
leur profit en un droit de juridiction propre[2]. Aussi, dans le
dernier tiers du xIIᵉ siècle, les évêques prirent-ils l'habitude
de faire tenir leur cour par un délégué spécial, toujours révocable, qui n'eut point de pouvoir propre dans leur église, et
qu'on appela l'*officialis*, l'official. Cette organisation s'étendit
à tous les tribunaux ecclésiastiques, et de là ceux-ci prendront
en France le nom d'*officialités*; mais la dénomination le plus
souvent usitée pour les désigner aux xIIIᵉ et xIVᵉ siècles était
cour d'Église ou *cour de chrétienté*. Ces juridictions ecclésiastiques doivent être soigneusement distinguées d'autres tribunaux que possédaient aussi les évêques, les abbés et autres
dignitaires ecclésiastiques. Ces derniers étaient les justices
temporelles dépendant des biens ecclésiastiques qui composaient leurs bénéfices ; mais, sauf leurs titulaires, elles ne différaient en rien des justices appartenant aux seigneurs séculiers :
elles étaient tenues par un bailli ou un prévôt ; la procédure
qui y était suivie était la procédure des cours féodales ; le droit
qui y était appliqué était la coutume locale ; on ne pouvait
appeler de leurs sentences que par l'appel de faux jugement ou
de défaute de droit, et le recours était porté devant le supérieur

1. X, *de Purg. vulgari*, V, 35,
2. Beaumanoir, LXI, 65.
3. Voyez des exemples dans les *Privilegia curiæ Remensis* (a. 1269), publiés
par M. Varin, *Archives législatives de la ville de Reims*, 1ʳᵉ partie, Coutumes,
p. 6,7 .
4. Paul Fournier, *Les officialités au moyen âge*, p. 4 et suiv.

féodal [1]. Les cours d'Église, au contraire, tiraient leur autorité
de tout autres principes : s'adressant à tous les chrétiens, elles
étaient tenues par l'official; la procédure qui y était suivie
était la procédure canonique; le droit qui s'y appliquait était
le droit canonique; l'appel de leurs sentences était porté devant
le supérieur ecclésiastique. C'est de ces juridictions qu'il s'agit
maintenant de déterminer la compétence [2].

II

L'Église [3] prétendait d'abord connaître seule, à l'exclusion
des justices séculières, de toutes les poursuites à fins civiles
ou répressives intentées contre les membres du clergé,
et quel que fût le demandeur. C'est ce que les canonistes
appellent le *privilegium fori*, ou droit pour le clerc défendeur
de revendiquer la juridiction ecclésiastique, et ce que nos
anciens auteurs appelaient le *privilège de clergie*. Il s'était fait
recevoir par la coutume, et il couvrait tous les membres du
clergé séculier, même ceux qui appartenaient ux ordres mineurs, et, d'autre part, tous les religieux profès. Le droit
canonique n'admettait pas que le membre du clergé pût y
renoncer; cependant, les clercs inférieurs, au-dessous de l'ordre
de sous-diacre, pouvaient le perdre indirectement. Ces clercs
avaient conservé le droit de contracter mariage [4], et, lorsqu'ils
avaient usé de cette faculté, ils ne conservaient le privilège de
clergie qu'à de certaines conditions [5].

Le privilège de clergie, pour les poursuites criminelles intentées contre les clercs et religieux, était une règle absolue,
qui ne comportait pas d'exceptions, et cela leur assurait, non
seulement une procédure plus raisonnable et des juges plus

---

1. Beaumanoir, XI, 12.

2. La source de renseignements la plus abondante sur ce point, en dehors
des textes canoniques, st le chapitre xi de Beaumanoir, *Des cours d'Église*.
Voyez aussi les documents rassemblés par Friedberg, *de Finium inter Ecclesiam
et civitatem regundorum judicio quid medii ævi doctores et leges scripserint.* »

3. Sur ce qui suit, consulter Paul Fournier, *Les officialités au moyen âge*
p. 61-82.

4. Esmein, *Le mariage en droit canonique*, t. II, p. 297 et suiv.

5. C. 1, VI°, *de Cler. conj.*, III, 2. Il fallait qu'ils portassent l'habit ecclésiastique et vécussent *clericaliter;* il fallait aussi qu'ils n'eussent contracté mariage
qu'une seule fois et pas avec une veuve, *cum unica et virgine.*

bienveillants, mais encore une répression plus douce. Tandis
que devant la justice séculière, les peines étaient afflictives et
cruelles, les peines du droit canonique étaient d'un tout autre
caractère. L'Église repoussait toutes celles qui entraînaient
l'effusion du sang, et la plus afflictive qu'elle prononçât était
la longue prison. Cependant, dans des cas très rares, prévus par
les canons, la juridiction ecclésiastique, trouvant sa pénalité
insuffisante, dégradait le clerc coupable et le livrait alors,
dépouillé du *privilegium fori*, au juge séculier, qui lui infligeait les peines de droit commun. On avait même douté que
le pouvoir séculier eût le droit d'arrêter le clerc pris en flagrant
délit [1]; cependant, cela avait été admis, à condition qu'il fût
immédiatement rendu à la cour d'Église [2]. Une autre question
très importante était aussi agitée. Si un accusé se prétendait
clerc, et que ce caractère lui fût contesté, qui devait connaître de cette qualité? Ce fut la juridiction ecclésiastique
qui se prétendit seule compétente, et même elle fit admettre
que l'accusé devait alors lui être rendu immédiatement s'il
portait les marques extérieures de l'état clérical, par exemple
la tonsure [3]; et, en fait, lorsqu'elle obtenait cette restitu-
tion, elle jugeait le procès quant au fond. Il en résulta ce fait
attesté par des textes nombreux : souvent les malfaiteurs se
faisaient tonsurer, pour profiter de la juridiction ecclésiastique, quand ils étaient poursuivis. Au xive siècle, la justice
séculière en France commença à se montrer de moins facile composition : elle prit le droit d'examiner si les signes
extérieurs, d'où l'accusé prétendait tirer sa qualité de clerc,
n'étaient pas manifestement trompeurs, s'il n'y avait pas
là un subterfuge trop grossier [4]. Au civil, le privilège de
clergie n'était pas absolu. Le clerc, poursuivi à raison d'une
dette ou d'une question de propriété mobilière, pouvait bien
revendiquer la cour d'Église [5]; mais il n'en était plus ainsi
quand il était actionné à raison d'une tenure féodale [6]. Ici l'in-

---

1. *Libellus domini Bertrandi* (xive siècle), art. XLV (Durand de Maillane, *op.
cit.*, III, p. 494).

2. Beaumanoir, XI, 10 et suiv. — Panormitanus (xve siècle), sur le c. x, X, *de
f* [...], II, 1.

   Beaumanoir, XI, 45; c. xii, VI°, *de Sent. excom.*, V, 11.

   Esmein, *Histoire de la procédure criminelle en France*, p. 18 et suiv.

5. Beaumanoir, XI, 7, 28.

6. Beaumanoir, XI, 7 : « Excepté les héritages qu'ils tiennent de fief lai ou

térêt féodal l'avait emporté ; c'était la justice féodale qui
était toujours et seule compétente, et le droit canonique lui-
même avait admis cette règle [1].

Lorsque s'appliquait le privilège de clergie, la compétence
de la juridiction ecclésiastique était fondée sur la qualité du
défendeur ; c'était ce qu'on appelle une compétence *ratione personæ*. Elle possédait aussi une compétence de la même nature à
l'égard d'autres personnes : les principales étaient les *miserabiles
personæ*, c'est-à-dire les veuves et les orphelins, et les croisés.
Mais ici la compétence n'existait qu'en matière civile et elle
n'excluait point la compétence concurrente des juridictions séculières [2].

L'Église avait en même temps très largement étendu sa
compétence sur les laïcs ; elle n'exerçait pas seulement sur
eux une juridiction disciplinaire ou arbitrale, comme aux
époques précédentes ; souvent elle était l'autorité judiciaire
qui tranchait souverainement leurs procès civils ou criminels.
Sa compétence se fondait alors sur la nature du débat ou de
l'objet en litige. Elle existai *ratione materiæ*. Le procédé par
lequel elle avait été créée ou développée était des plus simples.
Dès que le débat touchait à une question d'ordre religieux,
l'Église prétendait intervenir, comme ayant seule la garde des
principes de la religion, et nous savons que ces interventions
dans la monarchie franque avaient été plus d'une fois sollicitées
par le pouvoir royal. S'étant ainsi saisie du point de religion,
elle connaissait, par voie de conséquence, des questions temporelles qui y étaient connexes ; et souvent la cause de cette
immixtion était bien peu sérieuse et la connexité bien lâche.
Tantôt, d'ailleurs, la compétence ecclésiastique excluait celle
de la juridiction séculière ; tantôt elle était seulement concurrente ; les deux juridictions étaient alors également compé-
tentes et pouvaient être valablement saisies.

L'Église, en premier lieu, connaissait seule de toutes les
questions qui touchaient aux sacrements et aux articles de
foi [3]. C'est par là qu'elle avait acquis, dans le cours du xe siècle,

à cens ou à rente de seigneurs ; car quiconque tiegne tex héritages le juridictions en appartient as segneurs de qui li héritages est tenus. » Cf. XI, 35.
1. C. vi, X, *de Foro compet.*, II, 2 ; c. xiii, X, *de Jud.*, II, 1.
2. Beaumanoir, XI, 8, 9 ; c. xi, xv, X, *de Foro compet.*, II, 2.
3. Bertrandi, *de Origine jurisdictionum* dans le *Tractatus tractatuum*, t. III,

compétence exclusive quant aux causes matrimoniales, le mariage ayant été reconnu par elle comme un sacrement [1]. Logiquement cela n'aurait dû comprendre que les actions portant sur l'existence, la validité ou la nullité du mariage; car elles seules mettaient en jeu l'existence du sacrement; mais par voie de conséquence, elle avait peu à peu élargi le cercle de sa compétence en cette matière. Elle connaissait des fiançailles, parce qu'elles étaient la préparation naturelle du mariage et entraînaient même l'obligation de le contracter; elle connaissait des effets du mariage quant aux personnes des époux et de leur séparation possible, car il s'agissait de devoirs dérivant du sacrement. Elle connaissait enfin des questions de légitimité, parce que la naissance en légitime mariage est une des conditions essentielles de la filiation légitime, et des rapports des époux quant aux biens, parce que l'accessoire doit suivre le principal. En France, d'ailleurs, la justice séculière retenait la connaissance de la question de légitimité, quand elle était incidente à une succession féodale [2], et les juridictions séculières connaissaient des conventions matrimoniales concurremment avec les cours d'Église [3]. Toujours à raison de l'objet en litige, les cours ecclésiastiques connaissaient seules des questions sur les bénéfices, qui, il est vrai, sauf le droit de patronage, ne mettaient en scène que des membres du clergé [4], et des dîmes, à l'occasion desquelles l'action était dirigée contre des laïcs. Seules, les causes concernant les dîmes inféodées étaient portées devant le seigneur de qui elles relevaient [5].

L'Église, en matière criminelle, connaissait seule de tous les crimes ou délits qui consistaient dans la violation de la foi [6], et ils étaient nombreux, étant donnée l'intolérance naïve et épouvantable du moyen âge. Les principaux étaient l'hé-

---

1, p. 30 : « De se et jure suo (jurisdictio ecclesiastica) extenditur ad cognoscendum et judicandum... de illis quæ sunt contra fidei articulos et sacramenta in quibus principaliter fundatur religio christiana. » Beaumanoir, XI, 28.

1. Esmein, *Le mariage en droit canonique*, I, p. 25 et suiv., 73 et suiv.

2. Beaumanoir, XI, 24; XVIII, 1 et suiv.

3. Beaumanoir, X, 12; *Établissements de saint Louis*, I, 13, 20.

4. Beaumanoir, XI, 4.

5. Beaumanoir, XI, 38.

6. Beaumanoir, XI, 2.

résie, le sacrilège[1] et la sorcellerie[2]. La plupart du temps, l'Église en ces matières se contentait de reconnaître la culpabilité des accusés, et elle livrait ensuite les coupables au bras séculier, qui leur infligeait les peines cruelles portées par la coutume. La poursuite de l'hérésie donna lieu à une institution particulière; l'*inquisitio hæreticæ pravitatis*, ou tribunal de l'Inquisition. Elle consista en ce que pour ces procès une délégation particulière fut donnée par la papauté à des juges spéciaux pris parmi les Dominicains et les Franciscains; et, par suite, il s'établit dans ces poursuites des règles exorbitantes de la procédure canonique de droit commun[3]. L'*inquisitio hæreticæ pravitatis* fit d'abord son apparition en France au xiiie siècle, à l'occasion de l'hérésie des Albigeois; mais elle ne put s'établir définitivement dans notre pays. Elle y fonctionna activement pendant la durée d'un siècle environ; puis, devant les résistances du clergé séculier, du Parlement et de la Sorbonne, elle s'affaiblit et tomba en désuétude à la fin du xve siècle; le jugement des procès contre les hérétiques fut rendu aux tribunaux ecclésiastiques ordinaires[4].

La juridiction non plus exclusive, mais simplement concurrente des cours d'Église, était aussi fort étendue. Outre les exemples que j'ai déjà cités, elles s'appliquait à des institutions très importantes de droit privé. Il en était ainsi, en premier lieu, en ce qui concerne les testaments. Nous savons que l'Église avait pris dans la monarchie franque le testament sous sa protection et avait puissamment contribué à en conserver, à en répandre l'usage. Cependant le droit canon n'en récla-

---

1. Beaumanoir, XI, 15.

2. Beaumanoir, XI, 25. Tout en admettant les poursuites à raison de la sorcellerie, notre grand jurisconsulte du xiiie siècle émet, sur ce point, des doutes qui montrent l'élévation de son esprit. XI, 26 : « Moult sont deceu cil qui de lix sorceries s'entremetent et chil qui y croient, car paroles n'ont pas tel pooir come il cuident ne tex manières de fes come il font... donques pot on bien veoir que les paroles qui sont dites por mal fere par le bouce d'une vielle, si ont petite vertu. »

3. Molinier, *L'inquisition dans le midi de la France aux xiiie et xive siècles*, 1881. — Henry-Charles Lea, *A history of the inquisition in the middle ages*, 3 vol., New-York.

4. Fleury, *Institution au droit ecclésiastique* (xviie siècle), édit. Boucher d'Argis, 1771, t. II, p. 79. — Lea, *A history of the inquisition*, l. II, ch. II, t. II, p. 113 et suiv.

mait expressément la connaissance pour les juridictions ecclésiastiques qu'en ce qui concerne les legs pieux [1]. La coutume en France alla plus loin et permit toujours de saisir le tribunal ecclésiastique [2]. Il est vrai que normalement le testament au moyen âge contenait toujours des legs de cette nature, si bien que, dans un de ses sens, le mot *aumône* signifie alors *legs*. L'Église en faisait une obligation pour les fidèles ; parfois elle refusa la sépulture religieuse à ceux qui mouraient sans faire de semblables legs, ou revendiqua les meubles des *intestats* pour en disposer dans l'intérêt de leur âme [3]. En matière de contrats, l'ancienne tradition, qui permettait aux parties de saisir d'un commun accord la juridiction ecclésiastique, subsistait encore [4] ; mais l'Église avait des prétentions plus étendues. Considérant que toute violation de contrat pouvait contenir un péché, elle prétendait qu'on pouvait toujours agir de ce chef devant la juridiction ecclésiastique, si on la préférait à la juridiction séculière ; le choix aurait été au demandeur [5]. Cela ne fut point admis par la jurisprudence française. Elle admit seulement que les parties pouvaient, en contractant se soumettre à la juridiction ecclésiastique [6] et que celle-ci devenait compétente par ce seul fait que le contrat avait été

1. C. III, VI, XVII, X, *de Test.*, III, 26 ; Panormitanus, sur le c. XI, *ibid*, n° 8 : « In relictis ad pias causas potest etiam adire judicem ecclesiasticum, sive hæres sit secularis sive ecclesiasticus. Dic tamen quod est mixti fori. Nam est in optione actoris quem judicem velit adire, sæcularem scilicet, seu ecclesiasticum ».

2. Beaumanoir, XI, 10, 11 ; XII, 60 ; *Libellus domini Bertrandi*, art. 65, 66.

3. *Établissements de saint Louis*, II, 93 ; *Grand Coutumier de Normandie*, c. XXI ; Beaumanoir, XV, 10 ; *Libellus domini Bertrandi*, art. 64, 65 ; Lucius, *Placitorum summæ apud Gallos curiæ libri XII*, l. I. tit. V, n°s 7, 8 ; Johannes Gallus, qu. 102 ; Fevret, *Traité de l'abus*, l. IV, ch. VIII ; Loyseau, *Des seigneuries*, ch. V, n° 65.

4. Beaumanoir, XI, 32.

5. Bertrandi, *de Origine jurisdictionum*, *loc. cit.*, p. 30 : « Si enim actor voluerit, poterit reum trahere ad judicium sæculare, et tunc judex laïcus cognoscet. Si autem eum vult trahere ad judicium Ecclesiæ potest, præcipue intentando actionem injuriæ vel peccati, quia quilibet laïcus christianus est utrique judicio subditus, sive subjectus, uni ut civis, alii ut christianus. Et quælibet potestas potest in eum exercere judicium suum, si ad illud evocatur. Sed in optione actoris est evocare reum ad hoc vel ad illud judicium et non ad utramque. »

6. Esmein, *Mélanges*, p. 259.

corroboré par le serment, acte religieux, ce qui d'ailleurs était une pratique presque constante [1].

L'Église enfin connaissait, en concurrence avec la juridiction séculière, de certains délits commis, par les laïes : le délit d'usure [2], par exemple, et le délit d'adultère [3]. Il s'agissait alors de la violation de certains principes qu'elle avait pris sous sa protection spéciale.

Cette juridiction si développée et si puissante avait pourtant sa faiblesse cachée. Les tribunaux ecclésiastiques, pour assurer l'exécution de leur sentences en matière de droit privé, ne disposaient de voies d'exécution ni sur les personnes, ni sur les biens. Ils n'avaient qu'un moyen de contrainte indirecte, l'excommunication lancée contre la partie récalcitrante. Mais, quelle que fût, au moyen âge, la crainte de l'excommunication, celle-ci n'était pas toujours efficace.

L'Église avait conservé dans la société féodale le droit d'asile ; il était même d'une application très étendue, car tous les édifices consacrés au culte étaient lieux d'asile [4]. On allait jusqu'à se demander si les croix des chemins ne participaient pas à ce privilège [5]. Cependant, certaines restrictions avaient été apportées à ce droit par les diverses coutumes du moyen âge [6].

---

1. Esmein, *Le serment promissoire en droit canonique*, dans la *Nouvelle Revue historique de Droit*, 1888, p. 248, 319.

2. Beaumanoir, LXVIII, 5 ; *Établissements de saint Louis*, I, 91 ; *Libellus domini Bertrandi*, art. 38, 46, 54 ; cf. Panormitanus, sur le c. viii, X, *de Foro compet.*

3. Panormitanus, sur le c. xix, X, *de Convers. conj.*, III, 32 ; c. i, X, *de Officio jud. ord.*, 1, 31 ; *Libellus domini Bertrandi*, art. 39 : *Registre de l'officialité de Cerisy* (xiv⁰, xv⁰ siècles), édit. G. Dupont, nᵒˢ 13 *b*; 163 *f, g*; 366 *m* ; 370 *f, h, l*; 375 *k*: 284 *q*; 385 *f*; 387 *f*; 390 *h*; 391 ; 394 *d*; 406; 414.

4. Beaumanoir, XI, 14 et suiv.; Bouteiller, *Somme rurale*, II, 9; Jean des Mares, *Decis.* 99, 100.

5. Beaumanoir, XXV, 24.

6. Beaumanoir, XI, 15 et suiv. : *Grand Coutumier de Normandie*, c. lxxxi; Jean des Mares, *Decis.* 4-7; *Le livre des usaiges et anciennes coustumes de la conté de Guysnes*, édit. Tailliar (xiii⁰, xiv⁰ siècles) c. ccclxxxiv, p. 191.

CHAPITRE V

Les villes [1]

Le régime féodal, lorsqu'il s'établit, embrassa au début les villes comme les campagnes. La ville était comprise dans une seigneurie, administrée par un bailli ou prévôt seigneurial qui y rendait la justice et percevait les droits fiscaux. Les habitants étaient répartis entre les diverses classes qui composent la société féodale, nobles, roturiers et serfs : la population servile était souvent l'élément le plus important, comprenant presque toute la classe ouvrière. Tantôt le seigneur était laïque ; tantôt c'était un seigneur ecclésiastique, l'évêque ayant souvent conquis la seigneurie dans les villes ; il arrivait enfin que la ville était partagée entre diverses seigneuries.

Mais, dès la fin du xi⁰ siècle, les villes commencèrent à conquérir en France, à l'encontre des pouvoirs seigneuriaux,

1. Depuis les ouvrages classiques d'Augustin Thierry et de Guizot, il a été publié de nos jours toute une série d'études très importantes sur les institutions municipales de la France au moyen âge. — Les unes sont des monographies consacrées à l'histoire d'une municipalité ou d'une charte déterminée, et ce sont surtout des travaux de cette nature qui ont introduit dans la question des éléments nouveaux. Les principales de ces monographies sont : A. Giry, *Les établissements de Rouen*, 1883-1885 ; A. Giry, *Histoire de la ville de Saint-Omer et de ses institutions jusqu'au xiv⁰ siècle* ; — E. Flammermont, *Histoire des institutions municipales de Senlis*, 1881 ; — Bonvalot, *Le tiers état d'après la loi de Beaumont et ses filiales*, 1884 ; — Maurice Prou, *Les coutumes de Lorris et leur propagation aux xii⁰ et xiii⁰ siècles*, 1884. — On trouvera, d'ailleurs, une bibliographie complète de ces monographies jusqu'en 1885, dans l'excellent recueil de M. Giry : *Documents sur les relations de la royauté avec les villes en France de 1180 à 1314*, Paris, 1885 ; Introduction, p. xxxi et suiv. — Il a été publié également des ouvrages d'ensemble d'une grande valeur : A. Wauters, *Les libertés communales*, essai sur leur origine et leurs premiers développements en Belgique, dans le nord de la France et sur les bords du Rhin, 1878 ; — A. Luchaire, *Histoire des institutions monarchiques sous les premiers Capétiens*, t. IV, ch. iii ; — A. Luchaire, *Les communes françaises à l'époque des Capétiens directs*, 1890.

une condition favorable et privilégiée. Cette émancipation,
qui se poursuit et se propage principalement au cours des xiiᵉ
et xiiiᵉ siècles, aboutit à des franchises municipales qui forment un trait important de la société féodale. Ce n'est point
là, d'ailleurs, un phénomène propre à la France ; le même fait
s'est produit au moyen âge, un peu plus tôt, un peu plus tard,
dans tous les pays où s'était établie la féodalité occidentale,
en Italie, en Espagne, en Allemagne, dans les Flandres, en
Angleterre. Cela montre que ce phénomène avait une cause
profonde : l'incompatibilité naturelle et fondamentale entre
la vie urbaine et le système féodal. D'un côté, le contact constant des hommes et l'échange continu des idées engendre
naturellement dans les villes l'esprit de liberté, qui devait vite
faire sentir les rudesses de l'exploitation féodale, et l'esprit
d'association, qui devait fournir le moyen pour lutter contre
l'oppression. D'autre part, la concession de la terre et les rapports qu'elle engendrait étaient la clef de voûte de la constitution féodale : or, dans les villes, bien que les tenures féodales
s'appliquassent aux maisons, cet élément n'avait qu'une importance tout à fait secondaire ; ce qui y représentait surtout
la fortune, c'était le produit du commerce et de l'industrie ; le
marchand et l'artisan, au point de vue économique, n'avaient
pas besoin du seigneur, dont l'intervention pour eux ne représentait qu'une gêne. Enfin, la protection militaire, que
fournissait aux roturiers et aux serfs des campagnes le pouvoir seigneurial, était moins précieuse dans les villes, où l'on
était moins exposé et où l'on pouvait mieux se défendre. Par
là même, on peut voir combien peu était fondée la thèse jadis
classique, reproduite dans le préambule de la Charte de 1814[1],
d'après laquelle l'émancipation des villes en France aurait
été une œuvre voulue et spontanée de la monarchie capétienne, aurait été due à son initiative et à son action. Le caractère général et européen de l'émancipation des villes au
moyen âge suffit à montrer qu'il y a là un produit naturel de

---

1. « Nous avons considéré que, bien que l'autorité tout entière réside en
France dans la personne du roi, nos prédécesseurs n'avaient point hésité à
en modifier l'exercice, suivant la différence des temps ; que c'est ainsi que les
communes ont dû leur affranchissement à Louis le Gros, la confirmation et
l'extension de leurs droits à saint Louis et à Philippe le Bel ».

la société féodale, une réaction que devait nécessairement
engendrer ce système. On peut constater également, par le
détail, que la monarchie capétienne chercha à réduire autant que possible l'émancipation municipale sur son propre
domaine ; elle la favorisa, il est vrai, sur les domaines de ses
vassaux directs, mais sûrement parce qu'elle y voyait un affaiblissement de ces derniers[1]. Elle chercha, d'ailleurs, de bonne
heure à se faire la protectrice et en même temps la tutrice des
villes privilégiées par tout le royaume ; c'était étendre son
pouvoir, et elle sentait aussi instinctivement qu'entre elle et
les villes il se ferait une alliance naturelle et tacite contre l'ennemi commun, c'est-à-dire contre les pouvoirs seigneuriaux
démesurément développés dans notre pays. Elle intervint pour
approuver et confirmer les chartes de franchises accordées
par les seigneurs. Cela se fit d'abord, non par application
d'un système précis, mais parce que les villes, pour plus de
sécurité, s'adressèrent au roi et lui demandèrent sa confirmation et sa garantie[2]. A la fin du xiii° siècle, cela aboutit à une
théorie précise et générale : l'assentiment du roi était toujours
nécessaire pour créer une ville libre, c'est-à-dire une nouvelle
personnalité politique. C'est ce que déclare Beaumanoir pour
les communes[3], et, au xiv° siècle, la même règle est énoncée
pour les villes de consulat[4]. Cela était d'ailleurs logique,
étant donnée l'extension qu'avaient reçue les principes féodaux au profit de la royauté, pour l'affranchissement des
serfs, le droit de francs fiefs et l'amortissement. Le seigneur,
en accordant les franchises, renonçait à certains droits de sa

1. Luchaire, *Les communes françaises*, p. 264 et suiv.
2. Luchaire, *Les communes françaises*, p. 270 et suiv.
3. Beaumanoir, L, 2 : « De novel nus ne pot fere vile de commune sans
l'assentment du roy, fors que li roys. »
4. *Appendice* à la *Pratique* de J.-P. de Ferraris, tirée de la *Praxis* de Pierre
Jacobi, édit. 1618, tit. XXXIV, n° 11 : « Sed an baro per se poterit concedere
consulatum in terra sua? Dico quod ad consulatum pertinet licita congregatio
populi, pro consulibus creandis et pro pluribus aliis. Item ad consulatum pertinet jus publicandi aliquas res, pro muris faciendis et ad theatra et ad stadia
designanda, quæ sunt in dispositione solius principis vel senatus. Cum ergo
baro non possit illa concedere, ergo nec consulatum. » D'ailleurs, l'auteur
a dit précédemment, n° 10 : « Sed an rex poterit de jure concedere consulatum in terra baronis, non consentiente barone? Et dico quod non, etiam si
illa terra teneatur in feudum a rege. »

seigneurie et, par suite, diminuait la valeur de son fief. Après ces considérations générales, examinons successivement comment ont été établies les franchises municipales, quelles en ont été la consistance et les formes principales.

J'ai indiqué quelle avait été la cause générale et profonde qui amena l'émancipation des villes ; mais il y eut aussi d'autres causes, plus précises et plus proches, qui en furent l'occasion et le moyen. Il est certain que des institutions antérieures servirent de point d'appui à la population urbaine ; ce ne furent pas partout les mêmes, mais il y a lieu d'examiner successivement ici les principales, qui ont été signalées comme ayant eu un influence sérieuse.

1° On a plus d'une fois prétendu établir entre le régime municipal romain et certaines municipalités du moyen âge un rapport de filiation[1] : le premier, quoique très affaibli, se serait perpétué jusqu'au moment où il aurait eu, dans des circonstances favorables, une renaissance et une transformation. Mais, comme nous l'avons dit précédemment[2], tout porte à croire que les derniers vestiges des institutions municipales romaines disparaissent en Gaule sous la dynastie carolingienne. On n'a encore établi d'une façon précise cette filiation pour aucune cité de la France au moyen âge[3]. Tout ce qu'on peut admettre, c'est que, dans certaines grandes villes, la tradition populaire, souvent si persistante et si vivace, conserva, en l'exaltant, le souvenir d'un passé de liberté municipale, et fournit ainsi un élément de rénovation.

2° Nous avons étudié précédemment l'institution carolingienne des *scabini* ; nous savons que c'était un collège permanent d'assesseurs judiciaires, chargés de dire le droit, et choisis par le comte parmi les notables. Dans les campagnes, cette institution disparut en général, et nous savons que la composition des cours féodales ne la comprenait pas en principe.

1. Voyez surtout Raynouard, *Histoire du droit municipal en France*, l. III et IV.

2. Ci-dessus, p. 76.

3. Cf. Luchaire, *Institutions monarchiques*, t. II (1re édit.), p. 152 et suiv.

Mais, dans les villes, surtout dans la région du nord et de l'est, elle se maintint au contraire assez généralement, et fournit souvent la base même des institutions municipale. La transformation consista en deux choses : 1° rendre électifs les *scabini*, qui, auparavant, étaient choisis par le seigneur, et en faire ainsi les véritables représentants de la population ; 2° leur conférer, à côté de leurs fonctions judiciaires, des attributions administratives, c'est-à-dire la libre administration de la cité. Que cette transformation se soit accomplie, il y en a des preuves multiples. C'est d'abord le nom d'échevins ou *scabini*, que porte dans bien des villes le principal groupe de magistrats municipaux. Dans certains lieux, nous voyons nettement le collège des échevins se diviser en deux, dont l'un garde les fonctions exclusivement judiciaires, l'autre prenant des attributions administratives [1]. Parfois, bien qu'ils exercent les deux ordres d'attributions, leur rôle judiciaire est de beaucoup le plus important [2]. Parfois enfin, ils partagent, suivant certaines règles, le jugement des procès avec une catégorie de magistrats municipaux d'origine différente : les *jurati* ou *vere jurati* [3]. Cela paraît bien montrer que souvent le scabinat, datant de l'époque carolingienne, a exercé une influence considérable dans le développement de la liberté municipale, que tantôt il est devenu le principal représentant de la cité pour son libre gouvernement, tantôt l'un de ses organes, en concours avec d'autres [4].

3° Des corps d'une autre nature ont joué, dans cette évolution, un rôle presque toujours important, parfois prépondérant. Ce sont les corporations d'artisans, et surtout celles de marchands, et les associations spontanément formées entre les habitants. Les corps de marchands, que nous avons signalés dans l'administration romaine [5], ne disparurent point avec la chute de l'empire d'Occident ; ils subsistèrent, au con-

---

1. Wauters, *Les libertés communales*, p. 604.

2. Prost, *L'ordonnance des majeurs de Metz*, dans la *Nouvelle Revue historique de Droit*, 1878, p. 180 et suiv., 283 et suiv.

3. Wauters, *Les libertés communales*, t. II, Preuves, p. 18, 172.

4. Wauters, *Les libertés communales*, p. 604 et suiv. — Bonvalot, *Le tiers état d'après la loi de Beaumont*, p. 48, 122. — Luchaire, *Les communes*, p. 173 et suiv.

5. Ci-dessus, pp. 21, 23.

traire, sans doute plus libres qu'autrefois, et maintenus par l'intérêt commun de leurs membres[1]. Quoique imposés, rançonnés par l'autorité seigneuriale, ils purent vivre et parfois prospérer, et prirent presque partout une forme d'association libre introduite par la coutume germanique, et qu'on appelle la *gilde*[2]. Il y avait là un instrument puissant pour la défense des intérêts corporatifs, qui, d'ordinaire, coïncidaient avec ceux de la cité elle-même. Dans une certaine mesure, les associations d'artisans, qui s'étaient maintenues ou organisées de la même manière, agirent dans le même sens. Ce furent les agents les plus actifs pour la conquête des franchises municipales, et souvent même ils les conquirent en quelque sorte pour leur propre compte, devenant seuls, dans l'organisation établie, les représentants de la ville. Pour certains pays, l'Angleterre par exemple, on a été jusqu'à soutenir qu'il y avait toujours identité à l'origine entre la gilde des marchands et le corps municipal, et, si cette thèse paraît trop absolue, elle contient cependant une grande part de vérité[3]. En France, l'organisation municipale révèle très souvent la part considérable qu'ont eue les corporations dans la conquête des franchises[4], en ce que les officiers municipaux sont nommés par ces corporations, qui constituent ainsi le collège électoral[5]. Parfois, c'est un corps de marchands qui concentre entre ses mains tout le pouvoir municipal[6]. Pour la ville de Saint-Omer, on a démontré que la gilde marchande est directement devenue la commune[7], et le même phénomène s'est produit pour la municipalité de Paris. On sait, en effet, que celle-ci fut d'abord concentrée dans la corporation des *marchands de l'eau*, qui

---

1. Greg. Tur., *Historia Francorum*, III, 34; c'est un évêque qui s'adresse au roi Théodebert : « Rogo, si pietas tua habet aliquid de pecunia, nobis commodis... cumque hi negucium exercentes responsum in civitate nostra, *sicut reliquæ habent*, præstiterint, pecuniam tuam cum usuris legitimis reddimus. »

2. Sur la gilde, voyez, Drioux : *De la gilde germanique*, Paris, 1883; Charles Gross, *The gild merchant*, Oxford, 1890.

3. Voyez, contre cette thèse, M. Gross, *op. cit.*, ch. v-vii, qui résume tous les travaux sur la question, et *App.* A, B.

4. Ch. Gross, *op. cit.*, *App.* F., *The continental gild merchant*, p. 282 et suiv.

5. Luchaire, *Les communes*, p. 154 et suiv., 30 et suiv.

6. Cela explique bien le caractère aristocratique de certaines constitutions municipales.

7. Giry, Saint-Omer, p. 153, 275, 278, 281, 282.

faisait l'importation des marchandises par le cours de la Seine,
et dont on a voulu souvent faire remonter les origines à une
corporation de *nautæ Parisienses*, que l'on trouve à l'époque
romaine. Le maire de Paris, dans l'ancien régime, portera
jusqu'au bout le titre de prévôt des marchands, et l'emblème
de la vieille corporation figure encore dans le blason de la
ville de Paris. Enfin, d'autres associations jouèrent souvent un
rôle prépondérant dans le mouvement d'émancipation : celles-
là sont toutes politiques, bien que souvent elles se déguisent
sous la forme de confréries religieuses. Ce sont des sociétés de
secours et de défense mutuels, formées spontanément entre
les habitants d'une ville. Ces associations avaient dû être
tentées de bonne heure, car ce sont elles, sans doute, que prohibent les capitulaires carolingiens sous le nom de *geldoniæ
et conjurationes*[1]. Au moyen âge, dès la seconde moitié du
xiᵉ siècle, elles se multiplient ; nous les retrouverons un peu
plus loin en parlant des communes jurées[2].

II

Les franchises des villes n'ont pas été toutes acquises de la
même manière. Comme elles entraînaient pour le seigneur
une perte pécuniaire, elles ont été rarement concédées par lui
spontanément ou gratuitement. Souvent, c'est une insurrec-
tion triomphante qui les a obtenues. Parfois aussi, elles ont été
achetées au seigneur par les habitants ; c'est ainsi qu'on voit
des municipalités prendre à bail du roi ou du seigneur la prévôté de la ville pour une somme déterminée. Par cette opération, qui normalement constituait un bail perpétuel, la cité
acquérait le droit d'exercer sur elle-même, par ses représen-

1. Waitz, *Deutsche Verfass.*, IV, p. 431 et suiv. Il y a là les deux caractéristiques de l'association politique : la cotisation (*geldonia*) et le serment (*conjuratio*).
2. Récemment des travaux remarquables, se rapportant à l'Allemagne, ont
attribué, dans ce pays, aux marchés et à la protection des marchés une influence
prépondérante dans le développement du droit municipal. Voyez, en particulier,
Sohm, *Die Entstehung des deutschen Städtewesens*, 1890. En France, les marchés
sont également, par la force même des choses, un des éléments importants
de la vie urbaine, et les chartes des villes ont souvent des dispositions qui s'y
rapportent. Mais on ne saurait voir là, chez nous, l'une des causes de l'affranchissement municipal.

tants élus, et à son profit, les droits de justice et d'administration qui, jusque-là, appartenaient au prévôt. Cette combinaison, très fréquente en Angleterre [1], se produisit aussi parfois en France [2]. Enfin, il arriva quelquefois que les seigneurs, bien avisés et par bonne politique, accordèrent à leurs villes, spontanément et sans les faire payer, des privilèges et des franchises : c'était alors dans l'espoir que, la prospérité de la ville augmentant avec sa liberté, les droits pécuniaires qui leur restaient dûs seraient plus productifs et leur fourniraient une compensation suffisante. C'est ce qui se produisit surtout pour les villes de fondation nouvelle, où les seigneurs désiraient attirer de nombreux immigrants, et qui prirent, dans le nord et dans le centre, le nom de *villes neuves*, et, dans le midi, celui de *bastides* [3].

Juridiquement, les franchises furent aussi sanctionnées de diverses manières. Le plus souvent, ce fut un titre formel, une *charte*, qui les constata et les garantit. C'était un titre capital et précieux, dont l'interprétation se faisait d'après des règles précises [4]. C'est surtout par ces chartes que nous connaissons le droit municipal du moyen âge ; d'ailleurs, elles ne contiennent point d'ordinaire toutes les règles de l'organisation municipale ; elles laissent dans l'ombre, le plus souvent, un grand nombre de détails. Ce qu'elles enregistrent au contraire avec la plus grande précision, ce sont les droits fiscaux et judiciaires auxquels le seigneur renonce au profit de la ville et ceux qu'il conserve pour lui [5]. A côté des chartes, nous avons, pour certaines villes, de véritables coutumiers municipaux, c'est-à-

1. Voyez l'ouvrage classique de Madox : *Firma burgi, or an historical essay concerning cities*, 1726.

2. Charte de Philippe-Auguste (1201-1202) au profit de la commune de Mantes ; charte du même au profit de la commune de Chaumont (1205), dans Giry, *Documents*, p. 48, 49.

3. E. Menault, *Les villes neuves, leur origine et leur influence dans le mouvement communal*, 1868 ; Curie-Seimbres, *Essai sur les villes fondées dans le sud-ouest de la France sous le nom générique de bastides*, 1880.

4. Beaumanoir, L, 1 ; Lettres de Louis VII à la ville de Beauvais (1151), *Ord.*, XI, p. 198 ; — Arrêt des grands jours de Troyes, dans Brussel, *Usage des fiefs*, II, p. 27.

5. On trouve les chartes des villes éparses dans les recueils d'anciennes lois françaises ou dans les monographies consacrées à l'histoire des différentes villes. Un grand nombre sont insérées au tome XI de la collection des Ordonnances. Des types choisis se trouvent dans Giry, *Documents*.

dire des recueils rédigés par des particuliers, et plus riches en détails [1]. Enfin, Beaumanoir, dans ses *Coutumes du Beauvoisis*, a consacré un chapitre aux *bonnes villes*, c'est-à-dire aux villes privilégiées, et c'est à proprement parler la seule exposition théorique et d'ensemble que le moyen âge nous ait transmise sur cette manière [2].

Parfois les franchises municipales ont existé pendant assez longtemps sans être consacrées par une charte : elles étaient alors simplement déterminées et sanctionnées par la coutume. On peut même constater que souvent les chartes supposent un état antérieur du droit municipal, sans doute assez rudimentaire, dont elles sont le développement.

III

Ce qui caractérise le droit municipal du moyen âge, c'est la particularité et la diversité. Chaque ville acquiert isolément ses privilèges et reçoit son organisation particulière : dans l'ensemble du *plat pays*, qui reste soumis aux rigueurs du régime féodal, ce sont autant d'îlots qui émergent et dont chacun a sa physionomie propre.

La diversité n'existe pas que dans la forme ; elle existe aussi et surtout dans le fond. Les franchises accordées aux diverses villes n'ont pas en effet la même consistance et la même étendue : elles présentent des doses de liberté très variables. On peut cependant dégager, dans leurs traits généraux, deux types qui représentent, l'un le *minimum* et l'autre le *maximum* des franchises munici ales.

Les villes qui obtinrent le moins, ne conquirent guère que ce qu'on peut appeler la liberté civile. Elles obtinrent une condition favorable pour leurs habitants roturiers et serfs, au point de vue du droit fiscal, pénal et privé. Le servage et les tailles arbitraires furent abolis ; la charte contint une fixation précise des droits pécuniaires et taxes qui restaient dus au

---

1. Par exemple, Roisin, *Franchises, lois et coutumes de la ville de Lille* (xIII° siècle et suiv.), édit. Brun-Lavainne, Lille, 1842.

2. *Coutumes de Beauvoisis*, ch. L. Ce chapitre et les autres passages du livre de Beaumanoir qui se rapportent au droit municipal ont été réédités d'après un manuscrit important par M. Giry, *Documents*, p. 113 et suiv.

seigneur; la personne des citoyens fut garantie contre les arrestations et les emprisonnements arbitraires, leurs biens contre les réquisitions et les amendes arbitraires. Enfin, ces villes eurent le droit de posséder et d'acquérir des biens et d'en utiliser les revenus.

Les villes qui obtinrent le plus, outre les droits et avantages que je viens d'énumérer, acquirent véritablement la liberté et l'autonomie politiques. Voici, en effet, les principaux droits qui leur furent reconnus.

1° *Le droit de justice*, par lequel dans la société féodale se manifestait principalement la puissance publique. Les villes qui l'avaient obtenu revendiquaient les poursuites dirigées contre leurs bourgeois, et, comme cette justice s'exerçait par les officiers municipaux, le bourgeois acquérait par là un privilège semblable à celui que réclamait l'homme de fief, dans le jugement par les pairs. Mais il ne faudrait pas croire que ce droit de justice ait été généralement complet, entraînant la compétence à tous égards. Les seigneurs, même à l'égard des villes ayant droit de justice, se réservèrent souvent deux choses : 1° la justice féodale, c'est-à-dire la connaissance des tenures qui relevaient d'eux, alors même qu'elles étaient aux mains des bourgeois [1]; 2° les cas criminels les plus graves, ceux qui entraînaient la confiscation [2]. D'autre part, les juridictions municipales n'eurent pas toujours la même origine; elles se fondèrent, au contraire, sur des précédents et des principes différents.

Les unes, celles dont généralement la compétence fut la plus étendue, sortirent de l'ancienne administration de la justice, avec l'intervention des *scabini*. Les échevins avaient jadis administré dans la ville la justice au nom du seigneur qui les

---

1. Par exemple, charte de Villeneuve-le-Roi (Louis VII, 1173, *Ord.*, XI, 227, art. 3 : « Si de censu suo forisfecerint homines nostri Ville Nove militibus ve de venditionibus, in curia militum se super hoc justiciabunt. » Cf. charte de Laon (Louis VI), art. 33. — *Établissements de Rouen* (Giry, t. II), art. 24 : « S quis requisierit curiam suam de terra, concedetur ei. »

2. Flammermont, *Histoire des institutions municipales de Senlis*, p. 16 : « Lorsque Philippe-Auguste confirma en 1202 la charte octroyée en 1173 par le roi son père, il donna à la commune toute la justice qu'il avait à Senlis à l'exception de trois cas, « co excepto quod nobis retinemus multrum, raptum et homicidium. » — *Établissements de Rouen*, art. 11 (Giry, II, p. 18).

nommait ; devenus les représentants de la cité, ils continuèrent à l'administrer, sous la présidence d'un officier municipal,
et au nom de la cité, sauf le respect des droits réservés par le
seigneur[1].

Dans les communes jurées, la justice municipale eut souvent un autre fondement. Les communes, comme on le verra
bientôt, eurent pour origine des associations conclues entre
les habitants d'une ville, sous la foi du serment, pour maintenir la paix au dedans et faire cesser les violences intestines et
pour repousser les violences du dehors. Il en résulta tout
naturellement qu'elles exercèrent d'emblée sur leurs membres
une juridiction disciplinaire[2] des plus énergiques, comme
toutes les associations politiques qui veulent se suffire à
elles-mêmes. Ces pénalités disciplinaires, prononcées par
l'association ou par ses représentants élus, existaient déjà, on
peut en saisir la trace, lorsque la société n'était encore qu'une
confrérie, et ne s'était pas encore fait reconnaître comme
pouvoir municipal[3] ; après cette reconnaissance, elles continuent à être appliquées, désormais comme l'expression du
droit public, et souvent, dans une large mesure, cette juridiction écarte complètement la justice du seigneur. Parfois elles
présentent une forme caractéristique : c'est l'expulsion du
bourgeois coupable et récalcitrant, qui est rejeté de la commune, ou la destruction de sa maison. Cette justice, dans les
communes, paraît avoir été administrée d'abord par des représentants spéciaux de la commune appelés *jurés* ou *voir-jurés*
(*jurati, vere jurati*), que l'on voit dans certaines chartes anciennes exercer une juridiction distincte de celle des échevins,
ces derniers représentant encore la justice seigneuriale[4]. On

---

1. C'est ce qu'on trouve dans les villes où les échevins apparaissent dès le
début comme exerçant seuls la justice et à tous égards. Voyez, par exemple,
la confirmation des privilèges d'Arras (vers 1180) dans Wauters, Preuves,
p. 32. — Cf. Prost, *L'ordonnance des majours de Metz.*

2. Cf. Luchaire, *Les communes*, p. 167.

3. Voyez les curieuses *charte et ordonnances de la Frarie de la halle des
draps* de Valenciennes (vers 1070), dans Wauters, Preuves, p. 255 et suiv.

4. *Charte de franchise de Soignies* (1142 et 1200) dans Wauters, Preuves,
p. 18 : « Si quis incolarum in causam ducitur, coram ministro Ecclesiæ et
villico, vero juratorum judicio causa terminetur. Si vero de rebus extrinsecis
agatur, scabinorum judicio decidatur. » — Voyez le rôle des jurés de la paix,
dans la loi de la ville du Quesnoy (vers 1180), dans Wauters, Preuves, p. 36.

conçoit aussi que cette justice disciplinaire de la commune, put intervenir même à l'occasion des crimes graves, dont le seigneur s'était réservé la connaissance : les deux juridictions statuaient alors successivement, chacune à son point de vue particulier[1]. Conformément à son origine, la justice des communes pouvait aussi servir de moyen de défense contre le dehors. Elle citait, en effet, devant elle l'homme du dehors qui avait commis un délit contre un bourgeois dans la ville ou dans sa banlieue ; et s'il ne comparaissait pas, la commune, pour se venger, employait la force si elle le pouvait[2]. C'est sans doute en vertu du même principe que, suivant plusieurs chartes, la justice devient compétente même pour les cas réservés à la justice seigneuriale, si celle-ci n'a pas voulu faire droit au bourgeois[3].

Enfin les juridictions municipales se fondèrent aussi sur trois principes dont nous trouvons l'application très nette dans les documents sur le *Parloir aux Bourgeois* du vieux Paris.—A. Là où la municipalité était représentée par une corporation de marchands privilégiés, celle-ci avait naturellement compétence pour statuer sur les règlements du négoce et sur leur violation[4]. — B. En matière civile, les habitants pouvaient, s'ils le voulaient, porter leur litige par voie d'arbitrage devant les officiers municipaux, alors même que ceux-ci n'avaient pas la juridiction en cette matière, et nous voyons qu'à Paris ils usaient de cette faculté[5]. — C. Parmi leurs biens, les villes avaient

---

1. *Établissements de Rouen*, art. 11, p. 18 : « Si juratus communiæ juratum suum occiderit, et fugitivus vel convictus fuerit, domus sua prosternetur (voilà la justice de la commune) et ipse reus cum castallis suis tradetur justiciis domini regis, si potuerit teneri (voilà la justice du roi). »

2. Esmein, *Histoire de la procédure criminelle*, p. 16 et suiv.

3. *Établissements de Rouen*, art. 21 : « Si quis requisierit curiam suam de terra, concedetur ei, et nisi fecerit rectum clamanti in duabus quindenis, communia faciet. » Cf. art. 25. — Charte de Laon, art. 7 : « Si fur quilibet interceptus fuerit, ad illum in cujus terra captus fuerit, ut de eo justiciam faciat adducetur ; quam si dominus terræ non fecerit, justicia in furem a juratis perficiatur. » Cf. art. 6. — Lettres de Louis VII (1151) reconnaissant qu'à Beauvais la justice appartient à l'évêque, non à la commune (*Ord.*, XI, 198) : « Sed si forte, quod absit, in eo remanserit, tunc ipsi cives licentiam habeant suis concivibus faciendi, quia melius est tunc ab eis fieri quam omnino non fieri. »

4. *Le livre des Sentences du parloir aux bourgeois* (1268-1325), publié par Leroux de Lincy, *Histoire de l'hôtel de ville de Paris*, 1846, p. 104, 105, 107, 119, 120, 126.

5. *Le livre des Sentences du parloir aux bourgeois*, p. 107, 108.

souvent des terres sur lesquelles elles avaient concédé des censives, car elles jouaient le rôle de seigneur ; et, par application de la justice féodale, la municipalité connaissait alors des procès auxquels donnaient lieu ces tenures[1].

2° *La législation municipale.* Ce droit, tout exorbitant qu'il paraisse, était une conséquence du droit de justice, dans les idées du moyen âge. L'idée de la législation générale avait disparu ; mais chaque titulaire d'une justice pouvait faire des règlements pour l'administration de sa justice, dans la mesure où celle-ci était compétente [2].

3° *Le droit d'imposition.* En même temps que la ville échappait au pouvoir fiscal du seigneur, dans les conditions fixées par la charte, elle acquérait le droit de s'imposer elle-même, d'établir librement par ses organes des taxes sur les habitants[3]. Au XVIᵉ siècle encore ce droit apparaissait comme un attribut naturel des villes municipales, comme un de ceux qui les distinguaient des simples communautés d'habitants [4].

4° *Le droit d'avoir une force armée.* Cette force, composée d'ordinaire des bourgeois eux-mêmes, conduits et commandés par les officiers municipaux, servait à deux fins. D'un côté, les habitants devaient le service militaire au seigneur justicier ou au roi en vertu des principes féodaux, et l'affranchissement laissa subsister cette obligation, en la limitant et la précisant comme les autres[5]. D'autre part, la ville libre et privilégiée avait le droit de faire elle-même des expéditions contre ses ennemis propres [6]. C'est ainsi qu'elle partait en corps pour aller détruire la maison de l'étranger qui était venu porter la vio-

1. *Le livre des Sentences du parloir aux bourgeois*, p. 117.
2. Flammermont, *Institutions municipales de Senlis*, p. 14 : « Les magistrats municipaux avaient des attributions législatives très importantes; ils faisaient des bans ou règlements... Il semble que ces attributions étaient très larges et qu'elles comprenaient à peu près toutes les matières susceptibles d'être réglées par la loi. » — Dans le *Livre Roisin*, on trouve une grande quantité de ces règlements portant sur les matières les plus diverses, par exemple, p. 52, 61, 63, 69, 77, 99, 110, 169. Parfois le comte de Flandre intervient (p. 63, 77), mais c'est l'exception. Lorsque l'on voulait enlever ce pouvoir à la ville ayant droit de justice, la charte le disait expressément; charte d'Amiens, art. 50 : « Bannum in villa nullus potest facere nisi per regem et episcopum. »
3. Flammermont, *de Concessu legis et auxilii*, p. 43 et suiv.
4. Boerius, *Decisiones*, decis. 60.
5. Luchaire, *Les communes*, p. 177 et suiv.
6. Charte de Beauvais, art. 11 ; charte de Soissons, art. 11.

lence chez elle et n'avait pas voulu répondre devant ses magistrats [1]. Il n'y là d'ailleurs rien de bien surprenant, dans une société où les guerres privées étaient licites [2].

Tous ces droits politiques, c'étaient les attributs naturels de la seigneurie, et les villes privilégiées furent incontestablement considérées comme des seigneuries. Parfois, cela se traduisait par une forme précise, par un hommage que le principal officier municipal faisait au roi, au nom de la ville [3]; mais partout cette idée était la base de la pleine franchise municipale. On ne se figurait pas alors les droits politiques sous une autre forme que celle du fief ou de la seigneurie. Celle-ci d'ailleurs pouvait avoir pour titulaire réel une personne morale, comme le prouve l'existence des seigneuries ecclésiastiques. Elle pouvait de même appartenir à une collectivité d'habitants, constituant un être de raison, et représentés par des officiers municipaux [4].

Quelque étendue qu'eussent d'ailleurs les privilèges d'une ville, alors même que celle-ci ne devenait pas une personne publique, support d'une seigneurie, ses habitants, ceux qui étaient couverts par ses privilèges, appartenaient dès lors à une nouvelle classe de personnes. Le bourgeois, ou citoyen de la ville privilégiée, représente vraiment un nouvel état dans la société féodale ; il se distingue des autres roturiers et se rapproche sensiblement du noble ; c'est un privilégié, comme ce dernier et comme l'ecclésiastique.

IV

Autant que par l'étendue de leurs privilèges, les villes affranchies variaient par la forme de leur organisation municipale : ici encore, c'était l'individualisme qui dominait. Cependant, sous cette diversité apparente et d'ailleurs réelle, on constate

---

1. Sur ce point, voyez en particulier le *Livre Roisin*, p. 4 et suiv. — Cf. Esmein, *Histoire de la procédure criminelle*, p. 16.

2. Ci-dessus, p. 241 et suiv.

3. Flammermont, *de Concessu legis et auxilii*, p. 33 et suiv.

4. Dans les documents se rapportant aux villes, il est aussi question très souvent des *murs* ou *remparts*. La ville se présentait naturellement comme une enceinte fortifiée, et c'était là encore un des traits qui la distinguaient du plat pays : mais avoir des remparts en bon état était pour elle tout autant une obligation qu'un droit.

une certaine unité partielle. Divers groupes de villes arrivèrent à avoir des chartes, qui ne représentaient guère que les variantes d'un même type. Cela se fit en premier lieu par la propagation directe des chartes. Une charte rédigée pour une seule ville se trouva répondre aux besoins d'une région tout entière, ou, tout au moins, d'un certain nombre d'autres cités. Elle fut copiée ou même parfois transplantée presque sans modifications [1]. La charte qui a eu ainsi la propagation la plus étendue, ce sont les établissements de Rouen que les monarques anglais accordèrent aux principales villes, dans leurs possessions de l'ouest de la France, depuis Rouen jusqu'à Bayonne [2]. Eurent également une large diffusion, les chartes d'Amiens, de Laon, de Saint-Quantin, la loi de Beaumont en Argonne [3], la coutume de Lorris en Gâtinais [4], la charte enfin qui fut donnée, en 1270, aux habitants de Riom, par Alphonse de Poitiers [5] et que l'on appela l'Alphonsine.

En dehors de cette propagation directe, il arriva, par le jeu des lois naturelles, qu'un certain type d'organisation municipal tendit à se reproduire dans la même grande région du pays : c'est ainsi que s'étend et se limite l'action des dialectes, et que dans chaque province s'établit un type spécial pour le costume des habitants et la structure des habitations. Je n'ai point l'intention de présenter ici la géographie politique de la France du moyen âge quant à l'organisation municipale [6], mais je voudrais esquisser trois formes d'organisation municipale, qui sont particulièrement nettes, et qui ont été historiquement les plus importantes : la commune, le consulat et la ville de prévôté.

V

Le mot « commune » a deux sens dans la langue du moyen

---

1. Ch. Gross, *The gild merchant*, App. E, *Affiliation of medieval boroughs.* — Luchaire, *Les communes*, p. 136 et suiv.

2. Giry, *Les Établissements de Rouen.*

3. Bonvalot, *Le tiers état d'après la loi de Beaumont et ses filiales.*

4. Prou, *Les coutumes de Lorris et leur propagation aux xii° et xiii° siècles.*

5. *Ord.*, XI, p. 495.

6. Augustin Thierry a tracé ce tableau sous le titre : *Tableau de la France municipale;* il sert d'introduction au tome 1 des *Documents sur l'histoire du tiers état.*

âge. Dans un premier sens large, il désigne toute ville ayant
une organisation municipale complète, constituant une personne publique et exerçant des droits politiques. La commune ainsi conçue s'oppose alors aux villes, qui ne forment
pas un corps municipal, et les textes indiquent les principaux
signes extérieurs qui permettent de la reconnaître : c'est le
fait, pour la ville, d'avoir un sceau particulier, une cloche pour
convoquer les bourgeois, une caisse commune, des magistrats
municipaux et une juridiction municipale [1].

Dans un sens étroit, le mot « commune » désigne la *commune
jurée*, c'est-à-dire une forme particulière d'organisation municipale, qui coïncide généralement avec le *maximum* des
franchises, mais qui a ses traits distinctifs et son domaine
géographique. Elle paraît avoir pris naissance dans le nord
de la France et dans les Flandres, et représente une réaction
proprement dite contre les pouvoirs féodaux. Comme je l'ai
dit plus haut, c'est avant tout une association sous la foi du
serment, entre habitants d'une ville, pour se défendre mu-
tuellement contre les agressions et les oppressions et pour
empêcher entre eux les désordres et les violences : elle porte
souvent un nom caractéristique, *pax, amicitia, fœdus pacis* [2].
Elle a généralement pour origine une *conjuratio* entre les habitants, qui lutte et triomphe et se fait reconnaître définitivement par l. .eigneur, comme une institution légale et permanente [4]. Le trait essentiel, c'est le serment exigé de tous les
membres, et, très logiquement, il résulte de l'origine et de la
conception de la commune que celle-ci ne comprend pas nécessairement tous les habitants de la ville. Les roturiers sont
bien tenus d'en faire partie, sauf à être expulsés [1]; mais, au

---

1. Marcel Fournier, *Les statuts et privilèges des Universités françaises*, t. I,
n° 71, p. 61 (arrêt du Parlement) : « Licet Nivernis (Nevers) sit magna multi-
tudo habitantium, tamen ipsi non faciunt universitatem, seu etiam unum
corpus, sed ibidem ut singulares commorantur nec habent communiam, nec
sigillum, nec campanam, nec bona communia, nec archam communem. » —
Arrêt du Parlement qui supprime la commune de Laon (1296), Giry, *Documents*, p. 148 : « Privantes eos omni jure communitatis et collegii, quocumque
nomine censeatur, campanam, sigillum, archam communem, cartas, privilegia,
omnem statum justicie, jurisdictionis, judicii, scabinatus, juratorum officii...
ab eis penitus et in perpetuum abdicantes. »
2. Luchaire, *Les communes*, p. 45 et suiv.
3. Luchaire, *Les communes*, p. 26 et suiv.
4. Charte de Beauvais, art. 1.

contraire les nobles et les ecclésiastiques en sont exclus, tout
en étant forcés de jurer le respect de ses privilèges [1]; les serfs
n'y sont point non plus admis en principe.

Les communes ont, d'ailleurs, un organisme municipal très
varié. Partout il existe un collège de magistrats, qui portent
les noms d'échevins (scabini), de pairs (pares) ou de jurés
(jurati)[2], qui constituent le principal organe et dont les membres fonctionnent, à la fois, comme conseil délibérant, comme
agents d'exécution et comme jugeurs au tribunal municipal.
A leur tête est un officier qui les préside, maire ou mayeur
(major) ; parfois, il y a plusieurs maires. Mais, à côté de ce
collège il y en a souvent plusieurs autres, dont l'intervention
est exigée, soit pour les actes d'administration soit pour le
fonctionnement de la justice : ce sont des collèges de conseillers et de jurés ou voir-jurés[3]. Parfois enfin, il y a à la base un
corps nombreux de pairs, dans lequel sont pris tous les magistrats[4]. Il est difficile de trouver la clef de toutes ces organisations : il est probable que ces corps divers furent des créa-
tions successives, qui se sont produites dans la période où les
droits municipaux étaient progressivement conquis, et chacun d'eux représentait une nouvelle conquête; on les a maintenus et combinés dans la constitution définitive.

Ces différents officiers municipaux étaient, en principe, électifs, sans qu'on puisse retrouver exactement les règles de ces
élections. En général, cependant, le suffrage universel et direct
ne paraît pas avoir fonctionné ; c'est le suffrage restreint, compliqué par plusieurs degrés d'élection, qui paraît la forme
dominante, ou l'élection par les corps de métiers[5]; la coopta-
tion des nouveaux officiers par les anciens joue aussi un rôle,
parfois important[6]. La durée des mandats, d'abord, semble-t-il,

1. Luchaire, Les communes, p. 64, et suiv.
2. Le mot jurati s'emploie dans trois sens distincts ; tantôt il désigne tous
les membres de la commune jurée ; tantôt il est porté par les magistrats principaux, et alors il n'y a pas d'échevins ; tantôt il désigne un collège de magistrats distinct de celui des échevins, et dont l'action se combine avec la sienne.
3. On peut voir un exemple clair et détaillé de cette organisation complexe,
dans le Livre Roisin de Lille, p. 129 et suiv.
4. Luchaire, Les communes p. 152; voyez dans Giry, Établissements, ce qui
concerne les cent pairs de Rouen et des chartes similaires.
5. Luchaire, Les communes, p. 151 et suiv.
6. Bouvalot, Le tiers état d'après la loi de Beaumont, p. 374.

assez longue, tendit à se réduire à une ou deux années. Enfin l'assemblée des habitants intervient aussi à côté des officiers élus. Sans doute, bien que les renseignements précis manquent sur ce point [1], on réservait à sa décision les objets les plus importants. Il semble, tout au moins, que les règlements, qui constituaient la législation municipale, ne se faisaient pas sans elle : dans le *Livre Roisin*, nous voyons qu'à Lille, aux xiii⁰ et xiv⁰ siècles, les ordonnances de cette nature ne sont jamais faites sans qu'on constate qu'elles ont été arrêtées en pleine halle, et acceptées *par tout le commun* ou *par une grande plenté du commun* [2].

VI

Le consulat, n'est pas, comme la commune jurée, un produit né dans notre pays ; c'est une institution étrangère importée en France. C'est la forme sous laquelle s'organisèrent d'abord les cités italiennes quand elles s'affranchirent dans le cours du xi⁰ siècle : son nom venait de celui des magistrats ou *consuls*, qui, en nombre variable, y exerçaient l'ensemble des pouvoirs [3]. Il ne faudrait pas croire, d'ailleurs, que, même en Italie, le consulat soit résulté du maintien ininterrompu des municipes romains, dont les magistrats portaient parfois le nom de *consules*. Cette opinion, jadis soutenue, est totalement abandonnée aujourd'hui, et l'origine du consulat municipal est tout autre. Les cités italiennes, lors de l'établissement du régime féodal, étaient presque toutes tombées sous la seigneurie des évêques, et ceux-ci, pour y diriger l'administration et y rendre la justice, choisissaient dans la population un certain nombre de conseillers et d'auxiliaires appelés *consules, consoli*. Lorsqu'elles conquirent leurs libertés, les villes gardèrent ces consuls comme directeurs de leur gouvernement ; mais ils furent dorénavant élus par la population et devinrent des magistrats municipaux [4].

D'Italie, le consulat municipal gagna d'abord la Provence et

---

1. Luchaire, *Les communes*, p. 171 et suiv.
2. Voyez les passages cités ci-dessus p. 293, note 2.
3. Pertile, *Storia del diritto italiano*, § 17, 18.
4. Pertile, *Storia del diritto italiano*, t. II, p. 34 et suiv. — Cf. Salvioli, *Storia delle immunità delle signorie e giustizie delle chiese in Italia*, p. 153 et suiv.

le Comtat-Venaissin ; puis il se répandit dans tout le Languedoc au cours du xii° siècle. Dans cette région, les cités consu-
laires acquirent, en général, le *maximum* des franchises municipales : droit de justice, de législation, d'imposition et de
guerre. De grandes cités, Marseille, Arles, Avignon, constituèrent de petites républiques presque indépendantes. Mais,
dans ce midi de la France, plus riche et plus civilisé que le
nord, où l'émancipation urbaine avait été souvent plus facile,
le régime consulaire ne prit pas d'ordinaire ce caractère d'hos-
tilité et de réaction contre les pouvoirs féodaux, que présentent si tranché les communes jurées. Cela se traduit, en particulier, par ce fait que, souvent, une portion des places de
consuls est réservée aux nobles, qui ont ainsi leur représentation assurée dans le gouvernement municipal [1].

Les consuls étaient élus pour une courte durée. En Italie, ils
avaient été d'ordinaire désignés par un suffrage indirect et
restreint [2]. En France, à en croire certains documents, le suffrage universel et direct eût été la règle [3]. Mais, d'après un
système très répandu, les consuls sortants désignaient eux-
mêmes et sous leur responsabilité les nouveaux consuls, en
étant tenus d'ailleurs de les prendre parmi des candidats choisis par leurs conseillers ou parmi ces conseillers eux-mêmes [4].

1. Gasquet, *Précis des institutions politiques et sociales de l'ancienne France*,
t. II, p. 182 et suiv. — Cf. De Maulde, *Coutumes et règlements de la république
d'Avignon au xiii° siècle*, dans la *Nouvelle Revue historique de Droit*, p. 187 et
suiv., 330.

2. Pertile, *Storia del diritto italiano*, § 48, p. 36 et suiv.

3. *Appendice* à la *Pratique* de Petrus de Ferrariis, tiré de la *Pratique* de
P. Jacobi, tit. XIX, n° 7 : « Et in istis consulibus eligendis per singulos annos,
ut mos est, vocabuntur omnes municipes per tubam vel per campanam, vel
per preconem, et si duæ partes venerint, quod est necesse, certo sufficit ; et
tunc quod major pars illarum duarum partium fecerit in creandis consulibus
et syndicis, omnes videntur fecisse ».

4. Privilèges de Nimes (1254), dans Giry, *Documents*, p. 83 : « Consules unius
anni, imminente electione consulum futurorum, suos consiliarios congregabant,
et habito de successorum electione tractatu, dicti consiliarii personas XVI,
eligebant, scilicet quatuor de quolibet quarterio civitatis, et licebat consulibus
qui tunc erant, de dictis XVI, vel aliis de consilio, sibi eligere quatuor suc-
cessores et eos publice recitare. » — Charte de Riom, art. 10 : « Si contigerit quod
electi consules ab aliis consulibus in se nollent onus consulatus suscipere,
bajulus seu præpositus noster... ipsos ad hæc compellere teneantur. » —
Voyez, au xvi° siècle, des arrêts constatant ce système et en tirant des conséquences intéressantes, dans la Roche-Flavin, *Arrêts notables du Parlement de
Toulouse*, l. I, tit. XXXVIII, art. 2 et suiv.

Ces conseillers, appelés aussi *curiales*, formaient un collège dont les consuls devaient prendre l'avis dans certains cas, et spécialement pour l'administration de la justice [1]. Il est probable qu'ils devaient leur origine à cette tradition que nous avons constatée, et d'après laquelle le juge prenait toujours conseil d'un certain nombre de prud'hommes. Enfin, ici, comme dans les villes de commune, l'assemblée générale des habitants était parfois appelée à statuer [2].

Le consulat ne resta pas confiné à la Provence et au Languedoc. Il remonta plus haut, en Auvergne, dans la Marche et le Limousin. Mais, dans cette nouvelle région, d'ordinaire les villes n'ont pas, dans sa plénitude, la justice et la législation. Il faut savoir enfin qu'au lieu du titre de consuls, on trouve souvent dans les villes du midi ceux de *jurats* ou de *capitouls;* mais l'organisation municipale n'en reste pas moins la même.

VII

Les villes de prévôté sont celles qui, après les franchises accordées, continuent cependant à être administrées et justiciées par un prévôt seigneurial ou royal. Mais elles ont obtenu, par leur charte, ces règles fixes pour le droit fiscal, pénal ou privé dont j'ai parlé plus haut ; et le prévôt, en entrant en charge, doit jurer solennellement le respect de ces franchises [3]. Elles ont aussi et peuvent acquérir des biens communs. Parfois, il est dit que, dans l'administration de la justice, le prévôt devra s'adjoindre un certain nombre de notables, *boni viri*, pris dans la population [4], ce qui, d'ailleurs, n'est peut-être que la confirmation des usages antérieurs.

Le plus souvent, la ville de prévôté n'avait pas ce qu'on appellera plus tard un corps de ville, c'est-à-dire des officiers

---

1. P. Jacobi, *loc. cit.*, tit. XVIII, n° 1 : « Consiliarii civitatum vocantur decuriones... Sed potest dici, quod verum credo, quod consules seu *consiliarii* civitatum, vulgariter non vocantur decuriones. » — Pertile, *Storia del diritto italiano*, § 43, p. 49 et suiv. — René de Maulde, *Coutumes et règlements de la république d'Avignon*, loc. cit., p. 188 et suiv.

2. De Maulde, *Coutumes et règlements de la république d'Avignon*, loc. cit., p. 188 et suiv.

3. Esmein, *Études sur les contrats dans le très ancien droit français*, p. 102.

4. Esmein, *Histoire de la procédure criminelle*, p. 17.

municipaux en titre et permanents. Lorsqu'il s'agissait de décider quelque acte intéressant la ville, se rapportant par exemple aux biens qu'elle pouvait posséder, il fallait alors réunir l'assemblée générale de tous les habitants [1], ce qui ne pouvait se faire que par l'autorité du prévôt [2]; l'assemblée statuait et pouvait même nommer un ou plusieurs syndics pour suivre l'affaire [3]. On trouve cependant des villes de prévôté ayant un corps de ville; mais alors il y avait une véritable dualité administrative; c'est ce que l'on constate à Paris, où l'administration et même, nous l'avons vu, la justice était partagée entre le prévôt de Paris et le prévôt des marchands [4].

1. Mandement de Philippe le Bel de 1312, dans M. Fournier, *Statuts et privilèges*, t. I, n° 42 : « Cum datum sit nobis intelligere quod cives Aurelianenses, qui corpus et communiam non habent, sepe ut sepius, pro sue libito voluntatis, faciant inter se congregationes et tractatus, non servata forma per privilegium nostrum ab antiquo concessa, quomodo et qualiter ipsi inter se debebant congregari pro negociis communibus dicte ville. » — C'est ainsi que la ville de Nevers, *qui communiam non habebat*, traite avec les docteurs qui veulent quitter Orléans, *ibid.*, t. I. n° 47 : « Inter nos unanimiter vocatis per preconem ipsius Nivernensis civitatis more solito ipsius civitatis habitatoribus. »

2. Boerius, *Decisio* 60 : « Imo nec sic congregari sine superioris licentia pro faciendo et constituendo procuratorem, ad evitandum fraudes et machinationes. »

3. Ainsi, dans la suite de l'affaire concernant la ville de Nevers, et rapportée plus haut (p. 296, note 1), quatre *electi* avaient été nommés par les habitants. M. Fournier, *Les statuts*, t. I, n° 71 : « Commissarii, virtute mandati nostri, fecerunt cum proclamatione debita et solemni evocari habitantes dicte ville et singulos eorumdem et maxime quatuor electos per habitatores dicte ville, qui tunc temporis habebant tractare negotia dicte ville. »

4. Extraits du registre civil du Châtelet de Paris (xive siècle), publiés par M. Fagniez, dans les *Mémoires de la Société de l'Histoire de Paris*, t. XVII, p. 108 : « A Paris est la prévosté de Paris et celle des marchans... pour lesquelles exercer a deus places, le chastelet pour celle de Paris et pour la demeure du prévost de Paris... *similiter* les prévosts des marchans ont accoustumé de demourer en la maison de la ville assise en Grève. »

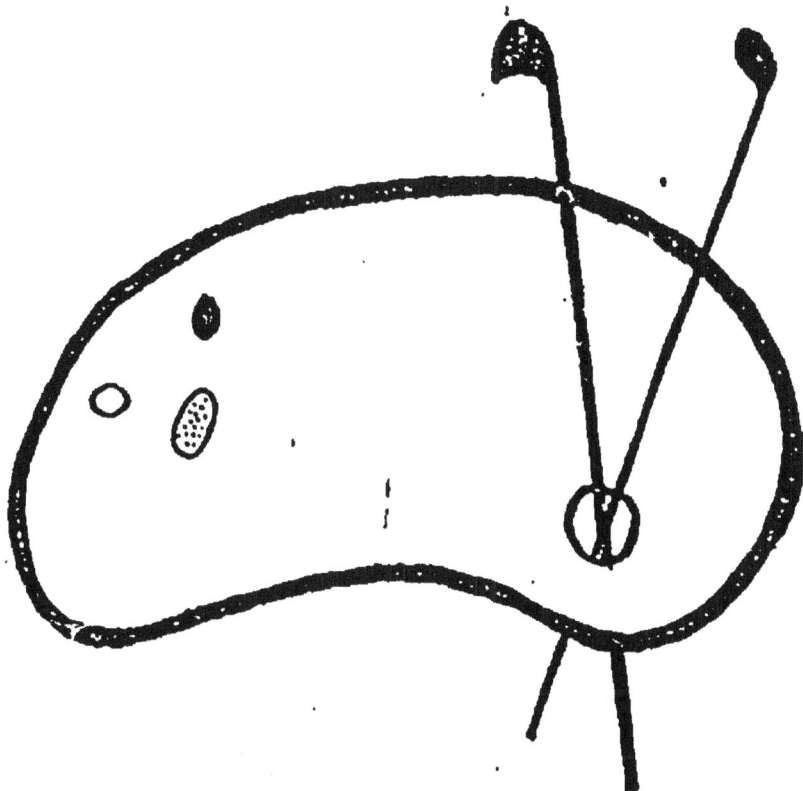

ORIGINAL EN COULEUR
NF Z 43-120-8

www.ingramcontent.com/pod-product-compliance
Lightning Source LLC
Chambersburg PA
CBHW060420200326
41518CB00009B/1423